Europäisches Internationales Verwaltungsrecht

Europäische Hochschulschriften
Publications Universitaires Européennes
European University Studies

Reihe II
Rechtswissenschaft

Série II Series II
Droit
Law

Bd./Vol. 3290

PETER LANG
Frankfurt am Main · Berlin · Bern · Bruxelles · New York · Oxford · Wien

Christine E. Linke

Europäisches Internationales Verwaltungsrecht

PETER LANG
Europäischer Verlag der Wissenschaften

Die Deutsche Bibliothek - CIP-Einheitsaufnahme

Linke, Christine E.:

Europäisches Internationales Verwaltungsrecht / Christine E. Linke. - Frankfurt am Main ; Berlin ; Bern ; Bruxelles ; New York ; Oxford ; Wien : Lang, 2001
(Europäische Hochschulschriften : Reihe 2, Rechtswissenschaft ; Bd. 3290)
Zugl.: Freiburg (Breisgau), Univ., Diss., 2001
ISBN 3-631-38536-6

D 25
ISSN 0531-7312
ISBN 3-631-38536-6

www.peterlang.de

Meiner Mutter

Vorwort

Die vorliegende Arbeit wurde im Sommersemester 2001 von der Juristischen Fakultät der Universität Freiburg als Dissertation angenommen. Angeregt wurde sie von Herrn Prof. Dr. Armin Hatje, dem ich dafür an dieser Stelle meinen herzlichen Dank aussprechen möchte. Mein Dank geht auch an Herrn Prof. Dr. Jürgen Schwarze für die wohlwollende Erstbegutachtung und Herrn Prof. Dr. Jürgen Becker, der das Zweitgutachten erstattete.

Danken möchte ich außerdem meinem Mann und meinen Schwiegereltern, die mich hinsichtlich der Kinderbetreuung entlasteten und so das Entstehen dieser Arbeit erst ermöglichten.

Herrn Prof. Dr. Peter Ostermann vom Unfallkrankenhaus Berlin danke ich dafür, dass er mich nach einem schweren Unfall, der mich während meiner Promotionszeit traf, mit mehreren Operationen - im warsten Sinne des Wortes - wieder auf die Beine stellte.

Schließlich möchte ich noch meinem Vater danken, der mir einen Zuschuss zu den Druckkosten gewährte.

Gewidmet habe ich die Arbeit meiner Mutter, weil sie mir von klein auf nahe legte, welchen Wert eine gute Ausbildung hat, mir aber keinerlei Vorgaben machte.

C. E. Linke Berlin, im Juli 2001

Inhaltsverzeichnis

Einleitung

Die zunehmenden grenzüberschreitenden Aktivitäten in der Europäischen Union führen dazu, dass auch immer mehr Verwaltungsvorgänge internationale Sachverhalte betreffen und nach verwaltungsrechtlicher Bewältigung auch jenseits der Grenzen des Ursprungslandes verlangen.[1] Für die damit befassten Behörden und Gerichte stellt sich die Frage nach ihrer Zuständigkeit und des anzuwendenden Rechts sowie ob und inwieweit eine Bindung an verwaltungsrechtliche Entscheidungen eines anderen Mitgliedstaates besteht und deshalb vom Erlass eines eigenen Verwaltungsakts abgesehen werden muss. Dies lässt sich anhand des folgenden Beispiels verdeutlichen:

Der Inhaber eines Bewachungsunternehmens mit Sitz in Frankreich übt sein Gewerbe zunächst nur in Frankreich mit einer (unterstellt) hierfür nach französischem Recht erforderlichen Genehmigung aus. Nunmehr wird er auch in Deutschland tätig. Hier erweist er sich als unzuverlässig. Die deutsche Gewerbeaufsichtsbehörde möchte ihm das Tätigwerden in Deutschland verbieten.

Dieser Fall stellt die Behörde vor folgende Fragen: Ist für die Tätigkeit in Deutschland eine Genehmigung nach § 34 a Abs. 1 S. 1 GewO erforderlich oder gilt die französische Genehmigung auch in Deutschland bzw. ist sie von Deutschland anzuerkennen? Kann die deutsche Behörde die Rechtmäßigkeit der französischen Genehmigung überprüfen? Kann die deutsche Behörde die französische Genehmigung nach §§ 48, 49 VwVfG aufheben oder die Gewerbetätigkeit nach § 35 Abs. 1 GewO untersagen? Wenn ja - mit Wirkung nur für Deutschland oder auch für Frankreich? Für den betroffenen Unternehmer stellen sich - aus umgekehrter Perspektive - die gleichen Fragen.

Bei diesen Fragen geht es um solche des internationalen Verwaltungsrechts (IVR). Das IVR, der kollisionsrechtliche Teil des nationalen Verwaltungsrechts, ist bislang erst ansatzweise entwickelt.[2] Es geht nicht wesentlich über seine völkerrechtlichen Grundlagen hinaus. Die ersten Versuche, einen Begriff und ein System des IVR zu entwickeln, wurden zwar bereits gegen Ende des 19. Jahrhunderts unternommen,[3] ob es ein internationales Verwaltungsrecht überhaupt gibt und, wenn ja, in welcher Form, ist aber nach wie vor umstritten.[4] Noch im Jahre 1963 bzw. 1979 stellten *Vogel* und *Matscher* ernsthaft die Frage nach seiner Existenz als eigenständige Rechtsdisziplin und verneinten sie.[5] Jedenfalls weist das internationale Verwaltungsrecht noch

---

[1] Vgl. *Schmidt-Aßmann*, DVBl. 1993, S. 934.

[2] *Wolff/Bachof/Stober*, Verwaltungsrecht, Bd. 1, § 27 Rn. 16 (S. 379); *Schlochauer*, Internationales Verwaltungsrecht, S. 3; *Schmidt-Aßmann*, DVBl. 1993, S. 935.

[3] *Matscher*, FS f. Beitzke, S. 642. Zwischen 1910 und 1936 erschien dann *Karl Neumeyers* nach wie vor umfangreichste Untersuchung zum IVR (*Neumeyer*, Internationales Verwaltungsrecht, 4 Bände; hierzu ausführlich: *Vogel*, Der räumliche Anwendungsbereich, S. 176 ff.).

[4] *Schurig*, JZ 1982, S. 387.

[5] *Vogel*, Der räumliche Anwendungsbereich der Verwaltungsrechtsnormen, S. 298 ff.; *Matscher*, FS f. Beitzke, S. 641 ff.

besondere Defizite in der wissenschaftlichen Abklärung auf.[6] Es gibt zum IVR weder anerkannte Lehrmeinungen[7] noch eine aktuelle Darstellung des gegenwärtigen Forschungsstandes. Bezeichnend ist auch, dass der Abschnitt zum internationalen Verwaltungsrecht in dem von *v. Münch* herausgegebenen Lehrbuch zum besonderen Verwaltungsrecht zuletzt in der 7. Auflage von 1985 enthalten ist und in den folgenden Auflagen ersatzlos gestrichen wurde.[8] Einzelne Aspekte aus dem allgemeinen Teil des IVR, insbesondere die Frage nach dem „räumlichen Anwendungsbereich" von Verwaltungsrechtsnormen[9] und nach der Anerkennung ausländischer Verwaltungsakte[10] wurden zwar von verschiedenen Autoren näher beleuchtet. Ausführliche Bearbeitungen existieren indessen nur zum internationalen Teil verschiedener verwaltungsrechtlicher Spezialgebiete, z.B. zum deutschen internationalen Sozialversicherungsrecht[11] oder zum deutschen internationalen Kartellrecht[12], ohne dass allerdings der Versuch unternommen wurde, sich in ein übergeordnetes System eines IVR zu integrieren.[13] Den Anforderungen, die durch die Europäisierung der verwaltungsrechtlichen Sachverhalte an das deutsche IVR gestellt werden, ist es nicht gewachsen. Seine die einzelstaatliche Souveränität ins Zentrum rückende Sicht wird der Realität der verwaltungsrechtlichen Beziehungen in Europa heute nicht mehr voll gerecht.[14] Im modernen Staat, dessen Behörden und Bürger mit den Behörden und Bürgern anderer Staaten auf die verschiedenartigste Weise in Berührung kommen, können die daraus entstehenden Beziehungen nicht schlechthin dem inländischen Recht unterstellt werden.[15] Es wurde daher gefordert, das IVR in seinen Grundlagen neu zu überdenken und es in die verwaltungsrechtliche Systematik, Forschung und Lehre stärker einzubeziehen.[16] Die Europäisierung des allgemeinen Verwaltungsrechts der Mitgliedstaaten ist bereits ausgiebig diskutiert worden.[17] Nicht so jedoch die Europäisierung des IVR.

---

[6] *Schuler*, Internationales Sozialrecht, S. 216; *Beyerlin*, Grenzüberschreitende Zusammenarbeit, S. 397.

[7] *Vogel*, Der räumliche Anwendungsbereich, S. 405; *Schuler*, Internationales Sozialrecht, S. 216; *Beyerlin*, Grenzüberschreitende Zusammenarbeit, S. 397.

[8] S. 851 - 870. Dieser von *Hoffmann* verfasste Abschnitt stellt zudem nur eine rechtstheoretische Einführung zum allgemeinen Teil eines (als reines Rechtsanwendungsrecht im Bereich der Verwaltung konzipierten) IVR dar (*Matscher*, FS f. Beitzke, S. 642, Fn. 9).

[9] *Vogel*, Der räumliche Anwendungsbereich der Verwaltungsrechtsnormen, 1975.

[10] *Schwarz*, Die Anerkennung ausländischer Staatsakte, 1935; *König*, Die Anerkennung ausländischer Verwaltungsakte, 1965.

[11] *V. Maydell*, Sach- und Kollisionsnormen im internationalen Sozialversicherungsrecht, 1967; *Schuler*, Das Internationale Sozialrecht der Bundesrepublik Deutschland, 1988.

[12] *Schwartz*, Deutsches Internationales Kartellrecht, 1962.

[13] So die Kritik von *Matscher*, FS f. Beitzke, S. 643.

[14] *Schmidt-Aßmann*, DVBl. 1993, S. 935.

[15] *Kopp*, DVBl. 1967, S. 469.

[16] *Schmidt-Aßmann*, DVBl. 1993, S. 935.

[17] *Schwarze* (Hrsg.), Das Verwaltungsrecht unter europäischem Einfluss, 1996; *Hatje*, Die gemeinschaftsrechtliche Steuerung der Wirtschaftsverwaltung, 1998; *Schoch*, Die Europäisierung des Allgemeinen Verwaltungsrechts, JZ 1995, S. 3 ff.; *Schoch*, VBlBW 1999, S. 241 ff.; *Kadelbach*, Der Einfluss des EG-Rechts auf das nationale Allgemeine Verwaltungsrecht, in: Danwitz (Hrsg.), Auf dem Weg zu einer Europäischen Staatlichkeit, S. 131 ff.; *Sommermann*, Europäisches

Nach einer Konkretisierung des Untersuchungsgegenstandes im ersten Teil dieser Arbeit soll zunächst einmal aufgezeigt werden, welche Regeln mit internationalverwaltungsrechtlichem Charakter im sekundären Gemeinschaftsrecht bereits vorhanden sind (zweiter Teil). Dabei wird sich zeigen, dass es eine Vielzahl von Vorschriften gibt, die zur Anerkennung von Verwaltungsakten anderer Mitgliedstaaten verpflichten oder eine Bestimmung über das auf grenzüberschreitende Sachverhalte anwendbare Verwaltungsrecht treffen. Es finden sich sogar Regelungen, die die Vornahme von Verwaltungstätigkeiten auf dem Hoheitsgebiet anderer Mitgliedstaaten erlauben. Im dritten Teil werden die völkerrechtlichen Grundlagen des IVR untersucht. Der vierte Teil stellt die Grundzüge des deutschen IVR und der fünfte Teil das deutsche interlokale Verwaltungsrecht dar. Im letzten Teil soll schließlich unter Berücksichtigung der in den vorangegangenen Teilen festgestellten Grundsätze sowie dem sekundären Gemeinschaftsrecht geprüft werden, ob sich für das im Verhältnis zu den anderen Mitgliedstaaten maßgebliche internationale Verwaltungsrecht allgemeine Regeln über die Zuständigkeit und des anwendbaren Rechts entwickeln lassen sowie die Frage nach gemeinschaftsweiter Geltung nationaler Verwaltungsakte bzw. nach allgemeinen Regeln über die Anerkennung von Verwaltungsakten anderer Mitgliedstaaten beantwortet werden. Dabei wird sich herausstellen, dass die nach dem herkömmlichen IVR bestehende Begrenzung der Rechtswirkungen von Verwaltungsakten auf das eigene Staatsgebiet weitgehend aufgehoben ist und auch der Grundsatz der Einseitigkeit der Kollisionsnormen des IVR im Verhältnis zu den anderen Mitgliedstaaten der Europäischen Gemeinschaft keine Gültigkeit mehr beanspruchen kann. Wenn nationale Hoheitsakte derart in fremde Rechtsordnungen hineinwirken, so hat dies eine Ent-Territorialisierung des Verwaltungsrechts zur Folge, die die verwaltungsrechtliche Dogmatik vor völlig neue Aufgaben stellt.[18] Dies bedeutet eine noch kaum in allen Implikationen endgültig durchdachte Vertiefung des Integrationsprozesses, weil sie die im Vertrag grundsätzlich vorausgesetzte Verwaltungshoheit der Mitgliedstaaten beschränkt.[19]

Verwaltungsrecht oder Europäisierung des Verwaltungsrechts? DVBl. 1996, S. 889 m. weiteren Nachw. in Fn. 4.

[18] *Schmidt-Aßmann*, DVBl. 1993, S. 936.

[19] *Joerges/Falke*, Die Normung von Konsumgütern, in: Müller-Graff (Hrsg.), Technische Regeln im Binnenmarkt, S. 172.

1. Teil: Grundlagen

A. Begriff und Abgrenzung des Europäischen Internationalen Verwaltungsrechts

I. Begriff

Die Definition des Begriffs „europäisches internationales Verwaltungsrecht" (EIVR) setzt zunächst die Klärung des Begriffs „internationales Verwaltungsrecht" (IVR) voraus.

1. Internationales Verwaltungsrecht

Auf jedem Rechtsgebiet und damit auch auf dem Gebiet des Verwaltungsrechts gibt es (geschriebene oder ungeschriebene) Regeln, die bestimmen, ob auf einen Sachverhalt mit Auslandsbezug[20] (= grenzüberschreitender oder auch internationaler Sachverhalt) inländisches oder ausländisches Recht anzuwenden ist.[21] Solche Normen bezeichnet man als sog. Rechtsanwendungsnormen (im Gegensatz zu den Sachnormen, die eine Regelung in der Sache enthalten). Sie haben die Aufgabe, im Falle der Kollision von Rechtsordnungen zu entscheiden, welche von ihnen maßgeblich ist.[22] Die Sachnorm ist hierzu nicht in der Lage, da sie jeden (d.h. auch einen internationalen) Sachverhalt umfasst, der unter ihren Tatbestand subsumierbar ist.[23] Diejenigen Normen eines Rechtsgebietes, die als Rechtsanwendungsnormen zu charakterisieren sind, werden unter der Bezeichnung internationales Straf-, Privat- oder Steuerrecht etc. zusammengefasst. Die Bezeichnung „international" rührt daher, dass sich die Regelungen auf internationale Sachverhalte beziehen.[24] Der Rechtsnatur nach handelt es sich aber nach ganz herrschender Auffassung um nationales Recht.[25] Die Bestimmung, welches

---

[20] Ein Auslandsbezug liegt z.B. vor, wenn einer der Beteiligten eine fremde Staatsangehörigkeit oder seinen ständigen Aufenthaltsort im Ausland hat oder wenn ein Teil des Sachverhalts sich im Ausland ereignet hat.

[21] *Kegel/Seidl-Hohenveldern*, FS f. Ferid, S. 245; *Schlochauer*, Internationales Verwaltungsrecht, S. 1.

[22] *Achterberg*, Allgemeines Verwaltungsrecht, § 1 Rn. 97. Deshalb nennt man solche Normen auch Kollisionsnormen.

[23] Jedenfalls soweit sie ihre Anwendbarkeit nicht selbst z.B. durch ein ortsbezogenes Tatbestandsmerkmal begrenzt, sog. selbstbegrenzte Sachnorm, s. u., 1. Teil, C. I. 4. Nach *Neumeyer*, Internationales Verwaltungsrecht, Bd. 4, S. 99 ff. muss deshalb jeder Sachnorm eine Begrenzung vorausgehen; diese Begrenzung bilde den wesentlichsten Gegenstand des IVR.

[24] *Hoffmann*, in: v. Münch, Besonderes Verwaltungsrecht, 5. Aufl., S. 791.

[25] *Neumeyer*, Internationales Verwaltungsrecht, Bd. 4, S. 436; *Isay*, HdwbdR, Bd. 3, S. 347; *Schlochauer*, Internationales Verwaltungsrecht, S. 1; *Steindorff*, in: Strupp/Schlochauer (Hrsg.), WVR, Bd. 3, S. 583; *Hoffmann*, in: v. Münch, Besonderes Verwaltungsrecht, 7. Aufl., S. 861; *Achterberg*, Allgemeines Verwaltungsrecht, § 1 Rn. 97; *Kegel/Seidl-Hohenveldern*, FS f. Ferid, S.

Recht in Fällen mit Auslandsbezug angewendet werden soll, obliegt deshalb grundsätzlich dem nationalen Gesetzgeber.[26] Grenzen ergeben sich hierfür allerdings aus dem Völkerrecht.[27]

Zum internationalen Verwaltungsrecht gehören also jedenfalls alle Rechtsanwendungsnormen des (allgemeinen oder besonderen) Verwaltungsrechts. Demgemäß wird das IVR zum Teil definiert als die Summe der Rechtsnormen, die eine Bestimmung darüber enthalten, ob inländisches (oder ausländisches) Recht von den Behörden und Gerichten in auslandsbezogenen Verwaltungsangelegenheiten anzuwenden ist.[28] Das IVR ist danach also das verwaltungsrechtliche Rechtsanwendungsrecht. Diese an die Definition des IPR angelehnte Begriffsbestimmung umfasst jedoch nur einen Teilausschnitt der Problematik bei verwaltungsrechtlichen Sachverhalten mit Auslandsbezug.[29] Sie berücksichtigt nicht, dass sich bei auslandsbezogenen Fällen nicht nur die Frage des anzuwendenden Rechts, sondern zuerst die Frage nach der Zuständigkeit deutscher Behörden stellt. Dies hat seinen Grund wohl darin, dass die Zuständigkeitsfrage im Privatrechtsbereich zum internationalen Zivilprozessrecht gehört. *Steindorff* definiert das IVR deshalb als denjenigen Teil der nationalen Rechtsordnung, der die verwaltungsrechtliche Ordnung für Sachverhalte mit Auslandsberührung und die Zuständigkeit nationaler Behörden zur Regelung dieser Sachverhalte begründet.[30] Aber auch diese Definition lässt außer Acht, dass es bei verwaltungsrechtlichen Sachverhalten mit Auslandsbezug nicht nur um die Fragen der Zuständigkeit und des anzuwendenden Rechts, sondern vor allem auch darum geht, welche Wirkung fremden Hoheitsakten im Inland zukommt.[31] Das Problem der Beachtlichkeit fremder Hoheitsakte, insbes. Verwaltungsakte wird sogar als das Kerngebiet des IVR bezeichnet.[32] Dies berücksichtigt *Neumeyer*, indem er unter IVR die Rechtssätze über die Grenzen der Verwaltung eines autonomen Verbandes gegenüber anderen Verbänden der

245; *König*, S. 60; a.A. *Bleckmann*, Völkerrechtliche Grundlagen, S. 59 ff., der die Auffassung vertritt, beim Kollisionsrecht handele es sich materiell nicht um nationales Recht, sondern um Völkerrecht. Dies folge daraus, dass es beim Erlass kollisionsrechtlicher Normen nur um eine Konkretisierung der Zuständigkeitsregeln des Völkerrechts gehe, wobei die Staaten nur als Sachwalter der Völkerrechtsgemeinschaft tätig seien. Dass dies, selbst wenn man *Bleckmanns* Auffassung, nach der die Gesetzgebungskompetenzen den Staaten vom Völkerrecht verliehen werden, folgt, nicht richtig sein kann, zeigt folgender Vergleich: Wird ein Bundesland im Bereich konkurrierender Gesetzgebungszuständigkeit tätig, so entsteht weder formell noch materiell Bundesrecht, sondern allein Landesrecht. Entsprechend entsteht dort rein nationales Recht, wo ein Staat mangels völkerrechtlicher Regelungen selbst rechtsetzend tätig wird.

26 *Hoffmann*, in: v. Münch, Besonderes Verwaltungsrecht, 5. Aufl., S. 788.

27 Z.B. Erfordernis eines sinnvollen Anknüpfungspunktes, s. u., 3. Teil, B.

28 *Achterberg*, Allgemeines Verwaltungsrecht, § 1 Rn. 96; *Hoffmann*, in: v. Münch, Besonderes Verwaltungsrecht, 7. Aufl., S. 859; *Wolff/Bachof/Stober*, Verwaltungsrecht, Bd. 1, § 21 Rn. 12 (S. 249); zur geschichtlichen Entwicklung des Begriffs des IVR ausführlich *Vogel*, Der räumliche Anwendungsbereich, S. 153 ff.

29 *V. Bar*, IPR, Rn. 242.

30 *Steindorff*, in: Strupp/Schlochauer (Hrsg.), WVR, Bd. 3, S. 581.

31 *Schlochauer*, Internationales Verwaltungsrecht, S. 2.

32 *Biscottini*, zit. nach *Matscher*, FS f. Beitzke, S. 646.

gleichen Art und über den Einfluss, welchen die Verwaltung anderer Verbände auf diejenige des eigenen Verbandes besitzt, versteht.[33] Nach dieser Definition fallen allerdings auch Rechtssätze über die Grenzen der Verwaltung der Gliedstaaten eines Bundesstaates unter den Begriff des IVR. Die innerhalb eines Bundeslandes bestehenden verwaltungsrechtlichen Grenznormen gehören jedoch nicht zum IVR, sondern zum sog. interlokalen Verwaltungsrecht und unterliegen, wie noch auszuführen sein wird, zwar ähnlichen, aber nicht den gleichen Grundsätzen.[34] Nach teilweise vertretener Auffassung gehören zum IVR auch Normen, die auf Völkerrecht oder Gemeinschaftsrecht verweisen, denn auch dabei handele es sich um fremdes, d.h. nicht von einem innerstaatlichen Organ gesetztes Recht. [35] Umstritten ist auch, ob das Gemeinschaftsrecht insgesamt zum IVR rechnet.[36] Das IVR regelt jedoch nur das Verhältnis zu anderen souveränen Staaten. Dieses Verhältnis beruht auf Gleichordnung. Abgrenzungen, die auf dem Verhältnis von Über- und Unterordnung beruhen, gehören nicht zum IVR.[37]

Internationales Verwaltungsrecht ist demnach also zu definieren als die Gesamtheit der Rechtsnormen, die für verwaltungsrechtliche Sachverhalte mit Auslandsbezug eine Bestimmung der zuständigen Behörde, des anzuwendenden Rechts oder der Wirkung fremder Hoheitsakte im Inland treffen.

2. Europäisches Verwaltungsrecht

Unter „europäischem Verwaltungsrecht" wird die Summe aller Normen des geschriebenen und ungeschriebenen Gemeinschaftsrechts verstanden, welche die Verwaltungsorganisation und - tätigkeit auf supranationaler oder nationaler Ebene unmittelbar regeln.[38] Auf der Grundlage des so verstandenen europäischen Verwaltungsrechts er-

---

[33] *Neumeyer*, in: Strupp (Hrsg.), WVR und der Diplomatie, Bd. 1, S. 577; ihm folgend *König*, S. 11.

[34] *Schlochauer*, Internationales Verwaltungsrecht, S. 2; *Hoffmann*, in: v. Münch, Besonderes Verwaltungsrecht, 7. Aufl., S. 856; *Achterberg*, Allgemeines Verwaltungsrecht, § 1 Rn. 96. Auch *Neumeyer* hat die Unterschiede erkannt und behandelt das interlokale Verwaltungsrecht in einem eigenen Kapitel innerhalb des IVR (*Neumeyer*, Internationales Verwaltungsrecht, Bd. 4, S. 438 ff.). Zum interlokalen Verwaltungsrecht ausführlich u., 5. Teil.

[35] *Hoffmann*, in: v. Münch, Besonderes Verwaltungsrecht, 7. Aufl., S. 860; *Achterberg*, Allgemeines Verwaltungsrecht, § 1 Rn. 100.

[36] Dagegen: *Wolff/Bachof/Stober*, Verwaltungsrecht, Bd. 1, § 27 Rn. 16 (S. 380).

[37] *Neumeyer*, Internationales Verwaltungsrecht, Bd. 4, S. 442.

[38] *Sommermann*, DVBl. 1996, S. 891; *Streinz*. in: Schweitzer (Hrsg.), Europäisches Verwaltungsrecht, S. 243. Zum Europäischen Verwaltungsrecht ausführlich *Schwarze*, Europäisches Verwaltungsrecht, 2 Bde., Baden-Baden 1988, der unter diesem Begriff die „Frage nach der Entstehung und Entwicklung eines europäischen Verwaltungsrechts ... nicht nur im engeren Sinn eines möglichst einheitlichen Verwaltungsrechts für die Europäische Gemeinschaft beim Vollzug von Verwaltungsrecht, sondern zugleich in einem weiteren Sinn als eine solche nach der möglichen Weiterentwicklung und Konvergenz der nationalen Verwaltungsrechte in Europa" behandelt (Europäisches Verwaltungsrecht, Bd. 1, S. 10); vgl. auch *Everling*, Elemente eines europäischen Verwaltungsrechts, DVBl. 1983, S. 649 ff.; *Pernice*, Europäisches Verwaltungsrecht, NVwZ 1989, S. 332 ff.; *Grabitz*,

folgt der Vollzug von Gemeinschaftsrecht durch Gemeinschaftsorgane sowie der unmittelbare Vollzug von Gemeinschaftsrecht durch die Mitgliedstaaten, insbesondere bei Verordnungen.[39] Damit sind verwaltungsrechtliche Normen, die in Richtlinien enthalten sind, nicht erfasst, da sie (jedenfalls dem Grundsatz nach) nicht unmittelbar anwendbar sind, sondern erst nach ihrer Umsetzung in nationales Recht. Diese Normen können bei der vorliegenden Untersuchung jedoch nicht unberücksichtigt bleiben, da sie wesentliche Vorgaben für das nationale Verwaltungsrecht und damit auch für das nationale IVR enthalten und unter bestimmten Voraussetzungen auch unmittelbar anwendbar sein können. Als „europäisches Verwaltungsrecht" (im weiteren Sinn) soll hier deshalb die Summe der geschriebenen und ungeschriebenen Rechtssätze des Gemeinschaftsrechts bezeichnet werden, die den unmittelbaren oder mittelbaren Vollzug des Gemeinschaftsrechts regeln.

3. Europäisches Internationales Verwaltungsrecht

Die Kombination der Definition des internationalen Verwaltungsrechts mit der des europäischen Verwaltungsrechts führt zu Definition des europäischen internationalen Verwaltungsrechts: Europäisches internationales Verwaltungsrecht (EIVR) ist die Gesamtheit der geschriebenen oder ungeschriebenen gemeinschaftsrechtlichen Normen, die für verwaltungsrechtliche Sachverhalte mit Auslandsbezug unmittelbar oder mittelbar eine Bestimmung der zuständigen Behörde eines Mitgliedstaats, des anzuwendenden Rechts oder der Wirkung fremder Hoheitsakte im Inland treffen.

II. Abgrenzung

1. Recht der internationalen Verwaltung

Nicht zum IVR in dem hier verwendeten Sinn gehört das Recht der internationalen Verwaltung.[40] Darunter ist dasjenige Verwaltungsrecht zu verstehen, das von internationalen Organisationen angewendet wird. Zum Teil wird dieses Recht jedoch ebenfalls als internationales Verwaltungsrecht bezeichnet.[41]

Europäisches Verwaltungsrecht - Gemeinschaftsrechtliche Grundsätze des Verwaltungsverfahrens, NJW 1989, S. 1776 ff.

[39] *Sommermann*, DVBl. 1996, S. 891 f.

[40] *König*, S. 11.

[41] *Steindorff*, in: Strupp/Schlochauer (Hrsg.), WVR, Bd. 3, S. 581; *Isay*, HdwbdR, Bd. 3, S. 344; hierzu ausführlich *Vogel*, Der räumliche Anwendungsbereich, S. 154 ff.

2. Interlokales Verwaltungsrecht

Interlokales Privatrecht greift ein, wenn innerhalb eines (souveränen) Staates das Privatrecht nach Gebieten verschieden ist und bestimmt, welchen Gebietes Privatrecht anzuwenden ist.[42] Entsprechend werden die Rechtssätze über das Verhältnis der Verwaltungsrechte der Gliedstaaten eines Bundesstaates untereinander als interlokales Verwaltungsrecht bezeichnet.[43]

3. Fremdenrecht

Zur Regelung auslandsbezogener Sachverhalte gibt es neben der kollisionsrechtlichen Lösung auch die Möglichkeit ihrer sachrechtlichen Behandlung.[44] Während Rechtsanwendungs- bzw. Kollisionsnormen auslandsbezogene Sachverhalte nur durch Benennung des anzuwendenden Sachrechts regeln, enthalten Sachnormen eine (materielle) Regelung in der Sache selbst. Diejenigen Sachnormen des materiellen Verwaltungsrechts, die die Rechtsstellung der Ausländer im Inland regeln, werden unter dem Begriff „Fremdenrecht“ zusammengefasst.[45] Zum Teil wird der Begriff auch in einem weiter gehenden, sämtliche Sondervorschriften des materiellen Rechts für auslandsbezogene Sachverhalte umfassenden Sinn verstanden.[46] Verschiedentlich werden auch diese Normen zum IVR gerechnet und dieses daher definiert als die Gesamtheit der Normen, die auslandsbezogene Sachverhalte regeln.[47] Nach überwiegender Auffassung und so auch hier werden die Sachnormen jedoch nicht zum IVR gezählt.[48]

4. Internationales öffentliches Recht

Keine echte Abgrenzung ist erforderlich zum internationalen öffentlichen Recht. Dieses stellt den Oberbegriff dar und umfasst neben dem IVR noch das internationale Staats-, Straf-, Steuer- und Zivilprozessrecht.[49]

---

[42] *Kegel/Schurig*, IPR, § 2 V (S. 141).
[43] *Schlochauer*, Internationales Verwaltungsrecht, S. 2; *Achterberg*, Allgemeines Verwaltungsrecht, § 1 Rn. 96.
[44] *Meessen*, AöR 110 (1985), S. 403; *v. Maydell*, DVBl. 1971, S. 907.
[45] Vgl. *Heldrich*, in: Palandt, BGB, Einl. v. Art. 3 EGBGB, Rn. 3; *Wolff/Bachof/Stober*, Verwaltungsrecht, Bd. 1, § 27 Rn. 16 (S. 379). Hierzu gehören z.B. die Normen des AuslG.
[46] *Neumeyer*, Internationales Verwaltungsrecht, Bd. 4, S. 83 ff.; *Hoffmann*, in: v. Münch, Besonderes Verwaltungsrecht, 5. Aufl., S. 792.
[47] *Steindorff*, in: Strupp/Schlochauer (Hrsg.), WVR, Bd. 3, S. 582; *v. Maydell*, DVBl. 1971, S. 911 (zum int. Sozialversicherungsrecht).
[48] *Hoffmann*, in: v. Münch, Besonderes Verwaltungsrecht, 5. Aufl., S. 792; *Neumeyer*, Internationales Verwaltungsrecht, Bd. 4, S. 481. Auf den verschiedenen Gebieten des besonderen Verwaltungsrechts kann es jedoch sinnvoll sein, das IVR und das Fremdenrecht gemeinsam abzuhandeln.
[49] *Isay*, HdwbdR, Bd. 3, S. 344.

B. Wichtige Grundbegriffe des IVR

Da es keine aktuelle Darstellung des IVR gibt, auf die verwiesen werden könnte, ist es erforderlich, zur besseren Verständlichkeit der weiteren Ausführungen zunächst einige Grundbegriffe des IVR näher zu erläutern.

I. Geltungs- und Anwendungsbereich von Hoheitsakten

Zuerst muss differenziert werden zwischen dem Geltungsbereich einer Rechsnorm und ihrem Anwendungsbereich. Der Geltungsbereich einer Rechtsnorm bezeichnet das territoriale Gebiet, in dem die Norm Geltung beansprucht, d.h. das Gebiet, in dem Gerichte und Behörden daran gebunden sind und die Norm dem Bürger gegenüber durchgesetzt werden kann.[50] Unter dem Anwendungsbereich einer Rechtsnorm ist die Umgrenzung derjenigen Sachverhalte zu verstehen, die von der Norm geregelt werden.[51] Geht es um die Anwendbarkeit einer Norm auf Sachverhalte mit Auslandsbezug (internationale Sachverhalte), spricht man vom internationalen Anwendungsbereich.[52] Anders ausgedrückt: Anwendungsbereich ist der Bereich, *auf* den ein Gesetz angewandt wird, Geltungsbereich der Bereich, *in* dem es anzuwenden ist.[53] Der so verstandenen Unterscheidung zwischen Geltungs- und Anwendungsbereich entspricht auch die Formulierung des Gesetzgebers z.B. in § 130 Abs. 2 S. 1 GWB (§ 98 Abs. 2 S. 1 GWB a.F.): „Dieses Gesetz findet Anwendung auf alle Wettbewerbsbeschränkungen, die sich im Geltungsbereich dieses Gesetzes[54] auswirken, auch wenn sie außerhalb des Geltungsbereichs dieses Gesetzes veranlasst werden."[55] An anderer Stelle verwendet der Gesetzgeber jedoch den Begriff „Geltungsbereich", obwohl der Anwendungsbereich des Gesetzes gemeint ist, z.B. in dem mit „Geltungsbereich"

---

[50] Vgl. *Feldmüller*, S. 31; *Schlag*, Grenzüberschreitende Verwaltungsbefugnisse, S. 92.

[51] Vgl. *Ipsen*, Völkerrecht, § 23 Rn. 94 (S. 285).

[52] Häufig werden die Begriffe Geltungsbereich und Anwendungsbereich auch im umgekehrten Sinn wie hier verwendet, z.B. von *Schwander*, S. 75, *Meessen* EuR 1973, S. 18 u. 20 und *Isay* HdwbdR, Bd. 3, S. 344. Eine Mischung beider Begriffe findet sich bei *Neumeyer* und *Vogel*, die unter der Überschrift „räumlicher" bzw. „örtlicher Anwendungsbereich" die Frage nach der Anwendbarkeit von Verwaltungsrechtsnormen auf Sachverhalte mit Auslandsbezug erörtern (*Neumeyer*, Internationales Verwaltungsrecht, Bd. 4, S. 94 ff.; *Vogel*, Der räumliche Anwendungsbereich der Verwaltungsrechtsnorm, S. 1 ff.). Die von *Vogel* (a.a.O., S. 2) eingeführten Begriffe „intransitiver Anwendungsbereich" für den (räumlichen) Geltungsbereich und „transitiver Anwendungsbereich" (oder auch „Feld") für den (sachlichen) Anwendungsbereich (*Vogel*: räumlicher Anwendungsbereich) haben sich nicht durchgesetzt. Da bei der Verwendung der Begriffe „räumlicher" oder „örtlicher Anwendungsbereich" die Gefahr der Asoziierung mit dem Staatsgebiet besteht, empfiehlt es sich, den Begriff „internationaler Anwendungsbereich" zu benutzen, wenn die Anwendbarkeit einer Norm auf Sachverhalte mit Auslandsbezug gemeint ist.

[53] *Neuhaus*, Grundbegriffe des IPR, S. 182.

[54] Seit der Wiederherstellung der deutschen Einheit wird in der Gesetzgebung die Formulierung „Geltungsbereich dieses Gesetzes" zunehmend durch den Begriff „Inland" ersetzt, z.B. § 15 S. 1 VwVfG n.F.

[55] Hierzu *Schwartz*, Deutsches Internationales Kartellrecht, S. 186 ff.

überschriebenen § 2 KrW-/AbfG: „Die Vorschriften dieses Gesetzes gelten für 1. die Vermeidung, 2. die Verwertung und 3. die Beseitigung von Abfällen ...“

Geltungs- und Anwendungsbereich einer Rechtsnorm fallen vielfach auseinander.[56] Der räumliche Geltungsbereich ist in der Regel deckungsgleich mit dem Staatsgebiet, wohingegen der sachliche Anwendungsbereich einer solchen Beschränkung nicht unterliegt.[57]

Bei einem Verwaltungsakt bedeutet Geltung, dass die Verfahrensbeteiligten und die Erlassbehörde, aber auch alle anderen Behörden sowie die Gerichte an den Verwaltungsakt gebunden sind.[58] Wie bei Rechtsnormen können Verwaltungsakte in der Sache zwar Sachverhalte mit Auslandsbezug regeln, doch ist ihre Geltung in der Regel auf das Hoheitsgebiet des Staates beschränkt, dessen Behörde sie erlassen hat[59]. Entsprechendes gilt für Urteile.

Der Geltungsbereich eines Hoheitsaktes kann jedoch auch ausnahmsweise das Hoheitsgebiet anderer Staaten umfassen, z.B. weil eine übergeordnete Rechtsmacht die Geltung in den anderen Staaten anordnet (grenzüberschreitende Geltung). Von sich aus ist ein Staat jedoch nicht in der Lage, seinen Hoheitsakten rechtliche Wirkungen in einem anderen als dem eigenen Rechtssystem zu verleihen.[60] Inländische Hoheitsakte sind daher für ausländische Behörden und Gerichte in der Regel nur dann verbindlich, wenn der ausländische Staat ihnen Rechtswirkungen im eigenen Hoheitsgebiet verleiht.

II. Anerkennung

Für den Begriff der Anerkennung hat sich noch keine einheitliche Definition herausgebildet. Für *Biscottini* bedeutet die Anerkennung eines fremden Hoheitsaktes, das von ihm erzeugte öffentlich-rechtliche Verhältnis mit den von der eigenen Rechtsordnung vorgesehenen Garantien auszustatten.[61] *Beitzke* spricht von Anerkennung, wenn ein Hoheitsakt von einer anderen Staatsgewalt mit Geltung auch für das andere Staatsge-

---

[56] *Neuhaus*, Grundbegriffe des IPR, S. 181; *Schwartz*, Deutsches Internationales Kartellrecht, S. 187 f.

[57] S. u., 3. Teil, A., B.

[58] Vgl. *Kopp/Ramsauer*, VwVfG, § 43 Rn. 16 ff. Hierfür wird häufig der Begriff „Tatbestandswirkung“ verwendet, z.B. *Kopp/Ramsauer*, a.a.O.; *Maurer*, Allgemeines Verwaltungsrecht, § 11 Rn. 8; kritisch gegen diese Verwendung des Begriffs „Tatbestandswirkung“ *Ipsen*, DV 17 (1984), S. 177 f. Im Gegensatz zu einer Rechtsnorm hat ein Verwaltungsakt jedoch keine allgemeine Geltung, d.h. er ist nicht für alle Bürger verbindlich. Entsprechendes gilt für Urteile, vgl. *Kopp/Schenke*, VwGO, § 121 Rn. 5 ff.

[59] BGH, DVBl. 1979, S. 226/227; BVerwG, UPR 1987, S. 114; s.u. 3. Teil, A u.B.

[60] Vgl. nur *Neumeyer*, Internationales Verwaltungsrecht, Bd. 4, S. 299.

[61] *Biscottini*, zit. nach *Matscher*, FS f. Beitzke, S. 646.

biet versehen wird.[62] *Hoffmann* meint mit Anerkennung, dass aus dem fremden Verwaltungsakt im Inland diejenigen rechtlichen Folgerungen abgeleitet werden, die dem Verwaltungsakt in der fremden Rechtsordnung zugedacht werden.[63] *Geck* versteht darunter, dass ein Staat dem fremden Hoheitsakt in seinem Staatsgebiet die gleiche Rechtswirkung zumisst wie die Rechtsordnung, die ihn gesetzt hat, was in der Regel die Gleichstellung mit dem entsprechenden eigenen Hoheitsakt bedeute.[64] Nach *Beyer* beinhaltet Anerkennung, dass von den Gerichten und Behörden eines Staates im Hinblick auf bestimmte Sachverhalte die von Rechtsakten eines anderen Staates erzeugten Wirkungen gleichermaßen als verbindlich anzusehen sind, als seien die Sachverhalte anhand der eigenen Rechtsordnung entschieden worden.[65]

Diese Definitionen zeigen, dass Anerkennung entweder im Sinne einer Geltungsverleihung oder einer Geltungserstreckung verstanden wird. Nach *Neumeyer* gibt es beide Formen.[66] Bei der Geltungsverleihung beurteilen sich die Rechtswirkungen der Anerkennung nach dem Recht des Anerkennungsstaates, bei der Geltungserstreckung nach dem Recht des Erlassstaates.[67]

Dem fremden Hoheitsakt können in der Regel nicht die gleichen Rechtswirkungen wie in der Rechtsordnung des Erlassstaates eingeräumt werden, denn dies würde voraussetzen, dass in beiden Rechtsordnungen für den jeweils in Frage stehenden Akt die gleichen Rechtsfolgen vorgesehen sind.[68] Deshalb scheidet die Konzeption von der Geltungserstreckung aus. Die Anerkennung bedeutet aber auch nicht zwangsläufig die Gleichstellung mit einem entsprechenden inländischen Hoheitsakt, da dem fremden Hoheitsakt auch nur beschränkte Wirkungen verliehen werden können.[69] Es kommt vielmehr auf den jeweiligen Inhalt der Anerkennung an. So kann z.B. bei der Anerkennung eines ausländischen Diploms zwischen einer im Hinblick auf die Fortführung bestimmter Studien ausgesprochenen akademischen Anerkennung und einer Anerkennung, die im Hinblick auf die Ausübung einer Berufstätigkeit gewährt wird, zu unterscheiden sein. Maßgeblich für den Anerkennungsinhalt ist das innerstaatliche Recht.[70]

Zum Teil wird noch zwischen Anerkennung und Respektierung fremder Hoheitsakte differenziert, wobei unter Respektierung die Frage behandelt wird, inwieweit eine nach ausländischem Recht eingetretene Tatbestands-, Feststellungs- oder Gestaltungswir-

---

62 *Beitzke*, MDR 1954, S. 321.
63 *Hoffmann*, in: v. Münch, Besonderes Verwaltungsrecht, 7. Aufl., S. 868 f.
64 *Geck*, Anerkennung fremder Hoheitsakte, in: Strupp/Schlochauer, WVR, Bd. 1, S. 55
65 *Beyer*, Rechtsnormanerkennung im Binnenmarkt, S. 25; ders., EWS 1999, S. 13.
66 *Neumeyer*, Internationales Verwaltungsrecht, Bd. 4, S. 319.
67 *Nassr-Esfahani*, Grenzüberschreitender Bestandsschutz, S. 141.
68 *König*, S. 26 f.
69 *König*, S. 71.
70 EuGHE 1977, S. 765/778 - Thieffry.

kung[71] von anderen Staaten zu beachten ist, wenn sie bei der Beurteilung grenzüberschreitender Sachverhalte als Vorfrage erheblich wird.[72] Zwischen Anerkennung und Respektierung fremder Hoheitsakte besteht jedoch kein wesentlicher Unterschied. In beiden Fällen geht es um die Frage, inwieweit fremden Hoheitsakten im Inland Rechtswirkungen zukommen, wobei diese Frage einmal direkt, einmal inzident zur Beantwortung steht.[73]

Im Folgenden soll deshalb unter Anerkennung eines fremden Verwaltungsaktes jede Verleihung von Rechtswirkungen im Inland durch den inländischen Staat verstanden werden.[74] Sie kann entweder allgemein durch Gesetz oder im Einzelfall durch Verwaltungsakt oder Urteil erfolgen und hat eine Bindung der inländischen Behörden und Gerichte an den anerkannten ausländischen Verwaltungsakt zur Folge, d.h. sie sind an den ausländischen Hoheitsakt in gleicher Weise gebunden wie an den Hoheitsakt einer anderen inländischen Behörde.

Eine solche Bindungswirkung tritt auch bei unmittelbarer grenzüberschreitender Geltung fremder Verwaltungsakte ein. Während die Bindungswirkung bei unmittelbarer grenzüberschreitender Geltung aber ohne Zutun inländischer Stellen unmittelbar (in der selben logischen Sekunde) mit Erlass des Hoheitsakts eintritt (ipso iure), ist bei der Anerkennung die Vornahme eines Anerkennungsakts durch die inländischen Stellen erforderlich. Erfolgt die Anerkennung allgemein durch Gesetz, führt dies im Ergebnis zwar ebenfalls dazu, dass der Hoheitsakt mit Erlass auch im Anerkennungsstaat gilt, doch tritt diese Bindungswirkung erst eine logische Sekunde nach Erlass des Hoheitsakts auf Grund der nationalen Anerkennungsregelung ein. Die Differenzierung zwischen unmittelbarer grenzüberschreitender Geltung und Geltung infolge von Anerkennung (mittelbare grenzüberschreitende Geltung) hat Bedeutung insbesondere

[71] Über diese Begriffe herrscht keine Klarheit, vgl. *Ipsen*, DV 17 (1984), S. 169 ff., insbes. S. 176 ff. Letztlich handelt es sich um verschiedene Ausformungen der Verbindlichkeit eines Verwaltungsaktes für Drittbehörden und Gerichte, *Ipsen*, a.a.O. S. 176 ff.

[72] Z.B. *Geiger*, Grundgesetz und Völkerrecht S. 350; *Steindorff*, FS f. Lorenz, S. 568: „... dass es dort, wo ausländische Prüfungen und Kontrollen durch Verwaltungsakt dokumentiert werden, nur um eine Tatbestandswirkung solcher Akte, nicht um ihre rechtliche Anerkennung geht." Andere unterscheiden zwischen direkter (unmittelbarer oder formeller) Anerkennung einerseits und, wenn die Berücksichtigung als Vorfrage gemeint ist, indirekter (mittelbarer oder inzidenter) Anerkennung, z.B. *Siehr*, RabelsZ Bd. 52 (1988), S. 83 f. *Vogel* behandelt unter dem Stichwort „tatbestandliche Anerkennung" die Frage, ob ein fremder Verwaltungsakt unter den Tatbestand einer innerstaatlichen Norm subsumiert werden kann, wenn diese Norm den Erlaß eines bestimmten Verwaltungsakts voraussetzt (Der räumliche Anwendungsbereich, S. 334 u. 428). Unter Anerkennung im Sinne einer „Rechtsfolgeverweisung" versteht er die „Durchsetzung" des fremden Verwaltungsaktes im Inland (S. 428).

[73] Gegen eine Unterscheidung auch *Neumeyer*, Internationales Verwaltungsrecht, Bd. 4, S. 349 und *Nassr-Esfahani*, Grenzüberschreitender Bestandsschutz, S. 28; ähnlich *Schwander*, S. 93 m. w. Nachw.; auch *Verdross*, Universelles Völkerrecht, S. 636 f. (§ 1021), trifft keine Unterscheidung.

[74] Ebenso *Neumeyer*, Internationales Verwaltungsrecht, Bd. 4, S. 299; *Schlochauer*, Internationales Verwaltungsrecht, S. 10; *König*, S. 27; *Nassr-Esfahani*, Grenzüberschreitender Bestandsschutz, S. 29.

für den Fall, dass es an einer nationalen Anerkennung fehlt. Im Gegensatz zur grenzüberschreitenden Geltung treten bei der Anerkennung die Rechtswirkungen nur in dem Staat ein, der die Anerkennung vorgenommen hat. Wichtig ist die Unterscheidung auch für die Frage nach den Rechtswirkungen der Aufhebung eines Hoheitsakts.[75]

Auch bei der Anwendung fremder Gesetze werden fremden Hoheitsakten Rechtswirkungen im Inland verliehen.[76] Der Begriff „Anerkennung" wird jedoch überwiegend - und so auch hier - in Bezug auf fremde Verwaltungsakte und Urteile verwandt, während bei Normen von Anwendung fremden Rechts die Rede ist.[77]

Vielfach wird die Anerkennung fremder Verwaltungsakte auch als Unterfall der Anwendung fremden öffentlichen Rechts eingeordnet.[78] *Vogel* führt zur Begründung an, dass bei einer Anerkennung eines fremden Verwaltungsaktes diejenigen Vorschriften des fremden Verwaltungsrechts angewandt würden, auf denen die Verbindlichkeit des Verwaltungsaktes beruhe.[79]

Eine Anwendung fremden Verwaltungsrecht findet bei der Anerkennung von Verwaltungsakten jedoch nicht statt. So werden z.B. bei der Anerkennung fremder Diplome im Inland keine Diplomprüfungen nach ausländischem Recht abgenommen.[80] Vielmehr wird das Ergebnis der Anwendung fremden Rechts durch die fremden Behörden ins inländische Recht übernommen.[81] Der ausländische Verwaltungsakt tritt an die Stelle einer nach inländischem Recht ergangenen Behördenentscheidung. Der Anerkennung von Verwaltungsakten und der Anwendung von fremdem öffentlichen Recht ist lediglich gemeinsam, dass in beiden Fällen fremden Hoheitsakten im Inland Rechtswirkungen verliehen werden. Im Übrigen handelt es sich aber um unterschiedliche Kategorien, die jeweils eigenen Regeln folgen. Deshalb kann die Anerkennung von Verwaltungsakten nicht als Unterfall der Anwendung fremden öffentlichen Rechts verstanden werden.

---

[75] Hierzu unten, 6. Teil, D. IV.

[76] *Neumeyer*, Internationales Verwaltungsrecht, Bd. 4, S. 479.

[77] Vgl. *König*, S. 25; anders *Beyer*, Rechtsnormanerkennung im Binnenmarkt, S. 26; ders., EWS 1999, S. 13. Nach *Basedow*, Der kollisionsrechtliche Gehalt der Produktfreiheiten im europäischen Binnenmarkt: favor offerentis, RabelsZ 59 (1995), S. 13 f. wird die Frage nach der maßgeblichen Rechtsordnung manchmal fälschlich als Anerkennungsproblem bezeichnet. Dazu komme es vor allem, wenn im dem Staat der „Anerkennung" das ausländische Recht vermeintlich gar nicht mehr anzuwenden sei, sondern sich nur noch die Frage stelle, ob gewisse Emanationen seiner Anwendung im Ausland für die Zwecke des inländischen Rechtsverkehrs den Rechtsinstituten des einheimischen Rechts gleichgesetzt werden könnten.

[78] *Vogel*, Der räumliche Anwendungsbereich, S. 333; *Kegel/Schurig*, IPR, § 23 II.1. (S. 943); *Papier/Olschewski*, DVBl. 1976, S. 476; *Heiz*, S. 94 f.; *Schuler*, Internationales Sozialrecht, S. 270; *Schwander*, S. 93; *Nassr-Esfahani*, Grenzüberschreitender Bestandsschutz, S. 59; a.A. MK-*Sonnenberger*, Bd. 10, Einl. IPR Rn. 364; *v. Bar*, IPR, Rn. 254 f.

[79] *Vogel*, Der räumliche Anwendungsbereich, S. 333 f.

[80] So die zutreffende Kritik von *v. Bar*, IPR, Rn. 254 f.

[81] *Kopp*, DVBl. 1967, S. 469 f.

III. Extraterritoriale, transnationale und supranationale Hoheitsakte

1. Extraterritoriale Hoheitsakte

Der Begriff des extraterritorialen Hoheitsaktes wird mit unterschiedlicher Bedeutung verwendet und gibt zu Missverständnissen Anlass, da Hoheitsgewalt ja gerade nicht extraterritorial ausgeübt werden darf.[82] *Schlochauer* definiert den extraterritorialen Hoheitsakt als einen Hoheitsakt, der über das Staatsgebiet des den Hoheitsakt setzenden Staates unmittelbar auf das Gebiet eines anderen Staates hinüberwirkt.[83] *Beitzke* bezeichnet damit die durch eine Anerkennung eines fremden Hoheitsaktes herbeigeführte Wirkung.[84] *Geiger* und ihm folgend *Dahm* verstehen darunter die Frage der Respektierung fremder Hoheitsakte im Rahmen von Vorfragen.[85]

Als extraterritoriale Hoheitsakte sollen hier Verwaltungsakte verstanden werden, die im Ausland befindliche Personen oder Sachen betreffen.[86] Es geht dabei also um die Frage, ob ein Staat auch Sachverhalte mit Auslandsbezug regeln darf. Für eine tatsächliche extraterritoriale, d.h. grenzüberschreitende Wirkung bedarf es jedoch in der Regel erst der Anerkennung durch den Staat, in den der Hoheitsakt hineinwirken soll.[87] So vermag z.B. eine im Ausland ausgesprochene Enteignung das im Inland belegene Vermögen nur dann zu entziehen, wenn die Enteignung von dem Staat, in dem sich das Vermögen befindet, anerkannt wird.[88] Eine extraterritoriale Wirkung kann jedoch auch unmittelbar eintreten, wenn dies z.B. von einer übergeordneten Hoheitsgewalt angeordnet wird.

2. Transnationale Hoheitsakte

Unter dem Begriff „transnationale Hoheitsakte“ werden Verwaltungsakte der Mitgliedstaaten der Europäischen Gemeinschaft, die von anderen Mitgliedstaaten anzuerkennen sind und deshalb auch in den anderen Mitgliedstaaten Rechtswirkungen haben, verstanden.[89] Hierbei handelt es sich jedoch nicht um ein „neues Rechtsinsti-

---

[82] *Meng*, ZaöRV 1984, S. 727; s. u., 3. Teil, B. III. 1.

[83] *Schlochauer*, Die extraterritoriale Wirkung von Hoheitsakten, S. 10 ff.

[84] *Beitzke*, Extraterritoriale Wirkung von Hoheitsakten, in: Strupp/Schlochauer, WVR, Bd. 1, S. 505.

[85] *Geiger*, Grundgesetz und Völkerrecht, S. 350; *Dahm/Delbrück/Wolfrum*, Völkerrecht, Bd. 2/1 S. 484 (75 II 2).

[86] *Wolff/Bachof/Stober*, Verwaltungsrecht, Bd. 2, § 48 Rn. 53.

[87] *Schlochauer*, Die extraterritoriale Wirkung von Hoheitsakten, S. 40; *Schäfer*, Internationaler Anwendungsbereich, S. 60; *Wolff/Bachof/Stober*, Verwaltungsrecht, Bd. 2, § 48 Rn. 53; BGHZ 25, 134, 140.

[88] BGHZ 25, 134 ff.

[89] *Neßler*, Europäisches Richtlinienrecht, S. 5 u. 19 ff.; *Schmidt-Aßmann*, DVBl. 1993, S. 935; ders., EuR 1996, S. 282, 293 u. 301; ders., FS f. *Lerche*, S. 520; vgl. hierzu auch *Hatje*, Die

tut",[90] sondern nur um eine neue Bezeichnung. Verwaltungsakte, die infolge von Anerkennung Rechtswirkungen in anderen Staaten (grenzüberschreitende Rechtswirkungen) haben, gab es schon vorher.

3. Supranationale Hoheitsakte

Um einen supranationalen Hoheitsakt handelt es sich bei dem Hoheitsakt einer supranationalen Organisation wie der EG, z.B. bei einer Entscheidung nach § 249 Abs. 4 EG (früher Art. 189 Abs. 4 EGV).[91]

C. Arten internationalverwaltungsrechtlicher Normen

I. Kollisionsnormen

Kollisionsnormen geben bei Sachverhalten mit Auslandsberührung mit Hilfe bestimmter Anknüpfungspunkte das in der Sache anzuwendende Recht an.[92] Daher werden sie auch Rechtsanwendbarkeitsnormen genannt.[93] Den Gegensatz dazu bilden die Sachnormen, die eine materielle Regelung, also eine Regelung in der Sache selbst treffen.[94] Kollisionsnormen haben die Funktion, die Rechtsordnung zu bestimmen, die dem zu regelnden Sachverhalt am nächsten steht.[95] Dies wird mit Hilfe der sog. Anknüpfungspunkte ermittelt.[96] Anknüpfungspunkte sind typische Merkmale des zu beurteilenden Lebenssachverhalts, die auf eine enge Verbindung zu einer Rechtsordnung hindeuten, z.B. die Staatsangehörigkeit, der Wohnsitz, der Aufenthalts- oder Beschäftigungsort einer Person (persönliche Anknüpfungspunkte), der Lageort eines Grundstücks oder der Ort einer Handlung (örtliche Anknüpfungspunkte).[97] Durch den Anknüpfungspunkt stellt die Kollisionsnorm die Beziehung zwischen bestimmten, abstrakt bezeichneten Sachverhalten und der Rechtsordnung eines Staates her.[98] Ziel der

---

gemeinschaftsrechtliche Steuerung der Wirtschaftsverwaltung, S. 210 u. *Fastenrath*, JZ 1987, S. 171.

[90] So aber *Neßler*, NVwZ 1995, S. 866.

[91] Vgl. *Schmidt-Aßmann*, EuR 1996, S. 299; *Seidel*, in: Magiera (Hrsg.), Entwicklungsperspektiven der EG, S. 180).

[92] *Heldrich*, in: Palandt, BGB, Einl. v. Art. 3 EGBGB Rn. 1.

[93] Vgl. *v. Maydell*, Sach- und Kollisionnormen, S. 22.

[94] *V. Maydell*, Sach- und Kollisionnormen, S. 24; *Siehr*, RabelsZ 46 (1982), S. 361.

[95] *V. Maydell*, DVBl. 1971, S. 908.

[96] *V. Maydell*, DVBl. 1971, S. 908.

[97] *Heldrich*, in: Palandt, BGB, Einl. v. Art. 3 EGBGB Rn. 21; *v. Maydell*, Sach- und Kollisionsnormen, S. 56. Zum Teil wird unter persönlicher Anknüpfung auch nur die Anknüpfung an die Staatsangehörigkeit verstanden, z.B. *Neumeyer*, Internationales Verwaltungsrecht, Bd. 4, S. 138.

[98] *V. Maydell*, Sach- und Kollisionsnormen, S. 56.

Anknüpfung ist es, das Recht des Staates zu ermitteln, in dem der Schwerpunkt des zu beurteilenden Rechtsverhältnisses liegt.[99]

1. Einseitige Kollisionsnormen

Einseitige (oder unvollständige) Kollisionsnormen regeln nur die Anwendbarkeit des inländischen Rechts.[100] Sie werden deshalb auch Grenznormen genannt, weil sie den Anwendungsbereich des inländischen Rechts begrenzen.[101] Das bekannteste Beispiel für eine einseitige Kollisionsnorm des IVR ist der bereits erwähnte § 130 Abs. 2 S. 1 GWB (§ 98 Abs. 2 S. 1 GWB a.F.).[102] Deshalb trifft auch die teilweise vertretene Auffassung, wonach es im IVR keine einseitigen Kollisionsnormen gebe,[103] nicht zu.

2. Zweiseitige Kollisionsnormen

Zweiseitige Kollisionsnormen (auch allseitige oder vollständige Kollisionsnormen genannt) bestimmen, ob die Sachnorm der inländischen oder einer ausländischen Rechtsordnung zu entnehmen ist.[104] Sie verweisen also auch auf ausländisches Recht und haben dann die Funktion eines Anwendungsbefehls, also einer Norm, die die Anwendung fremden Rechts befiehlt (anwendungsbegründende Norm).[105] Durch die Verweisung gewinnt ausländisches Recht für das Inland Rechtserheblichkeit.[106] Ein Beispiel für eine zweiseitige Kollisionsnorm aus dem IPR ist Art. 7 Abs. 1 S. 1 AGBGB: „Die Rechtsfähigkeit und die Geschäftsfähigkeit einer Person unterliegen dem Recht des Staates, dem die Person angehört.“ Ob es auch im IVR zweiseitige Kollisionsnormen gibt, ist umstritten.[107]

---

[99] *V. Maydell*, Sach- und Kollisionsnormen, S. 56; ders., DVBl. 1971, S. 908.

[100] *V. Maydell*, Sach- und Kollisionnormen, S. 23.

[101] Vgl. *Schwander*, S. 90. Zum Teil wird ihnen der Charakter von Kollisionsnormen auch abgesprochen. Nach *Vogel* (Der räumliche Anwendungsbereich, S. 299 f.) stellen Grenznormen Normen des materiellen Verwaltungsrechts dar; dagegen: *v. Maydell*, Sach- und Kollisionsnormen, S. 89; *Schuler*, Internationales Sozialrecht, S. 231; 257. *Neumeyer*, Internationales Verwaltungsrecht, Bd. 4, S. 195, unterscheidet zwischen Grenz - und Kollisionsnormen: Bei Grenznormen handele es sich um Rechtssätze, die den Anwendungsbereich inländischer Sachnormen bestimmen, während es sich bei Kollisionsnormen um Rechtssätze über die Anwendbarkeit ausländischen Rechts handele. Da aber auch die Grenznormen bei auslandsbezogenen Fällen die Aufgabe haben, den Rechtsgeltungsanspruch des eigenen Rechts gegenüber dem fremden Recht abzugrenzen, um eine Kollision mit dem Rechtsgeltungsanspruch der Normen anderer Staaten auszuschließen, ist es gerechtfertigt, auch die Grenznormen als Kollisionsnormen zu bezeichnen.

[102] *Kegel/Schurig*, IPR, § 23 V. 3. (S. 972); *Siehr*, RabelsZ 46 (1982), S. 359.

[103] *V. Maydell*, Sach- und Kollisionnormen, S. 55.

[104] *Schlochauer*, Internationales Verwaltungsrecht, S. 2.

[105] *Schuler*, Internationales Sozialrecht, S. 234.

[106] *Neumeyer*, Internationales Verwaltungsrecht, Bd. 4, S. 175.

[107] Dafür: *Bleckmann*, Allgemeine Staats- und Völkerrechtslehre, S. 946, der jedoch kein Beispiel nennt. Nach *Steindorff*, in: Strupp/Schlochauer (Hrsg.), WVR, Bd. 3, S. 581 sind zweiseitige

3. Scheinbar zweiseitige Kollisionsnormen

Von den zweiseitigen Kollisionsnormen sind die allseitig formulierten einseitigen Kollisionsnormen zu unterscheiden. Letzere bestimmen zwar - wie zweiseitige Kollisionsnormen - abstrakt das anzuwendende Recht, sind aber wie einseitige Kollisionsnormen strukturiert, indem sie für die jeweiligen nationalen Behörden nur eine Bestimmung darüber enthalten, ob das eigene Recht anzuwenden ist, nicht aber auch zur Anwendung fremden Rechts führen.[108] Es handelt sich also nur scheinbar um zweiseitige Kollisionsnormen. Hierzu gehören z.B. die in Doppelbesteuerungsabkommen anzutreffenden Normen, die bestimmen, welche Tatbestände dem deutschen und welche dem fremden Recht unterliegen sollen.[109]

4. Selbstbegrenzte Sachnormen

Der internationale Anwendungsbereich einer Rechtsnorm kann entweder durch den Tatbestand der Norm selbst oder durch eine selbstständige Norm (einseitige Kollisionsnorm) begrenzt werden.[110] Erfolgt die Begrenzung im Tatbestand der Norm selbst, spricht man von einer selbstbegrenzten Sachnorm.[111] Solche Normen haben einen kollisionsrechtlichen und einen materiellrechtlichen Bestandteil[112] („versteckte Kollisi-

---

Kollisionsnormen im IVR eine „Ausnahmeerscheinung" und nach *Schlochauer*, Internationales Verwaltungsrecht, S. 3 handelt es sich bei den Bestimmungen des IVR nur „vorwiegend" um einseitige Kollisionsnormen. Nach *Schuler*, Internationales Sozialrecht, S. 264 , wird die Amtshilfebestimmung des § 6 SGB-X durch eine zwischenstaatliche oder gemeinschaftsrechtliche Koordinierung zu einer allseitigen Kollisionsnorm, da er für die Zulässigkeit einer Maßnahme, die durch internationale Amtshilfe verwirklicht werden soll, auf die Rechtsvorschriften des Staates, dem die ersuchende Behörde angehört und für die Durchführung der Amtshilfe auf die Rechtsvorschriften des Staates, dem die ersuchte Behörde angehört, verweise. Dabei handelt es sich jedoch nur um eine scheinbar zweiseitige Kollisionsnorm, s. hierzu im Folgenden. Als (allerdings umstrittenes) Beispiel aus dem Völkervertragsrecht wird Art. VIII, Abschnitt 2 b), S. 1 des Abkommens über den Internationalen Währungsfonds (abgedruckt in Sar. II Nr. 44) genannt (*Meessen*, AöR 110 (1985), S. 401 u. 407). Gegen die Existenz zweiseitiger Kollisionsnormen: *v. Maydell*, Sach- und Kollisionnormen, S. 23; *v. Bar*, IPR, Rn. 244; *Vogel*, AöR 84 (1959), S. 62.

108 *V. Maydell*, Sach- und Kollisionsnormen, S. 58 f.; *Neumeyer*, Internationales Verwaltungsrecht, Bd. 4, S. 117; *Schuler*, Internationales Sozialrecht, S. 257; *Kopp*, DVBl. 1967, S. 470.

109 *Kopp*, DVBl. 1967, S. 470; *Neumeyer*, Internationales Verwaltungsrecht, Bd. 4, S. 117.

110 *Vogel*, Der räumliche Anwendungsbereich, S. 357; a.A. *Neumeyer*, Internationales Verwaltungsrecht, Bd. 4, S. 474 f., 484, der es nicht für möglich hält, den Anwendungsbereich des Inlandsrechts allein durch die Aufnahme örtlicher Merkmale in die Sachnorm zu begrenzen; hinzukommen müsse notwendigerweise noch eine selbstständige Grenznorm.

111 *V. Maydell*, Sach- und Kollisionnormen, S. 24 u. 55; *Heldrich*, in: Palandt, BGB, Einl. v. Art. 3 EGBGB, Rn. 1. Zur schwierigen Abgrenzung von selbstbegrenzten Sachnormen zu normalen Sachnormen mit persönlich-räumlichen Begrenzungen *Siehr*, RabelsZ 46 (1982), S. 357 ff.; *Schurig*, JZ 1982, 387; *Schuler*, Internationales Sozialrecht, S. 232 u. 259.

112 *Heldrich*, in: Palandt, BGB, Einl. v. Art. 3 EGBGB, Rn. 1; *v. Maydell*, Sach- und Kollisionnormen, S. 24 u. 55. Nach *Vogel*, S. 298 ff. handelt es sich bei den selbstbegrenzten Sachnormen ebenso

onsnormen"[113]). Zur Veranschaulichung folgendes Beispiel: Bei der Vorschrift „Wer Personen befördert, bedarf der Genehmigung" (§ 2 Abs. 1 PBefG) handelt es sich um eine ganz normale Sachnorm. Die dazugehörige Grenznorm würde lauten: „Das PBefG findet Anwendung auf die Beförderung von Personen innerhalb der Bundesrepublik Deutschland." Eine beide Vorschriften beinhaltende selbstbegrenzte Sachnormen hätte folgenden Wortlaut: „Wer Personen innerhalb der Bundesrepublik Deutschland befördert, bedarf der Genehmigung." Auch bei den Grundrechten, die wie Art. 8, 9 und 12 GG nur Deutsche berechtigen, handelt es sich um selbstbegrenzte Sachnormen.[114] Nach teilweise vertretener Auffassung gibt es im IVR weder zwei- noch einseitige Kollisionsnormen, sondern nur selbstbegrenzte Sachnormen.[115] Dem steht das oben gefundenen Beispiel des § 130 Abs. 2 S. 1 GWB für eine einseitige Kollisionsnorm entgegen. Die Begrenzung des Anwendungsbereichs verwaltungsrechtlicher Normen erfolgt aber überwiegend durch selbstbegrenzte Sachnormen.[116]

5. Materiellrechtliche Verweisungen

Der Begriff „materiellrechtliche Verweisung" (mittelbare Verweisung oder auch Sachnormverweisung) wird verwendet, wenn eine Norm des inländischen materiellen Rechts hinsichtlich einzelner Tatbestandsmerkmale (ausdrücklich oder in der Form, dass im Tatbestand Rechtsbegriffe enthalten sind, die in bestimmten Fällen nur durch die Anwendung ausländischer Vorschriften ausgefüllt werden können) auf fremdes Recht verweist, die Rechtsfolge sich jedoch aus inländischem Recht ergibt (Beurteilung einer Vorfrage nach fremdem Recht).[117] Solche Normen werden auch als „unechte Kollisionsnormen" bezeichnet.[118] Dagegen handelt es sich um eine echte kollisionsrechtliche Verweisung, wenn in einer (zweiseitigen) Kollisionsnorm auf fremdes Recht verweisen wird, wenn also die Hauptfrage nach fremdem Recht zu beurteilen ist. Die Rechtsfolge ergibt sich in diesem Fall aus dem fremden Recht.[119] Als Beispiel für eine materiellrechtliche Verweisung wird § 7 Abs.1 StGB genannt, wonach das deutsche Strafrecht für Taten gilt, die im Ausland gegen einen Deutschen begangen werden, „*wenn die Tat am Tatort mit Strafe bedroht ist*".[120] So wie die selbstbegrenzten Sachnormen eine einseitige Kollisionsnorm enthalten, enthalten die

---

wie bei den Grenznormen nicht (auch) um Kollisionsnormen, sondern um rein materiellrechtliche Normen.

[113] *Siehr*, RabelsZ 46 (1982), S. 363.

[114] Die Auffassung von *Kopp*, DVBl. 1967, S. 469, der diese Grundrechte zu den einseitigen Kollisionsnormen zählt, ist zwar ungenau, aber nicht falsch, da selbstbegrenzte Sachnormen eine einseitige Kollisionsnorm beinhalten.

[115] *V. Maydell*, Sach- und Kollisionnormen, S. 55.

[116] *Vogel*, Der räumliche Anwendungsbereich, S. 300.

[117] *Schuler*, Internationales Sozialrecht, S. 241; *Vogel*, Der räumliche Anwendungsbereich, S. 299; *Siehr*, RabelsZ 46 (1982); vgl. auch *Isay*, HdwbdR, Bd. 3, S. 352.

[118] *Feldmüller*, S. 310.

[119] *Vogel*, Der räumliche Anwendungsbereich, S. 198.

[120] *Schuler*, Internationales Sozialrecht, S. 234.

materiellrechtlichen Verweisungen eine zweiseitige Kollisionsnorm. Sie kombinieren die materiellrechtliche Regel mit einer Rechtsanwendungsnorm. Der verweisungsrechtliche Gehalt materieller Verweisungen kann daher abstrahiert und in echte Kollisionsnormen umgewandelt werden.[121] Deshalb besteht kein wesentlicher Unterschied zwischen den Verweisungen auf fremdes Recht in zweiseitigen Kollisionsnormen und den materiellrechtlichen Verweisungen.

II. Anerkennungsnormen

Internationales Verwaltungsrecht wurde definiert als die Gesamtheit der Rechtsnormen, die für verwaltungsrechtliche Sachverhalte mit Auslandsbezug eine Bestimmung der zuständigen Behörde, des anzuwendenden Rechts oder der Wirkung fremder Hoheitsakte im Inland treffen. Vorschriften über die Anerkennung geben an, welche Rechtswirkungen den Hoheitsakten eines fremden Staates im Inland zukommen.[122] Sie sind deshalb ebenfalls zum IVR zu rechnen.[123]

Zum Teil werden die Vorschriften über die Anerkennung ausländischer Verwaltungsakte als materiellrechtliche Verweisungen eingeordnet,[124] da sich die Rechtsfolge nicht aus dem fremden, sondern aus dem eigenen Recht ergebe. Eine Einordnung als materiellrechtliche Verweisungen würde aber voraussetzen, dass wenigstens zur Beantwortung der Vorfrage fremdes Recht angewandt werden muss. Dies ist jedoch nicht der Fall, da bei der Anerkennung eines Verwaltungsakts, wie bereits ausgeführt, nur das Ergebnis der fremden Rechtsanwendung ins eigene Recht übernommen wird.

III. Vorbehaltsnormen

Vorbehaltsnormen regeln, wann sich, wenn auf fremdes Recht verwiesen wurde, ausnahmsweise das eigene Recht gegenüber dem fremden Recht durchsetzt. Bei Verwaltungsakten geben Vorbehaltsnormen Auskunft darüber, in welchen Fällen die Anerkennung fremder Verwaltungsakte bei grundsätzlich bestehender Anerkennungspflicht ausnahmsweise verweigert werden kann. Sie sind gleichfalls zum IVR zu zählen.

---

121 *Feldmüller*, S. 312 f.

122 *Schlochauer*, Internationales Verwaltungsrecht, S. 10; s. o., 1. Teil, B. II.

123 *Neumeyer*, Internationales Verwaltungsrecht, Bd. 4, S. 295 ff.; *Schlochauer*, Internationales Verwaltungsrecht, S. 10; *Papier/Olschewski*, DVBl. 1976, S. 476.

124 *Vogel*, Der räumliche Anwendungsbereich, S. 301; *v. Bar*, IPR, Rn. 251; a.A. *Schuler*, Internationales Sozialrecht, S. 270.

IV. Rechts- und Amtshilferegelungen

Zum Teil werden auch die Vorschriften über die Rechts- und Amtshilfe zu Gunsten ausländischer Staaten generell zum IVR gerechnet.[125] Soweit es um die Voraussetzungen und die Art und Weise der Durchführung der Amtshilfe geht, handelt es sich hierbei jedoch um Sachrecht. Zu den internationalverwaltungsrechtlichen Vorschriften gehören aber z.B. Normen, die eine Aussage über das bei internationaler Amtshilfe anzuwendende Recht treffen. Internationalverwaltungsrechtliche Amtshilferegelungen bilden aber keine eigenständige Normkategorie innerhalb des IVR.

V. Zuständigkeitsnormen

Wie bereits ausgeführt, gehören Normen, die bei Fällen mit Auslandsbezug der Abgrenzung der Zuständigkeit der inländischen Behörden von der Zuständigkeit ausländischer Behörden dienen, ebenfalls zum IVR.

D. Das für die Abgrenzung öffentliches Recht - Privatrecht maßgebliche Recht

Da in einigen Staaten keine Unterscheidung zwischen Privatrecht und öffentlichem Recht getroffen wird und da sie, wenn sie getroffen wird, ganz anders ausfallen kann als im deutschen Recht,[126] stellt sich die Frage, welche Rechtsordnung für die Qualifikation maßgeblich ist. Hier bietet sich zunächst an, die Unterscheidung anhand des im Völkerrecht zur Bestimmung der Immunität verwendeten Begriffspaars „iure imperii" und „iure gestionis"[127] zu treffen. Dagegen spricht, dass diese Unterscheidung völkerrechtlich noch weitgehend ungeklärt ist.[128] Denkbar ist auch eine Qualifikation nach der Rechtsprechung des EuGH zum Begriff der Zivilsache i.S.v. Art. 1 Abs.1 des Europäischen Gerichtsstands- und Vollstreckungsübereinkommens. Danach ist zur Abgrenzung des öffentlichen Rechts vom Privatrecht eine autonome Begriffsbildung erforderlich, bei der die Zielsetzungen und die Systematik des Übereinkommens sowie die allgemeinen Rechtsgrundsätze, die sich aus der Gesamtheit der innerstaatlichen Rechtsordnungen ergeben, berücksichtigt werden müssen.[129] Öffentlich-rechtlich ist es zu qualifizieren, wenn sich die öffentliche Hand hoheitlicher Befugnisse bedient. Doch auch hier sind die Einzelheiten der Einteilung noch weitge-

---

[125] *Schlochauer*, Internationales Verwaltungsrecht, S. 11; *Steindorff*, in: Strupp/Schlochauer (Hrsg.), WVR, Bd. 3, S. 582; *Neumeyer*, Internationales Verwaltungsrecht, Bd. 4, S. 351 ff.

[126] Vgl. *Frank*, RabelsZ 34 (1970), S. 71 f; *Nassr-Esfahani*, Grenzüberschreitender Bestandsschutz, S. 108.

[127] Z.B. in Art. 24 Abs. 1 S. 2 des Europäischen Übereinkommens über Staatenimmunität, abgedruckt in: *Jayme/Hausmann* (Hrsg.), Internationales Privat- und Verfahrensrecht, Nr. 69.

[128] *Feldmüller*, S. 41; *Ipsen*, Völkerrecht, § 26 Rn. 18 f., S. 334.

[129] EuGHE 1976, S. 1541/1550, Rn. 3 - Eurocontrol.

hend uneinheitlich und ungeklärt. Die herrschende Auffassung trifft die Unterscheidung daher nach dem Recht des Gerichtsstaats, der „lex fori".[130] Maßgeblich sind danach also die im deutschen Recht üblichen Abgrenzungskriterien. Dies gilt auch für die Frage, ob ein Verwaltungsakt vorliegt.[131]

Bullinger fordert sogar die gänzliche Aufgabe der Unterscheidung zwischen Privatrecht und öffentlichem Recht (auch) für das Kollisionsrecht.[132] Hierfür sprechen gewichtige Gründe. Solange es aber für das Privatrecht und das Verwaltungsrecht unterschiedliche Gerichtsbarkeiten gibt und für die Behörden im Bereich des öffentlichen Rechts die Möglichkeit besteht, durch Verwaltungsakt zu handeln, muss an der Unterscheidung festgehalten werden.[133]

---

130 *Neumeyer*, Internationales Verwaltungsrecht, Bd. 4, S. 160; *König*, S. 35; *Feldmüller*, S. 40 f. u. S. 98 f.

131 *König*, S. 35.

132 *Bullinger*, Öffentliches Recht und Privatrecht, S. 106.

133 *Siehr*, RabelsZ 46 (1982), 359.

2. Teil: Internationalverwaltungsrechtliche Regelungen im sekundären Gemeinschaftsrecht

A. Produktsicherheitsrecht

I. Die Entwicklung einer neuen Konzeption auf dem Gebiet der technischen Harmonisierung und der Normung

Das ursprüngliche Konzept der Kommission auf dem Gebiet der technischen Harmonisierung und der Normung ging davon aus, dass sich die auf unterschiedlichen nationalen Vorschriften beruhenden Handelshemmnisse nur durch Rechtsangleichung beseitigen lassen.[1] Der dabei eingeschlagene Weg der Detailharmonisierung, bei dem die Anforderungen an jedes einzelne Produkt bis in technische Einzelheiten hinein in der Richtlinie selbst geregelt wurden, stellte sich jedoch als zu schwerfällig heraus.[2] Seit der Cassis-Entscheidung des EuGH[3] verfolgt die Kommission daher einen kombinierten Ansatz aus „Anerkennung" und Harmonisierung, den sie in den Produktsicherheitsrichtlinien nach der sog. neuen Konzeption umsetzte.[4]

II. Die Grundprinzipien der Richtlinien nach der neuen Konzeption

Die neue Konzeption, für die der Rat in einer Entschließung einheitliche Grundlagen geschaffen hat, basiert auf den Prinzipien der Beschränkung der Rechtsangleichung auf

---

[1] *Sedemund*, „Cassis de Dijon", in: Schwarze, Der gemeinsame Markt, S. 38.

[2] Weißbuch, Kom (85) 310, Ziff. 64; *Bruha*, ZaöRV 1986, S. 2 ff.; *Sedemund*, „Cassis de Dijon", in: Schwarze, Der gemeinsame Markt, S. 39 f.; *Joerges/Falke*, Die Normung von Konsumgütern, in: Müller-Graff (Hrsg.), Technische Regeln im Binnenmarkt, S. 175; *Schwartz*, FS v. d. Groeben, S. 351 f.

[3] EuGHE 1979, S. 649; s. u., 6. Teil, B. II. 2. a) aa) (2).

[4] „Während aber eine solche auf die gegenseitige Anerkennung gestützte Strategie Handelshemmnisse beseitigen und zur Schaffung eines echten Gemeinsamen Marktes im kaufmännischen Sinne führen würde, ist es nicht sicher, ob sie zur Errichtung eines auf die industrielle Wettbewerbsfähigkeit gestützten expandierenden Marktes ausreicht, den ein einheitlicher Markt von kontinentaler Größe zur Folge haben kann. Andererseits zeigt die Erfahrung, dass eine Strategie, die gänzlich auf der Harmonisierung aufbaut, zu zeitraubend und unflexibel wäre und die Innovation ersticken könnte. Was not tut, ist eine Strategie, welche die positiven Elemente beider Ansätze verbindet und die es vor allem ermöglicht, sehr viel schneller als in der Vergangenheit Fortschritte zu machen" (Weißbuch, Kom (85) 310, Ziff. 64). Der Gedanke einer wechselseitigen Anerkennung unterschiedlicher Produktregelungen gegenüber der „traditionellen" Vorstellung einer Vereinheitlichung dieser Anforderungen hat in den auf Grundlage dieser neuen Strategie erlassenen Richtlinien jedoch nicht die praktische Bedeutung erlangt, die nach den Ankündigungen im Weißbuch der Kommission zu erwarten war (*Joerges*, FS f. Steindorff, S. 1263).

grundlegende Anforderungen, der Durchführung von Verfahren zur Überprüfung der Richlinienkonformität, einer Konformitätsvermutung und einer Schutzklausel.[5]

1. Beschränkung der Rechtsangleichung auf grundlegende Anforderungen

Die Rechtsangleichung beschränkt sich auf die Festlegung der grundlegenden (Sicherheits-) Anforderungen an die Produkte. Die Konkretisierung dieser in den Richtlinien zum Teil nur sehr allgemein festgelegten Anforderungen wird den (privatrechtlichen) europäischen Normungsorganisationen (CEN, CENELEC) übertragen.[6]

---

[5] Entschließung des Rates über eine neue Konzeption auf dem Gebiet der technischen Harmonisierung und der Normung vom 7. 5. 1985, ABl. C 136/1 ff. v. 4. 6. 1985; *Langner*, in: Dauses, Handbuch des EU-Wirtschaftsrechts, C. VI Rn. 6 f.; *Sedemund*, „Cassis de Dijon“, in: Schwarze, Der gemeinsame Markt, S. 49.
Überblick über die Richtlinien nach der neuen Konzeption:
- RL 87/404/EWG (Druckbehälter), ABl. L 220/48 v. 8. 8. 1987 = EWR Nr. 210; umgesetzt in der 6. Verordnung zum Gerätesicherheitsgesetz (Verordnung über das Inverkehrbringen von einfachen Druckbehältern - 6. GSGV), BGBl. 1992 I S. 1171 = GewO Nr. 276 e.
- RL 88/378/EWG (Spielzeug), ABl. L 187/1 v. 16. 7. 1988 = EWR Nr. 211; umgesetzt in der Verordnung über die Sicherheit von Spielzeug, BGBl. 1989 I S. 2541 = GewO Nr. 276 a.
- RL 89/106/EWG (Bauprodukte), ABl. L 40/12 v. 11. 2. 1989 = EWR Nr. 212; umgesetzt im Bauproduktegesetz, BGBl. 1992 I S. 1495.
- RL 89/336/EWG (Elektromagnetische Verträglichkeit), ABl. L 139/19 v. 23. 5. 1989 = EWR Nr. 213.
- RL 89/392/EWG (Maschinen), ABl.L 183/9 v. 29. 6. 1989 = EWR Nr. 214; umgesetzt in der 9. Verordnung zum Gerätesicherheitsgesetz (Maschinenverordnung - 9. GSGV), BGBl. 1993 I S. 704 = GewO Nr. 276 h.
- RL 89/686/EWG (Persönliche Schutzausrüstungen), ABl. L 399/18 v. 30. 12. 1989 = EWR Nr. 215; umgesetzt in der 8. Verordnung zum Gerätesicherheitsgesetz (Verordnung über das Inverkehrbringen von persönlichen Schutzausrüstungen - 8. GSGV), BGBl. 1992 I S. 1019 = GewO Nr. 276 g.
- RL 90/384/EWG (Waagen), ABl. L 189/1 v. 20. 7. 1990 = EWR Nr. 216; umgesetzt in der Verordnung zur Änderung der Eichordnung, BGBl. 1992 I S. 1653.
- RL 90/385/EWG (Implantierbare medizinische Geräte), ABl. L 189/17 v. 20. 7. 1990 = EWR Nr. 217; umgesetzt im Medizinproduktegesetz - MPG, BGBl. 1994 I S. 1963.
- RL 90/396/EWG (Gasgeräte), ABl. L 196/15 v. 26. 7. 1990 = EWR Nr. 218; umgesetzt in der 7. Verordnung zum Gerätesicherheitsgesetz (Gasverbrauchseinrichtungsverordnung - 7. GSGV), BGBl. 1993 I S. 133 = GewO Nr. 276 f.
- RL 91/263/EWG (Telekommunikationsendeinrichtungen), ABl. L 128/1 v. 23. 5. 1991.
- RL 92/42/EWG (Warmwasserheizkessel), ABl. L 167/17 v. 22. 6. 1992.
- RL 93/15/EWG (Explosivstoffe), ABl. L 121/20 v. 15. 5. 1993.
- RL 93/42/EWG (Medizinprodukte), ABl. L 165/1 v. 7. 7. 1993 = EWR Nr. 700.
- RL 94/9/EG (Ex-Schutz-RL), ABl. L 100/1 = EWR Nr. 201.
- RL 95/16/EG (Aufzüge), ABl. Nr. 213/1 = EWR Nr. 219.
- RL 98/79/EG (In-vitro-Diagnostika), ABl. Nr. L 331/1 = EWR Nr. 221.

[6] Ausführlich hierzu *Breulmann*, Normung und Rechtsangleichung in der Europäischen Wirtschaftsgemeinschaft, S. 40 ff.; *Rönck*, Technische Normen als Gestaltungsmittel des Europäischen Gemeinschaftsrechts, S. 47 ff.

2. Konformitätsbewertungsverfahren

Zur Überprüfung der Richtlinienkonformität des Produkts sehen die Richtlinien sog. Konformitätsbewertungsverfahren vor, die, je nach Gefährlichkeit des Produkts, sehr unterschiedlich ausgestaltet sind. Folgende Verfahren können zur Anwendung kommen:[7] „interne Fertigungskontrolle", „EG - Baumusterprüfung", „Einzelprüfung" und „umfassende Qualitätssicherheit". Zur Durchführung des Konformitätsbewertungsverfahrens kann sich der Hersteller an jede benannte Stelle (Zertifizierungsstelle) in jedem Mitgliedstaat wenden,[8] doch darf er einen Antrag nur bei einer einzigen Stelle einreichen.[9] Eine parallele Antragstellung ist also nicht zulässig. Zum Nachweis muss er schriftlich erklären, dass derselbe Antrag bei keiner anderen benannten Stelle eingereicht worden ist.[10]

a) Interne Fertigungskontrolle (Modul A)

Bei diesem Verfahren erklärt der Hersteller schriftlich, dass die betreffenden Produkte die für sie geltenden Anforderungen der Richtlinie erfüllen (sog. Konformitätserklärung)[11] und bringt an jedem Produkt das CE-Zeichen an. Das CE-Zeichen bedeutet, dass der Hersteller, der das Zeichen auf dem Produkt angebracht hat, sich vergewissert hat, dass das Erzeugnis den Bestimmungen der jeweils einschlägigen Richtlinie entspricht und dem vorgeschriebenen Konformitätsbewertungsverfahren unterzogen worden ist.[12] Deshalb wird dieses Verfahren auch als Herstellerselbstbescheinigung bezeichnet.

---

[7] Beschluss 93/465/EWG des Rates vom 22. 7. 1993 über die in den technischen Harmonisierungsrichtlinien zu verwendenden Module für die verschiedenen Phasen der Konformitätsbewertungsverfahren und die Regeln für die Anbringung und Verwendung der CE-Konformitätskennzeichnung (Modul-Beschluss), der an die Stelle des Beschlusses 90/683/EWG vom 13. 12. 1990 (ABl. 1990, L 380/13) getreten ist. Eine Übersicht über die verschiedenen Verfahren findet sich im Anhang des Modul-Beschlusses (ABl. L v. 30. 8. 1993, L 220, S. 39. Vgl. hierzu *Tünnessen-Harmes*, DVBl. 1994, S. 1340; *Langner*, in: Dauses, Handbuch des EU-Wirtschaftsrechts, C. VI Rn. 17.

[8] *Langner*, in: Dauses, Handbuch des EU-Wirtschaftsrechts, C. VI Rn. 45; Punkt 4.3.3. der Stellungnahme des Wirtschafts- und Sozialausschusses vom 29./30. Mai 1996, CES 690/96.

[9] Z.B. Art. 10 Abs. 2 S. 1 der RL 87/404/EWG (Druckbehälter): „Der Antrag auf eine EG-Baumusterprüfung wird vom Hersteller ... bei einer einzigen zugelassenen Prüfstelle gestellt."

[10] Ratsbeschluss 93/465/EWG (Modul-Beschluss), Anhang, II, Modul B 2.

[11] Ein Muster für eine solche EG-Konformitätserklärung des Herstellers findet sich im Anhang VI der RL 89/686 (persönliche Schutzausrüstungen).

[12] Ratsbeschluss 93/465 (Modul-Beschluss), Anhang, I. B. a), b).

b) EG- Baumusterprüfung (Modul B)

Die EG- Baumusterprüfung ist das Verfahren, bei dem eine zugelassene Prüfstelle prüft, ob ein für die betreffende Produktion repräsentatives Muster den Vorschriften der einschlägigen Richtlinie entspricht. Ist dies der Fall, so stellt die Prüfstelle eine EG-Baumusterprüfbescheinigung aus.

Im Anschluss an dieses Verfahren können noch die Module C, D, E oder F zur Anwendung kommen. Bei allen diesen Verfahren erklärt der Hersteller selbst die Konformität eines Produktes mit der durch die EG-Baumusterprüfung zugelassenen Bauart und den grundlegenden Anforderungen der Richtlinie und bringt selbst das CE-Zeichen an, während die benannte Stelle lediglich die Einhaltung eines von ihr zugelassenen Qualitätssicherungssystems überwacht (Module D und E) oder Stichproben durchführt (Modul C). Nur das Modul F sieht zusätzlich die Prüfung der Konformität jedes einzelnen Produkts durch eine benannte Stelle vor, die dann eine Konformitätsbescheinigung ausstellt.

c) EG-Einzelprüfung (Modul G)

Bei diesem Verfahren erklärt der Hersteller die Richtlinienkonformität, bringt das CE-Zeichen an und führt das Produkt einer Zertifizierungsstelle vor, die die Konformität mit den grundlegenden Anforderungen der Richtlinie prüft und eine Konformitätsbescheinigung ausstellt.

d) Umfassendes Qualitätssicherheitsverfahren (Modul H)

Daneben gibt es noch ein umfassendes Qualitätssicherheitsverfahren, das hier jedoch nicht im Einzelnen dargestellt werden soll.

3. Vermutung der Richtlinienkonformität

Für Erzeugnisse, die den grundlegenden Anforderungen der Richtlinie entsprechen, soll der freie Warenverkehr in der Gemeinschaft gewährleistet sein. Kernelement der Richtlinien ist deshalb eine Freiverkehrsklausel, die bestimmt, dass die Mitgliedstaaten das Inverkehrbringen von Produkten, die den Bestimmungen der Richtlinie entsprechen, nicht behindern dürfen.[13]

---

[13] Z.B. Art. 4 der RL 88/378 (Spielzeug-RL). In manchen Richtlinien findet sich auch Varianten dieser Freiverkehrsklausel. So bindet Art. 4 Abs. 2 der RL 89/686 (persönliche Schutzausrüstungen) die freie Verkehrsfähigkeit des Produkts neben der Richtlinienkonformität an die Anbringung des CE-Zeichens. Art. 4 Abs. 1 der RL 93/42 (Medizinprodukte) lässt als Voraussetzung für die freie Verkehrsfähigkeit allein die Anbringung des CE-Zeichens genügen.

Während den in der Richtlinie festgelegten grundlegenden Anforderungen alle in den Verkehr gebrachten Produkte entsprechen müssen,[14] ist die Anwendung der von den europäischen Normungsorganisationen entwickelten Normen (= harmonisierte oder auch europäische Normen) freiwillig. Bei einem Erzeugnis, das nach solchen europäischen Normen hergestellt worden ist, gilt allerdings in der Regel gegenüber den Mitgliedstaaten die (widerlegbare) Vermutung, dass das Produkt den grundlegenden Anforderungen der Richtlinie entspricht.[15] Die Beweislast dafür, ein bestimmtes Produkt entspreche nicht diesen Anforderungen, liegt in diesen Fällen bei der betreffenden Behörde des Mitgliedstaats, der die Einfuhr verhindern möchte. Bei einer von der Norm abweichenden Lösung muss dagegen der Hersteller beweisen, dass sein Produkt richtlinienkonform ist.[16]

Die Beweisvermutungsregel hat in den einzelnen Richtlinien sowohl hinsichtlich ihrer Voraussetzungen als auch hinsichtlich des Vermutungsinhalts eine sehr unterschiedliche Ausformung erhalten. Voraussetzung ist entweder die Einhaltung der europäischen Normen[17] oder die Anbringung des CE-Zeichens (evtl. zusammen mit weiteren Erklärungen oder Bescheinigungen);[18] zum Teil sind auch (alternativ) beide Formen vorgesehen[19]. Schließlich gibt es auch noch eine Vermutung, die an die Einhaltung bestimmter nationaler Normen anknüpft.[20] Inhaltlich wird zum Teil lediglich die Übereinstimmung mit den wesentlichen Anforderungen,[21] zum Teil aber auch die Einhaltung aller Bestimmungen der Richtlinie, d.h. auch der Vorschriften über die Konformitätsbewertungsverfahren vermutet.[22]

Die Beweisvermutung hat zur Folge, dass es den Mitgliedstaaten grundsätzlich verboten ist, ein System von Kontrollen vor dem Inverkehrbringen einzurichten.[23] Soweit nicht in Einzelrichtlinien ausnahmsweise eine vorherige Kontrolle vorgeschrieben

---

[14] Prinzip der vollständigen Harmonisierung im Gegensatz zu einer nur optionellen Harmonisierung, bei der die Mitgliedstaaten die Wahl haben, die Richtlinienbestimmungen nur für den grenzüberschreitenden Warenverkehr zur Anwendung zu bringen.

[15] Z.B. Art. 5 Abs. 1 der RL 93/42 - Medizinprodukte.

[16] *Köck*, DVBl. 1994, S. 33, Fn. 69.

[17] Z.B. Art. 7 Abs. 1 der RL 92/42 - Warmwasserheizkessel.

[18] Z.B. Art. 5 Abs. 1 und 2 der RL 89/686 - persönliche Schutzausrüstungen.

[19] Z.B. Art. 5 Abs 1 der RL 87/404 - Druckbehälter.

[20] Z.B. Art. 5 Abs. 1 b) der RL 90/396 - Gasgeräte. Das hierzu vorgesehene Verfahren der Zusammenstellung der nationalen Normen, bei denen davon ausgegangen werden kann, dass sie mit den grundlegenden Anforderungen der Richtlinie übereinstimmen (z.B. nach Art. 5 Abs. 2 der RL 90/396 - Gasgeräte), ist als Übergangsmaßnahme vorgesehen, solange für das jeweilige Produkt noch keine europäischen Normen vorliegen (Entschließung des Rates vom 7. 5. 1985, ABl. C 136/1 v. 4. 6. 1985, Anhang II, Abschnitt B V Ziff. 1 b 2.).

[21] Z.B. Art. 5 Abs. 1 der RL 90/384 - Waagen.

[22] Z.B. Art. 5 Abs. 1 der RL 89/392 - Maschinen.

[23] Entschließung des Rates vom 7. 5. 1985, ABl. C 136/1 v. 4. 6. 1985, Anhang II, Abschnitt B II Ziff. 2.

ist, bleibt ihnen lediglich die Möglichkeit, eine nachträgliche Kontrolle durch Stichproben durchzuführen.[24]

4. *Schutzklauseln*

Die Richtlinien enthalten alle eine sog. Schutzklausel, z.B. Art. 7 der RL 87/404 (Druckbehälter): Stellt ein Mitgliedstaat fest, dass mit der CE-Kennzeichnung versehene Behälter die Sicherheit von Personen, Haustieren oder Gütern zu gefährden drohen, so trifft er nach Art. 7 Abs. 1 S. 1 „alle zweckdienlichen Maßnahmen, um diese Erzeugnisse aus dem Markt zu nehmen, ihr Inverkehrbringen oder ihren freien Verkehr zu verbieten oder einzuschränken." Bei Produkten, die mit der CE-Kennzeichnung versehen sind, obwohl sie den Vorschriften nicht entsprechen, „ergreift der zuständige Mitgliedstaat gegenüber demjenigen, der das Zeichen angebracht hat, die gebotenen Maßnahmen ...", auch ohne dass eine Gefährdung erforderlich ist (Art. 7 Abs. 3).[25]

Während im Fall des Art. 7 Abs. 1 S. 1 bereits aus dem Wortlaut folgt („Stellt *ein* Mitgliedstaat fest ..."), dass jeder Mitgliedstaat, der eine Gefährdung feststellt, die „zweckdienlichen Maßnahmen" ergreifen kann, stellt sich im Fall des Art. 7 Abs. 3 dagegen die Frage, welches denn der „zuständige Mitgliedstaat" im Sinne dieser Vorschrift ist: Der Staat, der den Verstoß festgestellt hat, der Staat, in dem der

---

[24] Entschließung des Rates vom 7. 5. 1985, ABl. C 136/1 v. 4. 6. 1985, Anhang II, Abschnitt B II Ziff. 2.
Die Umsetzung dieser verschiedenen Beweisvermutungsregeln erfolgte für technische Arbeitsmittel durch § 5 Abs. 3 Gerätesicherheitsgesetz (GSG - Sartorius I Nr. 803). Nach § 5 Abs. 3 S. 1 GSG wird bei technischen Arbeitsmitteln, die mit einem in einer Rechtsverordnung zur Umsetzung von EG-Richtlinien vorgeschriebenen Konformitätszeichen versehen sind, das Vorliegen der Sicherheitsanforderungen des GSG (§ 3 Abs. 1 - Generalklausel) vermutet. Ist ein Konformitätszeichen nicht vorgesehen, gilt diese Vermutung bei technischen Arbeitsmitteln, für die eine zugelassene Stelle eine in einer Rechtsverordnung zur Umsetzung von EG-Richtlinien vorgesehene Konformitätsbescheinigung ausgestellt oder denen sie ein Konformitätszeichen zuerkannt hat (§ 5 Abs. 3 S. 5 GSG). Nach § 9 Abs. 3 GSG zählen zu den zugelassenen Stellen auch die in einem anderen Mitgliedstaat der Europäischen Gemeinschaften zugelassenen Stellen. Für Medizinprodukte ist die Umsetzung der Beweisvermutung in § 6 des Medizinproduktegesetzes (BGBl. 1994 I S. 1967) enthalten: „Das Einhalten der Bestimmungen dieses Gesetzes wird für die Medizinprodukte vermutet, die mit den harmonisierten Normen ... übereinstimmen..." Und nach der mit der amtlichen Überschrift „Gegenseitige Anerkennung" versehenen Regelung des § 7 e der zur Umsetzung der Waagen-RL ergangenen Verordnung (BGBl. 1992 I S. 1653) stehen einer im Geltungsbereich dieser Verordnung nach § 7 d als geeicht gekennzeichneten nichtselbsttätigen Waage eine nichtselbsttätige Waage gleich, die in einem anderen Staat rechtmäßig mit den in § 7 d vorgeschriebenen Zeichen versehen worden ist.

[25] Die allgemeine Produktsicherheitsrichtlinie (RL 92/59/EWG) verpflichtet in Art. 5 und 6 die Mitgliedstaaten, ihre Behörden hierzu mit bestimmten Mindestbefugnissen auszustatten, z.B. amtliche Warnungen, Vermarktungsverbote oder Rückrufaktionen, vgl. hierzu *Joerges/Falke*, Die Normung von Konsumgütern, in: Müller-Graff (Hrsg.), Technische Regeln im Binnenmarkt, S. 196 f.

Hersteller seinen „Sitz“ hat oder der Staat, der z.B. eine Baumusterbescheinigung ausgestellt hat?[26] Eine Regelung darüber, welcher Art die gebotenen Maßnahmen sein können, fehlt ebenfalls. Umfassen sie z.B. auch den Entzug einer Baumusterbescheinigung? Eine ausdrückliche Normierung dieser Fragen findet sich z.B. in Art. 7 der RL 86/295/EWG über Überrollschutzaufbauten bestimmter Baumaschinen[27]: Stimmt das hergestellte Produkt nicht mit dem Baumuster, für das die Baumusterprüfbescheinigung ausgestellt wurde, überein, umfassen die zu treffenden Maßnahmen die Verwarnung, die vorübergehende Außerkraftsetzung oder den Entzug der Baumusterprüfbescheinigung. Ausdrücklich ist bestimmt, dass diese Maßnahmen nur von der Stelle ergriffen werden dürfen, welche die Baumusterprüfbescheinigung ausgestellt hat.

III. Der internationalverwaltungsrechtliche Gehalt der Richtlinien nach der neuen Konzeption

1. Gemeinschaftsweite Geltung oder Anerkennungspflicht?

Ein Teil der Literatur vertritt die Auffassung, die Richtlinien nach der neuen Konzeption ordneten die gemeinschaftsweite Geltung der Bescheinigungen der zugelassenen Stellen eines Mitgliedstaates an.[28] Nach dem überwiegenden Teil der Literatur sowie der Auffassung des Wirtschafts- und Sozialausschusses verpflichten die Richtlinien zur gegenseitigen Anerkennung der mitgliedstaatlichen Produktzulassungen und der in diesem Zusammenhang von den nationalen Prüfstellen ausgestellten Bescheinigungen (Konformitätsnachweise)[29] bzw. der unterschiedlichen Produktregelungen der Mitgliedstaaten[30]. In den Erwägungsgründen der Richtlinien ist von der gegenseitigen Anerkennung der von den Mitgliedstaaten durchgeführten Kontrollen bzw. Bescheinigungsverfahren die Rede.[31]

Eine gemeinschaftsweite Geltung bzw. Anerkennung kommt zunächst nur hinsichtlich solcher im Rahmen eines Konformitätsbewertungsverfahrens ergangenen Bescheini-

---

[26] Der Staat, in dem das Konformitätsbewertungsverfahren durchgeführt wurde, muss nicht identisch sein mit dem Sitzstaat, s. o., 2. Teil, A. II. 2.

[27] ABl. L 186, S. 1 v. 8. 7. 1986.

[28] *Langner*, in: Dauses, Handbuch des EU-Wirtschaftsrechts, C. VI Rn. 16. *Neßler* (Europäisches Richtlinienrecht, S. 19) spricht zwar von „automatischer“ bzw. „unmittelbarer“ Geltung der Konformitätsbescheinigungen in den anderen Mitgliedstaaten, meint damit aber wohl die durch Anerkennung eintretende Geltung.

[29] *Pernice/Kadelbach*, DVBl. 1996, 1109; *Beyer*, Rechtsnormanerkennung im Binnenmarkt, S. 89; Punkt 5.3.2. der Stellungnahme des Wirtschafts- und Sozialausschusses vom 29./30. Mai 1996, CES 690/96.

[30] *Joerges*, FS f. Steindorff, S. 1263; *Reuter*, BB 1990, S. 1214; *Reihlen*, EuZW 1990, 446; *Niehof*, Der Grundsatz der gegenseitigen Anerkennung im Gemeinschaftsrecht, S. 75 („... verpflichtet die Mitgliedstaaten mithin, die Verkehrsfähigkeit dieser Waren anzuerkennen.“).

[31] Vgl. z.B. die Erwägungsgründe der RL 87/404 (Druckbehälter) und der RL 89/686 (persönliche Schutzausrüstungen).

gungen in Betracht, die als Verwaltungsakte zu qualifizieren sind. Vielfach sehen die Zertifizierungsverfahren nämlich lediglich eine Konformitätserklärung des Herstellers (Herstellerselbstbescheinigung - Modul A) vor, die kein Verwaltungsakt ist. Um Verwaltungsakte handelt es sich nur bei den von den zugelassenen Stellen der Mitgliedstaaten erteilten Bescheinigungen (Baumusterprüfbescheinigungen - Modul B , Konformitätsbescheinigungen - Modul F und G oder Entwurfsprüfbescheinigungen - Modul H).[32]

Aus der Freiverkehrsklausel, nach der die Mitgliedstaaten das Inverkehrbringen von Produkten, die den Bestimmungen der Richtlinie entsprechen, auf ihrem Hoheitsgebiet nicht behindern dürfen, folgt, dass die Mitgliedstaaten die Einfuhr von Produkten, bei denen das Konformitätsbewertungsverfahren in einem anderen Mitgliedstaat durchgeführt wurde, nicht deshalb behindern dürfen, weil z.B. die Baumusterprüfbescheinigung oder die Konformitätsbescheinigung von der zugelassenen Stelle eines anderen Mitgliedstaates ausgestellt wurde. Diese Bescheinigungen bewirken (auf Grund der Beweisvermutungsregelung), dass die anderen Mitgliedstaaten davon auszugehen haben, das geprüfte Produkt entspreche den Anforderungen der Richtlinie.[33] Die Bescheinigungen sind also für die Behörden anderer Mitgliedstaaten verbindlich. Eine solche Bindungswirkung kann entweder auf Grund unmittelbarer gemeinschaftsweiter Geltung der Bescheinigungen oder erst infolge ihrer - auf Grund einer in der Regelung enthaltenen Anerkennungspflicht ergangenen - Anerkennung durch die anderen Mitgliedstaaten eintreten. Ein individuelles Anerkennungsverfahren, das die Frage zu Gunsten der Anerkennungslösung entscheiden würde, sehen die Richtlinien nicht vor. Für die Lösung müssen deshalb allgemeine Grundsätze entwickelt werden.[34]

2. Anwendung ausländischen öffentlichen Rechts?

Soweit das in der Richtlinie für ein Produkt vorgesehene Konformitätsbewertungsverfahren keinen Verwaltungsakt, sondern nur eine Herstellerselbstbescheinigung vorsieht, kommt eine Anerkennung (im hier verstandenen Sinn einer Verleihung von Rechtswirkungen an einen fremden Verwaltungsakt) nicht in Frage. Welchen internationalverwaltungsrechtlichen Gehalt haben die Richtlinien in diesem Fall?

---

[32] Dabei ist zu berücksichtigen, dass es sich bei diesen Prüfstellen keineswegs zwingend um staatliche Stellen handeln muss, sondern die Stellen auch privatrechtlich strukturiert sein können (*Langner*, in: Dauses, Handbuch des EU-Wirtschaftsrechts, C. VI Rn. 5 und 51) und dies auch überwiegend sind (Punkt 5.1.1. der Stellungnahme des Wirtschafts- und Sozialausschusses vom 29./30. Mai 1996, CES 690/96). Hat eine privatrechtliche Stelle die Bescheinigung erteilt, kann diese nur dann als Verwaltungsakt eingeordnet werden, wenn es sich - wie z.B. bei den TÜV-Sachverständigen - um sog. Beliehene handelt, was jedoch in der Regel zu bejahen sein dürfte, da sie im Rahmen der ihnen übertragenen öffentlich-rechtlichen Aufgaben selbstständig tätig wird.

[33] *Schmidt-Aßmann*, EuR 1996, S. 282.

[34] Hierzu unten, 6. Teil, A. und B.

Entspricht ein Produkt den Anforderungen der Richtlinie, so darf seine Einfuhr nicht behindert werden, auch wenn das Produktsicherheitsrecht des Importlandes strengere Bestimmungen als der Herkunftsstaat vorsieht.[35] Die Richtlinien nach der neuen Konzeption legen ja nur Mindestanforderungen fest, die dann durch die europäischen Normungsorganisationen konkretisiert und von den Mitgliedstaaten in einzelstaatliche Normen umgesetzt werden. Wenn nun z.B. Art. 5 Abs. 21 S. 2 der RL 87/404 (Druckbehälter) vorschreibt, dass bei Konformität der Behälter mit den *einzelstaatlichen Normen*, in die die harmonisierten (europäischen) Normen umgesetzt sind, davon auszugehen ist, dass sie den grundlegenden Sicherheitsanforderungen der Richtlinie entsprechen, so folgt daraus, dass das Importland bei Zweifeln die Konformität anhand der Vorschriften des Herstellungsstaats überprüfen, also ausländisches Recht anwenden muss.[36] Die Richtlinien enthalten also eine ungeschriebene Verweisung auf fremdes öffentliches Recht. Die danach bestehende Pflicht zur Anwendung fremden öffentlichen Rechts entfällt, wenn ein Staat zulässigerweise von einer Schutzklausel Gebrauch gemacht hat.

Existieren noch keine europäischen Normen, so sehen verschiedenen Richtlinien als Übergangsmaßnahme ein Verfahren der Zusammenstellung der nationalen Normen vor, bei denen davon ausgegangen werden kann, dass sie mit den grundlegenden Anforderungen der Richtlinie übereinstimmen.[37] Bei Produkten, die mit diesen einzelstaatlichen Normen übereinstimmen, müssen die Mitgliedstaaten von der Erfüllung der grundlegenden Anforderungen der Richtlinie ausgehen.[38] Auch hieraus ergibt sich eine Pflicht zur Anwendung ausländischen Rechts.

B. Berufsrecht

Internationale Verträge ermöglichen schon seit den 50er Jahren die Anerkennung von Reifezeugnissen und Hochschuldiplomen auf akademischer Ebene.[39] Die Anerken-

---

[35] *Reuter*, BB 1990, S. 1214.

[36] Soweit die Anforderungen an die Sicherheit von Produkten - wie dies häufig der Fall ist - nicht durch Rechtsnormen, sondern durch Normen privater Normungsorganisationen (Industrienormen) festgelegt sind, handelt es sich nur dann um eine Anwendung fremden öffentlichen Rechts, wenn die Produktanforderungen z.B. durch datierten Einzelverweis von der Rechtsnormen verbindlich vorgeschrieben sind. Andernfalls wird die Einhaltung der Industrienormen vom Gesetzgeber unter bestimmten Vorbehalten als Erfüllung gesetzlicher Vorgaben angesehen, wobei dies auch hinsichtlich solcher ausländischer Normen zu gelten hat, in die die europäischen Normen umgesetzt wurden.

[37] Z.B. Art. 5 Abs. 2 der RL 90/396 - Gasgeräte; Dieses Verfahren hat sich jedoch bislang nicht als praktikabel erwiesen (*v. Borries/Winkel*, Europäisches Wirtschaftsrecht, Einf. 210).

[38] Z.B. Art. 5 Abs. 1 b) der RL 90/396 - Gasgeräte.

[39] Europäische Konvention über die Gleichwertigkeit der Reifezeugnisse vom 11. 12. 1953 (BGBl. 1955 II S. 600), die in Art. 1 Abs. 1 bestimmt: „Jeder Vertragschließende erkennt für die Zulassung zu den in seinem Gebiet gelegenen Universitäten ... die Gleichwertigkeit der im Gebiet jedes anderen Vertragschließenden erteilten Zeugnisse an, deren Besitz für ihre Inhaber die Voraussetzung für die Zulassung zu den entsprechenden Anstalten des Landes, in dem diese Zeugnisse erteilt wurden, bildet."

nung von Diplomen zum Zweck der Berufsausübung wurde erst durch Richtlinien nach Art. 47 EG (früher Art. 57 EGV) geregelt.[40]

I. Die Diplomrichtlinien nach der alten Konzeption

Bei den Diplomrichtlinien wurde zunächst der Weg spezifischer Richtlinien für einzelne Berufe beschritten, wobei die Anerkennungsrichtlinien in aller Regel nur in Verbindung mit Harmonisierungsrichtlinien zur Festlegung von Mindestausbildungsbedingungen erlassen wurden.[41] Richtlinien nach dieser sog. alten Konzeption ergingen für Ärzte, Zahnärzte, Tierärzte, Hebammen, Krankenschwestern, Apotheker, Architekten, Rechtsanwälte und Verkehrsunternehmer.[42] Diese Richtlinien sind in der

---

Europäische Konvention über die Anerkennung von akademischen Graden v. 14. 12. 1959 (BGBl. 1969 II, S. 2057); vgl. hierzu G/T/E-*Troberg*, Art. 57 EGV Rn. 26.

[40] Während die Anerkennung für berufliche Zwecke die Frage betrifft, ob das Diplom die Zulassungsvoraussetzungen zur Ausübung eines Berufs erfüllt, erfolgt die akademische Anerkennung zum Zweck der Aufnahme bzw. Fortsetzung der Ausbildung oder des Studiums, z.B. für die Zulassung zur Promotion, *Sangiovanni*, WissR 1999, S. 128 ff.; vgl. auch *Winkel*, WiVerw 1998, S. 90; *Prieß*, NVwZ 1991, S. 111 ff.

[41] *Leibrock*, EuZW 1992, S. 465 ; *Schwartz*, FS v. d. Groeben, S. 363.

[42] - RL 77/452/EWG - Anerkennungsrichtlinie Krankenschwestern, ABl. L 176/1 v.15. 7. 1977.
- RL 77/453/EWG - Koordinierungsrichtlinie Krankenschwestern, ABl. L 176/8 v. 15. 7. 1977.
- RL 78/686/EWG - Anerkennungsrichtlinie Zahnärzte, ABl. L 233/1 v. 24. 8. 1978 = EWR Nr. 701 a.
- RL 78/687/EWG - Koordinierungsrichtlinie Zahnärzte, ABl. L 233/10 v. 24. 8. 1978 = EWR Nr. 701 b.
- RL 78/1026/EWG - Anerkennungsrichtlinie Tierärzte, ABl. L 362/1 v. 23. 12. 1978 = EWR Nr. 702 a.
- RL 78/1027/EWG - Koordinierungsrichtlinie Tierärzte, ABl. L 362/7 v. 23. 12. 1978 = EWR Nr. 702 b.
- RL 80/154/EWG - Anerkennungsrichtlinie Hebammen, ABl. L 33/1 v. 11. 2. 1980.
- RL 80/155/EWG - Koordinierungsrichtlinie Hebammen , ABl. L 33/8 v. 11. 2. 1980.
- RL 85/433/EWG - Anerkennungsrichtlinie Apotheker, ABl. L 253/37 v. 24. 9. 1985 = EWR Nr. 703 a.
- RL 85/432/EWG - Koordinierungsrichtlinie Apotheker, ABl. L 253/34 v. 24. 9. 1985 = EWR Nr. 703 b.

Die RL 75/362/EWG - Anerkennungsrichtlinie Ärzte - und die RL 75/363/EWG - Koordinierungsrichtlinie Ärzte - sowie die RL 86/457/EWG - Allgemeinmedizin - wurden später in der RL 93/16/EWG - Ärzterichtlinie, ABl. L 165/1 v. 7. 7. 1993 = EWR Nr. 700 - zusammengefasst.

Für Architekten erging lediglich eine Anerkennungsrichtlinie, RL 85/384/EWG, ABl. L 223/15 v. 21. 8. 1985 = EWR Nr. 704.

Etwas abweichend in der Konzeption sind die Richtlinien für Verkehrsunternehmer:
- RL 74/561/EWG- Koordinierungsrichtlinie Güterkraftverkehrsunternehmer, ABl. L 308/18 v. 19. 11. 1974.
- RL 74/562/EWG - Koordinierungsrichtlinie Personenkraftverkehrsunternehmer, ABl. L 308/23 v. 19. 11. 1974.
- RL 77/796/EWG - Anerkennungsrichtlinie Güter- und Personenverkehrsunternehmer, ABl. L 334/37 v. 24. 12. 1977.

Regel auf die Artikel 40, 47 und 55 EG (früher Art. 49, 57 und 66 EGV) gestützt und gelten für freiberufliche Tätigkeiten (Niederlassungs- und Dienstleistungsrecht) sowie für Arbeitnehmer.

Nach den Anerkennungsrichtlinien „erkennt“ jeder Mitgliedstaat die in der Richtlinie aufgeführten Diplome, Prüfungszeugnisse und anderen Befähigungsnachweise, die die anderen Mitgliedstaaten den Staatsangehörigen der Mitgliedstaaten nach Erfüllung der in den Koordinierungsrichtlinien oder in den Anerkennungsrichtlinien selbst festgelegten Mindestausbildungsbedingungen ausstellen, „an und verleiht ihnen in seinem Hoheitsgebiet die gleiche Wirkung“ in Bezug auf die Aufnahme und Ausübung der Tätigkeiten der von der Richtlinie erfassten Berufsgruppe wie den von ihm ausgestellten Diplomen.[43] Daneben verpflichten die Richtlinien zur Anerkennung von Zuverlässigkeitsbescheinigungen[44] sowie von Gesundheitszeugnissen[45].

Für Rechtsanwälte wurde zunächst nur eine Richtlinie über die Dienstleistungsfreiheit erlassen[46], die später durch eine Niederlassungsrichtlinie[47] ergänzt wurde. Die Dienstleistungsrichtlinie verpflichtet die Mitgliedstaaten, einen in einem anderen Mitgliedstaat niedergelassenen Rechtsanwalt, der in Form von grenzüberschreitender Dienstleistung tätig wird, „als Rechtsanwalt anzuerkennen“.[48] Nach der Niederlassungsrichtlinie hat jeder Rechtsanwalt das Recht, in jedem anderen Mitgliedstaat unter seiner ursprünglichen Berufsbezeichnung auf Dauer tätig zu werden.[49] Unter der Berufsbezeichnung des Aufnahmestaates (Vollintegration) darf er dies nur dann, wenn er eine mindestens dreijährige effektive und regelmäßige Tätigkeit im Aufnahmestaat in Recht dieses Mitgliedstaats, einschließlich des Gemeinschaftsrechts, nachweist.[50]

Im Bereich der selbstständigen gewerblichen Tätigkeiten (Handel, Industrie und Handwerk) hat der Rat zur Erleichterung des Niederlassungs- und Dienstleistungsrechts bis zur gegenseitigen Anerkennung der Diplome Übergangsrichtlinien erlassen,

---

- RL 87/540/EWG - Anerkennungs- und Koordinierungsrichtlinie Binnenschiffsgüterverkehrsunternehmer, ABl. L 322/20 v. 12. 11. 1987.
- RL 91/670/EWG - Anerkennungsrichtlinie Luftfahrzeugführer, ABl. L 373/21 v. 31. 12. 1991.

[43] Z.B. Art. 2 der RL 93/16/EWG. Da Begünstige dieser Vorschrift nicht nur die Angehörigen anderer Mitgliedstaaten, sondern alle Staatsangehörigen der Mitgliedstaaten sind, wirkt die Anerkennung auch zu Gunsten der eigenen Staatsangehörigen, die ihre Ausbildung in einem anderen Mitgliedstaat erworben haben und ihren Beruf im Heimat- oder Herkunftsland ausüben wollen, *v. Borries/Winkel*, Europäisches Wirtschaftsrecht, Vor 700.

[44] Z.B. Art. 6 der RL 78/1026/EWG - Anerkennungsrichtlinie Tierärzte.

[45] Z.B. Art. 8 der RL 77/452/EWG - Anerkennungsrichtlinie Krankenschwestern.

[46] RL 77/249/EWG - Dienstleistungsrichtlinie Rechtsanwälte, ABl. L 78/17 v. 26. 3. 1977 = EWR Nr. 705.

[47] RL 98/5/EW - Niederlassungsrichtlinie Rechtsanwälte, ABl. L 77/36 = EWR Nr. 708.

[48] Art. 2 der RL 77/249/EWG.

[49] Art. 2 der RL 98/5/EWG. Vgl. zu dieser Richtlinie ausführlich *Ewig*, NJW 1999, S. 248 f.

[50] Art. 10 der RL 98/5/EWG.

die, anders als es ihre Bezeichnung vermuten lässt, immer noch anwendbar sind.[51] Wird in einem Mitgliedstaat die Aufnahme oder Ausübung der von der Übergangsrichtlinie erfassten Tätigkeiten von dem Besitz allgemeiner, kaufmännischer oder fachlicher Kenntnisse und Fertigkeiten abhängig gemacht, „so erkennt der betreffende Mitgliedstaat als ausreichenden Nachweis für diese Kenntnisse und Fertigkeiten die tatsächliche Ausübung der betreffenden Tätigkeit in einem anderen Mitgliedstaat ... an", wenn sie während eines bestimmten Zeitraums ausgeübt wurde.[52]

Die Richtlinien nach der alten Konzeption enthalten auch Regelungen für den Fall, dass der Diplominhaber gegen standesrechtliche Regeln oder Strafvorschriften verstößt. Als Beispiel seien die Regelungen der Ärzterichtlinie (RL 93/16/EWG) angeführt. Nach Art. 17 Abs.1, Uabs. 2 unterliegt der Begünstigte beim Erbringen von Dienstleistungen den beruflichen und administrativen Disziplinarvorschriften des Aufnahmestaats. Und Art. 17 Abs.1, Uabs. 4 bestimmt: „Trifft der Aufnahmestaat auf Grund des Unterabsatzes 2 eine Maßnahme oder hat er Kenntnis von Tatbeständen, die diesen Vorschriften zuwiderlaufen, so unterrichtet er davon unverzüglich den Mitgliedstaat, in dem sich der Begünstigte niedergelassen hat." Nach Art. 17 Abs. 5 kann ein Mitgliedstaat „einem seiner Staatsangehörigen oder einem in seinem Hoheitsgebiet ansässigen Staatsangehörigen eines anderen Mitgliedstaates ganz oder teilweise und vorübergehend oder endgültig das Recht auf Ausübung einer ärztlichen Tätigkeit" entziehen. In diesem Fall „sorgt er ... für den vorübergehenden oder endgültigen Entzug" der Bescheinigung nach Art. 17 Abs. 3.[53]

II. Die Diplomrichtlinien nach der neuen Konzeption

Die bisherige Vorgehensweise stellte sich mit der Zeit als zu mühsam und zeitaufwändig heraus.[54] Das mit der „neuen Strategie" der Kommission verfolgte Ziel, „vom Ansatz der Rechtsangleichung wegzukommen und das Gewicht auf die gegenseitige Anerkennung und die Gleichwertigkeit der nationalen Regeln zu legen", sollte deshalb nicht auf den Warenverkehr beschränkt sein.[55] Auf dem Gebiet der Diplomrichtlinien sollte dieses Ziel durch die Schaffung eines allgemeinen Systems zur gegenseitigen Anerkennung der Diplome erreicht werden, das auf den Grundsatz des gegenseitigen Vertrauens der Mitgliedstaaten in die Vergleichbarkeit der Ausbildungen innerhalb der

---

[51] Eine Aufzählung der hierunter fallenden Richtlinien findet sich im Anhang A der RL 92/51/EWG (Zweite Diplomrichtlinie).

[52] Z.B. Art. 3 der RL 64/427/EWG.

[53] Dabei handelt es sich um eine Bescheinigung, die der Aufnahmestaat verlangen kann und aus der hervorgeht, dass der Begünstigte die betreffenden Tätigkeiten im Mitgliedstaat seiner Niederlassung rechtmäßig ausübt.

[54] *Streinz*, ZfRV 1991, S. 365; *Leibrock*, EuZW 1992, S. 465. Die Verhandlungen über die Architektenrichtlinie dauerten 20 Jahre, vgl. *Winkel*, WiVerw 1998, S. 94.

[55] Weißbuch der Kommission, Kom (85) 310 endg., S. 6 Ziff. 13 .

Gemeinschaft gestützt ist und daher ohne die Angleichung der Ausbildungsinhalte auskommt.[56]

Die erste Richtlinie, die nach der neuen Konzeption erging, war die sog. Hochschuldiplomrichtlinie (RL 89/48/EWG).[57] Sie enthält eine allgemeine Regelung für alle Berufe, bei denen der Zugang zu dem Beruf oder seine Ausübung unter einer bestimmten Berufsbezeichnung ein Diplom voraussetzt, das auf Grund einer mindestens dreijährigen Hochschulausbildung erworben wurde.[58] Ist der Antragsteller im Besitz eines solchen Diploms, das er in einem anderen Mitgliedstaat erworben hat und das dort zum Zugang zu einem bestimmten Beruf oder zu seiner Ausübung berechtigt, so kann ihm der Aufnahmestaat „den Zugang zu diesem Beruf oder dessen Ausübung unter denselben Voraussetzungen wie bei Inländern nicht wegen mangelnder Qualifikation verweigern".[59] Bei unterschiedlicher Ausbildungsdauer kann der Aufnahmestaat eine zeitliche Kompensation verlangen (Art. 4 Abs.1 a), bei wesentlichen Unterschieden bei den Ausbildungsinhalten oder den beruflichen Tätigkeitsfeldern einen Anpassungslehrgang von 3 Jahren oder eine Eignungsprüfung vorschreiben (Art. 4 Abs.1 b), wobei der Bewerber grundsätzlich ein Wahlrecht hat zwischen Anpassungslehrgang oder Eignungsprüfung; lediglich bei den rechtsberatenden Berufen (Rechtsanwälte, Patentanwälte, Steuerberater und Wirtschaftsprüfer) kann der Aufnahmestaat eines von beiden zwingend vorschreiben (Art. 4 Abs.1 Uabs. 1 S. 2). Daneben verpflichtet die RL 89/48/EWG noch zur Anerkennung von Führungszeugnissen und Gesundheitsbescheinigungen (Art. 6) sowie von sonstigen, zum Nachweis der Erfüllung der in den Artikeln 3 und 4 genannten Voraussetzungen ausgestellten staatlichen Bescheinigungen (Art. 8 Abs.1).

Die Zweite Diplomrichtlinie (RL 92/51/EWG)[60] findet nach Art. 2 auf alle beruflichen Befähigungsnachweise Anwendung, die nicht die Absolvierung eines mindestens dreijährigen Hochschulstudiums erfordern und für die noch keine speziellen Richtlinien erlassen wurden. Ihr kommt daher eine Auffangfunktion zu.[61] Inhaltlich entspricht die Richtlinie im Wesentlichen der Hochschuldiplomrichtlinie.[62] Für den Fall, dass ein bestimmter Beruf in einigen Mitgliedstaaten eine Hochschulausbildung von mindestens drei Jahren voraussetzt, während in anderen Mitgliedstaaten eine Ausbildung auf einer niedrigeren Stufe genügt, enthält die Richtlinie 92/51/EWG zusätzlich komplizierte Durchstiegsregelungen.

---

[56] Weißbuch der Kommission, Kom (85) 310 endg., S. 25 Ziff. 91, 93; *Streinz*, ZfRV 1991, S. 365 ; *Schwartz*, FS v. d. Groeben, S. 363; *Leibrock*, EuZW 1992, S. 465; *Henninger*, BB 1990, S. 73.
[57] ABl. L 19/16 v. 24. 1. 1989 = EWR Nr. 706.
Vgl. hierzu *Winkel*, WiVerw 1998, S. 96 ff.; *Beuve-Méry*, RMC 1990, S. 293 ff.
[58] Art. 1 a) und d) der RL 89/48/EWG, sog. reglementierte Berufe, hierzu *Winkel*, WiVerw 1998, S. 97 f.
[59] Art. 3 a) der RL 89/48/EWG.
[60] ABl. L 209/25 v. 24. 7. 1992 = EWR Nr. 707.
[61] *Winkel*, WiVerw 1998, S. 102.
[62] Ausführlich zur RL 92/51/EWG *Henninger*, BB 1990, S. 73; *Leibrock*, EuZW 1992, S. 465; *Winkel*, WiVerw 1998, S. 99 ff.

Mit der Richtlinie über ein Verfahren zur Anerkennung der Befähigungsnachweise für die unter die Liberalisierungs- und Übergangsrichtlinien fallenden Berufstätigkeiten (RL 1999/42/EG - Dritte Diplomrichtlinie)[63] führt die Kommission den mit den RL 89/48/EWG und 92/51/EWG eingeschlagenen Weg einer horizontalen und allgemeinen Regelung zur Anerkennung der beruflichen Befähigungsnachweise fort. Da die von den Übergangsrichtlinien erfassten Berufe im Handel, der Industrie und im Handwerk nach Art. 2 der RL 92/51/EWG von den allgemeinen Diplomanerkennungsrichtlinien ausgenommen worden waren,[64] kommt das von der Dritten Diplomrichtlinie vorgesehene Verfahren zu Anerkennung von Befähigungsnachweisen daher vor allem den Diplominhabern zugute, die noch nicht über die erforderliche Berufserfahrung verfügen, um eine der Übergangsrichtlinien in Anspruch nehmen zu können. Nach Art. 3 Abs.1 der Richtlinie „kann ein Mitgliedstaat einem Staatsangehörigen eines anderen Mitgliedstaates die Aufnahme oder Ausübung einer der in Anhang A erster Teil genannten Tätigkeiten unter den gleichen Bedingungen, wie sie für seine eigenen Staatsangehörigen gelten, nicht wegen mangelnder Qualifikation verweigern, ohne vorher die Kenntnisse und Fähigkeiten, die durch Diplome, Prüfungszeugnisse und sonstigen Befähigungsnachweise bescheinigt werden, die der Betroffene zur Ausübung derselben Tätigkeit in einem anderen Mitgliedstaat erworben hat, mit den im innerstaatlichen Recht vorgeschriebenen Kenntnissen und Fähigkeiten zu verglichen zu haben. Führt die vergleichende Prüfung zu der Feststellung, dass die durch ein Diplom, ein Prüfungszeugnis oder einen sonstigen Befähigungsnachweis eines anderen Mitgliedstaats bescheinigten Kenntnisse und Fähigkeiten den nach den innerstaatlichen Rechtsvorschriften verlangten Kenntnissen und Fähigkeiten entsprechen, so kann der Aufnahmemitgliedstaat dem Inhaber das Recht zur Ausübung der betreffenden Tätigkeit nicht verweigern. Ergibt der Vergleich hingegen, dass diese Kenntnisse und Fähigkeiten grundlegende Unterschiede aufweisen, so bietet der Aufnahmemitgliedstaat dem Begünstigten die Möglichkeit nachzuweisen, dass er die fehlenden Kenntnisse und Fähigkeiten erworben hat.“[65] Zur Vereinfachung sollen nach dem Vorschlag auch die wichtigsten Bestimmungen der „Übergangs“- und „Liberalisierungs-“ Richtlinien neu gefasst werden. Art. 4 sieht daher die „Anerkennung“ der Berufserfahrung nach dem in den Übergangsrichtlinien enthaltenen Verfahren vor.

---

[63] ABl. L 201/77 v. 31. 7. 1999 = EWR Nr. 723. Die Richtlinie ist bis zum 21. Juli 2001 von den Mitgliedstaaten umzusetzen.

[64] Eine Ausnahme gilt für die in abhängiger Beschäftigung ausgeübten Berufe, vgl. Art. 2 Abs. 2 und 3 der RL 92/51/EWG.

[65] Mit dieser Formulierung übernimmt die Kommission die Rechtsprechung des EuGH zur Anerkennung von Diplomen im richtlinienfreien Bereich, vgl. EuGH, NJW 1991, S. 2073 - Vlassopoulou. Hierzu unten, 6. Teil, B. II. 2. c) bb) (2).

III. Der internationalverwaltungsrechtliche Gehalt der Diplomrichtlinien

1. Gemeinschaftsweite Geltung oder Anerkennungspflicht?

a) Die Diplomrichtlinien nach der alten Konzeption

Aus dem Wortlaut der Richtlinien nach der alten Konzeption ergibt sich eindeutig, dass die Richtlinien nicht die unmittelbare gemeinschaftsweite Geltung der Diplome, sondern ihre Anerkennung anordnen: „Jeder Mitgliedstaat erkennt" die in der Richtlinie aufgeführten Diplome der anderen Mitgliedstaaten „an und verleiht ihnen in ihrem Hoheitsgebiet die gleiche Wirkung in Bezug auf die Aufnahme und Ausübung der Tätigkeiten" der von der Richtlinie erfassten Berufsgruppe wie den von ihm ausgestellten Diplomen.[66] Die Rechtswirkungen in anderen Mitgliedstaaten treten also infolge von Wirkungsverleihung durch den jeweiligen Mitgliedstaat und damit im Wege der Anerkennung ein.[67]

Es stellt sich dann aber die Frage, ob die Anerkennung individuell oder durch Gesetz erfolgen kann bzw. muss. Nach der Literatur sind die Diplome bei den berufsspezifischen Richtlinien „automatisch" anzuerkennen.[68] Diese Feststellung ist jedoch zu pauschal. Die Beantwortung der Frage hängt nämlich davon ab, ob der Diplominhaber von der Dienstleistungsfreiheit oder von der Niederlassungsfreiheit Gebrauch machen will. Im Falle der Niederlassung sehen die Richtlinien die Durchführung eines Verwaltungsverfahrens vor, z.B. Art. 15 der RL 93/16/EWG - Ärzterichtlinie, wonach das Verfahren für die Zulassung des Begünstigten zur Aufnahme einer ärztlichen Tätigkeit innerhalb von drei Monaten abgeschlossen werden muss. Die Entscheidung, den Inhaber eines ausländischen Diploms zu einem bestimmten Beruf zuzulassen, enthält dann gleichzeitig die Anerkennung des Diploms. Die Anerkennung erfolgt also individuell. Ist der Diplominhaber in seinem Herkunftsstaat bereits niedergelassen und möchte er im Wege grenzüberschreitender Dienstleistung tätig werden, so kann der Aufnahmestaat lediglich eine vorherige Anzeige vorschreiben, z.B. Art. 12 der RL 78/1026 - Anerkennungsrichtlinie Tierärzte. Der Aufnahmestaat ist in diesem Fall zur gesetzlichen Anerkennung verpflichtet. Die Anerkennung erfolgt dann kraft Gesetz („automatisch") in dem Moment, indem der Diplominhaber zum Zwecke grenzüberschreitender Dienstleistung das Hoheitsgebiet des Anerkennungsstaates betritt, oder, wenn der Aufnahmemitgliedstaat eine vorherige Anzeige vorschreibt, mit der Anzeige. Sie erschöpft sich im Dienstleistungsfall auch nicht in der Anerkennung des Diploms, sondern umfasst - bei zulassungspflichtigen Berufen - auch die im Herkunftsland erteilte Berufszulassung.

---

[66] Z.B. Art. 2 der RL 93/16/EWG.

[67] Die Anerkennung des Diploms erfolgt nur in Bezug auf die Berufsausübung (im Gegensatz zur akademischen Anerkennung), *Wägenbaur*, EuR 1987, S. 118.

[68] *Winkel*, WiVerw 1998, S. 95; G/T/E-*Troberg*, Art. 57 EGV Rn. 20; nach *Beuve-Méry* (RMC 1990, S. 296) erfolgt die Anerkennung im Wege individueller Entscheidung, aber doch deshalb automatisch, da die anzuerkennenden Diplome aufgezählt sind.

Geht es, wie z.B. bei den Übergangsrichtlinien, um die „Anerkennung" einer bestimmten Berufserfahrung, so liegt ein anerkennungsfähiger Verwaltungsakt nur dann vor, wenn die Berufserfahrung durch den Herkunftsstaat bescheinigt wurde (feststellender Verwaltungsakt). Im Übrigen handelt es sich lediglich um eine Pflicht zur Berücksichtigung von Tatsachen, die sich im Ausland ereignet haben.

b) Die Diplomrichtlinien nach der neuen Konzeption

Der Wortlaut der Richtlinien nach der neuen Konzeption ist nicht so eindeutig. Wenn z.B. Art. 3 der Hochschuldiplomrichtlinie (RL 89/48/EWG) bestimmt, dass ein Mitgliedstaat dem Inhaber eines in einem anderen Mitgliedstaat erworbenen Diploms, das dort zum Zugang zu einem bestimmten Beruf oder zu seiner Ausübung berechtigt, „den Zugang zu diesem Beruf oder dessen Ausübung unter denselben Voraussetzungen wie bei Inländern nicht wegen mangelnder Qualifikation verweigern" kann, so kann darin sowohl eine unmittelbare gemeinschaftsweite Geltung als auch eine Anerkennungspflicht[69] liegen. Dass auch die Richtlinien nach der neuen Konzeption auf dem Anerkennungsmodell basieren, folgt jedoch daraus, dass der Eintritt von Rechtswirkungen in einem anderen Mitgliedstaat stets die Durchführung eines individuellen Verfahrens voraussetzt. Dies ist mit einer unmittelbaren gemeinschaftsweiten Geltung nicht vereinbar. Dass die Anerkennung im Wege einer behördlichen Einzelfallentscheidung erfolgt, ergibt sich aus den Art. 8 und 9 der Hochschuldiplomrichtlinie. Nach Art. 9 Abs.1 S.1 bezeichnen die Mitgliedstaaten „die zuständigen Behörden, die ermächtigt sind, die Anträge entgegenzunehmen und die in dieser Richtlinie genannten Entscheidungen zu treffen." Nach Art. 8 Abs. 2 der Hochschuldiplomrichtlinie muss das Verfahren zur Prüfung eines Antrags auf Ausübung eines reglementierten Berufs mit einer mit Gründen versehenen Entscheidung der zuständigen Behörde des Aufnahmestaats spätestens 4 Monate nach Vorlage der vollständigen Unterlagen des Betreffenden abgeschlossen werden. Eine entsprechende Regelung findet sich in Art. 12 der Zweiten Diplomrichtlinie (RL 92/51/EWG) sowie in Art. 3 Abs. 2 der RL 1999/42/EG. Für eine Anerkennung des Diploms im Wege der Einzelfallanerkennung spricht schließlich auch Abs. 2 der Erwägungsgründe der Niederlassungsrichtlinie für Rechtsanwälte: „Ein in einem Mitgliedstaat voll qualifizierter Rechtsanwalt kann auf Grund der Richtlinie 89/48/EWG ... die Anerkennung seines Diploms beantragen, um sich in einem anderen Mitgliedstaat zwecks Ausübung des Rechtsanwaltsberufs ... niederzulassen." Auch die Kommission und die überwiegende Literatur gehen davon aus, dass die allgemeinen Diplomrichtlinien nicht zur „automatischen" Anerkennung der Diplome führen, sondern dass die Anerkennung eine individuelle Behördenentscheidung erfordert.[70] Der Grund für die Erforderlichkeit

---

[69] *Beyer*, Rechtsnormanerkennung im Binnenmarkt, S. 53: „negativ formulierte Anerkennungsverpflichtung".

[70] Begründung der Kommission für den Richtlinienvorschlag über ein Verfahren zur Anerkennung der Diplome für die unter die Liberalisierungs- und Übergangsrichtlinien fallenden Berufstätigkeiten in Ergänzung zu der allgemeinen Regelung zur Anerkennung der Diplome, Kom (96) 22 endg., S. 2;

eines Anerkennungsverfahrens ist, dass nur so im Einzelfall geprüft werden kann, ob sich z.B. die Ausbildung des Antragstellers wesentlich von der des Aufnahmestaates unterscheidet[71] .

b) Anwendung ausländischen öffentlichen Rechts

Bei den Richtlinien nach der neuen Konzeption muss die inländische Behörde vor der Anerkennung prüfen, ob die Qualifikation im Herkunftsland zur Berufsausübung berechtigt. Nach Art. 3 a der Hochschuldiplomrichtlinie entsteht z.B. nur dann eine Anerkennungspflicht, „wenn der Antragsteller das Diplom besitzt, das in einem anderen Mitgliedstaat erforderlich ist, um Zugang zu diesem Beruf in seinem Hoheitsgebiet zu erhalten oder ihn dort auszuüben". Ob eine Person die Voraussetzungen für die Ausübung eines Berufs im Inland besitzt, ist also nicht mehr ausschließlich dem inländischen Recht zu entnehmen, sondern dem Recht des Mitgliedstaats, in dem das Diplom erworben wurde.[72] Auch hier sind also neue öffentlich-rechtliche Kollisionsnormen entstanden, die zur Anwendung ausländischen öffentlichen Rechts verpflichten.[73]

c) Folgen von Regelverstößen

Beim Verstoß gegen standesrechtliche Regeln oder gegen Strafvorschriften stellt sich die einerseits die Frage, welcher Staat zuständig ist für die Verfolgung solcher Verstöße und welches Recht er dabei anzuwenden hat, andererseits ist nach den Rechtsfolgen derartiger Maßnahmen insbesondere im Hinblick auf die anderen Mitgliedstaaten zu fragen. Aus Art. 17 Abs.1, Uabs. 2 in Verbindung mit Uabs. 4 der Ärzterichtlinie folgt, dass der Dienstleister den Disziplinarvorschriften des Aufnahmestaats unterliegt und dieser entsprechende Maßnahmen treffen kann. Die in Uabs. 4 enthaltene Unterrichtungspflicht lässt darauf schließen, dass aber auch der Niederlassungsstaat auf Grund von Verstößen, die sich außerhalb seines Hoheitsgebiets ereignet haben, disziplinarrechtliche Maßnahmen ergreifen kann, da andernfalls die Unterrichtungspflicht keinen Sinn ergibt. In diesem Fall muss der Niederlassungsstaat den Verstoß nach den Disziplinarvorschriften des Aufnahmestaats prüfen, also dessen Disziplinarrecht anwenden.

Winkel, WiVerw 1998, S. 103; *Beuve-Méry*, RMC 1990, S. 296; a. A. *Neßler*, Europäisches Richtlinienrecht, S. 15.

[71] Art. 4 Abs. 1 b, 1. Teilstrich der RL 89/48/EWG - Hochschuldiplomrichtlinie.

[72] MK-*Sonnenberger*, Bd. 10, Einl. IPR Rn. 371; BVerwG, NJW 2000, S. 753; vgl. auch *Winkel*, WiVerw 1998, S. 97.

[73] MK-*Sonnenberger*, Bd. 10, Einl. IPR Rn. 371 f. Nach *Schwartz*, in: FS von der Groeben, S. 363, befehlen die Diplomanerkennungsrichtlinien „nicht die Anwendung ausländischen Rechts, sondern seine extraterritoriale Respektierung".

Die Befugnis zum (teilweisen oder vollständigen, vorübergehenden oder endgültigen) Entzug des Rechts auf Ausübung einer ärztlichen Tätigkeit steht einem Mitgliedstaat nach Art. 17 Abs. 5 der Ärzterichtlinie hinsichtlich seiner eigenen Staatsangehörigen sowie hinsichtlich der in seinem Hoheitsgebiet ansässigen Staatsangehörigen eines anderen Mitgliedstaats zu. Die Frage, ob der Entzug auch zur Folge hat, dass das Recht auf Ausübung der ärztlichen Tätigkeit im Aufnahmestaat erlischt, ist nicht ausdrücklich geregelt. Als Folge für die grenzüberschreitende Dienstleistung bestimmt Art. 17 Abs. 5 der Ärzterichtlinie lediglich, dass die in Art. 17 Abs. 3, zweiter Gedankenstrich genannte Bescheinigung entzogen wird. Eine ausdrückliche Regelung für diesen Fall findet sich nur in der Niederlassungsrichtlinie für Rechtsanwälte. Art. 7 Abs. 5 der RL 98/5/EWG bestimmt: „Die zeitweilige oder endgültige Rücknahme der Genehmigung zur Berufsausübung seitens der zuständigen Stelle des Herkunftsstaats zieht für den betreffenden Rechtsanwalt automatisch das einstweilige oder endgültige Verbot nach sich, seine Anwaltstätigkeit im Aufnahmestaat unter seiner ursprünglichen Berufsbezeichnung auszuüben; sie ist jedoch keine Vorbedingung für die Entscheidung der zuständigen Stelle des Aufnahmestaats."

C. Bank- und Versicherungsrecht

I. Zulassung

Nach der früheren Rechtslage mussten Banken und Versicherungsunternehmen, die in anderen Mitgliedstaaten der Europäischen Gemeinschaft eine Zweigstelle gründen oder im Wege des grenzüberschreitenden Dienstleistungsverkehrs tätig werden wollten, in jedem dieser Mitgliedstaaten eine Zulassung beantragen. Die Zweite Bankrechtskoordinierungsrichtlinie (RL 89/646/EWG,[74] jetzt zusammen mit anderen Bankrechtsrichtlinien kodifiziert in der Bankrechtskoordinierungsrichtlinie - RL 2000/12/EG[75]) schaffte dieses Erfordernis zunächst für Kreditinstitute ab: Nach Art. 6 Abs. 1 S. 1 dürfen die „Aufnahmemitgliedstaaten ... für Zweigstellen von in anderen Mitgliedstaaten zugelassenen Kreditinstituten keine Zulassung ... mehr verlangen", und Art. 18 Abs.1 bestimmt: „Die Mitgliedstaaten sehen vor, dass die ... Tätigkeiten in ihrem Hoheitsgebiet ... sowohl über eine Zweigstelle als auch im Wege des Dienstleistungsverkehrs von jedem Kreditinstitut ausgeübt werden können, das durch die zuständigen Behörden eines anderen Mitgliedstaates gemäß dieser Richtlinie zugelassen ist ..."[76] Auch für Versicherungsunternehmen wurde das Erfordernis einer

[74] ABl. L 386/1 v. 30. 12. 1989.

[75] Abl. L 126/1 = EWR Nr. 320.

[76] Jetzt: Art. 18, 19 der Bankrechtskoordinierungsrichtlinie - RL 2000/12/EG. Eine entsprechende Bestimmung findet sich für Wertpapierfirmen in Art. 14 der RL 93/22/EWG, ABl. L 141/27 v. 11. 6. 1993 = EWR Nr. 337. In Umsetzung dieser Regelungen bestimmt § 53 b Abs. 1 KWG: „Ein Einlagenkreditinstitut oder Wertpapierhandelsunternehmen mit Sitz in einem anderen Staat des europäischen Wirtschaftsraums darf ohne Erlaubnis durch das Bundesaufsichtsamt über eine

erneuten Zulassung abgeschafft. Art. 5 Abs. 1 der Dritten Schadensversicherungsrichtlinie (RL 92/49/EWG)[77] und Art. 4 Abs. 1 der Dritten Lebensversicherungsrichtlinie (RL 92/96/EWG)[78] bestimmen: „Die Zulassung gilt für die gesamte Gemeinschaft. Sie erlaubt dem Unternehmen, dort Tätigkeiten auszuüben, sei es im Rahmen der Niederlassungsfreiheit, sei es im Rahmen der Dienstleistungsfreiheit."[79] Der Grundsatz, dass die Zulassung durch die Behörden des Mitgliedstaats, in dem die Bank oder das Versicherungsunternehmen ihren bzw. seinen Sitz hat,[80] es dem Unternehmen erlaubt, überall in der Gemeinschaft im Rahmen der Niederlassungsfreiheit oder der Dienstleistungsfreiheit Geschäfte zu betreiben, wird als Herkunfts- oder Sitzlandprinzip bezeichnet.[81] Die Zulassung durch das Sitzland eröffnet den Zutritt zu den Märkten der anderen Mitgliedstaaten, sie verleiht dem Unternehmen einen „europäischen Pass".[82]

Allerdings ist die grenzüberschreitende Betätigung nicht völlig von allen formellen Voraussetzungen befreit. Vor der Errichtung einer Zweigstelle muss sogar ein kompliziertes Verfahren durchlaufen werden, z.B. nach Art. 32 der Dritten Schadensversicherungsrichtlinie (RL 92/49/EWG):[83] Ein Unternehmen, das eine Zweigstelle in einem anderen Mitgliedstaat errichten möchte, hat dies zunächst den Behörden des Herkunftsstaats mitzuteilen und muss hierzu bestimmte Angaben machen (Art. 32 Abs. 1 und 2). Sofern die Behörde des Herkunftsstaats im Hinblick auf das Vorhaben keinen Grund hat, die Erfüllung bestimmter Anforderung wie z.B. die Angemessenheit der Verwaltungsstrukturen und der Finanzlage des betreffenden Unternehmens anzuzweifeln, übermittelt sie die Angaben des Unternehmens innerhalb von drei Monaten der zuständigen Behörde des Mitgliedstaats der Zweigniederlassung und teilt dies dem Unternehmen mit (Art. 32 Abs. 3 Uabs. 1). Nach Erhalt der Angaben hat der Aufnahmemitgliedstaat eine Frist von zwei Monaten, um der zuständigen Behörde des

Zweigniederlassung oder im Wege des grenzüberschreitenden Dienstleistungsverkehrs im Inland Bankgeschäfte ... betreiben ..., wenn das Unternehmen von den zuständigen Stellen des Herkunftsstaats zugelassen worden ist ..."

[77] ABl. L 228/1 v. 11. 8. 1992 = EWR Nr. 341 c.

[78] ABl. L 360/1 v. 9. 12. 92 = EWR Nr. 343 c.

[79] Ähnlich die Formulierung für Investmentfonds in Art. 4 Abs. 1 S. 2 der RL 85/611/EWG (ABl. L 375/3 v. 31. 12. 1985 = EWR Nr. 334): „Die Zulassung gilt für sämtliche Mitgliedstaaten." Erwähnt seien auch Art. 24 a und b der RL 80/390/EWG (Erste Börsenprospektrichtlinie, ABl. L 100/1 v. 17. 4. 1980 = EWR Nr. 331) und Art. 21 der RL 89/298/EWG (Zweite Börsenprospektrichtlinie, ABl. L 124/8 = EWR Nr. 336), die die „gegenseitige Anerkennung" der Prospekte vorschreiben.

[80] *Schlag*, Grenzüberschreitende Verwaltungsbefugnisse, S. 45 f.

[81] *Hübner*, in: Dauses (Hrsg.), Hdb. EU-Wirtschaftsrecht, E. IV, Rn. 11 u. 75; *Horn*, ZBB 1994, S. 137; *Schlag*, Grenzüberschreitende Verwaltungsbefugnisse, S. 45 mit Fn. 110.

[82] *Lehnhoff*, WM 1993, S. 280; *v. Borries/Winkel*, EWR, Vor 337, S. 2; *Horn*, ZBB 1994, S. 132 ff.; G/T/E-*Troberg*, Art. 57 EGV Rn. 16.

[83] Entsprechende Regelungen finden sich in Art. 19 der RL 89/646/EWG - Zweite Bankrechtskoordinierungsrichtlinie, jetzt Art. 20 der Bankrechtskoordinierungsrichtlinie - RL 2000/12/EG; Art. 17 der RL 93/22/EWG - Wertpapierdienstleistungsrichtlinie; Art. 32 der RL 92/96/EWG - Dritte Lebensversicherungsrichtlinie). Umsetzung ins deutsche Recht durch §§ 24 a Abs. 1 u. 2, 53 b Abs. 2 KWG und §§ 13 b, 110 a VAG.

Herkunftsmitgliedstaats gegebenenfalls die Bedingungen anzugeben, die für die Ausübung der Tätigkeit im Mitgliedstaat der Zweigniederlassung aus Gründen des Allgemeininteresses gelten (Art. 32 Abs. 4). Nach Eingang einer Mitteilung der zuständigen Behörde des Mitgliedstaats der Zweigniederlassung oder - bei Nichtäußerung - nach Ablauf der in Abs. 4 genannten Frist kann die Zweigniederlassung errichtet werden und ihre Tätigkeit aufnehmen (Art. 32 Abs. 5). Verweigert die Behörde des Herkunftsstaats die Weiterleitung der Angaben an die zuständige Behörde des Mitgliedstaats der Zweigniederlassung, so hat sie dies dem Unternehmen unter Angabe der Gründe mitzuteilen (Art. 32 Abs. 3 Uabs. 3 S. 1).[84] Die Errichtung einer Zweigniederlassung in einem anderen Mitgliedstaat hängt danach also von der Zustimmung des Herkunftslandes ab. Dieses Verfahren kommt, so die zutreffende Kritik von *Schmidt*,[85] so nahe an das abgeschaffte Zulassungsverfahren heran, wie das logisch möglich ist. Für die Aufnahme des Dienstleistungsverkehrs genügt zum Teil eine bloße Anzeige,[86] zum Teil ist aber auch ein ähnliches Verfahren wie für die Gründung einer Zweigstelle erforderlich[87].

II. Aufsicht

1. Zuständigkeit für die Aufsicht

Die Überwachung der laufenden Geschäftstätigkeit der zugelassenen Banken und Versicherungsunternehmen obliegt grundsätzlich der Sitzlandsbehörde, und zwar auch insoweit, als die Geschäfte in anderen Mitgliedstaaten über Zweigniederlassungen oder im Wege der Dienstleistung erfolgen[88] (Grundsatz der Herkunfts- oder Sitzland-

---

[84] Diese Verweigerung stellt einen Verwaltungsakt dar (Schmidt, in: Prölss, VAG § 13 b Rn. 12). Bei einer solchen Weigerung oder bei Nichtäußerung können die Gerichte des Herkunftsstaats angerufen werden (Abs. 3 Uabs. 3 S. 2).

[85] *Schmidt*, in: Prölss, VAG, § 13 b Rn. 12.

[86] Z.B. Art. 20 der RL 89/646/EWG - Zweite Bankrechtskoordinierungsrichtlinie, jetzt Art. 21 der Bankrechtskoordinierungsrichtlinie - RL 2000/12/EG; umgesetzt in §§ 24 a Abs 3, 53 b Abs. 2 a KWG.

[87] Z.B. Art. 35 der RL 93/49/EWG - Dritte Schadensversicherungsrichtlinie, umgesetzt in §§ 13 c, 110 a VAG. Ein abweichendes Verfahren sieht Art. 46 der RL 85/611/EWG (Investmentfondsrichtlinie) vor. Danach kann ein Investmentfonds mit dem Vertrieb seiner Anteile in einem anderen Mitgliedstaat zwei Monate nach Vorlage bestimmter Unterlagen beginnen, „es sei denn, die Stellen des betreffenden Mitgliedstaats stellen durch begründeten Beschluss vor Ablauf von zwei Monaten fest, dass die ... vorgesehenen Vertriebsmodalitäten nicht den in Art. 44 Abs. 1 und Art. 45 genannten Vorschriften entsprechen".

[88] Art. 13 Abs. 1 der RL 89/646/EWG - Zweite Bankrechtskoordinierungsrichtlinie, jetzt Art. 26 der Bankrechtskoordinierungsrichtlinie - RL 2000/12/EG; Art. 49 Abs. 3 S. 1 der RL 85/611/EWG - Investmentfondsrichtlinie; Art. 8 Abs. 3 der RL 93/22/EWG - Wertpapier-dienstleistungsrichtlinie. Im Versicherungsbereich hat der Herkunftsmitgliedstaat die alleinige Zuständigkeit für die Finanzaufsicht, Art. 9 Abs. 1 der RL 92/49/EWG - Dritte Schadensversicherungsrichtlinie und Art. 8 Abs. 1 der RL 92/96/EWG - Dritte Lebensversicherungsrichtlinie.

kontrolle[89]). Da die Sitzlandbehörde die Zulassung erteilt hat, ist sie am besten in der Lage, die laufende Aufsicht auszuüben. Daneben ist aber auch der Behörde des Aufnahmemitgliedstaats für bestimmte Bereiche die Aufsicht zugewiesen.[90] Zum Teil hat die Aufsicht auch im Wege der Zusammenarbeit der Aufsichtsbehörden beider Länder zu erfolgen.[91]

2. Kontrollbefugnisse der Sitzlandbehörden im Tätigkeitsland

Die grundsätzliche Aufsicht der Sitzlandbehörden auch über die ausländischen Niederlassungen eines Unternehmens könnte ohne Kontrollbefugnisse vor Ort nicht wirkungsvoll ausgeübt werden, sie bliebe gewissermaßen „zahnlos“[92]. Deshalb wurde der Sitzlandbehörde die Befugnis eingeräumt, nach vorheriger Unterrichtung der zuständigen Behörden des Aufnahmemitgliedstaats selbst oder durch ihre Beauftragten die für ihre aufsichtliche Überwachung erforderlichen Informationen bei der Zweigniederlassung zu prüfen.[93] Bedienstete von Aufsichtsbehörden des Sitzlandes können damit im Mitgliedstaat der Zweigniederlassung hoheitliche, im Kern polizeiliche Befugnisse ausüben, ohne dass sie von den dortigen Behörden daran gehindert werden können.[94] Die Grenzen wurden also analog auch für die Aufsichtsbehörden geöffnet, sodass sie der grenzüberschreitenden Tätigkeit der Banken und Versicherungen folgen können.[95]

---

[89] *Groß*, JZ 1994, S. 597; *Neßler*, Europäisches Richtlinienrecht, S. 36; *Roth*, NJW 1993, S. 3031.

[90] Im Bankbereich behält der Aufnahmestaat z.B. die volle Zuständigkeit für Maßnahmen zur Durchführung seiner Währungspolitik, Art. 14 Abs. 2 S. 2 der RL 89/646/EWG - Zweite Bankrechtskoordinierungsrichtlinie, jetzt Art. 27 S. 2 der Bankrechtskoordinierungsrichtlinie - RL 2000/12/EG.

[91] Im Bankbereich hinsichtlich der Überwachung der Liquidität der ausländischen Zweigniederlassungen eines Kreditinstituts und der Kontrolle der Risiken aus offenen Marktpositionen (Art. 14 Abs. 2 S. 1 u. Abs. 3 der RL 89/646/EWG - Zweite Bankrechtskoordinierungsrichtlinie, jetzt Art. 27 S. 1 und Art. 28 der Bankrechtskoordinierungsrichtlinie - RL 2000/12/EG).

[92] *Groß*, JZ 1994, S. 600.

[93] Art. 15 Abs. 1 der RL 89/646/EWG - Zweite Bankrechtskoordinierungsrichtlinie, jetzt Art. 29 Abs. 1 der Bankrechtskoordinierungsrichtlinie - RL 2000/12/EG (umgesetzt in § 53 b Abs. 6 KWG); Art. 24 Abs. 1 der RL 93/22/EWG - Wertpapierdienstleistungsrichtlinie; Art. 10 der RL 92/49/EWG - Dritte Schadensversicherungsrichtlinie und Art. 9 der RL 92/96/EWG - Dritte Lebensversicherungsrichtlinie (umgesetzt in § 110 a Abs. 3 VAG). Zur grenzüberschreitenden Bankaufsicht ausführlich *Schlag*, Grenzüberschreitende Verwaltungsbefugnisse im EG-Binnenmarkt, 1998.

[94] *Groß*, JZ 1994, S. 596.

[95] *Groß*, JZ 1994, S. 598. Daneben haben auch die zuständigen Behörden des Aufnahmemitgliedstaats das Recht, in Ausübung der ihnen obliegenden Aufgaben vor Ort Prüfungen der in ihrem Hoheitsgebiet errichteten Zweigniederlassungen vorzunehmen, vgl. Art. 15 Abs. 3 der RL 89/646/EWG - Zweite Bankrechtskoordinierungsrichtlinie.

3. Maßnahmen bei Zuwiderhandlungen gegen Rechtsvorschriften

Verstößt ein Unternehmen, das eine Zweigstelle in einem anderen Mitgliedstaat hat oder dort Dienstleistungen erbringt, gegen Rechtsvorschriften, so stellt sich die Frage, welcher Mitgliedstaat für den Erlass von Sanktionen zuständig ist. Die Richtlinien sehen hierzu eine komplizierte Zuständigkeitsverteilung und ein umständliches Verfahren vor, wobei es zum Teil sogar darauf ankommt, gegen welche Rechtsvorschriften verstoßen wurde. Beispielhaft sei hier auszugsweise die Regelung des 11 Absätze umfassenden Art. 21 der Zweiten Bankrechtskoordinierungsrichtlinie (RL 89/646/EWG, jetzt Art. 21 der Bankrechtskoordinierungsrichtlinie - RL 2000/12/EG)[96] angeführt:

> „(2) Stellen die zuständigen Behörden des Aufnahmemitgliedstaats fest, dass ein Institut, das eine Zweigstelle in ihrem Hoheitsgebiet hat oder dort Dienstleistungen erbringt, die Rechtsvorschriften nicht beachtet, die in Anwendung der eine Zuständigkeit der Behörden des Aufnahmemitgliedstaats beinhaltenden Bestimmungen dieser Richtlinie von diesem Staat erlassen wurden, so fordern die Behörden das betreffende Institut auf, die vorschriftswidrige Situation zu beenden.
> (3) Kommt das Institut der Aufforderung nicht nach, so setzen die zuständigen Behörden des Aufnahmemitgliedstaats die zuständigen Behörden des Herkunftsmitgliedstaats davon in Kenntnis. Die zuständigen Behörden des Herkunftsmitgliedstaats treffen unverzüglich die geeigneten Maßnahmen ...
> (4) Verletzt das Institut trotz der vom Herkunftsmitgliedstaat getroffenen Maßnahmen - oder wenn sich die betreffenden Maßnahmen als unzureichend erweisen oder der betreffende Staat keine Maßnahmen getroffen hat - weiter die in Abs. 2 genannten Rechtsvorschriften des Aufnahmemitgliedstaats, so kann dieser nach Unterrichtung der zuständigen Behörden des Herkunftsmitgliedstaats geeignete Maßnahmen ergreifen, um weitere Unregelmäßigkeiten zu verhindern oder zu ahnden; soweit erforderlich, kann er auch die Aufnahme neuer Geschäftstätigkeiten durch dieses Institut in seinem Hoheitsgebiet untersagen. Die Mitgliedstaaten tragen dafür Sorge, dass die für diese Maßnahmen erforderlichen Schriftstücke in ihrem Hoheitsgebiet den Kreditinstituten zugestellt werden können.
> (5) Die vorstehenden Bestimmungen berühren nicht die Befugnis der Mitgliedstaaten, geeignete Maßnahmen zu ergreifen, um Unregelmäßigkeiten in ihrem Gebiet zu verhindern oder zu ahnden, die den gesetzlichen Bestimmungen zuwiderlaufen, die sie aus Gründen des Allgemeininteresses erlassen haben. Dies umfasst auch die Möglichkeit, einem Kreditinstitut die Aufnahme neuer Geschäftstätigkeiten in ihrem Hoheitsgebiet zu untersagen.

---

[96] Die Umsetzung ins deutsche Recht erfolgte in § 53 b Abs. 4 u. 5 KWG. Fast wortgleiche Regelungen finden sich in Art. 19 der RL 93/22/EWG (Wertpapierdienstleistungsrichtlinie), Art. 40 der RL 92/49/EWG (Dritte Schadensversicherungsrichtlinie) und Art. 40 der RL 92/96 (Dritte Lebensversicherungsrichtlinie). Etwas abweichend ist die Regelung für Investmentfonds, Art. 52 der RL 85/611/EWG.

(7) In dringenden Fällen können die zuständigen Behörden des Aufnahmemitgliedstaats vor der Einleitung des in den Abs. 2, 3 und 4 vorgesehenen Verfahrens die Sicherungsmaßnahmen ergreifen, die ... notwendig sind ...
(8) Die Aufnahmemitgliedstaaten können in Ausübung der ihnen kraft dieser Richtlinie übertragenen Befugnisse geeignete Maßnahmen treffen, um Unregelmäßigkeiten in ihrem Hoheitsgebiet zu ahnden oder zu verhindern. Dies umfasst die Möglichkeit, einem Kreditinstitut die Aufnahme neuer Geschäftstätigkeiten in ihrem Hoheitsgebiet zu untersagen.
(9) Bei Widerruf der Zulassung werden die zuständigen Behörden des Aufnahmemitgliedstaats davon unterrichtet; sie treffen entsprechende Maßnahmen, damit das betreffende Institut nicht neue Tätigkeiten im Gebiet dieses Mitgliedstaats aufnimmt..."

III. Der internationalverwaltungsrechtliche Gehalt

1. Zulassung

Hinsichtlich der Zulassung fragt es sich vor allem, ob die Zulassung unmittelbare gemeinschaftsweite Geltung hat oder die Mitgliedstaaten nur zu gegenseitiger Anerkennung verpflichtet sind. In verschiedenen Richtlinien heißt es: „Die Zulassung gilt für die gesamte Gemeinschaft."[97] Diese Formulierung legt nahe, dass die Zulassungen unmittelbare gemeinschaftsweite Geltung haben. Andere Richtlinien enthalten keine so klare Aussage, doch ergibt sich aus dem Zusammenhang, dass die vom Herkunftsstaat erteilte Zulassung in den anderen Mitgliedstaaten jedenfalls Rechtswirkungen haben soll.[98] Grenzüberschreitende Rechtswirkungen können jedoch sowohl im Wege unmittelbarer gemeinschaftsweiter Geltung als auch infolge von Anerkennung eintreten. In den Erwägungsgründen der Richtlinien ist die Rede von der „gegenseitigen Anerkennung der Zulassungen ..., die die Erteilung einer einheitlichen, innerhalb der gesamten Gemeinschaft gültigen Zulassung ... erlaubt,"[99] und zwar auch dann, wenn sich im Richtlinientext die Formulierung „Die Zulassung gilt für die gesamte Gemeinschaft" findet.[100] Dies zeigt, dass der Gemeinschaftsgesetzgeber die dogmatische Unterscheidung zwischen unmittelbarer gemeinschaftsweiter Geltung und

---

[97] Art. 5 Abs. 1 der RL 92/49/EWG (Dritte Schadensversicherungsrichtlinie); Art. 4 Abs. 1 der RL 92/96/EWG (Dritte Lebensversicherungsrichtlinie); Art. 4 Abs. 1 der RL 85/611/EWG (Investmentfonds).

[98] Z. B. Art. 6 Abs. 1 S. 1 und Art. 18 Abs. 1 der RL 89/646/EWG (Zweite Bankrechtskoordinierungsrichtlinie, jetzt Art. 18, 19 der Bankrechtskoordinierungsrichtlinie - RL 2000/12/EG); Art. 14. der RL 93/22/EWG (Wertpapierdienstleistungsrichtlinie).

[99] 5. Erwägungsgrund der RL 92/49/EWG (Dritte Schadensversicherungsrichtlinie) und 5. Erwägungsgrund der RL 92/96/EWG (Dritte Lebensversicherungsrichtlinie); ähnlich die Formulierung im 4. Erwägungsgrund der RL 89/646/EWG (Zweite Bankrechtskoordinierungsrichtlinie) und im 3. Erwägungsgrund der RL 93/22/EWG (Wertpapierdienstleistungsrichtlinie).

[100] Art. 5 Abs. 1 S. 1 der RL 92/49/EWG (Dritte Schadensversicherungsrichtlinie); Art. 4 Abs. 1 S. 1 der RL 92/96/EWG (Dritte Lebensversicherungsrichtlinie).

Anerkennung nicht getroffen hat. Die überwiegende Auffassung in der Literatur geht von der gegenseitigen Anerkennung der Zulassungen aus,[101] wobei die Anerkennung nicht im Einzelfall von einem Anerkennungsakt des Aufnahmemitgliedstaats abhänge, sondern automatisch und im Voraus stattzufinden habe.[102] Für die Anerkennungslösung lässt sich jedoch kein zwingendes Argument finden. Zwar ist immer von Anerkennung auszugehen, wenn der Eintritt von Rechtswirkungen in einem anderen Mitgliedstaat von der Durchführung eines besonderen (Anerkennungs-)Verfahrens abhängt, doch kann es sich nur um ein Verfahren im Anerkennungsstaat handeln und nicht, wie hier im Falle der Gründung von Zweigstellen und z.T. auch bei grenzüberschreitenden Dienstleistungen vorgesehen, um ein Verfahren im Herkunftsstaat. Dies bedeutet aber nur, dass keine Einzelfallanerkennung stattfindet. Es bleiben die Alternativen unmittelbare gemeinschaftsweite Geltung und gesetzliche Anerkennung. Für die Lösung müssen deshalb allgemeine Grundsätze entwickelt werden.[103]

2. *Aufsicht*

Hinsichtlich der im Rahmen der fortlaufenden Aufsicht erlassenen Hoheitsakte wird von der gegenseitigen Anerkennung der Aufsichtsakte gesprochen.[104] Die Aufsichtsmaßnahmen seien automatisch und im Voraus anzuerkennen, ohne dass ein konkreter Anerkennungsakt des Aufnahmestaats im Einzelfall erforderlich wäre.[105] Von einer gegenseitigen Anerkennung kann jedoch nur dann die Rede sein, wenn dem Aufsichtsakt eines Mitgliedstaates in dem anderen Mitgliedstaat Rechtswirkungen verliehen werden soll. Da die meisten Aufsichtsakte auf Grund des Grundsatzes der Herkunftslandkontrolle vom Sitzstaat erlassen werden und auch dort vollstreckt werden können, besteht in der Regel kein Bedürfnis, ihre Rechtswirkungen auf andere Mitgliedstaaten zu erstrecken. Eine Ausnahme besteht z.B. für den Widerruf der Zulassung. Der Sitzstaat hat in diesem Fall die zuständigen Behörden des Aufnahmemitgliedstaats davon zu unterrichten; diese „treffen entsprechende Maßnahmen, damit das betreffende Institut nicht neue Tätigkeiten im Gebiet dieses Mitgliedstaats aufnimmt ...“[106]. Auch

---

[101] *Roth*, NJW 1993, S. 3030; *Horn*, ZBB 1994, S. 131; *Priesemann*, WM 1994, S. 1157; *Lehnhoff*, WM 1993, S. 280; *v. Borries/Winkel*, Europäisches Wirtschaftsrecht, Einf. 320; *Hübner*, in: Dauses (Hrsg.), Hdb. EU-Wirtschaftsrecht, E. IV, Rn. 6 u. 11; *Hellenthal*, S. 69 f.; G/T/E-*Troberg*, Art. 57 EGV Rn. 16; *Groß*, JZ 1994, S. 598; *Beyer*, Rechtsnormanerkennung im Binnenmarkt, S. 87 m. Fn. 182; *Schlag*, Grenzüberschreitende Verwaltungsbefugnisse, S. 49.

[102] *Schlag*, Grenzüberschreitende Verwaltungsbefugnisse, S. 49.

[103] Hierzu unten, 6. Teil, A und B.

[104] *V. Borries/Winkel*, EWR Vor 341 c S. 1; G/T/E-*Troberg*, Art. 57 EGV Rn. 15; *Schlag*, Grenzüberschreitende Verwaltungsbefugnisse, S. 53.

[105] *Schlag*, Grenzüberschreitende Verwaltungsbefugnisse, S. 53.

[106] Art. 21 Abs. 9 der RL 89/646/EWG (Zweite Bankrechtskoordinierungsrichtlinie, jetzt Art. 22 Abs. 9 der Bankrechtskoordinierungsrichtlinie - RL 2000/12/EG). Entsprechende Regelungen: Art. 19 Abs. 9 der RL 93/22/EG (Wertpapierdienstleistungsrichtlinie), Art. 14 Abs. 1 der RL 92/49/EWG - Dritte Schadensversicherungsrichtlinie, Art. 13 Abs. 1 der RL 92/92/EWG - Dritte Lebensversicherungsrichtlinie.

beim Widerruf der Zulassung stellt sich daher die Frage, ob eine unmittelbare gemeinschaftsweite Geltung eintritt oder ob die Rechtswirkungen in anderen Mitgliedstaaten auf der (individuellen oder generellen) Anerkennung des Widerrufs beruhen. Hier wird vertreten, die grenzüberschreitende (transnationale) Wirkung der Zulassung erlösche durch den Entzug automatisch, d.h. ohne einen konkreten Akt der Anerkennung durch den Aufnahmestaat.[107] Dies wird damit begründet, die Verpflichtung des Aufnahmestaates, neue Tätigkeiten des Unternehmens in seinem Gebiet zu verhindern, zeige, dass der Widerruf durch die Herkunftslandbehörde auch die Erlaubnis zur Ausübung der Tätigkeit auf dem Staatsgebiet des Aufnahmemitgliedstaates beseitige, ohne dass letzterem eine Einflussnahme möglich wäre.[108] Daraus ergibt sich aber nur, dass die grenzüberschreitende Wirkung des Widerrufs der Zulassung kein Verwaltungsverfahren erfordert, also nicht im Wege der Individualanerkennung erfolgt. Damit ist aber noch nicht darüber entschieden, ob die grenzüberschreitende Wirkung auf Grund unmittelbarer gemeinschaftsweiter Geltung oder infolge gesetzlicher Anerkennung durch den Aufnahmemitgliedstaat eintritt. Die Lösung dieser Frage kann nur nach allgemeinen Grundsätzen erfolgen.[109]

Im Rahmen der Aufsicht muss die Sitzlandsbehörde zum Teil auch fremdes öffentliches Recht anwenden: Das oben zitierte Verfahren des Art. 21 Abs. 2 - 4 der Zweiten Bankrechtskoordinierungsrichtlinie (RL 89/646/EWG, jetzt Art. 22 Abs. 2 - 4 der Bankrechtskoordinierungsrichtlinie - RL 2000/12/EG) gilt für den Fall, dass ein Kreditinstitut, das eine Zweigstelle in einem anderen Mitgliedstaat hat oder dort Dienstleistungen erbringt, die Rechtsvorschriften nicht beachtet, die in diesem Mitgliedstaat „in Anwendung der eine Zuständigkeit der Behörden des Aufnahmemitgliedstaats beinhaltenden Bestimmungen dieser Richtlinie von diesem Staat erlassen wurden“, d.h. bei einer Verletzung der in nationales Recht umgesetzten Richtlinienbestimmungen. Nach Art. 21 Abs. 3 sind in diesem Fall in erster Linie die zuständigen Behörden des Herkunftsstaats zum Erlass geeigneter Aufsichtsmaßnahmen zuständig. Da der Erlass derartiger Maßnahmen den Verstoß gegen Rechtsvorschriften des Aufnahmestaats voraussetzt, müssen die Behörden des Herkunftsstaats insoweit das Recht des Aufnahmestaats anwenden, auch wenn sich die Aufsichtsmaßnahme im Übrigen nach eigenem Recht richtet.[110] Es handelt sich also um eine materiellrechtliche Verweisung.

Ein anderer Aspekt tritt bei Aufsichtsmaßnahmen des Herkunftslandes auf dem Gebiet des Tätigkeitslandes zu Tage. In diesem Fall überschreiten nicht lediglich die Wirkungen eines Verwaltungsaktes die Grenzen, sondern die ausländische Behörde selbst, die den Verwaltungsakt auf dem Staatsgebiet des Aufnahmelandes erlässt.[111] Mit den Regelungen über die Prüfungsbefugnisse der Sitzlandsbehörde im Aufnahmeland wurde

---

[107] *Schlag*, Grenzüberschreitende Verwaltungsbefugnisse, S. 52.
[108] *Schlag*, Grenzüberschreitende Verwaltungsbefugnisse, S. 52.
[109] Hierzu unten, 6. Teil, A und B.
[110] Vgl. *Schlag*, Grenzüberschreitende Verwaltungsbefugnisse, S. 210 f.
[111] *Schlag*, Grenzüberschreitende Verwaltungsbefugnisse, S. 59.

erstmals ausländischen Behörden im Inland das Recht zur Ausübung selbstständiger, keiner Genehmigung unterliegender und nicht untersagbarer Hoheitsbefugnisse eingeräumt.[112] Denkt man an das völkerrechtliche Verbot der Vornahme von Hoheitsakten auf fremdem Staatsgebiet,[113] tritt der revolutionäre Charakter dieser Regelungen deutlich vor Augen.[114] Weigert sich eine Zweigstelle, die Prüfung durch die Aufsichtsbehörde ihres Herkunftsstaats zuzulassen, so hat die ausländische Behörde zwar auch die Befugnis zum Erlass von Zwangsmaßnahmen, allerdings darf sie nach herrschender Meinung ihr Prüfungsrecht nicht unter Anwendung unmittelbaren Zwangs (z.B. durch gewaltsame Zutrittsverschaffung zu den Geschäftsräumen) selbst durchsetzen.[115] Begründet wird dies damit, dass die Befugnis, unmittelbaren Zwang anzuwenden, auf Grund der territorialen Begrenzung des Geltungsbereichs des nationalen Rechts dem Aufnahmestaat vorbehalten sei.[116] Dem ist nicht zuzustimmen. Das Gleiche ließe sich nämlich auch in Hinblick auf die Durchführung der Prüfung selbst behaupten. Der Grund liegt vielmehr darin, dass die Vornahme von Hoheitsakten auf fremdem Staatsgebiet wegen des grundsätzlichen völkerrechtlichen Verbots ausdrücklich erlaubt sein muss. Dies ist in den Richtlinien nur hinsichtlich der Durchführung der Prüfung, nicht aber auch hinsichtlich einer zwangsweisen Durchsetzung des Prüfungsrechts erfolgt. Ohne Mithilfe des Aufnahmestaates kann die Herkunftslandbehörde deshalb nur ein Zwangsgeld festsetzen, da es am Sitz des Kreditinstituts im eigenen Land beigetrieben werden kann.[117] Zur Anwendung unmittelbaren Zwangs ist sie auf die Amtshilfe (in Form von Vollstreckungshilfe) des Aufnahmestaates angewiesen.[118] Zum Teil wird die Auffassung vertreten, die inländischen Behörden seien in diesem Fall zur Amtshilfe verpflichtet; dies ergebe sich bei Banken aus Art. 7 Abs. 1 der Ersten Bankrechtskoordinierungsrichtlinie (RL 77/780/EWG, jetzt Art. 28 der Bankrechtskoordinierungsrichtlinie - RL 2000/12/EG) und bei Versicherungen aus Art. 11 Abs. 3 der Dritten Schadensversicherungsrichtlinie (RL 92/49/EWG).[119] Dem kann jedoch nicht gefolgt werden. Art. 7 Abs. 1 der Ersten Bankrechtskoordinierungsrichtlinie schreibt vor: „Bei der Überwachung der Tätigkeit der Kreditinstitute, die insbesondere durch die Errichtung von Zweigstellen in einem oder mehreren anderen Mitgliedstaaten als in ihrem Sitzland Geschäfte betreiben, arbeiten die zuständigen Behörden der betreffenden Mitgliedstaaten eng zusammen. Sie teilen einander alle Informationen über die Leitung, die Verwaltung und die Eigentumsverhältnisse mit, welche die Aufsicht über die Kreditinstitute und die Prüfung der Voraussetzungen für ihre Zulassung erleichtern können ....“ Aus der Pflicht zur engen Zusammenarbeit, insbesondere zum Informationsaustausch kann jedoch nicht geschlossen werden, dass die

---

[112] *Groß*, JZ 1994, S. 598.
[113] Hierzu unten, 3. Teil, B. III. 1.
[114] *Groß*, JZ 1994, S. 599.
[115] *Schlag*, Grenzüberschreitende Verwaltungsbefugnisse, S. 61 ff., 205 f.
[116] *Schlag*, Grenzüberschreitende Verwaltungsbefugnisse, S. 209.
[117] *Schlag*, Grenzüberschreitende Verwaltungsbefugnisse, S. 205.
[118] *Groß*, JZ 1994, S. 604; *Schlag*, Grenzüberschreitende Verwaltungsbefugnisse, S. 63, 209. Zu den bei der Amtshilfe durch deutsche Behörden maßgeblichen Vorschriften des KWG *Schlag*, a.a.O. S. 232.
[119] *Groß*, JZ 1994, S. 604.

Behörden auch zur gegenseitigen Vollstreckungshilfe verpflichtet sind.[120] Art. 11 Abs. 3 der Dritten Schadensversicherungsrichtlinie betrifft nur das Verhältnis zwischen Mitgliedstaat und den Unternehmen mit Sitz in seinem Staatsgebiet. Danach erlassen die Mitgliedstaaten „die erforderlichen Vorschriften, damit die zuständigen Behörden über die Befugnisse und Mittel verfügen, die zur Überwachung der Tätigkeiten der Versicherungsunternehmen *mit Sitz in ihrem Staatsgebiet* - einschließlich der außerhalb dieses Gebiets ausgeübten Tätigkeiten - ... erforderlich sind ..."

Bei Aufsichtsmaßnahmen des Aufnahmestaats stellt sich ebenfalls die Frage, ob und wie der Aufnahmestaat seine Maßnahmen gegen ein Kreditinstitut mit Sitz in einem anderen Mitgliedstaat vollstrecken kann. Art. 21 Abs. 4 S. 2 der Zweiten Bankrechtskoordinierungsrichtlinie (jetzt Art. 22 Abs. 4 S. 2 der Bankrechtskoordinierungsrichtlinie - RL 2000/12/EG) sieht nur eine Amtshilfepflicht in Bezug auf die Zustellung von Schriftstücken vor. Von einer allgemeinen Vollstreckungshilfepflicht kann aus den erwähnten Gründen nicht ausgegangen werden.

D. Personen- und Güterverkehrsrecht

I. Betriebserlaubnis für Kraftfahrzeuge

1. Die EG-Typgenehmigung

Nach dem bis Ende 1992 geltenden Recht musste ein Hersteller für die von ihm produzierten Fahrzeuge oder Fahrzeugteile bei der Genehmigungsbehörde eines jeden Mitgliedstaates die jeweilige nationale Typgenehmigung[121] einholen.[122] Die Zweite Betriebserlaubnisrichtlinie für Kraftfahrzeuge[123] ersetzte die verschiedenen Betriebserlaubnisverfahren der Mitgliedstaaten durch das Typgenehmigungsverfahren der Gemeinschaft.[124] Nach dieser Richtlinie erteilt jeder Mitgliedstaat die EG-Typgenehmigung (EG-Betriebserlaubnis) für Fahrzeuge und Fahrzeugteile, die die Voraussetzungen aller im Anhang der Richtlinie aufgeführten Einzelrichtlinien über die technischen Anforderungen erfüllen (Art. 4 Abs. 1). Diese Typgenehmigung berechtigt den Hersteller, jedem entsprechend dem genehmigten Typ hergestellten Fahrzeug eine Übereinstimmungsbescheinigung beizulegen (Art. 6 Abs. 1 S. 1). Auf Grund diese Bescheinigung erfolgt in allen Mitgliedstaaten nach nationalem Recht die individuelle

---

[120] Ebenso *Schlag*, Grenzüberschreitende Verwaltungsbefugnisse, S. 70 f.
[121] In Deutschland: Allgemeine Betriebserlaubnis, § 20 StVZO.
[122] *Jagow*, DAR 1992, S. 456.
[123] RL 92/53/EWG, ABl. L 225/1 v. 10. 8. 1992. Für Zweirad- und Dreirad- Kraftfahrzeuge erfolgte eine entsprechende Regelung in der RL 92/61/EWG, ABl. L 225/72 v. 10. 8. 1992.
[124] Vgl. 2. Erwägungsgrund der RL 92/53/EWG (Zweite Betriebserlaubnisrichtlinie Kfz).

Zulassung des Fahrzeugs[125]: „Jeder Mitgliedstaat ermöglicht die Zulassung bzw. gestattet den Verkauf oder das Inverkehrbringen von neuen Fahrzeugen hinsichtlich ihrer Bau- und Wirkungsweise dann und nur dann, wenn sie mit einer gültigen Übereinstimmungsbescheinigung versehen sind.“ (Art. 7 Abs. 1 S. 1). Ein Hersteller muss also nicht mehr 12 bzw. 15 einzelne Genehmigungen einholen, vielmehr reicht eine einzige EWG-Typgenehmigung völlig aus.[126]

Der Antrag auf Erteilung einer Typgenehmigung „ist vom Hersteller an die Genehmigungsbehörde eines Mitgliedstaats zu richten“ (Art. 3 Abs. 1 S.1 u. Abs. 4 S.1), d.h. jeder Mitgliedstaat ist (zunächst) zuständig, und der Hersteller hat die Wahl, in welchem Mitgliedstaat er den Antrag stellt. Jedoch kann der Antrag nach Art. 3 Abs. 5 S.1 „jeweils nur in einem Mitgliedstaat gestellt werden“. Die parallele Antragstellung bei den Behörden mehrerer Mitgliedstaaten ist demnach verboten.[127]

Stellt ein Mitgliedstaat fest, dass Fahrzeuge, die mit einer gültigen Übereinstimmungsbescheinigung versehen sind, die Sicherheit des Straßenverkehrs gefährden, , so kann er für eine Dauer von höchstens sechs Monaten die Zulassung solcher Fahrzeuge verweigern oder den Verkauf oder das Inverkehrbringen solcher Fahrzeuge auf seinem Hoheitsgebiet verbieten (Art. 7 Abs. 3 S.1).

2. Der internationalverwaltungsrechtliche Gehalt

Art. 3 der Richtlinie beinhaltet eine Regelung der internationalen Zuständigkeit, Art. 7 Abs. 3 eine Schutzklausel[128] (ordre public - Vorbehalt). Aus Art. 7 Abs. 1 S. 1 ergibt sich, dass die EG-Typgenehmigung gemeinschaftsweite Rechtswirkungen haben soll. Auf welche Weise diese Rechtswirkungen in den anderen Mitgliedstaaten jedoch eintreten sollen, im Wege unmittelbarer gemeinschaftsweiter Geltung oder im Wege der Anerkennung durch die anderen Mitgliedstaaten,[129] bleibt allerdings fraglich. Der Wortlaut der Richtlinie ist insofern nicht eindeutig. Es wird auch kein individuelles Anerkennungsverfahren normiert, das die Frage zu Gunsten der Anerkennungslösung entscheiden würde. Auch hier muss also eine Lösung nach allgemeinen Grundsätzen erfolgen.

---

[125] *Lichtenberg*, DAR 1992, S. 450; *Langner*, in: Dauses (Hrsg). Hdb. EU-Wirtschaftsrecht, C.VI Rn. 114; *Jagow*, DAR 1992, S. 456 f.
[126] *Jagow*, DAR 1992, S. 456.
[127] *Neßler*, Europäisches Richtlinienrecht, S. 99.
[128] Vgl. *Langner*, in: Dauses (Hrsg.). Hdb. EU-Wirtschaftsrecht, C.VI Rn. 114.
[129] Für eine Anerkennung *Jagow*, DAR 1992, S. 456.

II. Technische Überwachung von Kraftfahrzeugen

1. Untersuchungsnachweis

Art. 5 Abs. 3 der RL 77/143/EWG (technische Überwachung Kraftfahrzeuge)[130] bestimmt ausdrücklich, dass „ jeder Mitgliedstaat den in einem anderen Mitgliedstaat erteilten Nachweis darüber, dass ein in dem betreffenden anderen Mitgliedstaat zugelassenes Kraftfahrzeug ... einer technischen Untersuchung, die mindestens den Anforderungen dieser Richtlinie entspricht, mit positivem Ergebnis unterzogen worden ist, in der gleichen Weise an(erkennt), als hätte er diesen Nachweis selbst erteilt."

2. Der internationalverwaltungsrechtliche Gehalt

Angesichts des eindeutigen Wortlauts und mangels entgegenstehender Anhaltspunkte kann hier von gegenseitiger Anerkennung ausgegangen werden, wobei die Anerkennung - da kein besonderes Verfahren vorgesehen ist - kraft Gesetz zu erfolgen hat.

III. Fahrerlaubnis

1. Erteilung der Fahrerlaubnis

Der stetig zunehmende internationale Kraftfahrzeugverkehr führte schon im Jahre 1926 zu einem internationalen Abkommen,[131] in dem sich die vertragschließenden Staaten verpflichteten, den Inhabern ausländischer Führerscheine das Recht einzuräumen, bei vorübergehenden Aufenthalten im Rahmen des internationalen Besucherverkehrs sowie bei Wohnsitznahme im Inland für die Dauer von bis zu einem Jahr ein Kraftfahrzeug zu führen. Nach Ablauf dieser Frist blieb ihnen, wollten sie sich nicht dem Vorwurf des Fahrens ohne Fahrerlaubnis aussetzen, nichts anderes übrig, als eine inländische Fahrerlaubnis zu erwerben. Für Angehörige von anderen Mitgliedstaaten der Europäischen Gemeinschaft, die ihren Wohnsitz ins Inland verlegten, führte die Erste Führerscheinrichtlinie[132] insofern zu einer Erleichterung, als der Erwerb der inländischen Fahrerlaubnis nicht mehr vom Bestehen einer theoretischen und praktischen Prüfung abhängig gemacht werden durfte, sondern unter vereinfachten Bedingungen im Wege eines „Umtauschs" des ausländischen Führerscheins in einen inländischen Führerschein erfolgte (Art. 8 Abs. 1 der RL 80/1263/EWG). Erst die Zweite Führerscheinrichtlinie (RL 91/439/EWG)[133] schaffte auch die generelle Umtauschpflicht ab

---

[130] ABl. L 47/47 v. 18. 2. 1977.

[131] Internationales Abkommen über den Kraftfahrzeugverkehr vom 24. April 1926, RGBl. 1930 II S. 1234, umgesetzt in der Verordnung über den internationalen Kraftfahrzeugverkehr vom 12. November 1934, abgedruckt in *Jagusch/Hentschel*, Straßenverkehrsrecht, Nr. 6.

[132] RL 80/1263/EWG, ABl. L 375/1 v. 31. 12. 1980.

[133] ABl. L 237/1 v. 24. 8. 1991.

und sieht nunmehr eine unbefristete Anerkennung vor.[134] Ein Umtausch erfolgt nur noch auf Antrag[135] sowie - fakultativ - zum Zweck der Entziehung der Fahrerlaubnis[136].

2. Entziehung der Fahrerlaubnis

Nach Art. 8 Abs. 2 der Zweiten Führerscheinrichtlinie kann der Wohnsitzstaat seine innerstaatlichen Vorschriften über Einschränkung, Aussetzung, Entzug oder Aufhebung der Fahrerlaubnis auch auf den Inhaber eines von einem anderen Mitgliedstaat ausgestellten Führerscheins anwenden.[137]

Das 1998 geschlossene, aber noch nicht ratifizierte Übereinkommen über den Entzug der Fahrerlaubnis[138] verpflichtet den Wohnsitzstaat des Führerscheininhabers, eine im Staat der Zuwiderhandlung getroffene Entscheidung über den Entzug der Fahrerlaubnis zu vollstrecken (Art. 4 Abs.1). Die Vollstreckung erfolgt, indem der Wohnsitzstaat „a) die Entscheidung über den Entzug der Fahrerlaubnis unmittelbar vollstreckt ... oder b) die Entscheidung über den Entzug der Fahrerlaubnis mittels einer Entscheidung einer Justiz- oder Verwaltungsbehörde ... vollstreckt oder c) die Entscheidung über den Entzug der Fahrerlaubnis in eine Entscheidung seiner Justiz- oder Verwaltungsbehörde ... umwandelt und dadurch ... die Entscheidung des Staates der Zuwiderhandlung durch eine neue Entscheidung ersetzt." Dabei hat er den Teil des Zeitraums, für den der vom Staat der Zuwiderhandlung angeordnete Entzug der Fahrerlaubnis in diesem gegebenenfalls bereits vollstreckt wurde, zu berücksichtigen.[139] Wandelt der Wohnsitzstaat die Entscheidung des Staates der Zuwiderhandlung nach Art. 4 Abs. 1 c) in eine eigene Entscheidung um, so „ist er an die Feststellung der Tatsachen gebunden, sofern diese in der Entscheidung des Staates der Zuwiderhandlung über den Entzug der Fahrerlaubnis ausdrücklich aufgeführt sind oder stillschweigend daraus hervorgehen".[140]

---

[134] Art. 1 Abs. 2 der RL 91/439/EWG: „Die von den Mitgliedstaaten ausgestellten Führerscheine werden gegenseitig anerkannt." Umsetzung ins deutsche Recht: §§ 28, 29 der Fahrerlaubnis-Verordnung (FeV) v. 18. 8. 1998.

[135] Art. 8 Abs. 1 der RL 91/439/EWG; Umsetzung ins deutsche Recht: § 30 FeV.

[136] Art. 8 Abs. 2 der RL 91/439/EWG.

[137] Art. 8 Abs. 2 der RL 91/439/EWG im Wortlaut: „Vorbehaltlich der Einhaltung des straf- und polizeirechtlichen Territorialitätsprinzips kann der Mitgliedstaat des ordentlichen Wohnsitzes auf den Inhaber eines von einem anderen Mitgliedstaat ausgestellten Führerscheins seine innerstaatlichen Vorschriften über Einschränkung, Aussetzung, Entzug oder Aufhebung der Fahrerlaubnis anwenden und zu diesem Zweck den betreffenden Führerschein erforderlichenfalls umtauschen."

[138] ABl. C 216/1 v. 10. 7. 1998. Das Abkommen wurde auf der Grundlage von Artikel K 3 Abs. 2 c EUV a.F. geschlossen und tritt 90 Tage nach Notifizierung durch den letzten Mitgliedstaat in Kraft, Art. 15 Abs. 3. Vgl. zu dem Abkommen ausführlich *Brenner*, DVBl. 1999, S. 877 ff. sowie *Berz*, NZV 2000, S. 145 ff.

[139] Art. 4 Abs. 1 a), Abs. 2 a), Abs. 3 b).

[140] Art. 4 Abs. 3 a. Zu den deshalb in Hinblick auf Art. 19 Abs. 4 S. 1 GG bestehenden verfassungsrechtlichen Bedenken ausführlich *Brenner*, DVBl. 1999, S. 877 ff.

Unter bestimmten Voraussetzungen muss[141] bzw. kann[142] der Wohnsitzstaat die Vollstreckung verweigern.

3. *Der internationalverwaltungsrechtliche Gehalt*

a) Erteilung der Fahrerlaubnis

Angesichts des eindeutigen Wortlauts des Art. 1 Abs. 2 der RL 91/439/EWG, der vorschreibt, dass „die von den Mitgliedstaaten ausgestellten Führerscheine ... gegenseitig anerkannt" werden, ist davon auszugehen, dass die zweite Führerscheinrichtlinie zur Anerkennung der Fahrerlaubnisse verpflichtet.[143] Da die Richtlinie für die Anerkennung keinerlei Formalitäten,[144] also kein besonderes Anerkennungsverfahren vorsieht, hat die Anerkennung grundsätzlich kraft Gesetz zu erfolgen. Eine Individualanerkennung findet dagegen beim „Umtausch" des Führerscheins statt: Dem Inhaber der ausländischen Fahrerlaubnis wird eine nationale Fahrerlaubnis erteilt, wobei auf die Voraussetzungen einer praktischen und theoretischen Fahrprüfung in Hinblick auf die bereits erworbene ausländische Fahrerlaubnis verzichtet wird. Damit werden der ausländischen Fahrerlaubnis Rechtswirkungen im Inland verliehen. Auch wenn der ausländische Führerschein im Falle eines „Umtauschs" an die ausstellende Behörde zurückgesandt wird,[145] führt der Umtausch daher nicht zum Erlöschen der ausländischen Fahrerlaubnis.[146]

b) Entziehung der Fahrerlaubnis

Wenn der Wohnsitzstaat nach Art. 8 Abs. 2 der Zweiten Führerscheinrichtlinie seine innerstaatlichen Vorschriften über den Entzug der Fahrerlaubnis auch auf den Inhaber eines von einem anderen Mitgliedstaat ausgestellten Führerscheins anwenden kann, so fragt es sich, ob der Entzug der Fahrerlaubnis nur für den Wohnsitzstaat oder auch für den Ausstellungsstaat bzw. die übrigen Mitgliedstaat wirkt. Das Abkommen über den Entzug der Fahrerlaubnis enthält keine generelle Anerkennungs- und Vollstreckungs-

---

[141] In den in Art. 6 Abs. 1 angeführten Fällen, z.B. wenn die Maßnahme nach seinem Recht verjährt ist.

[142] In den Fällen des Art. 6 Abs. 2, z.B. wenn das Verhalten, auf Grund dessen eine Entscheidung über den Entzug der Fahrerlaubnis im Staat der Zuwiderhandlung erlassen wurde, nach den Rechtsvorschriften des Wohnsitzstaats keine Zuwiderhandlung darstellt oder nicht den Entzug der Fahrerlaubnis zur Folge hat.

[143] G/T/E-*Troberg*, Art. 52 EGV Fn. 53.

[144] EuGHE 1996, I-929/952 f., Rn. 26 - Skanavi .

[145] Art. 8 Abs. 3 der 2. Führerscheinrichtlinie - RL 91/439/EWG (da jede Person nur Inhaber eines einzigen von einem Mitgliedstaat ausgestellten Führerscheins sein darf, Art. 7 Abs. 5 der 2. Führerscheinrichtlinie - RL 91/439/EWG).

[146] EuGHE 1996, I-929/954, Rn. 32 - Skanavi; *Jagusch/Hentschel*, Straßenverkehrsrecht, § 30 FeV, Rn. 10.

pflicht, es verpflichtet nur den Wohnsitzstaat, die Entscheidung des Staats der Zuwiderhandlung über den Entzug der Fahrerlaubnis zu vollstrecken und damit anzuerkennen. Ungeregelt bleibt der Fall der Rechtswirkungen einer Entziehung der Fahrerlaubnis durch den Erteilungsstaat oder durch den Wohnsitzstaat, insbesondere wenn die Fahrerlaubnis von anderen Staaten bereits anerkannt oder gar in eine andere nationale Fahrerlaubnis umgetauscht wurde. Die Lösung hat hier nach allgemeinen Grundsätzen zu erfolgen.[147]

IV. Personenbeförderungsverkehr

1. Grenzüberschreitender Verkehr

Die VO (EWG) Nr. 684/92[148] regelt die grenzüberschreitende Personenbeförderung mit Kraftomnibussen. Verkehrsunternehmer, die sich in diesem Bereich betätigen wollen, müssen nach Art. 3 a der Verordnung im Besitz einer Gemeinschaftslizenz sein, die von den Behörden des Mitgliedstaats der Niederlassung ausgestellt wird.[149] Gemeinschaftslizenzpflichtig sind der Linienverkehr einschließlich seiner Sonderformen, der Gelegenheitsverkehr und der Werkverkehr.[150] Für den grenzüberschreitenden Linienverkehr ist noch zusätzlich eine Genehmigung erforderlich (Art. 4 Abs. 4). Während die Gemeinschaftslizenz die abstrakte Eignung des Verkehrsunternehmers zur Durchführung des grenzüberschreitenden Personenverkehrs beinhaltet, erlaubt die Genehmigung die konkrete Durchführung grenzüberschreitenden Linienverkehrs (Ausgangs- und Zielort, Streckenführung, Haltestellen und Fahrpläne).[151] Zuständig für die Erteilung einer solchen Genehmigung sind die Behörden der Mitgliedstaaten, in deren Hoheitsgebiet sich eine der Endhaltestellen befindet (Art. 6 Abs.1). Der Verkehrsunternehmer kann daher wählen, in welchem dieser Mitgliedstaaten er die Genehmigung beantragt.[152] Für die Genehmigung ist nach Art. 7 Abs. 1 S. 1 die Zustimmung aller Mitgliedstaaten erforderlich, in deren Hoheitsgebiet Fahrgäste aufgenommen oder abgesetzt werden. Geht innerhalb von zwei Monaten keine (zustimmende oder ablehnende) Entscheidung der anderen Mitgliedstaaten ein, wird die Zustimmung fingiert (Art. 7 Abs. 2). Im Falle einer ablehnenden Entscheidung kann gemäß Art. 7 Abs. 6 die Kommission mit der Angelegenheit befasst werden. Entsprechend der Entscheidung der Kommission muss die Genehmigungsbehörde dann die Genehmigung erteilen oder den Antrag ablehnen (Art. 7 Abs. 7, Art. 8 Abs. 1). Zur Ahndung von Verstößen können die Behörden des Niederlassungsstaats die Gemein-

---

[147] Hierzu unten, 6. Teil, D. IV.

[148] ABl. Nr. L 74/1 v. 20. 3. 1992 in der Fassung der ÄnderungsVO (EG) Nr. 11/98, ABl. Nr. L 4/1 v. 8. 1. 1998.

[149] Die Gemeinschaftslizenz trat an die Stelle des vom Niederlassungsstaat bis dahin ausgestellten Dokuments, das die Zulassung des Verkehrsunternehmens zum grenzüberschreitenden Personenverkehr auf der Straße bescheinigt, Art. 3 a Abs. 5.

[150] *Heinz/Seltenreich*, TranspR 1999, S. 222.

[151] *Heinz/Seltenreich*, TranspR 1999, S. 222 u. 227.

[152] *Heinz/Seltenreich*, TranspR 1999, S. 225.

schaftslizenz auch wieder entziehen (Art. 16 Abs. 1 und Abs. 3). Zuständig für die Aufhebung der Genehmigung ist die Genehmigungsbehörde, die hierzu verpflichtet ist, wenn der Niederlassungsstaat dies verlangt (Art. 16 Abs. 2 S.1).

2. Kabotage

Die Beförderung von Personen innerhalb eines Mitgliedstaats, in dem der Verkehrsunternehmer nicht niedergelassen ist (Kabotage), richtet sich nach der VO (EG) Nr. 12/98 (Kabotageverordnung Personenbeförderungsverkehr).[153] Zur innerstaatlichen Personen-beförderung ist berechtigt, wer Inhaber einer Gemeinschaftslizenz nach Art. 3 a der VO (EWG) Nr. 684/92 ist.[154] Die Kabotagebeförderung in Form des Linienverkehrs ist jedoch nur in Zusammenhang mit einer grenzüberschreitenden Personenbeförderung zulässig.[155]

Nach Art. 4 Abs. 1 der Kabotageverordnung „unterliegt die Durchführung der Kabotagebeförderung (...) den Rechts- und Verwaltungsvorschriften des Aufnahmemitgliedstaats in folgenden Bereichen: a) für den Beförderungsvertrag geltende Preise und Bedingungen; b) Fahrzeuggewichte - und Abmessungen; ... c) Vorschriften über die Beförderung ... (von) Schülern, Kindern und Körperbehinderten; d) Lenk- und Ruhezeiten; e) Mehrwertsteuer ..." Für die Anschlusskabotage gelten darüber hinaus weitere Rechts- und Verwaltungsvorschriften des Aufnahmemitgliedstaats, u.a. die Vorschriften über die Erteilung der Genehmigungen (Art. 4 Abs. 2). Dies bedeutet z.B., dass für die Anschlusskabotage eine Genehmigung des Aufnahmestaates benötigt wird, wenn dieser eine Genehmigungspflicht vorsieht.[156] Verstößt der Verkehrsunternehmer anlässlich einer Kabotagebeförderung im Aufnahmestaat gegen Rechtsvorschriften, kann dieser Sanktionen verhängen, die auch in einem zeitweiligen Verbot von Kabotagebeförderungen im Aufnahmemitgliedstaat bestehen können (Art. 11 Abs. 2 und 3). Daneben kann auch der Niederlassungsstaat Sanktionen verhängen (Art. 11 Abs. 4). Zuständig für den Entzug der Genehmigung zur Ausübung des Berufs des Personenkraftverkehrsunternehmers ist jedoch nur der Niederlassungsstaat (Art. 11 Abs. 4 Uabs. 3).

Tritt infolge von Kabotage einer ernste Marktstörung im innerstaatlichen Verkehr ein, kann sich jeder Mitgliedstaat an die Kommission wenden (Art. 9 Abs.1). Diese entscheidet über die Erforderlichkeit von Schutzmaßnahmen und ordnet diese gegebe-

---

[153] ABl. Nr. L 4/10 v. 8. 1. 1998; hierzu ausführlich *Heinz/Seltenreich*, TranspR 1999, S. 228 f.

[154] Art. 1 der VO (EG) Nr. 12/98.

[155] Sog. Anschlusskabotage, Art. 3 Nr. 3, z.B. grenzüberschreitender Linienverkehr von Freiburg nach Paris, wobei in Straßburg weitere Personen aufgenommen werden. Der rein innerstaatliche Linienverkehr wird vom Anwendungsbereich der VO (EG) Nr. 12/98 nicht erfasst; er unterliegt den nationalen Regelungen des Aufnahmestaates, *Heinz/Seltenreich*, TranspR 1999, S. 228.

[156] *Heinz/Seltenreich*, TranspR 1999, S. 229. Insofern gilt für die Anschlusskabotage das Gleiche wie für den rein innerstaatlichen Linienverkehr.

nenfalls an (Art. 9 Abs. 3). Beschließt die Kommission Schutzmaßnahmen, so sind die zuständigen Behörden der betroffenen Mitgliedstaaten gehalten, Maßnahmen gleicher Wirkung bezüglich der in ihrem Hoheitsgebiet ansässigen Verkehrsunternehmer zu ergreifen (Art. 9 Abs. 4).

3. Der internationalverwaltungsrechtliche Gehalt

a) Grenzüberschreitender Verkehr

Bei dem Genehmigungsverfahren nach Art. 7 VO (EWG) Nr. 684/92 handelt es sich um ein grenzüberschreitendes gestuftes Verwaltungsverfahren[157] mit Letztentscheidungsrecht der Kommission. Im Gegensatz zu Verwaltungsakten mit grenzüberschreitender Wirkung, bei denen das Ergebnis eines Verwaltungsverfahrens Rechtswirkungen in anderen Mitgliedstaaten hervorruft, überschreitet in diesem Fall bereits das Verfahren selbst die innergemeinschaftlichen Grenzen. Hinsichtlich des Ergebnisses dieses Verfahrens (der Genehmigung zur Durchführung von grenzüberschreitendem Linienverkehr) fragt es sich ebenso wie bei der Gemeinschaftslizenz selbst, ob sie in den anderen Mitgliedstaaten unmittelbare Geltung haben oder ob sie von ihnen nur anzuerkennen sind. Aus der Verordnung ergibt sich lediglich, dass die Lizenz und die Genehmigung auch in den anderen Mitgliedstaaten Rechtswirkungen haben, da sie zur Personenbeförderung berechtigen, ohne dass der andere Mitgliedstaat eine eigene Genehmigung bzw. Lizenz verlangen darf. In welcher Weise diese Rechtswirkungen eintreten, muss daher nach allgemeinen Grundsätzen geklärt werden.

b) Kabotage

Nach Art. 4 Abs. 1 der Kabotage - Verordnung unterliegt die Durchführung der Kabotagebeförderung in bestimmten Bereichen den Rechts- und Verwaltungsvorschriften des Aufnahmestaates. Ein Verstoß gegen die in dieser Vorschrift genannten Rechtsvorschriften des Aufnahmestaats berechtigt nach Art. 11 Abs. 2 und 3 nicht nur den Aufnahmestaat, sondern nach Art. 11 Abs. 4 auch den Niederlassungsstaat zu Sanktionen. Dabei muss der Niederlassungsstaat die Rechtsvorschriften des Aufnahmestaats, also fremdes öffentliches Recht anwenden. Bei Art. 4 Abs. 1 handelt es sich um eine materiellrechtliche Verweisung.

---

[157] *Heinz/Seltenreich*, TranspR 1999, S. 226.

V. Güterbeförderungverkehr

1. Grenzüberschreitender Verkehr

Zum grenzüberschreitenden Güterkraftverkehr ist berechtigt, wer Inhaber einer Gemeinschaftslizenz ist, die nach der VO (EWG) Nr. 881/92[158] von den Behörden des Niederlassungsstaats unter bestimmten Voraussetzungen auf Antrag des Transportunternehmers ausgestellt wird (Art. 3 ff.).[159] Die Gemeinschaftslizenz tritt nach Art. 4 an die Stelle aller bis dahin nach dem nationalen Recht bzw. nach bilateralen Abkommen erforderlichen Genehmigungen.[160] Verstößt der Inhaber der Gemeinschaftslizenz gegen die Verordnung, so können die Behörden des Mitgliedstaats, in dessen Hoheitsgebiet die Zuwiderhandlung festgestellt wurde, den Verstoß nicht selbst ahnden, sondern sie können nur die Behörden des Niederlassungsstaats darum ersuchen (Art. 11). Zuständig für den Entzug der Gemeinschaftslizenz sind nach Art. 8 die Behörden des Niederlassungsmitgliedstaats.

2. Kabotage

Die nach der VO (EWG) Nr. 881/92 erteilte Gemeinschaftslizenz berechtigt nach der VO (EWG) Nr. 3118/93 (Kabotageverordnung Güterkraftverkehr)[161] auch zum innerstaatlichen Güterverkehr in Mitgliedstaaten, in denen der Verkehrsunternehmer keine Niederlassung hat (Art. 1 Abs. 1, 12 Abs. 3).[162] Die Durchführung der Kabota-

---

[158] VO (EWG) Nr. 881/92 über den Zugang zum Güterkraftverkehrsmarkt in der Gemeinschaft für Beförderungen aus oder nach einem Mitgliedstaat oder durch einen oder mehrere Mitgliedstaaten, ABl. Nr. L 95/1 v. 9. 4. 1992. Zur Binnenschifffahrt siehe die VO (EWG) Nr. 3921/91 über die Bedingungen für die Zulassung von Verkehrsunternehmen zum Binnenschiffsgüter- und Personenverkehr innerhalb eines Mitgliedstaats, in dem sie nicht ansässig sind (Kabotage - VO Binnenschiffsgüter- und Personenverkehr, ABl. Nr. L 373/1 v. 31. 12. 1991); vgl. hierzu ausführlich *Basedow/Dolfen*, in: Dauses (Hrsg.), Hdb. EU-WirtschaftsR, L Rn. 246 ff. Zum Luftverkehr siehe die VO (EWG) Nr. 2343/90, ABl. Nr. L 217/8 v. 11. 8. 1990 (grenzüberschreitende Personenbeförderung); VO (EWG) Nr. 294/91 , ABl. Nr. L 36/1 v. 8. 2. 1991 (grenzüberschreitende Beförderung von Luftfracht); VO (EWG) 2408/92, ABl. Nr. L 240/8 v. 24. 8. 1992 (Kabotage - VO); vgl. zum Luftverkehr ausführlich *Basedow/Dolfen*, in: Dauses (Hrsg.), Hdb. EU-WirtschaftsR, L Rn. 299 ff.

[159] Vgl. hierzu *Basedow/Dolfen*, in: Dauses (Hrsg.), Hdb. EU-WirtschaftsR, L Rn. 158.

[160] Umsetzung ins deutsche Recht: § 6 GüKG (Grenzüberschreitender Güterkraftverkehr durch Gebietsfremde): „Ein Unternehmer, dessen Unternehmen seinen Sitz nicht im Inland hat, ist für den grenzüberschreitenden gewerblichen Güterkraftverkehr von der Erlaubnispflicht nach § 3 befreit, soweit er Inhaber der jeweils erforderlichen Berechtigungen ist. Berechtigungen sind die 1. Gemeinschaftslizenz ..."

[161] VO (EWG) Nr. 3118/93 zur Festlegung der Bedingungen für die Zulassung von Verkehrsunternehmen zum Güterkraftverkehr innerhalb eines Mitgliedstaats, in dem sie nicht ansässig sind, ABl. Nr. L 279/1 v. 12. 11. 1993. Vgl. hierzu *Basedow/Dolfen*, in: Dauses (Hrsg.), Hdb. EU-WirtschaftsR, L Rn. 178.

[162] Umsetzung ins deutsche Recht durch den am 1. 7. 1998 in Kraft getretenen § 5 GüKG: „Die Gemeinschaftslizenz nach Art. 3 der VO (EWG) Nr. 881/92 ... gilt als Erlaubnis nach § 3 ..." Bis

gefahrten unterliegt nach Art. 6 Abs. 1 den Rechts- und Verwaltungsvorschriften des Aufnahmemitgliedstaats in folgenden Bereichen: a) für den Beförderungsvertrag geltende Preise und Bedingungen; b) Fahrzeuggewichte - und Abmessungen; c) Vorschriften über die Beförderung bestimmter Kategorien von Beförderungsgut, insbesondere gefährlicher Güter, verderblicher Lebensmittel und lebender Tiere; d) Lenk- und Ruhezeiten; e) Mehrwertsteuer.[163] Im Falle einer ernsten Marktstörung des innerstaatlichen Güterverkehrs gilt die gleiche Regelung wie bei der Kabotage im Bereich der Personenbeförderung (Art. 7 Abs.1). Auch die Ahndung von Verstößen ist entsprechend geregelt (Art. 8).

3. Kontrollen

a) Warenkontrollen

Um die Flüssigkeit des Güterverkehrs zu erleichtern, bestimmt Art. 3 Abs. 1 der RL 83/643/EWG zur Erleichterung der Kontrollen und Verwaltungsformalitäten im Güterverkehr zwischen den Mitgliedstaaten[164]: „Im Rahmen der Anwendung dieser Richtlinie und unbeschadet der Möglichkeit von Kontrollen durch Stichproben erkennen die Einfuhrmitgliedstaaten ... die von den zuständigen Behörden eines anderen Mitgliedstaats durchgeführten Kontrollen und ausgestellten Dokumente an, aus denen hervorgeht, dass die Waren den im Einfuhr(...)mitgliedstaat geltenden Bestimmungen entsprechen."

b) Fahrzeugkontrollen

Nach Art. 3 Abs. 1 der RL 85/3/EWG über die Gewichte, Abmessungen und bestimmte andere technische Merkmale bestimmter Fahrzeuge des Güterkraftverkehrs[165] dürfen die Mitgliedstaaten im grenzüberschreitenden Verkehr in ihrem Gebiet den Einsatz von Fahrzeugen, die in einem der anderen Mitgliedstaaten zugelassen sind, nicht wegen ihres Gewichts oder ihrer Abmessungen verweigern oder verbieten, wenn diese Fahrzeuge mit den im Anhang der Richtlinie festgelegten Grenzwerten übereinstimmen. Um die Kontrolle der Richtlinienkonformität zu erleichtern, sind die Fahrzeuge von den Mitgliedstaaten mit einem Nachweis über die Übereinstimmung mit der Richtlinie zu versehen, die von den anderen Mitgliedstaaten anzuerkennen sind.[166] Der

---

zum 30. 6 1998 war noch zusätzlich eine nach Kontingenten vergebene Kabotagegenehmigung erforderlich (Art. 2 Abs. 1, 12 Abs. 2).

[163] Für die Kabotage im Rahmen der Schifffahrt findet sich eine entsprechende Regelung in Art. 3 der VO (EWG) Nr. 3921/91 (ABl. L 373/1 v. 31. 12. 1991).

[164] ABl. L 359/8 v. 22. 12. 1983.

[165] ABl. L 2/14 v. 3. 1. 1985.

[166] Art. 5 der RL 85/3/EWG i.V.m. Art. 1 Abs. 3 der RL 86/364/EWG über den Nachweis der Übereinstimmung von Fahrzeugen mit der Richtlinie 85/3/EWG über die Gewichte, Abmessungen

Übereinstimmungsnachweis schließt es jedoch nicht aus, dass die Fahrzeuge Stichprobenkontrollen hinsichtlich der gemeinsamen Normen für die Gewichte oder (im Falle eines Verdachts auf Nichtübereinstimmung mit der RL 85/3/EWG) Kontrollen hinsichtlich der gemeinsamen Normen für die Abmessungen unterzogen werden (Art. 1 Abs. 4 der RL 86/364/EWG).

4. Der internationalverwaltungsrechtliche Gehalt

a) Grenzüberschreitender Verkehr

Hinsichtlich der Frage einer gemeinschaftsweiten Geltung der Gemeinschaftslizenz bzw. einer Anerkennungspflicht gelten die Ausführungen bezüglich der Gemeinschaftslizenz zum Personenbeförderungsverkehr entsprechend.

b) Kabotage

Bei der Vorschrift des Art. 6 Abs. 1 der Kabotageverordnung für den Güterkraftverkehr handelt es sich wie bei der entsprechenden Vorschrift der Kabotageverordnung für den Bereich des Personenbeförderungsverkehrs aus den bereits genannten Gründen um eine materiellrechtliche Verweisung.

c) Kontrollen

aa) Warenkontrollen

Wie schon der Wortlaut nahe legt, verpflichtet Art. 3 Abs. 1 der RL 83/643/EWG zur Anerkennung der von den zuständigen Behörden eines anderen Mitgliedstaats ausgestellten Bescheinigungen, aus denen hervorgeht, dass die Waren den im Einfuhrmitgliedstaat geltenden Bestimmungen entsprechen (feststellende Verwaltungsakte). Diese Verpflichtung besteht jedoch „unbeschadet der Möglichkeit von Kontrollen durch Stichproben". Daraus muss geschlossen werden, dass eine Anerkennungspflicht nicht besteht, wenn die Waren trotz einer entsprechenden Bescheinigung nicht den Bestimmungen des Einfuhrstaates entsprechen, der feststellende Verwaltungsakt also rechtswidrig ist. Bei einer unbedingten Anerkennungspflicht würde das Recht zu Stichproben keinen Sinn machen.

---

und bestimmte andere technische Merkmale bestimmter Fahrzeuge des Güterkraftverkehrs, ABl. L 221/48 v. 7. 8. 1986.

bb) Fahrzeugkontrollen

Auch im Bereich der Fahrzeugkontrollen sind die Mitgliedstaaten verpflichtet, Konformitätsbescheinigungen anderer Mitgliedstaaten anzuerkennen. Aus der Befugnis, trotz einer vorliegenden Konformitätsbescheinigung Stichproben vorzunehmen, z.B. wenn ein Verdacht auf Nichtübereinstimmung mit der einschlägigen Richtlinie besteht, folgt jedoch auch hier, dass eine rechtswidrige Konformitätsbescheinigung nicht anerkannt werden muss.

E. Gentechnikrecht

I. Genehmigung des Inverkehrbringens

Die RL 90/220/EWG (Freisetzungsrichtlinie)[167] unterwirft das Inverkehrbringen von Produkten, die gentechnisch veränderte Organismen (=GVO) enthalten, einem Genehmigungsverfahren (Art. 11).[168] Zuständig für die Erteilung der Genehmigung sind die Behörden des Mitgliedstaats, in dem das Produkt zuerst in den Verkehr gebracht werden soll (Art. 11 Abs.1). Lehnt die zuständige Behörde die Erteilung der Genehmigung ab, ist das Verfahren damit beendet. Möchte sie die Genehmigung erteilen, so übermittelt sie der Kommission eine befürwortende Stellungnahme (Art. 13 Abs. 2 a). Diese leitet den Antrag an die übrigen Mitgliedstaaten weiter. Hat keiner der anderen Mitgliedstaaten Bedenken, kann die Genehmigung erteilt werden. Erhebt ein Mitgliedstaat Einwendungen, entscheidet, wenn sich die betroffenen Mitgliedstaaten nicht innerhalb einer bestimmten Frist einigen, nach Art. 13 Abs. 3 die Kommission. Entsprechend dieser Entscheidung muss die nationale Behörde dann die Genehmigung erteilen oder ablehnen (Art. 13 Abs. 4). Dem Antragsteller gegenüber tritt also nur die Behörde auf, bei der er den Antrag gestellt hat. Sobald ein Produkt eine schriftliche Zustimmung erhalten hat, darf es nach Art. 13 Abs. 5 „ohne weitere Anmeldung in der gesamten Gemeinschaft verwendet werden“, und nach Art. 15 dürfen die Mitgliedstaaten das Inverkehrbringen eines GVO-Produkts, das den Vorschriften dieser Richtlinie entspricht, nicht aus Gründen, die die Genehmigung betreffen, verbieten, einschränken oder behindern.[169] Hat ein Mitgliedstaat jedoch berechtigten Grund zu der Annahme, dass ein genehmigtes Produkt eine Gefahr für die menschliche Gesundheit oder die

---

[167] ABl. Nr. L 117 v. 8. 5. 1990, S. 15 ff.; hierzu ausführlich *Kameke*, Gemeinschaftliches Gentechnikrecht: Die Freisetzungsrichtlinie 90/220/EWG, Berlin 1995.

[168] Vgl. hierzu *Delbrück*, EuZW 1990, S. 375; *Pernice*, NVwZ 1990, S. 421; *Jarass*, NuR 1991, S. 55, *Schenek*, Das Gentechnikrecht der europäischen Gemeinschaft, Berlin 1995, S. 220 ff.

[169] Art. 14 Abs. 5 GenTG bestimmt dementsprechend: „Der Genehmigung des Inverkehrbringens durch das Robert-Koch-Institut stehen Genehmigungen gleich, die von Behörden anderer Mitgliedstaaten der Europäischen Gemeinschaft oder anderer Vertragsstaaten des Abkommens über den Europäischen Wirtschaftsraum erteilt worden sind.“ Art. 15 der Richtlinie stellt klar, dass eine erteilte Genehmigung es nicht ausschließt, das Inverkehrbringen aus anderen als von der Freisetzungsrichtlinie geregelten Gesichtspunkten zu beschränken, *Jarass*, NuR 1991, S. 55.

Umwelt darstellt, so kann er den Einsatz und/oder Verkauf dieses Produkts in seinem Mitgliedstaat vorübergehend einschränken oder verbieten (Art. 16 Abs.1). Die Entscheidung über endgültige Maßnahmen obliegt nach Art. 16 Abs. 2 der Kommission.[170]

II. Der internationalverwaltungsrechtliche Gehalt

Bei dem Genehmigungsverfahren nach der Freisetzungsrichtlinie handelt es sich um ein gestuftes Verwaltungsverfahren mit Letztentscheidungsrecht der Kommission. Der einzelne Mitgliedstaat entscheidet also nicht mehr „souverän", sondern in Zusammenarbeit mit der Kommission und den übrigen Mitgliedstaaten.[171] Art. 11 Abs. 1 der Freisetzungsrichtlinie enthält eine internationale Zuständigkeitsregelung für dieses Verfahren. Die Bestimmung des Art. 13 Abs. 5, nach der ein Produkt, dessen Inverkehrbringen in einem Mitgliedstaat genehmigt wurde, auch in anderen Mitgliedstaaten in den Verkehr gebracht werden darf, ohne dass in diesen Staaten eine erneute Genehmigung verlangt werden darf, kann entweder als Anordnung einer gemeinschaftsweiten Geltung der Genehmigung oder als Verpflichtung zur gegenseitigen Anerkennung der Genehmigungen interpretiert werden. Der Wortlaut ist keineswegs so eindeutig, wie dies z.T. behauptet wird.[172] In der Literatur ist überwiegend von der Anerkennung der Zulassung gentechnischer Produkte die Rede.[173] Zum Teil wird auch von „gemeinschaftsweiter Wirkung" der Genehmigung[174] oder von einer „von den anderen Mitgliedstaaten zu respektierenden Gemeinschaftszulassung durch den Anmeldestaat"[175] gesprochen. Die Frage kann nur nach allgemeinen Grundsätzen beantwortet werden.[176]

F. Pflanzenschutzmittel

I. Genehmigung des Inverkehrbringens

Die RL 91/414/EWG über das Inverkehrbringen von Pflanzenschutzmitteln[177] unterwirft das Inverkehrbringen von Pflanzenschutzmitteln einer Zulassungspflicht (Art. 3). Zuständig für die Erteilung einer Zulassung ist jeder Mitgliedstaat, in dem das

---

[170] *Jarass*, NuR 1991, S. 56.
[171] *Pernice*, NVwZ 1990, S. 421.
[172] Nach *Tünnessen-Harmes*, DVBl. 1994, S. 1336, Fn. 17 sieht Art. 13 ausdrücklich die Anerkennung ausländischer Zulassungen vor.
[173] *Tünnessen-Harmes*, DVBl. 1994, S. 1336, Fn. 17; *Delbrück*, EuZW 1990, S. 375; *Jarass*, NuR 1991, S. 55, Fn. 90 („gemeinschaftsweite Anerkennung") .
[174] *Schenek*, Das Gentechnikrecht der europäischen Gemeinschaft, S. 221; *Jarass*, NuR 1991, S. 55.
[175] *Pernice*, NVwZ 1990, S. 421.
[176] Hierzu unten, 6. Teil, A. und B.
[177] ABl. Nr. L 230/1 v. 19. 8. 1991.

Pflanzenschutzmittel in den Verkehr gebracht werden soll (Art. 9 Abs.1). Ein Mitgliedstaat, bei dem ein Antrag auf Zulassung eines Pflanzenschutzmittels gestellt wird, das in einem Mitgliedstaat bereits zugelassen ist, muss nach Art. 10 Abs. 1 „ davon absehen zu verlangen, dass die Versuche und Analysen, die im Zusammenhang mit der Zulassung des Pflanzenschutzmittels in diesem letztgenannten Mitgliedstaat bereits durchgeführt worden sind, wiederholt werden," und, falls das Pflanzenschutzmittel nur Wirkstoffe des Anhangs I der Richtlinie enthält, „zulassen ... dass dieses Pflanzenschutzmittel ... auch in seinem Staatsgebiet in den Verkehr gebracht wird", wobei beide Pflichten nur bestehen, „soweit die für die Anwendung des Pflanzenschutzmittels relevanten Bedingungen in Bezug auf Landwirtschaft, Pflanzenschutz und Umwelt - einschließlich der Witterungsverhältnisse - in den betreffenden Gebieten vergleichbar sind".[178] Hat ein Mitgliedstaat berechtigten Grund zu der Annahme, dass ein Pflanzenschutzmittel, das er nach Art. 10 zugelassen hat oder zulassen muss, eine Gefahr für die Gesundheit von Mensch und Tier oder die Umwelt darstellt, so kann er nach Art. 11 Abs. 1 S. 1 „dessen Einsatz und/oder Verkauf in seinem Gebiet vorübergehend einschränken oder verbieten". In diesem Fall sowie in dem Fall, dass ein Mitgliedstaat die Zulassung eines in einem anderen Mitgliedstaat bereits genehmigten Pflanzenschutzmittels unter Berufung auf die fehlende Vergleichbarkeit der für die Anwendung des Pflanzenschutzmittels relevanten Bedingungen ablehnt, sieht die Richtlinie eine endgültige Entscheidung der Kommission bzw. des Rates vor (Art. 10 Abs. 3, Art. 11 Abs. 2, Art. 19).

II. Der internationalverwaltungsrechtliche Gehalt

Eine gemeinschaftsweite Geltung der Zulassung scheidet von vornherein aus, da die Zulassung in den anderen Mitgliedstaaten erst auf Grund eines förmlichen Verfahrens erfolgt. Die amtliche Überschrift von Art. 10: „Gegenseitige Anerkennung der Zulassung" legt die Vermutung nahe, dass es sich hierbei um ein normales Anerkennungsverfahren handelt. Eine Genehmigung in einem Mitgliedstaat verleiht jedoch nur einen begrenzten Anspruch auf Erteilung der Genehmigung in einem anderen Mitgliedstaat.[179] Eine Anerkennungspflicht besteht lediglich bei Pflanzenschutzmitteln, die nur Wirkstoffe des Anhangs I enthalten. Im Übrigen sind nur die Versuche und Analysen, die im Zusammenhang mit der Zulassung des Pflanzenschutzmittels im Mitgliedstaat der Erstzulassung bereits durchgeführt worden sind, zu berücksichtigen. Im letzteren Fall werden also nicht dem Zulassungsakt selbst Rechtswirkungen im eigenen Hoheitsgebiet verliehen, sondern es werden lediglich einzelne Elemente der inländischen Zulassungsvoraussetzungen als erfüllt angesehen. Es handelt sich also um die bloße Berücksichtigung von Tatsachen. Beide Pflichten entfallen, soweit die für die Anwendung des Pflanzenschutzmittels relevanten Bedingungen in Bezug auf Landwirtschaft, Pflanzenschutz und Umwelt - einschließlich der Witterungsverhältnisse - in den betreffenden Gebieten vergleichbar sind - ein ordre public - Vorbehalt, dessen

[178] Umsetzung ins deutsche Recht: § 15 b PflSchG (Sar. I Nr. 863).
[179] *Jarass*, NuR 1991, S. 55; vgl. hierzu auch *Pernice*, NVwZ 1990, S. 420.

Voraussetzungen angesichts der unterschiedlichen Witterungsverhältnisse im Gemeinschaftsgebiet allzu oft erfüllt sein dürften. Auch bei der Vorschrift des Art. 11 Abs.1 S. 1 handelt es sich um einen ordre public - Vorbehalt. Beide Vorbehalte werden jedoch durch das Letztentscheidungsrecht der Kommission bzw. des Rates relativiert.

G. Arzneimittelrecht

I. Genehmigung des Inverkehrbringens

1. Genehmigung nach den Arzneimittelrichtlinien

Ein Arzneimittel darf in einem Mitgliedstaat gem. Art. 3 Abs. 1 der Ersten Arzneimittelrichtlinie[180] erst dann in den Verkehr gebracht werden, wenn von der zuständigen Behörde dieses Mitgliedstaats eine Genehmigung für das Inverkehrbringen erteilt wurde. Einzelheiten des Genehmigungsverfahrens regelt die Zweite Arzneimittelrichtlinie.[181] Der Inhaber einer Genehmigung kann dann gem. Art. 9 der Zweiten Arzneimittelrichtlinie in anderen Mitgliedstaaten die Anerkennung dieser Genehmigung beantragen. Nach Art. 9 Abs. 4 S.1 der Zweiten Arzneimittelrichtlinie „muss jeder Mitgliedstaat die vom ersten Mitgliedstaat erteilte Genehmigung innerhalb von 90 Tagen nach Erhalt des Antrags und des Beurteilungsberichts anerkennen", es sei denn, er ist der Auffassung, dass die Genehmigung eines Arzneimittels eine Gefahr für die öffentliche Gesundheit darstellen kann (Art. 10 Abs. 1 S. 1 der Zweiten Arzneimittelrichtlinie). Für diesen Ausnahmefall ist eine konzertiertes Verfahren unter Beteiligung der anderen Mitgliedstaaten und gegebenenfalls des Arzneimittelausschusses sowie der Kommission vorgesehen, an dessen Ende (bei Fehlschlagen einer Einigung unter den betroffenen Mitgliedstaaten) eine Entscheidung der Kommission bzw. des Rates steht, der der betroffene Mitgliedstaat nachkommen muss (Art. 10 ff. der Zweiten Arzneimittelrichtlinie). Auch bei Arzneimitteln, deren Inverkehrbringen bereits genehmigt wurde, kann ein Mitgliedstaat ausnahmsweise vorübergehend das Inverkehrbringen und die Anwendung des betreffenden Arzneimittels in seinem Hoheitsgebiet aussetzen, wenn eine solche Maßnahme zum Schutz der öffentlichen Gesundheit dringend erforderlich ist (Art. 15 a Abs. 2 der Zweiten Arzneimittelrichtlinie). Eine endgültige Entscheidung erfolgt nach Beteiligung des Arzneimittelausschusses durch die Kommission bzw. den Rat (Art. 13, 14, 37 b der Zweiten Arzneimittelrichtlinie).[182]

---

[180] RL 65/65/EWG, ABl. Nr. 22/369 v. 2. 6. 1965 = EWR Nr. 140.

[181] RL 75/319/EWG, ABl. Nr. L 147/13 v. 9. 6. 1975 = EWR Nr. 141.

[182] Für Tierarzneimittel finden sich entsprechende Vorschriften in der Tierarzneimittelrichtlinie (RL 81/851/EWG, ABl. Nr. L 317/1 v. 6. 11. 1981 = EWR Nr. 143). In Umsetzung dieser Regelungen bestimmt § 25 Abs. 5 b S.1 des deutschen Arzneimittelgesetzes (AMG): „Ist das Arzneimittel bereits in einem anderen Mitgliedstaat der Europäischen Union zugelassen worden, ist diese Zulassung auf der Grundlage des von diesem Staat übermittelten Beurteilungsberichtes anzuerkennen, es sei denn, dass Anlass zu der Annahme besteht, dass die Zulassung des Arzneimittels eine Gefahr für die

2. Genehmigung nach der Arzneimittelverordnung

Für bestimmte technologisch hochwertige Arzneimittel, insbesondere aus der Biotechnologie, führte die Arzneimittelverordnung[183] ein zentralisiertes Gemeinschaftsgenehmigungsverfahren ein. Die Genehmigung für das Inverkehrbringen dieser Arzneimittel wird nach Art. 4 der Arzneimittelverordnung von der Gemeinschaft (Kommission bzw. Rat) erteilt. Nach Art. 12 Abs.1 der Arzneimittelverordnung „... ist eine Genehmigung, die nach dem in dieser Verordnung festgelegten Verfahren erteilt worden ist, für die gesamte Gemeinschaft gültig. Sie umfasst die gleichen Rechte und Pflichten in jedem einzelnen Mitgliedstaat wie eine Genehmigung, die von dem jeweiligen Mitgliedstaat nach Art. 3 der RL 65/65/EWG[184] erteilt wird." [185] Wird die Gemeinschaftsgenehmigung versagt, so stellt dies „ein Verbot für das Inverkehrbringen des betreffenden Arzneimittels in der gesamten Gemeinschaft dar" (Art. 12 Abs. 2 der Arzneimittelverordnung). Auch bei Arzneimitteln, die gemäß dieser Verordnung genehmigt wurden, kann ein Mitgliedstaat nach Art. 18 Abs. 4 vorübergehend die Verwendung in seinem Hoheitsgebiet aussetzen, wenn dies zum Schutz der Gesundheit von Mensch oder Tier oder zum Schutz der Umwelt dringend erforderlich ist.

II. Der internationalverwaltungsrechtliche Gehalt

1. Genehmigung nach den Arzneimittelrichtlinien

Aus der Tatsache, dass die von einem Mitgliedstaat ergangene Arzneimittelzulassung in den anderen Mitgliedstaaten erst nach Durchführung eines förmlichen Verfahrens Rechtswirkungen erlangt, ergibt sich eindeutig, dass die Arzneimittelrichtlinien der Anerkennungskonzeption folgen (Individualanerkennung).[186] Art. 10 Abs. 1 S. 1 der Zweiten Arzneimittelrichtlinie enthält einen ordre public - Vorbehalt für den Fall, dass ein Mitgliedstaat der Auffassung ist, die Genehmigung des Arzneimittels könne eine Gefahr für die Gesundheit darstellen. In diesem Fall entfällt die Anerkennungspflicht. Tritt eine solche Gefahr erst nach bereits erfolgter Anerkennung auf, so kann der Anerkennungsstaat nach Art. 15 a Abs. 2 der Zweiten Arzneimittelrichtlinie die Anerkennung vorübergehend außer Kraft setzen. Keine Regelung enthält die Richtlinie für den Fall, dass der Mitgliedstaat, der die erste Zulassung erteilt hat, diese später wieder entzieht.

öffentliche Gesundheit, bei Arzneimitteln zur Anwendung bei Tieren eine Gefahr für die Gesundheit von Mensch oder Tier oder für die Umwelt, darstellen kann."

[183] VO (EWG) Nr. 2309/93 zur Festlegung von Gemeinschaftsverfahren für die Genehmigung und Überwachung von Human- und Tierarzneimitteln und zur Schaffung einer Europäischen Agentur für die Beurteilung von Arzneimitteln, ABl. L 214/1 v. 24. 8. 1993.

[184] Erste Arzneimittelrichtlinie.

[185] Dementsprechend bestimmt § 37 Abs. 1 S. 1 AMG: „Die von der Kommission der Europäischen Gemeinschaften oder dem Rat der Europäischen Union gemäß der Verordnung (EWG) Nr. 2309/93 erteilte Genehmigung für das Inverkehrbringen steht ... einer nach § 25 erteilten Zulassung gleich."

[186] Vgl. *Schmidt-Aßmann*, EuR 1996, S. 285.

2. Genehmigung nach der Arzneimittelverordnung

Eine auf Grundlage der Arzneimittelverordnung ergangene Genehmigung ist nach Art. 12 Abs. 1 S. 1 der Verordnung „für die gesamte Gemeinschaft gültig". Da die Genehmigung von der Gemeinschaft erteilt wird, geht es hier nicht um die Frage nach der grenzüberschreitenden Wirkung nationaler Verwaltungsakte, sondern um die Wirkung von Verwaltungsakten der Gemeinschaft.[187]

H. Außenwirtschaftsrecht

I. Zollrecht

1. Art. 250 Zollkodex

Die VO (EWG) Nr. 2913/92 zur Festlegung des Zollkodex der Gemeinschaften (ZK)[188] enthält ein gesondertes Kapitel mit der amtlichen Überschrift: „Rechtswirkungen der in einem Mitgliedstaat erlassenen Maßnahmen, ausgestellten Papiere und getroffenen Feststellungen in einem anderen Mitgliedstaat". Der einzige Artikel dieses Kapitels (Art. 250) bestimmt:

> „Wird ein Zollverfahren in mehreren Mitgliedstaaten durchgeführt, so
> - haben die von den Zollbehörden eines Mitgliedstaats getroffenen Entscheidungen, erlassenen Nämlichkeitsmaßnahmen und ausgestellten Papiere in den anderen Mitgliedstaaten die gleichen Rechtswirkungen wie die von den Zollbehörden jedes dieser Mitgliedstaaten erlassenen Entscheidungen, Maßnahmen und ausgestellten Papiere;
> - haben die von den Zollbehörden eines Mitgliedsstaats bei einer Prüfung getroffenen Feststellungen in den anderen Mitgliedstaaten die gleiche Beweiskraft wie die von den Zollbehörden jedes dieser Mitgliedstaaten getroffenen Feststellungen."

Ein Beispiel für eine von einer Zollbehörde getroffene Entscheidung im Sinne von Art. 250 ZK ist die in Art. 12 ZK geregelte verbindliche Zolltarifauskunft. Art. 12 Abs. 2 bestimmt: „Die verbindliche Zolltarifauskunft bindet die Zollbehörden gegenüber dem Berechtigten nur hinsichtlich der zolltariflichen Einreihung der Waren." Diese zunächst nur hinsichtlich der Zollbehörden des Mitgliedstaates, der die Zolltarifaus-

---

[187] Hierzu unten, 6. Teil, A. II.1. a).
[188] ABl. Nr. L 302/1 v. 19. 10. 1992.

kunft erteilt hat, eintretende Bindungswirkung wird von Art. 250 auf die Zollbehörden der übrigen Mitgliedstaaten ausgedehnt.[189]

2. Der internationalverwaltungsrechtliche Gehalt

Zum Teil wird vertreten, Art. 250 ZK verleihe den zollrechtlichen Verwaltungsakten eines Mitgliedstaates Geltung für den Gesamtbereich der Gemeinschaft.[190] Die andere Auffassung geht von gegenseitiger Anerkennung aus.[191] Teilweise ist nur unbestimmt von einer „EG-weiten Gültigkeit" die Rede.[192] Der Wortlaut der Vorschrift gibt keinen Anhaltspunkt. „Die gleichen Rechtswirkungen" können in anderen Mitgliedstaaten sowohl auf Grund von gemeinschaftsweiter Geltung als auch auf Grund von Anerkennung eintreten. Die Frage muss auch in diesem Fall nach allgemeinen Prinzipien beantwortet werden.

II. Ausfuhr von Kulturgütern

1. Ausfuhrgenehmigung

Die VO (EWG) Nr. 3911/92 über die Ausfuhr von Kulturgütern[193] regelt die Ausfuhr von Kulturgütern aus dem Zollgebiet der Gemeinschaft in Drittländer.[194] Die von der Verordnung erfassten Kulturgüter dürfen gem. Art. 2 Abs. 1 aus dem Zollgebiet der Gemeinschaft nur entfernt werden, wenn die Ausfuhr genehmigt worden ist, Art. 2 Abs. 1. Nach Art. 2 Abs. 2 wird die Ausfuhrgenehmigung von der Behörde des Mitgliedstaates erteilt, in dessen Hoheitsgebiet sich das betreffende Kulturgut befindet. Art. 2 Abs. 3 bestimmt: „Die Ausfuhrgenehmigung gilt für die gesamte Gemeinschaft."

2. Der internationalverwaltungsrechtliche Gehalt

Der Wortlaut der Verordnung über die Ausfuhr von Kulturgütern spricht für die unmittelbare gemeinschaftsweite Geltung der von den einzelnen Mitgliedstaaten

---

[189] A.A. *Hatje*, Die gemeinschaftsrechtliche Steuerung der Wirtschaftsverwaltung, S. 209 f., nach dem die gemeinschaftsweite Bindungswirkung der Zolltarifauskunft bereits aus Art. 12 Abs. 2 ZK selbst folgt.

[190] *Schmidt-Aßmann*, EuR 1996, S. 282 u. 293; *Engel*, DV 1992, S. 452.

[191] *Scheunig*, in: Hoffmann-Riem/Schmidt-Aßmann (Hrsg.): Innovation und Flexibilität des Verwaltungshandelns, S. 338 f.; *Hatje*, Die gemeinschaftsrechtliche Steuerung der Wirtschaftsverwaltung, S. 208 ff.

[192] *V. Bogandy*, in: Grabitz/v. Bogandy/Nettesheim (Hrsg.), Europäisches Außenwirtschaftsrecht, S. 113

[193] ABl. Nr. L 395/1 v. 31. 12. 1992.

[194] Hierzu ausführlich: *Maurer*, Die Ausfuhr von Kulturgütern in der Europäischen Union, Frankfurt/M. 1997

erteilten Ausfuhrgenehmigungen. Dem Wortlaut darf jedoch keine allzu große Bedeutung beigemessen werden, da der Gemeinschafsgesetzgeber insoweit, wie bereits dargelegt, inkonsequent ist.[195] Anhaltspunkte, die entgegen dem ausdrücklichen Wortlaut für eine bloße Anerkennungspflicht sprechen, wie z.B. ein förmliches Anerkennungsverfahren, sind allerdings nicht vorhanden. Damit ist aber noch keine eindeutige Entscheidung zu Gunsten einer unmittelbaren gemeinschaftsweiten Geltung gefallen, da noch die Alternative „gesetzliche Anerkennung“ bleibt. Die Lösung muss deshalb auch hier nach allgemeinen Gesichtspunkten erfolgen.

III. Ausfuhr von Gütern mit doppeltem Verwendungszweck

1. Ausfuhrgenehmigung

Die VO (EG) Nr. 3381/94 über eine Gemeinschaftsregelung der Ausfuhrkontrolle von Gütern mit doppeltem Verwendungszweck (sog. Dual use - Verordnung)[196] schreibt in Art. 6. Abs.1 S. 1 für die Ausfuhr der unter die Verordnung fallenden Güter mit doppeltem Verwendungszweck in Drittstaaten eine Genehmigung vor, die nach Art. 7 Abs.1 von dem Mitgliedstaat erteilt wird, in dem der Ausführer niedergelassen ist. Art. 6 Abs. 3 bestimmt: „Die Ausfuhrgenehmigung gilt in der gesamten Gemeinschaft.“ Bei bestimmten Gütern mit doppeltem Verwendungszweck, die sich in einem anderen Mitgliedstaat befinden als in dem, in dem der Ausführer niedergelassen ist, muss der erstgenannte Mitgliedstaat konsultiert werden. Dieser teilt „etwaige Bedenken gegen die Erteilung einer solchen Genehmigung mit, die den Mitgliedstaat, in dem der Antrag gestellt worden ist, binden. Ergeht binnen der genannten Frist keine Antwort, so gilt dies als Zustimmung des konsultierten Mitgliedstaats“ (Art. 7 Abs. 2). Ist ein Mitgliedstaat der Auffassung, eine Ausfuhr könnte seinen wesentlichen Interessen schaden, so „kann dieser einen anderen Mitgliedstaat ersuchen, keine Ausfuhrgenehmigung zu erteilen, oder, wenn eine derartige Genehmigung bereits erteilt worden ist, um deren Ungültigkeitserklärung, Aussetzung, Abänderung, Rücknahme oder Widerruf ersuchen.“ In diesem Fall muss der ersuchende Mitgliedstaat konsultiert werden (Art. 7 Abs. 3).

2. Der internationalverwaltungsrechtliche Gehalt

Es wird vertreten, die Bestimmung des Art. 6 Abs. 3 der Dual use - Verordnung verpflichte die Mitgliedstaaten zur gegenseitigen Anerkennung der nationalen Ausfuhrgenehmigungen.[197] Die Gegenauffassung geht von der gemeinschaftsweiten Geltung der Genehmigungen aus.[198] Für die zweite Auffassung spricht schon der

---

[195] S. o., 2. Teil, C. III. 1.

[196] ABl. Nr. L 367/1 v. 31. 12. 1994; hierzu ausführlich *Hohmann*, EWS 2000, S. 52 ff.

[197] *Hohmann*, EWS 2000, S. 52 ff.

[198] *Pernice/Kadelbach*, DVBl. 1996, S. 1104.

Wortlaut des Art. 6 Abs. 3. Auch ist kein förmliches Anerkennungsverfahren vorgesehen. Der Wortlaut hat jedoch, wie bereits ausgeführt, nur eine eingeschränkte Bedeutung. Da noch die Möglichkeit einer Anerkennung kraft Gesetz bleibt, muss die Frage nach allgemeinen Grundsätzen entschieden werden.[199]

Art. 7 Abs. 2 enthält einen Fall eines grenzüberschreitenden gestuften Verwaltungsverfahrens.[200] Verweigert der nach Art. 7 Abs. 2 zu konsultierende Mitgliedstaat seine Zustimmung und wird deshalb die Erteilung der Ausfuhrgenehmigung abgelehnt, ist der Antragsteller vor das Problem gestellt, ob er die Zustimmung selbstständig einklagen muss oder ob er gleich auf Erteilung der Genehmigung klagen kann. Bei der zweitgenannten Alternative stellt sich dann die Frage, ob die gerichtliche Entscheidung des Genehmigungsstaates die Zustimmung des zu konsultierenden Staates ersetzen kann. Wird eine Ausfuhrgenehmigung trotz der geäußerten Bedenken erteilt, muss gefragt werden, welche Rechtswirkungen die Genehmigung in diesem Fall hat.[201]

I. Schengen

Erwähnt seien noch einige Bestimmungen des Schengen-Durchführungsübereinkommens (SDÜ).[202] Ursprünglich handelte es sich hierbei zwar nicht um Sekundärrecht, sondern um ein völkerrechtliches Übereinkommen, das 1990 zur Durchführung der Ziele des Schengener Übereinkommens von 1985 zwischen den Benelux-Staaten, Deutschland und Frankreich geschlossen wurde und dem später die meisten der anderen Mitgliedstaaten beitraten.[203] Das Protokoll zum Amsterdamer Vertrag „zur Einbeziehung des Schengen-Besitzstandes in den Rahmen der Europäischen Union“[204] integrierte dann aber die Schengen - Übereinkommen in das Gemeinschafts- bzw. Unionsrecht, indem die Vorschriften per Ratsbeschluss den jeweils einschlägigen Kompetenzgrundlagen des EG - Vertrages (Art. 61 ff. EG) oder des EU - Vertrages (Art. 29 ff. EU) zugeordnet wurden.[205] Diese Zuordnung stellt materiell die Setzung sekundären Gemeinschaftsrechts dar, da damit die Schengen-

---

[199] Hierzu unten, 6. Teil, A und B.

[200] Weitere grenzüberschreitende gestufte Verwaltungsverfahren finden sich z.B. in der Abfallverbringungs - VO (EWG) Nr. 259/93 (ABl. L 30/1 v. 6. 2. 1993) sowie in der RL 92/3/EURATOM über die Verbringung radioaktiver Abfälle (ABl. L 35/24 v. 12. 2. 1992).

[201] Hierzu unten, 6. Teil, E. IV. 3.

[202] "Schengen II“, Sartorius II Nr. 280.

[203] Vgl. *Brechmann*, in: Calliess/Ruffert (Hrsg.), EUV/EGV, Art. 61 EG Rn. 9.

[204] Sartorius II Nr. 151.

[205] Vgl. *Brechmann*, in: Calliess/Ruffert (Hrsg.), EUV/EGV, Art. 61 EG Rn. 10. Der Amsterdamer Vertrag löste bestimmte Teilbereiche der Dritten Säule (Justiz- und Innenpolitik) aus dem Unionsvertrag heraus und überführte sie in den EGV (Art. 61 ff. EGV, sog. „Vergemeinschaftung“). Dadurch wurden Kompetenzen der Gemeinschaft u.a. in den Bereichen Visa, Asyl, Einwanderungspolitik sowie justizielle Zusammenarbeit in Zivilsachen begründet (*Hilf/Pache*, NJW 1998, S. 707). Im Unionsvertrag verblieben die Bereiche polizeiliche und justizielle Zusammenarbeit in Strafsachen (Art. 29 ff. EU).

Vorschriften konstitutiv mit den Rechtswirkungen des Gemeinschaftsrechts versehen werden.[206]

I. Visapolitik

Nach Art. 10 Abs. 1 S. 1 des SDÜ wird ein einheitlicher Sichtvermerk eingeführt, der für einen Aufenthalt von bis zu drei Monaten erteilt werden kann und „der für das Hoheitsgebiet aller Vertragsparteien gültig ist". Abweichend hiervon „behält sich jede Vertragspartei das Recht vor, die Gültigkeit des Sichtvermerks ... räumlich zu beschränken" (Art. 10 Abs. 3). Sichtvermerke für Aufenthalte über drei Monate bleiben auf das Hoheitsgebiet des ausstellenden Staates beschränkt[207] (Art. 11 Abs. 2). „Bis zur Schaffung eines solchen (einheitlichen) Sichtvermerks erkennen die Vertragsparteien die jeweiligen nationalen Sichtvermerke an ..." (Art. 10 Abs. 2).

II. Strafverfolgung

Die Art. 40 und 41 SDÜ erlauben unter bestimmten Voraussetzungen die grenzüberschreitende polizeiliche Observation einer Person im Rahmen eines Ermittlungsverfahrens und die Nacheile bei Verfolgung eines auf frischer Tat Betroffenen. Diese Vorschriften enthalten somit eine Ausnahme von dem grundsätzlichen völkerrechtlichen Verbot der Vornahme von Hoheitsakten auf fremdem Staatsgebiet, doch kann der Staat, auf dessen Gebiet sie vorgenommen werden, jederzeit ihre Einstellung verlangen.[208]

III. Asylverfahrensrecht

Das Dubliner Übereinkommen vom 15. 6. 1990 über die Bestimmung des zuständigen Staates für die Prüfung eines in einem Mitgliedstaat der Europäischen Gemeinschaften gestellten Asylantrags,[209] das am 1. 9. 1997 in Kraft getreten ist, legt die Zuständigkeit nach bestimmten Kriterien wie z.B. Vorhandensein von Familienangehörigen des Asylsuchenden in einem Mitgliedstaat (Art. 4) fest. Die Durchführung des Asylverfahrens erfolgt nach den innerstaatlichen Rechtsvorschriften des zuständigen Mitgliedstaats (Art. 3 Abs. 3 des Dubliner Übereinkommens), d.h. die zuständige Behörde wendet stets ihr eigenes Recht an. Internationalverwaltungsrechtlich gesehen handelt es sich bei den Zuständigkeitsbestimmungen um Regelungen der internationalen Zuständigkeit. Art. 3 Abs. 3 des Dubliner Übereinkommens enthält eine einseitige Kollisionsnorm.

---

206 *Röben*, in: Grabitz/Hilf, Vor Art. 29 EUV, Rn. 12.
207 *Harings*, Grenzüberschreitende Zusammenarbeit, S. 66.
208 *Groß*, JZ 1994, S. 598.
209 Sar. II Nr. 285.

J. Rechts- und Amtshilfe

Am weitesten gediehen ist die Zusammenarbeit der Mitgliedstaaten in Zivilsachen. Art. 293 EG (früher Art. 220 EGV) sieht „die Vereinfachung der Förmlichkeiten für die gegenseitige Anerkennung und Vollstreckung richterlicher Entscheidungen und Schiedssprüche" durch von den Mitgliedstaaten zu schließende völkerrechtliche Übereinkommen vor. Diese Vorschrift wurde durch das Europäische Übereinkommen über die gerichtliche Zuständigkeit und die Vollstreckung gerichtlicher Entscheidungen in Zivil- und Handelssachen vom 27.9.1968 (EuGVÜ)[210] umgesetzt. Durch den Unionsvertrag wurde 1992 eine allgemeine Bestimmung über die justizielle Zusammenarbeit in Zivilsachen eingeführt (Art. K. 1 EUV), die im Wege völkerrechtlicher Übereinkommen erfolgen sollte (Art. K. 3 Abs. 2 c EUV). Im Mai 1997 folgte dann das Übereinkommen über die Zustellung gerichtlicher und außergerichtlicher Schriftstücke in Zivil- und Handelssachen in den Mitgliedstaaten der EU,[211] das an die Stelle des am 15. 11. 1965 in Den Haag unterzeichneten gleich lautenden Übereinkommens[212] trat.[213] Der Amsterdamer Vertrag löste die justizielle Zusammenarbeit in Zivilsachen aus dem Unionsvertrag heraus und überführte sie - unter gleichzeitiger Konkretisierung - in den EG - Vertrag (Art. 65 EG). Nunmehr verfügt die Gemeinschaft über eine eigenständige Kompetenz im internationalen Privat- und Verfahrensrecht.[214] Dies hat den Vorteil, dass die Rechtsangleichung auf diesem Gebiet nicht mehr durch (schwerfällige) völkerrechtliche Übereinkommen, sondern durch Verordnungen und Richtlinien erfolgt.[215] Die auf der bisherigen Rechtsgrundlage geschlossenen völkerrechtlichen Übereinkommen sollen mittels Richtlinien oder Verordnungen in das Gemeinschaftsrecht überführt werden.[216] Für die Zukunft ist die Einführung eines europäischen Vollstreckungstitels geplant.[217]

---

[210] Sartorius II Nr. 160; Aufführungsgsetz: Sartorius II Nr. 160 a. Nach Art. 26 Abs. 1 EuGVÜ werden Gerichtsentscheidungen „in den anderen Vertragsstaaten anerkannt, ohne dass es hierfür eines besonderen Verfahrens bedarf". Für die Vollstreckung ist neben der Urteilsanerkennung noch die Vollstreckbarerklärung nach den Art. 31 ff. EuGVÜ erforderlich. Bei Urteilen aus Nichtvertragsstaaten ist für die Urteilsanerkennung ein gerichtliches Anerkennungsverfahren nach § 328 ZPO und für die Vollstreckung die Durchführung eines weiteren Verfahrens nach den §§ 722 ff. ZPO erforderlich, das mit einem Vollstreckungsurteil endet. Vgl. hierzu *Raum/Lindner*, NJW 1999, S. 470.

[211] ABl. C 27/3 v. 26. 1. 1998.

[212] Haager Übereinkommen über die Zustellung gerichtlicher und außergerichtlicher Schriftstücke im Ausland in Zivil- und Handelssachen (HZÜ) v. 15. 11. 1965, Sar. II Nr. 480.

[213] *Brechmann*, in: Calliess/Ruffert (Hrsg.), EUV/ EGV, Art. 65 EG Rn. 5.

[214] *Heß*, NJW 2000, S. 23. Art. 293 EG tritt insoweit hinter Art. 65 EG zurück (*Brechmann*, in: Calliess/Ruffert (Hrsg.), EUV/EGV, Art. 65 EG Rn. 4).

[215] *Heß*, NJW 2000, S. 28.

[216] *Brechmann*, in: Calliess/Ruffert (Hrsg.), EUV/EGV, Art. 65 EG Rn. 4. Vgl. nunmehr die VO (EG) Nr. 1348/2000 vom 29.5.2000 über die Zustellung gerichtlicher und außergerichtlicher Schriftstücke in Zivil- oder Handelssachen in den Mitgliedstaaten, die zum 31.5.2001 in Kraft tritt (ABl. L 160/37 v. 30.6.2000; hierzu Heß, NJW 2001, S. 15 ff.) sowie die VO (EG) Nr. 1347/2000 vom 29.5.2000 über die Zuständigkeit und die Anerkennung und Vollstreckung von Entscheidungen in Ehesachen und in Verfahren betreffend die elterliche Verantwortung für die gemeinsamen Kinder der Ehegatten, Abl. L 160/19 v. 30.6.2000.

[217] *Brechmann*, in: Calliess/Ruffert (Hrsg.). EUV/EGV, Art. 65 EG Rn. 6; *Heß*, NJW 2001, S. 20.

Auf dem Gebiet des Straf- bzw. Strafprozessrechts schlossen die Mitgliedstaaten der Europäischen Gemeinschaft am 13. 11. 1991 ein Übereinkommen über die Vollstreckung ausländischer strafrechtlicher Verurteilungen[218], das jedoch noch nicht in Kraft getreten ist. Ein Übereinkommen des Rates gem. Art. 34 EUV über die Rechtshilfe in Strafsachen zwischen den Mitgliedstaaten der Europäischen Union existiert als Entwurf.[219]

Auf dem Gebiet des Verwaltungsrechts ist zunächst allgemein zwischen der vertikalen (im Verhältnis der Mitgliedstaaten gegenüber den Gemeinschaftsorganen) und der horizontalen Amtshilfe (im Verhältnis der Mitgliedstaaten untereinander) zu unterscheiden.[220] Aus internationalverwaltungsrechtlicher Sicht interessiert allein die horizontale Amtshilfe.[221]

Hierzu finden sich zahlreiche einzelne Amtshilfebestimmungen in verschiedenen Richtlinien und Verordnungen.[222] Daneben gibt es mehrere Amtshilferichtlinien und -verordnungen, die auf einem bestimmten, abgegrenzten Gebiet zur Amtshilfe verpflichten.[223] Generelle Regelungen existieren nur als (völkerrechtliche) Übereinkommen der

---

[218] Sar. II Nr. 162.

[219] ABl. C 251/2 v. 2. 9. 1999.

[220] *Meier*, EuR 1989, S. 237 f.

[221] Die Amtshilfe kann in zwei Formen auftreten: als indirekte oder als direkte Amtshilfe. Während die indirekte Amtshilfe den Umweg über bestimmte, zur Stellung bzw. Entgegennahme eines Amtshilfeersuchens ausschließlich berechtigte Behörden (z.B. diplomatische oder konsularische Vertretungen) nehmen muss, erfolgt die direkte Amtshilfe unmittelbar zwischen den in der Sache zuständigen Behörden (*Meier*, EuR 1989, S. 238).

[222] Z.B. Art. 110 ff. der VO (EWG) Nr. 574/72 - Durchführungsverordnung zur VO 1408/71 (Amtshilfe bei Rückforderung nicht geschuldeter Leistungen); Art. 7 Abs. 1 der RL 77/780/EWG - Erste Bankrechtskoordinierungsrichtlinie (enge Zusammenarbeit der für die Bankaufsicht zuständigen Behörden der Mitgliedstaaten, Informationsaustausch); Art. 16 der VO (EWG) Nr. 684/92 i.d.F. der VO (EG) Nr. 11/98 - grenzüberschreitender Personenkraftverkehr; Art. 11 der VO (EG) Nr. 12/98 - Kabotage-Verordnung Personenkraftverkehr; Art. 11 der VO (EWG) Nr. 881/92 - grenzüberschreitender Güterkraftverkehr; Art. 8 der VO (EWG) Nr. 3118/93 - Kabotage-Verordnung Güterkraftverkehr.

[223] - RL 76/308/EWG über die gegenseitige Unterstützung bei der Beitreibung von Forderungen im Zusammenhang mit Maßnahmen, die Bestandteil des Finanzierungssystems des Europ. Ausrichtungs- und Garantiefonds für die Landwirtschaft sind, sowie von Abschöpfungen und Zöllen und bezüglich der Mehrwertsteuer und bestimmter Verbrauchssteuern (Amtshilfe-Richtlinie Beitreibung), ABl. Nr. L 73/18 v. 19. 3. 1976 = EWR Nr. 692;
- RL 77/799/EWG über die gegenseitige Amtshilfe zwischen den zuständigen Behörden der Mitgliedstaaten im Bereich der direkten und indirekten Steuern (Amtshilferichtlinie Steuern), ABl. Nr. L 336/15 v. 27. 12. 1977 = EWR Nr. 690;
- VO (EWG) Nr. 218/92 über die Zusammenarbeit der Verwaltungsbehörden auf dem Gebiet der indirekten Besteuerung (MWSt.), (AmtshilfeVO Mehrwertsteuern), ABl. 1992 Nr. L 24/1 = EWR Nr. 691;
- VO (EWG) Nr. 1468/81 v. 19. 5. 1981 betreffend die gegenseitige Unterstützung der Verwaltungsbehörden der Mitgliedstaaten und die Zusammenarbeit dieser Behörden mit der Kommission, um die ordnungsgemäße Anwendung der Zoll- und der Agrarregelung zu gewährleisten (VO Amtshilfe in Zoll - und Agrarsachen), ABl. Nr. L 144/1 v. 2. 6. 1981.

Mitgliedstaaten des Europarats.[224] Mangels einer allgemeinen Regelung über Gegenstand, Voraussetzungen, Art und Weise sowie Grenzen der Amtshilfe[225] kommt es also auf die einzelnen sekundärrechtlichen Bestimmungen an. Häufig verpflichten diese die Mitgliedstaaten nur zur Amtshilfe in Form von Auskunftserteilung.[226] Die Amtshilfe kann aber auch die Bekanntgabe von Verwaltungsakten[227] oder die Erhebung von Beweisen[228] umfassen. Die umfangreichste Amtshilfeverpflichtung enthält die RL 76/308/EWG - Amtshilferichtlinie Beitreibung.[229] Sie verpflichtet nicht nur zur Auskunftserteilung (Art. 4 Abs. 1), sondern auch zur Zustellung behördlicher und gerichtlicher Verfügungen und Entscheidungen (Art. 5 Abs. 1) und darüber hinaus zur Beitreibung titulierter Forderungen anderer Mitgliedstaaten (Art. 6 Abs. 1).[230] Hierzu wird der ausländische Vollstreckungstitel „durch einen Titel bestätigt, anerkannt oder ergänzt oder durch einen Titel ersetzt, der die Vollstreckung im Hoheitsgebiet dieses Mitgliedstaats ermöglicht" (Art. 8 Uabs. 1). Voraussetzung ist lediglich, dass „der Vollstreckungstitel im Mitgliedstaat der ersuchenden Behörde ordnungsgemäß ausgestellt ist" (Art. 8 Uabs. 2). Die Auskunftsbeschaffung, die Zustellung sowie die Forderungsbeitreibung erfolgen nach Maßgabe der Rechts- und Verwaltungsvorschriften des Mitgliedstaats, in dem die ersuchte Behörde ihren Sitz hat.[231] Und Art. 15 Abs. 1 bestimmt: „Verjährungsfragen werden ausschließlich nach dem Recht des Mitgliedstaats, in dem die ersuchende Behörde ihren Sitz hat, geregelt." Möchte der Betroffene einer grenzüberschreitenden Beitreibung einen Rechtsbehelf gegen die Forderung oder den Vollstreckungstitel einlegen, so hat dies im Mitgliedstaat der ersuchenden Behörde nach dessen Recht zu erfolgen (Art. 12 Abs. 1 S.1). Handelt es sich bei der zur Entscheidung berufenen Instanz um ein ordentliches Gericht oder ein Verwaltungsgericht, „so gilt die Entscheidung dieses Gerichts, sofern sie zu Gunsten der ersuchenden Behörde ausfällt und die Beitreibung der Forderung in dem Mitgliedstaat, in dem die ersuchende Behörde ihren Sitz hat, ermöglicht, als 'Vollstreckungstitel' im Sinne der Art. 6, 7 und 8, und die Beitreibung der Forderung

---

[224] Europäisches Übereinkommen über die Zustellung von Schriftstücken in Verwaltungssachen im Ausland (BGBl. 1981 II S. 535); Europäisches Übereinkommen über die Erlangung von Auskünften und Beweisen in Verwaltungssachen im Ausland (BGBl. 1981 II S. 550). Daneben hat die Bundesrepublik Deutschland mit zahlreichen europäischen Staaten Rechts- und Amtshilfeabkommen abgeschlossen, in denen sich die Bundesrepublik zur Anerkennung und Vollstreckung unanfechtbarer ausländischer Steuerbescheide verpflichtet hat (vgl. die Nachweise bei *Papier/Olschewski*, DVBl. 1976, S. 475 f.).

[225] Vgl. *Meier*, EuR 1989, S. 237 ff.

[226] Z.B. gemäß der RL 77/799/EWG (Amtshilferichtlinie Steuern) sowie der VO (EWG) Nr. 218/92 (AmtshilfeVO Mehrwertsteuern).

[227] Z.B. Art. 6 Abs. 1 der VO (EWG) Nr. 1468/81 (VO Amtshilfe in Zoll - und Agrarsachen).

[228] Z.B. Art. 9 Abs. 1 der VO (EWG) Nr. 1468/81 (VO Amtshilfe in Zoll - und Agrarsachen).

[229] Richtlinie über die gegenseitige Unterstützung bei der Beitreibung von Forderungen im Zusammenhang mit Maßnahmen, die Bestandteil des Finanzierungssystems des Europäischen Ausrichtungs- und Garantiefonds für die Landwirtschaft sind, sowie von Abschöpfungen und Zöllen und bezüglich der Mehrwertsteuer und bestimmter Verbrauchssteuern, ABl. Nr. L 73/18 v. 19. 3. 1976 = EWR Nr. 692.

[230] Bei der Beitreibung ausländischer Forderungen handelt es sich um Vollstreckungshilfe.

[231] Art. 4 Abs. 1, 5 Abs. 1 und 6 Abs. 1.

wird auf Grund dieser Entscheidung vorgenommen" (Art. 12 Abs. 4). Der Rechtsschutz gegen Vollstreckungsmaßnahmen ist dagegen im ersuchten Staat nach dessen Recht zu gewähren (Art. 12 Abs. 3).

Bei der Beitreibung ausländischer Forderungen wird der der Beitreibung zu Grunde liegende fremde Verwaltungsakt bzw. der fremde Vollstreckungstitel anerkannt, da ihm jeweils im Einzelfall Rechtswirkungen im Inland verliehen werden. Entsprechendes gilt wegen Art. 12 Abs. 4 der RL 76/308/EWG auch für gerichtliche Entscheidungen über die Forderung oder den Vollstreckungstitel. Die Bestimmungen über das bei der Leistung der Amtshilfe sowie bei dem Rechtsschutz anzuwendende Recht enthalten in der Regel einseitige Kollisionsnormen. Eine Ausnahme stellt Art. 15 Abs. 1 der RL 76/308/EWG dar. In dieser Bestimmung liegt eine zweiseitige Kollisionsnorm, da sie auch zur Anwendung fremden Rechts führt. Die zuständige Instanz des Mitgliedstaats der ersuchten Behörde, die nach Art. 12 Abs. 3 über einen Rechtsbehelf gegen die Vollstreckungsmaßnahme grundsätzlich nach innerstaatlichem Recht zu entscheiden hat, muss gem. Art. 15 Abs. 1 die Verjährungsfrage nach dem Recht des Mitgliedstaats, in dem die ersuchende Behörde ihren Sitz hat, entscheiden.

K. Zusammenfassung

Der vorangegangene Teil der Untersuchung hat gezeigt, dass es im sekundären Gemeinschaftsrecht eine Vielzahl von internationalverwaltungsrechtlichen Bestimmungen gibt, wobei die Auflistung keineswegs erschöpfend ist.[232] Dabei bleiben aber viele Fragen offen: Zur Regelung der internationalen Zuständigkeit enthalten zwar viele Richtlinien und Verordnungen eine Bestimmungen darüber, welche Behörde bei grenzüberschreitenden Sachverhalten zuständig.[233] Fehlt es an einer ausdrücklichen Regelung, fragt es sich, nach welchen Grundsätzen die internationale Zuständigkeit zu bestimmen ist. Von besonderer Bedeutung sind die Regelungen, die dazu führen, dass bestimmte von einem Mitgliedstaat erlassene Verwaltungsakte auch in anderen Mitgliedstaaten Rechtswirkungen haben. Häufig bleibt dabei jedoch unklar, ob die sich aus den Richtlinien oder Verordnungen ergebende Bindungswirkung für Behörden anderer Mitgliedstaaten im Wege unmittelbarer gemeinschaftsweiter Geltung oder auf

---

[232] Beispielsweise seien noch Art. 5 der RL 90/642/EWG über die Festsetzung von Höchstgehalten an Rückständen von Schädlingsbekämpfungsmitteln auf und in bestimmten Erzeugnissen pflanzlichen Ursprungs, einschließlich Obst und Gemüse (ABl. L 350/71 v. 14.12.1990), Art. 2 Abs. 1 der RL 88/344/EWG zur Angleichung der Rechtsvorschriften der Mitgliedstaaten über Extraktionslösungsmittel, die bei der Herstellung von Lebensmitteln und Lebensmittelzutaten verwendet werden (ABl. Nr. L 157/28 v. 24. 6. 1988) und Art. 12 Abs. 2 der Richtlinie 89/107/EWG zur Angleichung der Rechtsvorschriften der Mitgliedstaaten über Zusatzstoffe, die in Lebensmitteln verwendet werden dürfen (ABl. L 40/27 v. 11. 2. 1989 = EWR Nr. 130), genannt, wonach die Mitgliedstaaten das Inverkehrbringen von Produkten, die den Bestimmungen der Richtlinie entsprechen, in ihrem Hoheitsgebiet nicht beschränken oder behindern dürfen.

[233] Z.B. Art. 11 Abs. 1 der RL 90/220/EWG - Freisetzungsrichtlinie, ABl. Nr. L 117 v. 8. 5. 1990, S. 15 ff.

Grund einer Anerkennungspflicht eintritt.[234] Auch für den nicht durch Richtlinien geregelten Bereich stellt sich die Frage nach den Rechtswirkungen der Hoheitsakte anderer Mitgliedstaaten. Hier muss nach allgemeinen Lösungsansätzen gesucht werden. Stellt sich heraus, dass ein Verwaltungsakt mit grenzüberschreitender Wirkung zu Unrecht ergangen ist, verstößt der Begünstigte eines Verwaltungsakts nachträglich gegen Rechtsvorschriften oder stellen sich nachträglich Gefahren heraus, so stellt sich die Frage, welcher Staat hiergegen vorgehen kann. Zahlreiche Schutzklauseln in den Richtlinien und Verordnungen (ordre public-Vorbehalte) ermächtigen deshalb ausdrücklich dazu, den Eintritt der Rechtswirkungen eines von einem anderen Mitgliedstaat erlassenen Hoheitsakts zu verhindern oder nachträglich aufzuheben.[235] Häufig ist dabei allerdings nicht eindeutig, in welcher Weise dies erfolgen soll, insbesondere ob ein Verwaltungsakt auch von einem anderen Staat als dem Erlassstaat mit Wirkung für die gesamte Gemeinschaft aufgehoben werden kann oder ob sich die Aufhebung nur auf dem eigenen Hoheitsgebiet auswirkt. Eine Bindung an (Vor-Entscheidungen der Behörden eines anderen Mitgliedstaats kann auch im Rahmen grenzüberschreitender gestufter Verwaltungsverfahren eintreten.[236] Bei solchen transnationalen Verwaltungsverfahren stellt sich die Frage, ob die Vorentscheidung als selbstständiger Verwaltungsakt zu qualifizieren ist.[237] Danach bestimmt sich, ob der Antragsteller bei Verweigerung der erforderlichen positiven Vorentscheidung zunächst die Vorentscheidung einklagen muss oder ob er gleich auf Erteilung der Genehmigung klagen kann. Bei der letztgenannten Alternative stellt sich dann die Frage, ob die gerichtliche Entscheidung des Genehmigungsstaates die Vorentscheidung des anderen Staates ersetzen kann. In anderen Fällen überschreiten nicht der Verwaltungsakt oder das Verwaltungsverfahren die innergemeinschaftlichen Grenzen, sondern die Behördenmitarbeiter selbst.[238] Dies berechtigt zu der Frage, ob Behörden generell zu grenzüberschreitender Tätigkeit befugt sind, z.B. ob sie grundsätzlich Ermittlungen auch in anderen Mitgliedstaaten durchführen können. Außerdem finden sich in den untersuchten Richtlinien und Verordnungen auch zahlreiche einseitige[239] und sogar zweiseitige[240] Kollisionsnormen. Gibt es aber auch allgemeine Regeln über das auf grenzüberschreitende Sachverhalte anzuwendende Recht? Auf all diese Fragen soll im Folgenden versucht werden, eine Antwort zu finden.

---

[234] Z.B. Art. 250 der VO (EWG) Nr. 2913/92 - Zollkodex; Art. 13 Abs. 5 der RL 90/220 - Freisetzungsrichtlinie.

[235] Z.B. Art. 7 der RL 87/404/EWG - Druckbehälter.

[236] Z.B. nach Art. 7 Abs. 2 der VO (EG) Nr. 3381/94 - Dual use - VO.

[237] Vgl. hierzu *Schmidt-Aßmann*, EuR 1996, S. 292 und *Pernice/Kadelbach*, DVBl. 1996, S. 1111.

[238] Z.B. nach Art. 15 Abs. 1 der RL 89/646/EWG - Zweite Bankrechtskoordinierungsrichtlinie.

[239] Z.B. Art. 4 Abs. 1 der RL 76/308/EWG - Amtshilferichtlinie Beitreibung.

[240] Z.B. Art. 15 Abs. 1 der RL 76/308/EWG - Amtshilferichtlinie Beitreibung.

3. Teil: Die völkerrechtlichen Grundlagen des internationalen Verwaltungsrechts

A. Der Geltungsbereich von Hoheitsakten

Als Geltungsbereich eines Hoheitsakts wurde oben das territoriale Gebiet bezeichnet, in dem andere Gerichte und Behörden daran gebunden sind und in dem der Hoheitsakt dem Bürger gegenüber durchgesetzt werden kann, wohingegen unter dem Anwendungsbereich die Umgrenzung derjenigen Sachverhalte zu verstehen ist, die von dem Hoheitsakt geregelt werden.[1]

Aus der völkerrechtlichen Begrenzung der Hoheitsgewalt eines Staates auf sein Staatsgebiet ergibt sich, dass der Geltungsbereich von Hoheitsakten auf das Territorium des Erlassstaates beschränkt ist. Deshalb wird dieser Grundsatz auch häufig „Territorialitätsprinzip" genannt.[2] Man spricht auch von der „jurisdiction to enforce" (Durchsetzungshoheit), wenn man das Gebiet meint, in dem ein Staat seine Hoheitsakte durchsetzen kann.[3] Die Durchsetzungshoheit endet regelmäßig an den Grenzen des eigenen Territoriums.[4]

Gerichte und Behörden eines Staates sind deshalb nur an die Hoheitsakte ihres eigenen Staates gebunden. Der Staat, in dessen Hoheitsgebiet z.B. ein zulassungspflichtiges Erzeugnis verbracht wird, für das im Ausfuhrstaat eine Zulassung erteilt worden ist, kann deshalb geltend machen, dass die Zulassung als nationaler Hoheitsakt des Ausfuhrstaates jegliche Wirkung mit dem Grenzübertritt verliert, der Importeur demnach eine neue Zulassung einzuholen hat.[5] Fremde Hoheitsakte sind für inländische Behörden und Gerichte nur dann verbindlich, wenn der inländische Staat die Anwendung der fremden Norm im Wege der Verweisung befiehlt oder die Anerkennung eines fremden Verwaltungsakts oder Urteils vorschreibt.[6]

---

[1] S. o., 1. Teil, B. I.

[2] Z.B. BGH, WM 1958, S. 557/561; VG Oldenburg, DVBl. 1985, S. 802/803; *Schwarze*, Europäisches Verwaltungsrecht, Bd. 2, S. 1386; vgl. auch *König*, S. 86 ff.

[3] Vgl. *Nassr-Esfahani*, Grenzüberschreitender Bestandsschutz, S. 56 u. 58; *Geiger*, Grundgesetz und Völkerrecht, S. 319 (§ 53 I); *Feldmüller*, S. 30.

[4] Vgl. *Schlag*, Grenzüberschreitende Verwaltungsbefugnisse, S. 92 f.

[5] *Seidel*, in: Magiera (Hrsg.), Entwicklungsperspektiven der EG, S. 180.

[6] *Neumeyer*, Internationales Verwaltungsrecht, Bd. 4, S. 173 f.; *Vogel*, Der räumliche Anwendungsbereich, S. 126.

B. Die Kompetenz zur Regelung internationaler Sachverhalte

I. Die Anwendbarkeit inländischen öffentlichen Rechts

1. Der Grundsatz der sinnvollen Anknüpfung

Da der Geltungsbereich von Hoheitsakten, wie ausgeführt, auf den Erlassstaat beschränkt ist, ein Staat also nur auf seinem eigenen Territorium die Rechtsdurchsetzungshoheit („jurisdiction to enforce") hat, stellt sich die Frage, ob entsprechendes auch für den Anwendungsbereich von Hoheitsakten gilt. Beschränkt sich die sachlichen Regelungsbefugnis eines Staates (sog. „jurisdiction to prescribe") ebenfalls auf das eigene Staatsgebiet, d.h. darf ein Staat nur solche Sachverhalte (durch Gesetz, Verwaltungsakt oder Urteil) regeln, die sich auf seinem eigenen Staatsgebiet ereignet haben? Anlässlich des „Lotus"- Falls hat der Ständige Internationale Gerichtshof in Den Haag die Vorgaben des Völkerrechts für die staatliche Regelungskompetenz folgendermaßen beschrieben: „Weit entfernt davon, den Staaten allgemein die Ausdehnung ihrer Gesetze und Gerichtsbarkeit auf Personen, Vermögen, Handlungen außerhalb ihres Gebietes zu untersagen, lässt es ihnen in dieser Beziehung eine große Freiheit, die nur in gewissen Fällen durch Verbotsregeln beschränkt wird; in den anderen steht es jedem Staat frei, die Grundsätze anzunehmen, die er für die besten und angemessensten hält ..."[7] Nach Auffassung des Internationalen Gerichtshof beschränkt das Völkerrecht die Regelungsbefugnis der Staaten also nicht auf Sachverhalte, die sich innerhalb der eigenen Grenzen verwirklicht haben. Dies entspricht der ganz herrschende Meinung.[8] Während der räumliche Geltungsbereich i.d.R. identisch ist mit dem Hoheitsgebiet des regelnden Staates, darf sich der sachliche Anwendungsbereich auch auf Sachverhalte mit Auslandsbezug erstrecken (Territorialität des Geltungsbereichs, Internationalität des Anwendungsbereichs staatlicher Hoheitsakte).[9] Geltungs- und Anwendungsbereich müssen also nicht deckungsgleich sein.[10] Der Erlass von extraterritorialen Hoheitsakten ist also nicht von vornherein völkerrechtswidrig.[11]

---

[7] StIGHE 5, S. 73/90.

[8] *Dahm/Delbrück/Wolfrum*, Völkerrecht, Bd. I/1, § 47 III 2.a (S. 319); *Neumeyer*, Internationales Verwaltungsrecht, Bd. 4, S. 124; *Geiger*, Grundgesetz und Völkerrecht, S. 319; Maydell, Sach- und Kollisionsnormen, S. 66; *Rudolf*, in: Habscheid/Rudolf, Territoriale Grenzen, S. 18; *Meng*, ZaöRV 1984, S. 685 ff. u. 740; *Schuler*, Das internationale Sozialrecht, S. 207 f.; *Vogel*, Der räumliche Anwendungsbereich, S. 102; *Beyerlin*, Grenzüberschreitende Zusammenarbeit, S. 415; *Feldmüller*, S. 29 u. 77 f.

[9] *Meng*, ZaöRV 1984, S. 728; *Schuler*, Das internationale Sozialrecht, S. 206 f. ; OVG Lüneburg, DVBl. 1986, S. 476/477.

[10] *Feldmüller*, S. 32.

[11] *Meessen*, AöR 110 (1985), S. 412.

Allerdings reicht nach einhelliger Meinung, der bestehenden Staatenpraxis sowie auch der Rechtsprechung des Internationalen Gerichtshofs seit dem „Nottebohm"-Fall[12] nicht jede Beziehung zwischen dem Sachverhalt und dem regelnden Staat für eine Regelungsbefugnis bei Sachverhalten mit Auslandsberührung aus. Vielmehr wird gefordert, dass eine sinnvolle Anknüpfung („genuine link", echte Verknüpfung) besteht.[13] Nur ein „hinreichend sachgerechter Anknüpfungspunkt" hat zur Folge, dass die internationale Regelungskompetenz eines Staates gegeben ist.[14] Die genuine-link-Theorie kann daher als allgemeines Prinzip des Völkerrechts bezeichnet werden.[15]

Bestehen zwischen dem regelnden Staat und dem Sachverhalt keinerlei Beziehungen oder fehlt es an einer sinnvollen Anknüpfung, so maßt sich der regelnde Staat die einem anderen Staat zustehende Kompetenz an und mischt sich damit unerlaubterweise in dessen innere Angelegenheiten ein.[16]

2. Allgemeine Anknüpfungsprinzipien

Ob eine sinnvolle Anknüpfung besteht, obliegt nicht der Beurteilung des einzelnen Staates, sondern ist anhand von völkerrechtlichen Kriterien zu entscheiden.[17] Sinnvoll ist die Anknüpfung, wenn sie nicht zu unsinnigen oder grob ungerechten Ergebnissen führt.[18] Sie muss einem Mindestmaß an Einsichtigkeit genügen.[19] Als allgemeine Anknüpfungsprinzipien lassen sich das Territorialitätsprinzip und das Personalitätsprinzip in ihren verschiedenen Ausformungen nennen.[20] Beim Territorialitätsprinzip wird an die Beziehung zum Territorium des Staates angeknüpft,[21] z.B. Handlungsort, Wohnort oder Ort, an dem sich eine Sache befindet. Auf Grund seiner Territorial- bzw. Gebietshoheit hat ein Staat die Befugnis, den auf seinem Territorium befindlichen Personen unabhängig von ihrer Nationalität sowie hinsichtlich der sich auf dem Gebiet

---

[12] CPJI 1955, S. 4/23 ff.

[13] *Verdross*, Universelles Völkerrecht, § 1183 (S. 778); *Ipsen*, Völkerrecht, § 23 Rn. 95 ff. (S. 285 ff.); *Geiger*, Grundgesetz und Völkerrecht, S. 321 f. (§ 53 I f); BVerwG, UPR 1987, S. 114; *Meng*, ZaöRV 1984, S. 741 ff. m.w.Nachw.; *Schuler*, Das internationale Sozialrecht, S. 207; *Meessen*, Völkerrechtliche Grundsätze, S. 103; *Schäfer*, Internationaler Anwendungsbereich, S. 59; OVG Lüneburg, DVBl. 1986, S. 476/477; *Schlag*, grenzüberschreitende Verwaltungsbefugnisse, S. 94; *Feldmüller*, S. 30.

[14] BVerfGE 63, S. 343/369.

[15] *Ipsen*, Völkerrecht, § 23 Rn. 95 (S. 285 f).

[16] BVerfGE 63, S. 343/369; *Ipsen*, Völkerrecht, § 23 Rn. 97 (S. 286 f.); *Feldmüller*, S. 30; *Geiger*, Grundgesetz und Völkerrecht, S. 320.

[17] *Dahm/Delbrück/Wolfrum*, Völkerrecht, Bd. I/1, § 47 III 2.a (S. 321); *Ipsen*, Völkerrecht, § 23 Rn. 95 (S. 286); *Rudolf*, in: Habscheid/Rudolf, Territoriale Grenzen, S. 22; *Meng*, ZaöRV 1984, S. 741.

[18] *Schäfer*, Internationaler Anwendungsbereich, S. 48.

[19] BVerfGE 63, S. 343/369.

[20] *Schlag*, grenzüberschreitende Verwaltungsbefugnisse, S. 94

[21] *Nassr-Esfahani*, Grenzüberschreitender Bestandsschutz, S. 56 f.

befindlichen Sachen Gebote oder Verbote zu erteilen.[22] Beim Personalitätsprinzip wird an die Staatsangehörigkeit angeknüpft. Die Personalhoheit gibt einem Staat das Recht, die Angelegenheiten seiner Staatsangehörigen zu regeln, auch wenn sie sich im Ausland befinden.[23] Darüber hinaus gibt es in den einzelnen Bereichen auch noch weitere Anknüpfungsprinzipien, z.B. das Wirkungsprinzip. Besteht eine Verknüpfung zwischen einem Staat und einem Sachverhalt z.B. auf Grund des Personalitätsprinzips, so bedeutet dies aber noch nicht, dass diese Verknüpfung auch hinreichend im Sinne der genuine link - Theorie ist.[24] Diese Anknüpfungsprinzipien stellen nur Oberbegriffe für bestimmte Anknüpfungen dar. Entscheidend für die Regelungsbefugnis ist allein, dass eine hinreichend enge Beziehung zu dem Sachverhalt besteht. Welches Anknüpfungsprinzip im Einzelfall zu einer solchen sinnvollen Anknüpfung führt, lässt sich nicht generell sagen, sondern es muss nach den einzelnen Rechtsgebieten differenziert werden.[25] Für welchen von mehreren sinnvollen Anknüpfungspunkten sich ein Staat entscheidet, regelt er selbst im Rahmen seines internationalen Straf-, Zivil-, Kartell-, Steuerrechts etc. Es ist allerdings denkbar, dass aus einer von einer Mehrheit von Staaten in einer bestimmten Frage übereinstimmend gehandhabten Anknüpfung Völkergewohnheitsrecht wird. Dies setzt jedoch voraus, dass diese Art der Anknüpfung von dem Bewusstsein getragen wird, damit einer völkerrechtlichen Verpflichtung nachzukommen. An dieser Rechtsüberzeugung (opinio iuris) wird es zumeist fehlen.

3. Anknüpfungskriterien im Zivilrecht

Die für den Bereich des IPR vorgenommenen Versuche, eine legislative Kompetenzverteilung vom Völkerrecht her vorzunehmen und daraus ein allgemeines Anknüpfungssystem zu formen, sind ohne Erfolg geblieben.[26] Auch völkergewohnheitsrechtliche Regeln sind nicht zu finden. Zwar gibt es Anknüpfungen, die in zahlreichen Rechtsordnungen übereinstimmen (z.B. das Belegenheitsprinzip im Sachenrecht, die Maßgeblichkeit des Rechts des Vornahmeortes für die Form von Rechtsgeschäften oder des Handlungs- bzw. Erfolgsortes für deliktische Ansprüche), doch inhaltliche Gleichartigkeit macht aus diesen Anknüpfungen noch kein Völker(gewohnheits)recht, denn es fehlt an der hierzu erforderlichen opinio iuris. Die genannten Anknüpfungen sind aber jedenfalls völkerrechtlich zulässig, da in diesen Fällen eine hinreichend enge Verbindung besteht. Streitig ist dagegen die Anknüpfung an das passive Personalitätsprinzip, z.B. die Anwendung des amerikanischen Verbraucherschutzrechts bei Schädigungen amerikanischer Bürger im Ausland, da dies z.B. zur Folge hätte, dass an der Frankfurter Börse gehandelte Börsenprospekte den strengen amerikanischen

---

[22] *Ipsen*, Völkerrecht, § 24 Rn. 1 (S. 291); *Isay*, HdwbdR, Bd. 3, S. 348 u. 352; *Schlochauer*, Internationales Verwaltungsrecht, S. 7.

[23] *Schlochauer*, Internationales Verwaltungsrecht, S. 7; *Isay*, HdwbdR, Bd. 3, S. 348.

[24] *Sandrock*, ZfverglRWiss Bd. 69/1 (1967), S. 6 f.

[25] *Dahm/Delbrück/Wolfrum*, Völkerrecht, Bd. I/1, § 47 III 2.a (S. 321); *Meessen*, Völkerrechtliche Grundsätze, S. 96 u. 101 ff.

[26] *Meessen*, Völkerrechtliche Grundsätze, S. 103 f.; *Schwander*, S. 74 f. m.w. Nachw.

Regeln unterliegen müssten, nur weil dort auch amerikanische Staatsbürger Aktien kaufen könnten.[27]

Im Bereich des internationalen Zivilprozessrechts ist umstritten, ob eine reine Anknüpfung an das Personalitätsprinzip ein hinreichender Anknüpfungspunkt für die internationale Zuständigkeit eines Gerichts ist, so z.B. bei der französische Regelung, wonach Franzosen Auslandssachverhalte zum Gegenstand französischer Gerichtsverfahren gegen Ausländer machen können, ohne dass eine sonstige Verknüpfung des Sachverhalts mit Frankreich vorliegen muss.[28] Die ebenfalls umstrittene deutsche Regelung in § 23 ZPO, nach der es bei Klagen wegen vermögensrechtlicher Ansprüche gegen eine Person, die im Inland keinen Wohnsitz hat, für die Bejahung der internationalen Zuständigkeit deutscher Gerichte genügt, wenn diese Person im Inland Vermögen hat, wurde vom BGH nun durch das zusätzliche Erfordernis eines hinreichenden Inlandsbezugs des Rechtsstreits entschärft.[29]

4. Anknüpfungskriterien im Strafrecht

Völkerrechtlich anerkannte Anknüpfungsprinzipien auf dem Gebiet des Strafrechts sind das Territorialitätsprinzip und das aktive Personalitätsprinzip: Alle Taten, die auf dem Territorium eines Staates begangen wurden, können unabhängig von der Nationalität des Täters von diesem Staat auch bestraft werden (Territorialitätsprinzip),[30] und ein Staat kann Taten bestrafen, die von seinen Staatsangehörigen im Ausland begangen wurden (aktives Personalitätsprinzip)[31] . Umstritten ist dagegen die Anknüpfung an das passive Personalitätsprinzip: Bestrafung von gegen einen eigenen Staatsangehörigen gerichteten Taten, unabhängig vom Ort der Begehung und von der Nationalität des Täters.[32] Als weitere strafrechtliche Anknüpfungsprinzipien sind das Schutzprinzip (Taten, die gegen den Staat als solchen gerichtet sind),[33] das Universalitäts- oder Weltrechtsprinzip (Bestrafung von Taten, die gemeinsame, in allen Kulturstaaten anerkannte Rechtsgüter verletzen, unabhängig davon, wo und von wem diese Taten begangen worden sind, z.B. Völkermord)[34] und das Prinzip der stellvertretenden Strafrechtspflege (Bestrafung aller Taten unabhängig vom Ort der Begehung und von der Staatsangehörigkeit des Täters, wenn die Tat nach dem Recht des Tatortes strafbar ist und eine Auslieferung nicht in Betracht kommt)[35] zu nennen.[36]

[27] *Meng*, ZaörV 1984, S. 753 f.
[28] *Meng*, ZaörV 1984, S. 693.
[29] BGH NJW 1991, S. 3092; vgl. hierzu *Ipsen*, Völkerrecht, § 23 Rn. 101 (S. 285).
[30] Vgl. § 3 StGB.
[31] Vgl. §§ 7 Abs. 2 Nr. 1 , 5 Nr. 8, 9, 12 und 13 StGB.
[32] Vgl. § 5 Nr. 6, 7, 8; 7 Abs. 1 StGB.
[33] Vgl. § 5 Nr. 1 - 5 StGB.
[34] Vgl. § 6 StGB.
[35] Vgl. § 7 Abs. 2 Nr. 2 StGB.

5. Anknüpfungskriterien im öffentlichen Recht

a) Anknüpfungskriterien im Staatsangehörigkeitsrecht

Beim Erwerb der Staatsangehörigkeit durch Geburt knüpfen einige Staaten an die Staatsangehörigkeit der Eltern (ius sanguinis), andere an den Ort der Geburt (ius soli) an. Wird die Staatsangehörigkeit später durch staatlichen Verleihungsakt erworben, so ist erforderlich, dass zwischen dem verleihenden Staat und der betreffenden Person eine engere tatsächliche Beziehung besteht wie z.B. Wohnsitz, Sitz der Geschäftstätigkeit oder familiäre Bindungen[37].

b) Anknüpfungskriterien im Steuerrecht

Im Steuerrecht ist die Anknüpfung an die Nationalität oder den Wohnsitz der Person, den Arbeitsort, den Ort des Betriebes eines Gewerbetreibenden, Sitz der juristischen Person sowie an den Ort des Vermögens völkerrechtlich zulässig.[38]

c) Anknüpfungskriterien im Wettbewerbs- und Kartellrecht

Im internationalen Wettbewerbs- und Kartellrecht ist neben dem Sitz der juristischen Person auch der Ort der Auswirkung einer Wettbewerbsbeschränkung (Wirkungsprinzip) von vielen, aber nicht von allen Staaten als Anknüpfungspunkt akzeptiert.[39] Allerdings wird nur eine beträchtliche, unmittelbare und vorhersehbare Inlandsauswirkung als hinreichend gesehen.[40] Auch bei dem Wirkungsprinzip handelt es sich letztlich um eine Ausformung des Territorialitätsprinzips, da an den Ort der Auswirkung angeknüpft wird.[41] Die alleinige Anknüpfung an den Abschlussort, den

---

[36] Vgl. zu den strafrechtlichen Anknüpfungskriterien *Verdross*, Universelles Völkerrecht S. 779 (§ 1184); *Geiger*, Grundgesetz und Völkerrecht, S. 321 (§ 53 II 2.), *Dahm/Delbrück/Wolfrum*, Völkerrecht, § 47 III 2. b (S. 321); *Meng*, ZaörV 1984, S. 690.

[37] *Ipsen*, Völkerrecht, § 24 Rn. 6 (S. 293), Nottebohm-Fall des Internationalen Gerichtshofs, CPJI 1955, S. 4/24.

[38] *Meng*, ZaörV 1984, S. 698 m.w.Nachw.; vgl. hierzu auch *Vogel*, Der räumliche Anwendungsbereich, S. 114 ff.

[39] *Verdross*, Universelles Völkerrecht, § 1188 (S. 783 f.); *Dahm/Delbrück/Wolfrum*, Völkerrecht. Bd. I/1, S. 325 (§ 47 III 2 d); *Meessen*, Kollisionsrecht, S. 15 u. 23; *Meng*, ZaöRV 1984, S. 736 u. 743; *Schäfer*, Internationaler Anwendungsbereich, S. 51. Dem Wirkungsprinzip folgen z.B. Art. 81 EG (früher Art. 85 EGV; vgl. hierzu EuGH, NJW 1988, S. 3086) sowie § 130 Abs. 2 GWB (§ 98 Abs. 2 S. 1 GWB a.F.); vgl. *Meng*, ZaörV 1984, 675, 711 f. m.w.Nachw.).

[40] *Dahm/Delbrück/Wolfrum*, Völkerrecht, Bd. I/1, § 47 III 2 d (S. 325); *Meessen*, Kollisionsrecht, S. 15; *Meng*, ZaörV 1984, S. 705 ff. u. 743 f. m.w.Nachw.; *Schäfer*, Internationaler Anwendungsbereich, S. 52.

[41] EuGH, NJW 1988, S. 3086/3087 Rn. 18; *Schäfer*, Internationaler Anwendungsbereich, S. 48.

Durchführungsort oder die Staatsangehörigkeit eines Beteiligten an einer Wettbewerbsbeschränkung stellen dagegen keine hinreichende Anknüpfung dar.[42]

d) Anknüpfungskriterien im Verwaltungsrecht

Nach *Isay* ist ein Ausländer, der sich im Inland aufhält oder z.b. durch inländischen Grundbesitz Beziehungen zum Inland unterhält, dem inländischen Recht nur insoweit unterworfen, als die Erhaltung der staatlichen Ordnung des Inlands dies z.B. im Polizei- oder Gewerberecht fordere (Gesichtspunkt der staatlichen Selbsterhaltung) oder soweit er im Gegenzug für ihm auferlegte Pflichten, z.B. Steuerpflichten, an staatlichen Vorteilen teilnehme (Äquivalenzprinzip).[43] Eine solche Beschränkung der staatlichen Regelungshoheit wird aber überwiegend abgelehnt.[44] Ein völkerrechtlicher Satz dieses Inhalts ist nicht feststellbar.[45] Zum Teil wird auch vorgeschlagen, das Wirkungsprinzip als allgemeine allseitige Kollisionsregel für die Anknüpfung ordnungspolitischer Normen auszubauen.[46] In der Regel stützen sich die Staaten im Bereich des Verwaltungsrechts nur auf ihre Gebietshoheit und nicht auf ihre Personalhoheit.[47] Im sog. „Erdgasröhrenstreit" zeigte sich, welche Anknüpfungen von vielen Staaten im Verwaltungsrecht nicht mehr als ausreichend angesehen werden.[48] In diesem Fall ging es um ein von den USA gegen die UdSSR verhängtes Embargo, das sich auf den Export von Gütern bezog, die für den Bau einer Erdgaspipeline in der UdSSR bestimmt waren. Diese Embargoregelung umfasste Güter, die in den USA hergestellt waren, auch wenn sie zwischenzeitlich in andere Länder exportiert worden waren, sowie Güter, die in anderen Ländern mit Know-how aus den USA hergestellt waren. Erfasst wurden außerdem - unabhängig vom Herstellungsort der Güter - Exporte durch der Hoheitsgewalt der USA unterstehende Personen. Darunter fielen natürliche Personen mit amerikanischer Staatsangehörigkeit oder mit tatsächlichem Aufenthalt in den USA sowie juristische Personen, die nach amerikanischem Recht gegründet (Gründungsprinzip) oder die von einer der Hoheitsgewalt der USA unterstehenden natürlichen oder juristischen Person beherrscht wurde (Kontrollprinzip).

Auch für die internationale Zuständigkeit der Verwaltungsgerichte ist eine hinreichende Verbindung zwischen der zu entscheidenden Streitigkeit und dem Gerichtsstaat erforderlich.[49] Anknüpfungen, die von allen Staaten als hinreichend angesehen werden,

---

[42] *Meessen*, Völkerrechtliche Grundsätze, S. 108 ff. u. 149.
[43] *Isay*, HdwbdR, Bd. 3, S. 348 ff.
[44] *Vogel*, Der räumliche Anwendungsbereich, S. 108 m. w. Nachw. u. S. 403 ff.
[45] *Vogel*, Der räumliche Anwendungsbereich, S. 145.
[46] *Habscheid*, in: Habscheid/Rudolf, Territoriale Grenzen, S. 69 ff.; *Basedow*, RabelsZ 52 (1988), S. 24; a.A. *Schlochauer*, Internationales Verwaltungsrecht, S. 7.
[47] *Bleckmann*, Völkerrechtliche Grundlagen, S. 50.
[48] Vgl. dazu *Dahm/Delbrück/Wolfrum*, Völkerrecht, Bd. I/1, § 47 III 2 d (S. 326) m.w.Nachw.; *Meng*, ZaöRV 1984, S. 678 ff.
[49] *Feldmüller*, S. 77 f.

haben sich jedoch noch nicht herausgebildet.[50] Eine ausreichend enge Beziehung wird aber dann angenommen, wenn der Beklagte Inländer ist, hier seinen Wohnsitz oder ständigen Aufenthalt hat oder wenn der betreffende Sachverhalt territoriale Bezüge zum Inland aufweist.[51]

6. Lösung bei konkurrierender Kompetenz

Bei Sachverhalten mit Auslandsberührung bestehen regelmäßig Beziehungen zu mindestens zwei Staaten.[52] Kompetenzkonflikte sind damit vorprogrammiert. Die Kompetenzkonflikte können negativer (wenn alle in Frage kommenden Rechtsordnungen ihre Anwendbarkeit verneinen) oder positiver Art sein (wenn mehrere Rechtsordnungen eine Regelung vorsehen, insbesondere wenn der eine Staat etwas vorschreibt, was der andere verbietet).[53] Das Erfordernis der sinnvollen Anknüpfung hilft hier nicht weiter, da eine sinnvolle Anknüpfung zu mehreren Staaten bestehen kann, z.B. wenn einerseits an den Ort der Handlung (Territorialitätsprinzip) und andererseits an die Staatsangehörigkeit der handelnden Person (Personalitätsprinzip) angeknüpft wird. Das Gebot der sinnvollen Anknüpfung ist damit nur eine Art Mindestvoraussetzung für die Zulässigkeit einer Regelung und vermag im Einzelfall nicht zu einer Lösung zu führen.

Unproblematisch sind die Fälle, für die eine Kompetenzabgrenzung durch internationale Verträge erfolgte.[54] Im den übrigen Fällen stellt sich die Frage, nach welchen Grundsätzen die Regelungskompetenzen der Staaten voneinander abgegrenzt werden können. wenn mehrere Staaten eine sinnvolle Anknüpfung vorweisen können.

Nach umstrittener, überwiegend jedoch abgelehnter Auffassung geht bei Konflikten die Anordnung desjenigen Staates vor, der die Anknüpfung auf das Territorialitätsprinzip stützen kann.[55] Der behauptete Vorrang des Territorialitätsprinzips ist allerdings insofern zutreffend, als die Personalhoheit eines Staates über seine Staatsangehörigen

---

[50] *Feldmüller*, S. 78.
[51] *Feldmüller*, S. 78.
[52] *V. Maydell*, Sach- und Kollisionsnormen, S. 78.
[53] *V. Maydell*, Sach- und Kollisionsnormen, S. 78 f. Positive Kompetenzkonflikte entstanden z.B., wenn im Rahmen des amerikanischen discovery-Verfahrens die Herausgabe von Beweismitteln angeordnet wurde, deren Herausgabe von den Staaten, in denen sich die Beweismittel befanden, verboten waren, vgl. hierzu ausführlich *Meng*, ZaörV 1984, S. 693 ff.
[54] So gibt es im internationalen Steuerrecht z.B. eine Vielzahl von Doppelbesteuerungsabkommen, die verhindern sollen, dass ein und dieselbe Person von verschiedenen Staaten, die alle ein zulässiges Anknüpfungskriterium aufweisen können, gleichzeitig besteuert wird. Eine spezielle völkervertragliche Regelung für das Zivilprozeßrecht enthält das EWG-Gerichtsstands- und Vollstreckungsabkommen (ABl. L 299/32 v. 31. 12. 1979 = Sartorius II Nr. 160).
[55] Vgl. *Meng*, ZaörV 1984, S. 759 ff. mit Darstellung des Meinungsstreites; *Geiger*, Grundgesetz und Völkerrecht, S. 323; *Dahm/Delbrück/Wolfrum*, Völkerrecht, Bd. I/1, § 75 IV 2 (S. 493); *v. Maydell*, Sach- und Kollisionsnormen S. 71.

durch die Gebietshoheit des ausländischen Staates begrenzt wird, denn Ge- und Verbote an seine im Ausland ansässigen Staatsangehörigen kann ein Staat auf Grund des Verbots der Vornahme von Hoheitsakten auf fremdem Staatsgebiet ohne Einwilligung des fremden Staates weder erteilen noch durchsetzen.[56] Die Personalhoheit über den Bürger hat sich also stets der Gebietshoheit am Ort des Aufenthalts unterzuordnen. Die Auffassung vom Vorrang des Territorialitätsprinzips hat jedoch keine Lösung für den Fall, dass beide Staaten einen territorialen Anknüpfungspunkt vorweisen können, z.B. wenn bei der Besteuerung einerseits an den Wohnort, andererseits an den Ort der Beschäftigung angeknüpft wird und ist deshalb zur Lösung von Kompetenzkonflikten nicht geeignet.[57]

Nach einer anderen Auffassung in Rechtsprechung und Literatur wird die sachliche Regelungsbefugnis eines Staates durch das Verhältnismäßigkeitsprinzip begrenzt.[58] Eine Regelung sei nur dann zulässig, wenn und soweit sie geeignet und erforderlich sei, um die inländischen Interessen zu schützen; ein Staat müsse zudem eine Abwägung der Interessen der betroffenen Staaten vornehmen und von einer Regelung absehen, wenn die Interessen der anderen Staaten überwiegen.[59] Zum Teil wird diese Interessenabwägungspflicht auch zu einem eigenständigen Prinzip erhoben.[60] Bei dem Verhältnismäßigkeitsprinzip handelt es sich jedoch nicht um ein völkerrechtliches, sondern nur um ein verfassungsrechtliches Prinzip.[61] Das Völkerrecht sichert nur einen Mindeststandard und gestattet den Staaten auch „suboptimale" Lösungen zu treffen.[62] Allerdings gibt es für die völkerrechtliche Geltung eines auf eine bloße Interessenabwägung reduzierten Verhältnismäßigkeitsprinzips Anhaltspunkte in der Staatenpraxis.[63]

Eine weitere Auffassung hält die Kompetenz eines Staates dann für nicht gegeben, wenn die Regelung eines Falls mit Auslandsbezug rechtsmissbräuchlich ist.[64] Ob es ein allgemeines Rechtsmissbrauchsverbot im Völkerrecht überhaupt gibt und welchen

---

[56] *Schäfer*, Internationaler Anwendungsbereich, S. 60; *v. Maydell*, Sach- und Kollisionsnormen, S. 72; *Schlochauer*, Internationales Verwaltungsrecht, S. 7.
[57] Vgl. *v. Maydell*, Sach- und Kollisionsnormen, S. 72 u. 82.
[58] *Schäfer*, Internationaler Anwendungsbereich, S. 59; *Meng*, ZaöRV 1984, S. 750, 763 f. u. 765 ff.; *Meessen*, Kollisionsrecht, S. 17 u. S. 26 ff.; *Meessen*, Völkerrechtliche Grundsätze des internationalen Kartellrechts, S. 227.
[59] *Meng*, ZaöRV 1984, S. 750, 763 f u. 765 ff.; *Meessen*, Kollisionsrecht, S. 17 u. S. 26 ff.; *Meessen*, Völkerrechtliche Grundsätze des internationalen Kartellrechts, S. 227.
[60] Z.B. von *Meessen*, AöR 110 (1985), S. 407. Nach *Dahm/Delbrück/Wolfrum*, Völkerrecht, Bd. I/1, § 75 IV 2 (S. 493) gilt bei Kompetenzkonflikten ein „Prinzip der gegenseitigen Rücksichtnahme".
[61] *Meessen*, Kollisionsrecht, S. 17 f.
[62] *Meessen*, Kollisionsrecht, S. 18.
[63] *Meessen*, Kollisionsrecht, S. 30 ff. Nach *Basedow*, RabelsZ 52 (1988), S. 33 ist das Interessanabwägungsprinzip im Völkerrecht heute durchweg anerkannt.
[64] *Vogel*, Der räumliche Anwendungsbereich, S. 103 f.

Inhalt es hat, ist umstritten.[65] Nach *Bleckmann* beinhaltet es eine Pflicht der Staaten, bei ihrem Handeln die Interessen der anderen Staaten zu berücksichtigen; bei hinreichend starkem Eigeninteresse sei eine Verletzung der fremden Interessen aber gestattet.[66] *Schäfer* nimmt einen Rechtsmissbrauch dann an, wenn das Interesse des Staates an der Wahrnehmung seiner Rechte geringer wiege als die entgegengesetzten Interessen anderer Staaten.[67] In dieser Ausformulierung entspricht das Rechtsmissbrauchsverbot jedoch dem Interessenabwägungs- bzw. Verhältnismäßigkeitsprinzip. Ein Rechtsmissbrauchsverbot im völkerrechtlichen Sinne könnte definiert werden als Verbot der Ausübung einer an sich nach dem Völkerrecht gegebenen Kompetenz, wenn dieser Kompetenzausübung kein schutzwürdiges Eigeninteresse zu Grunde liegt und sie eine rücksichtslose Missachtung der billigenswerten Interessen eines anderen Staates darstellt. Aber auch ein so definiertes Rechtsmissbrauchsverbot ist nicht dazu geeignet, als allgemeines Prinzip die Regelungskompetenzen der Staaten untereinander abzugrenzen. Es ist viel zu unbestimmt, um im Einzelfall zu einer klaren Kompetenzabgrenzung zu führen.[68] Nur in Ausnahmefällen, in denen die allgemeinen Regelungen zu einem unerträglichen Ergebnis führen würden, kann es zur Korrektur herangezogen werden.[69]

Zum Teil wird die Abgrenzung der Regelungskompetenzen der Staaten nach einer Schwerpunkttheorie vorgenommen. Danach ist die Rechtsordnung desjenigen Staates zu einer Regelung berufen, in dem der Schwerpunkt des Rechtsverhältnisses liegt.[70] Dieser Theorie ist entgegenzuhalten, dass ihre Geltung nur als national- kollisionsrechtliches, nicht aber auch als allgemeines völkerrechtliches Prinzip nachgewiesen ist.[71] Zudem ist der Begriff des Schwerpunktes zu unbestimmt.[72] Außerdem kann ein

---

[65] Von der Existenz eines völkerrechtlichen Rechtsmissbrauchsverbots gehen aus: *Bleckmann*, Allgemeine Staats- und Völkerrechtslehre, S. 225; ders., Völkerrechtliche Grundlagen, S. 25 ff.; *Schäfer*, Internationaler Anwendungsbereich, S. 57; Schüle, Rechtsmißbrauch, WVR Bd. 3, S. 69 f.; zur ablehnenden Auffassung siehe die Nachw bei *Bleckmann*, Völkerrechtliche Grundlagen, S. 26; vgl. zum Meinungsstreit auch *Meng*, ZaörV 1984, S. 764. Von der völkerrechtlichen Judikatur ist das Rechtsmissbrauchsverbot noch nicht bestätigt worden (*Rudolf*, in: Habscheid/Rudolf, Territoriale Grenzen, S. 20).

[66] *Bleckmann*, Allgemeine Staats- und Völkerrechtslehre, S. 225; ders., Völkerrechtliche Grundlagen, S. 25 ff. Im Einzelfall, insbesondere im IPR, folgt nach *Bleckmann* aus dem Rechtsmissbrauchsverbot sogar die Pflicht zur Förderung der fremden Interessen durch Anwendung des fremden Rechts (*Bleckmann*, Völkerrechtliche Grundlagen, S. 34).

[67] *Schäfer*, Internationaler Anwendungsbereich, S. 57.

[68] *Rudolf*, in: Habscheid/Rudolf, Territoriale Grenzen, S. 21; *Schäfer*, Internationaler Anwendungsbereich, S. 62.

[69] Ebenso *Meng*, ZaörV 1984, S. 764 und *Schäfer*, Internationaler Anwendungsbereich, S. 62.

[70] *V. Maydell*, Sach- und Kollisionsnormen, S. 81. Der Schwerpunkttheorie entspricht die Regelung im deutschen IPR, wonach ein Vertrag, in dem eine Vereinbarung des anzuwendenden Rechts fehlt, dem Recht des Staates unterliegt, mit dem er die engsten Verbindungen aufweist, d.h. in dem er bei Würdigung aller Umstände des Einzelfalls seinen Schwerpunkt hat, vgl. *Heldrich*, in: Palandt, Bürgerliches Gesetzbuch, § 28 EGBGB Rn. 2.

[71] *Meessen*, Kollisionsrecht, S. 19.

[72] Dies hat auch *v. Maydell* (Sach- und Kollisionsnormen, S. 85; ders., DVBl. 1971, S. 908 u. 911) erkannt, denn er hält die Entwicklung speziellerer Anknüpfungspunkte im nationalen Kollisionsrecht

grenzüberschreitender Sachverhalt in mehreren Staaten einen Schwerpunkt haben, so stellt z.B. für die Frage der Besteuerung sowohl der Ort der Beschäftigung als auch der Wohnort des Steuerpflichtigen einen Schwerpunkt dar.

Es zeigt sich damit, dass das Völkerrecht nicht zu einer eindeutigen Kompetenzabgrenzung im Einzelfall zu führen vermag. Es gibt lediglich an, in welchem Rahmen sich nationale Regelungen zu bewegen haben: Die Regelungskompetenz eines Staates wird begründet durch eine sinnvolle Anknüpfung; sie findet ihre Grenzen im Rechtsmissbrauchsverbot und dem Verbot der Vornahme von Hoheitsakten auf fremdem Staatsgebiet. Dazwischen können die Staaten weitgehend frei darüber entscheiden, nach welchen Anknüpfungsprinzipien sie ihre Regelungskompetenz gegeben sehen. Es ist daher Aufgabe der einzelnen Staaten, ihre Kompetenzen innerhalb des vom Völkerrecht vorgegebenen Rahmens mittels ihrer nationalen Rechtsanwendungsrechte (Kollisionsrechte) abzugrenzen.

II. Die Anwendbarkeit ausländischen öffentlichen Rechts

Es fragt sich allerdings, ob ein Staat auslandsbezogene Fälle nur nach Maßgabe des eigenen Rechts regeln oder ob er hierzu auch auf das Recht eines anderen Staates verweisen darf. Während im Bereich des Privatrechts ein Staat zur Regelung auslandsbezogener Fälle nach einhelliger Meinung auch fremdes Privatrecht anwenden kann, galt im öffentlichen Recht nach bislang herrschender Auffassung der Grundsatz der Nichtanwendbarkeit ausländischen öffentlichen Rechts, der aus dem Territorialitätsprinzip abgeleitet wurde.[73] Die nun herrschende Literatur ist demgegenüber der Auffassung, dass dieses Dogma falsch ist.[74] Das Territorialitätsprinzip besagt nur, dass der räumliche Geltungsbereich von Hoheitsakten in der Regel mit dem Territorium eines Staates deckungsgleich ist.[75] Es verbietet außerdem die Vornahme von Hoheitsakten auf dem Territorium fremder Staaten.[76] Im Übrigen hat es nur noch eine Existenzberechtigung als rechtswissenschaftlicher Ordnungs- und Systembegriff.[77] Als solcher dient es zur Kennzeichnung bzw. Zusammenfassung der Anknüpfungspunkte, die an territoriale Aspekte anknüpfen.[78] Für die Frage der Anwendbarkeit fremden

---

für erforderlich, mit deren Hilfe der Schwerpunkt des Rechtsverhältnisses ermittelt werden können soll. Vgl. zur Kritik an der Schwerpunkttheorie *Schäfer*, Internationaler Anwendungsbereich, S. 74 f.

[73] Vgl. hierzu *Schwander*, S. 65 ff.; *Mann*, RabelsZ 21 (1956), S. 1.

[74] *Schwander*, S. 65, 76 u. 80; *Mann*, RabelsZ 21 (1956), S. 1 ff.; *Frank*, RabelsZ 34 (1970), S. 59; *Seidl-Hohenveldern*, Rev. esp. de der. int. 1972, 349 ff.; vgl. die weiteren Nachw. bei *Roloff*, S. 129 Fn. 5.

[75] S. o. , 3. Teil, A.

[76] Siehe hierzu im Folgenden.

[77] *Vogel*, Der räumliche Anwendungsbereich, S. 142; *v. Maydell*, Sach- und Kollisionsnormen, S. 70 u. 72.

[78] *V. Maydell*, Sach- und Kollisionsnormen, S. 72; *Vogel*, Der räumliche Anwendungsbereich, S. 142; *Nassr-Esfahani*, Grenzüberschreitender Bestandsschutz, S. 56 f; *Schuler*, Das internationale Sozialrecht, S. 212.

öffentlichen Rechts gibt das Territorialitätsprinzip nichts her. Nach der nunmehr herrschenden Auffassung verbietet das Territorialitätsprinzip deshalb nicht die Anwendung ausländischen öffentlichen Rechts.[79]

Es existiert auch kein anderer völkerrechtlicher Grundsatz, der die Anwendung fremden öffentlichen Rechts verbietet,[80] insbesondere verstößt die Anwendung fremden öffentlichen Rechts weder gegen die Souveränität des fremden noch gegen die des eigenen Staates.[81] Andererseits ist auch kein Satz des Völkerrechts feststellbar, der zur Anwendung fremden öffentlichen Rechts verpflichtet.[82] Grundsätzlich ist daher jeder Staat frei, einen Sachverhalt den Normen der eigenen oder einer fremden Rechtsordnung zu unterwerfen.[83]

Diskutiert wird außerdem, ob die Anwendung fremden öffentlichen Rechts dessen extraterritorialen Anwendungswillen voraussetzt. Es ist davon auszugehen ist, dass jede Norm, jeder Verwaltungsakt grundsätzlich extraterritorialen Anwendungswillen hat, d.h. dass sie jeden Sachverhalt erfasst, der sich unter die Norm subsumieren lässt, auch wenn sich dieser Sachverhalt im Ausland ereignet hat. Dem steht das Völkerrecht nicht entgegen. Die völkerrechtliche Beschränkung der Gebietshoheit auf das eigene Staatsgebiet hat nur zur Folge, dass ein Staat einen anderen nicht zur Anwendung seines Rechtes zwingen kann, sie schließt aber einen extraterritorialen Anwendungswillen nicht aus.[84] Im Übrigen ist zu betonen, dass der extraterritoriale Anwendungswille allein noch nicht zu einer extraterritorialen Wirkung zu führen vermag, sondern erst die Anwendung bzw. Anerkennung durch den fremden Staat.[85] Beschränkt der Erlassstaat allerdings ausdrücklich die Rechtswirkungen eines Hoheitsaktes auf sein eigenes Territorium, so gilt aus völkerrechtlicher Sicht folgendes: Ebenso wenig wie ein Staat einen anderen zur Anwendung fremden Rechts verpflichten kann, kann er ihm die Anwendung fremden Rechts verbieten.[86] Gleiches gilt für die Frage, ob fremdes Recht auch dann angewandt werden kann, wenn der ausländische Staat seine Norm selbst nicht anwenden würde,[87] z.B. weil nach seinem Normverständnis ein bestimmter

---

[79] *Meessen*, AöR 110 (1985), S. 411 f.; *Schwander*, S. 73 ff.; *Frank*, RabelsZ 34 (1970), S. 59; BGH, WM 1985, S. 1004/1006.

[80] *Feldmüller*, S. 305; *Rudolf*, in: Habscheid/Rudolf, Territoriale Grenzen, S. 37; *Beyerlin*, Grenzüberschreitende Zusammenarbeit, S. 415; *Meessen*, AöR 110 (1985), S. 412.

[81] *Vogel*, Der räumliche Anwendungsbereich, S. 201 ff.; *Feldmüller*, S. 306; *Papier/Olschewski*, DVBl. 1976, S. 476; *Beyerlin*, Grenzüberschreitende Zusammenarbeit, S. 415; *Meessen*, AöR 110 (1985), S. 412; a.A. *Neumeyer*, Internationales Verwaltungsrecht, Bd. 4, S. 115 f.; *Isay*, HdwbdR, Bd. 3, S. 351.

[82] *Beyerlin*, Grenzüberschreitende Zusammenarbeit, S. 415.

[83] *Rudolf*, in: Habscheid/Rudolf, Territoriale Grenzen, S. 37; *Vogel*, Der räumliche Anwendungsbereich, S. 204; *Beyerlin*, Grenzüberschreitende Zusammenarbeit, S. 415.

[84] *Nassr-Esfahani*, Grenzüberschreitender Bestandsschutz, S. 92.

[85] BGHZ 25, S. 134/140; BGH, WM 1985, S. 1004/1006; *Schäfer*, Internationaler Anwendungsbereich, S. 60.

[86] *Schwander*, S. 77, *Feldmüller*, S. 306.

[87] Bejahend: *Rudolf*, in: Habscheid/Rudolf, Territoriale Grenzen, S. 37; ablehnend: *Seidl-Hohenveldern*, Rev. esp. de der. int. 1972, S. 350, beide ohne nähere Begründung.

Sachverhalt nicht unter den Tatbestand der Norm zu subsumieren ist. Auch darin kann kein Verstoß gegen Völkerrecht gesehen werden, sondern nur eine materiell falsche Entscheidung infolge fehlerhafter Anwendung des fremden Rechtes.

Eine völkerrechtliche Einschränkung der Anwendbarkeit fremden Rechts besteht nur insoweit, als ein ausreichender Anknüpfungspunkt von Sachverhalt und fremder Rechtsordnung gegeben sein muss.[88]

III. Die Grenzen der Regelungskompetenz

1. Das Verbot der Vornahme von Hoheitsakten auf fremdem Staatsgebiet

Unumstritten ist, dass die Vornahme von Hoheitsakten auf fremdem Staatsgebiet ohne Einverständnis des betroffenen Staates unzulässig ist.[89] Bei diesem Verbot handelt es sich um einen allgemein anerkannten Grundsatz des Völkergewohnheitsrechts,[90] für den ebenfalls der Begriff „Territorialitätsprinzip" verwendet wird.[91] Der Ständige Internationale Gerichtshof formulierte dieses Verbot im „Lotus-Fall" folgendermaßen: „Die erste und wichtigste Einschränkung nun, die das internationale Recht den Staaten auferlegt, ist der Ausschluss jeder Ausübung seiner Macht auf dem Gebiet eines anderen Staates, sofern nicht eine Regel besteht, die dies erlaubt."[92] Der Staat kann, vergleichbar dem Eigentümer einer Sache, über das Staatsgebiet verfügen und andere von der Einwirkung ausschließen.[93] Er hat in seinem Gebiet die Gebietshoheit, d.h. er allein ist befugt, in seinem Gebiet Hoheitsakte zu setzen.[94] Umgekehrt darf er die Gebietshoheit eines fremden Staates nicht durch die Vornahme von Hoheitsakten auf dessen Gebiet verletzen. Unzulässig ist daher z.B. die Verfolgung eines Flüchtigen über die Grenze hinweg, die Durchsuchung einer Wohnung im Ausland, die postalische Zustellung[95] und selbst die formlose Mitteilung eines Verwaltungsaktes im Ausland[96] oder die Ladung eines im Ausland ansässigen Zeugen mittels einfachen

---

[88] *Feldmüller*, S. 306.

[89] BVerfGE 63, S. 343/358; *Dahm/Delbrück/Wolfrum*, Völkerrecht, Bd. I/1, § 47 III 4 c (S. 326); *Ipsen*, Völkerrecht, § 23 Rn. 6 (S. 245); *Geiger*, Grundgesetz und Völkerrecht, S. 340 f.; *Verdross*, Universelles Völkerrecht, S. 636 (§ 1020); *Geck*, in: Strupp/Schlochauer, WVR, Bd. 1, S. 795; *Meng*, ZaöRV 1984, S. 727; *Vogel*, Der räumliche Anwendungsbereich, S. 101 f. u. 342 ff.; *Beyerlin*, Grenzüberschreitende Zusammenarbeit, S. 414; *Feldmüller*, S. 34; *Schlag*, Grenzüberschreitende Verwaltungsbefugnisse, S. 100 f.

[90] *Vogel*, Der räumliche Anwendungsbereich, S. 342.

[91] Z.B. *Nassr-Esfahani*, Grenzüberschreitender Bestandsschutz, S. 55; *v. Maydell*, Sach- und Kollisionsnormen, S. 77; *Vogel*, Der räumliche Anwendungsbereich, S. 108 u. 122; BVerwG, UPR 1987, S. 114/115.

[92] StIGHE 5, S. 73/90.

[93] *Neumeyer*, Internationales Verwaltungsrecht, Bd. 4, S. 121.

[94] Vgl. nur *Geiger*, Grundgesetz und Völkerrecht, S. 273.

[95] *Neumeyer*, Internationales Verwaltungsrecht, Bd. 4, S. 495; BVerfGE 63, S. 343/372.

[96] *Vogel*, Der räumliche Anwendungsbereich, S. 347; str. Zur a.A. vgl. die Nachw. bei *Vogel*, a.a.O. Fn. 42.

Briefes.[97] Denn ein Staat ist nach allgemeinem Völkerrecht nicht verpflichtet, in seinem Hoheitsbereich die Vornahme oder Vollstreckung von Hoheitsakten eines anderen Staates durch dessen Organe zu dulden oder dafür - im Wege der Rechtshilfe - seine Hand zu reichen; das Völkerrecht verbietet freilich solche Duldung oder Mithilfe auch nicht; es stellt sie den Staaten frei.[98] Die Vornahme von Hoheitsakten auf fremdem Staatsgebiet kann deshalb allgemein,[99] für bestimmte Fälle[100] oder im Einzelfall vom Inhaber der Gebietshoheit gestattet werden.[101]

2. Der Immunitätsgrundsatz

Nach dem völkerrechtlichen Grundsatz der Staatenimmunität ist kein Staat befugt, einen anderen Staat ohne dessen Zustimmung seiner eigenen Gerichtsbarkeit zu unterwerfen.[102] Dieser Grundsatz wird aus dem völkerrechtlichen Prinzip der souveränen Gleichheit der Staaten abgeleitet („par in parem non habet imperium“).[103] Nach heute überwiegend vertretener Auffassung ist die Immunität allerdings beschränkt: Nur in Bezug auf hoheitliches Handeln (acta iure imperii) wird einem fremden Staat Immunität gewährt, nicht dagegen für nicht hoheitliches Handeln (acta iure gestionis).[104]

Immunität kommt fremden Staaten nicht nur in gerichtlichen Erkenntnis- sowie in Vollstreckungsverfahren, sondern auch in behördlichen Verfahren zu.[105] Ein Staat ist also hinsichtlich seines hoheitlichen Handelns von jeglicher Hoheitsgewalt anderer Staaten befreit.

---

[97] *Ipsen*, Völkerrecht, § 23 Rn. 7 (S. 245).

[98] BVerfGE 63, S. 343/361.

[99] In diesem Fall handelt es sich, soweit die Gestattung unter Ausschluss eigener Staatstätigkeit erfolgt, um eine Übertragung der Gebietshoheit an einen anderen Staat, z.B. in Form einer Verwaltungszession; *Geiger*, Grundgesetz und Völkerrecht, S. 273 (§ 46).

[100] Z.B. in Art. 41 des Schengen-Durchführungsübereinkommen, abgedruckt in Sar. II Nr. 280.

[101] *Neumeyer*, Internationales Verwaltungsrecht, Bd. 4, S. 503 f.; *Schlag*, Grenzüberschreitende Verwaltungsbefugnisse, S. 101 ff. Welches staatliche Organ zu einer solchen Disposition über staatliche Hoheitsrechte befugt ist, richtet sich nach innerstaatlichem Recht (BVerfGE 63, S. 343/372 f.). Auch nach dem Völkerrecht sind allerdings andere als die auswärtigen Organe eines Staates, insbesondere seine untergeordneten Verwaltungsbehörden oder auch seine Gerichte, nicht ohne weiteres befugt, Zustimmungen oder Verzichte solcher Art völkerrechtlich wirksam zu erklären oder konkludent zu bewirken (BVerfGE 63, S. 343/373).

[102] *Verdross*, Universelles Völkerrecht, § 1168 ff. (S. 762 ff); *Vogel*, Der räumliche Anwendungsbereich, S. 348; *Ipsen*, Völkerrecht, § 26 Rn. 16 ff. (S. 333 ff.); *Feldmüller*, S. 36 ff.; *Groß*, JZ 1994, S. 603; vgl. hierzu das Europäische Übereinkommen über die Staatenimmunität, abgedruckt in: *Jayme/Hausmann*, Internationales Privat- und Verfahrensrecht, Nr. 70.

[103] *Feldmüller*, S. 36 f.

[104] Vgl. nur *Feldmüller*, S. 38 f.; *Groß*, JZ 1994, S. 603. A.A. die früher allgemein anerkannte, heute nur noch teilweise vertretene Theorie von der absoluten Immunität (*Feldmüller*, S. 38). Vgl. hierzu auch das Europäische Übereinkommens über Staatenimmunität, das in den Art. 1 - 13 die Tätigkeiten aufzählt, für die keine Immunität beansprucht werden kann. Dazu *Feldmüller*, S. 43 f.

[105] *Feldmüller*, S. 56 f.

C. Die Anerkennung fremder Hoheitsakte

I. Völkerrechtliche Pflicht zur Anerkennung fremder Hoheitsakte?

Eine Mindermeinung vertritt die Ansicht, es bestehe eine generelle Pflicht zur Anerkennung fremder Hoheitsakte.[106] Dabei ist häufig nicht klar, in welchem Sinne die Anerkennung verstanden wird, insbesondere ob die Anerkennungspflicht nur Verwaltungsakte umfassen soll oder auch Rechtsnormen und Urteile. Nach *Heiz* gibt es eine völkerrechtliche Pflicht der Staaten zur „Respektierung" ausländischer Hoheitsakte.[107] Für *Makarov* folgt aus der Anerkennung eines Staates die „Pflicht zur Anerkennung dessen Rechtsordnung".[108] *Bleckmann* ist der Meinung, das Völkerrecht fordere, die im Rahmen ihrer völkerrechtlichen Zuständigkeit ergangenen Hoheitsakte der Staaten müssten von anderen Staaten nicht nur anerkannt, sondern auch vollzogen werden.[109]

Nach herrschender Meinung gibt es dagegen kein Prinzip des Völkerrechts, das die Staaten verpflichtet, sämtliche Hoheitsakte anderer Staaten anzuerkennen, vielmehr kann ein Staat grundsätzlich frei darüber entscheiden, ob er den Hoheitsakten eines fremden Staates innerhalb seines eigenen Territoriums Wirkung verleiht.[110] Eine Anerkennungspflicht würde zu einer Erstreckung der Staatsgewalt des Ursprungsstaates auf fremdes Gebiet führen,[111] was mit dem Prinzip der Souveränität der Staaten nicht vereinbar wäre.[112] Dieser Auffassung entspricht auch die völkerrechtliche Praxis: Hoheitsakte fremder Staaten werden grundsätzlich weder anerkannt noch vollstreckt.[113] Andernfalls wären auch besondere völkerrechtliche Verträge, die eine Anerkennungspflicht normieren, überflüssig.

In einer pauschalen Nichtanerkennung fremder Hoheitsakte wird aber wiederum eine Verletzung des Verbots der Einmischung in die inneren Angelegenheiten des Erlassstaates gesehen, da dadurch die Zuständigkeit dieses Staates zur Normierung seiner

---

[106] *Makarov*, in Strupp/Schlochauer, WVR, Bd. 2, S. 130; *Heiz*, S. 163 ff.; *Bleckmann*, Allgemeine Staats- und Völkerrechtslehre, S. 215; *Meessen*, Völkerrechtliche Grundsätze, S. 178.

[107] *Heiz*, S. 163 ff.

[108] *Makarov*, in Strupp/Schlochauer, WVR, Bd. 2, S. 130.

[109] *Bleckmann*, Allgemeine Staats- und Völkerrechtslehre, S. 215.

[110] *Ipsen*, Völkerrecht, § 26 Rn. 10 (S. 331); *Geck* in: Strupp/Schlochauer, WVR S. 56; *Neumeyer*, Internationales Verwaltungsrecht, Bd. 4, S. 299; *Schlochauer*, Die extraterritoriale Wirkung von Hoheitsakten, S. 55; *Siehr*, RabelsZ 52 (1988), S. 65 u. 75; *Nassr-Esfahani*, Grenzüberschreitender Bestandsschutz, S. 55 u. 63; *Schwander*, S. 75; *König*, S. 67; *Papier/Olschewski*, DVBl. 1976, S. 476; *Feldmüller*, S. 68.

[111] *Geck* in: Strupp/Schlochauer, WVR, Bd. 1, S. 55 f.; *Dahm/Delbrück/Wolfrum*, Völkerrecht, Bd. I/1, § 75 II 3, (S. 485); *Verdross*, Universelles Völkerrecht, § 1021 (S. 636).

[112] *Schlochauer*, Die extraterritoriale Wirkung von Hoheitsakten, S. 62.

[113] Auch *Bleckmann* hat die Diskrepanz zwischen seiner Theorie und der Rechtsrealität erkannt (der Grundsatz der Anerkennungspflicht hat sich nach seiner Auffassung im positiven Recht bisher nur „noch nicht voll durchgesetzt"; *Bleckmann*, Allgemeine Staats- und Völkerrechtslehre, S. 215; vgl. auch *Bleckmann*, Völkerrechtliche Grundlagen, S. 31).

inneren Angelegenheiten beschränkt würde.[114] Zum Teil wird deshalb zwischen mittelbarer und unmittelbarer Auslandswirkung eines Hoheitsakts, d.h. danach, ob der betreffende Hoheitsakt seine Rechtswirkung zunächst im Normierungsstaat oder von vornherein auch im Ausland entfalten soll, unterschieden und bei nur mittelbarer Auslandswirkung eine grundsätzliche „Pflicht zur Respektierung" bejaht.[115] Eine andere Auffassung differenziert danach, ob es sich bei der Kompetenz zur Vornahme des fraglichen Hoheitsaktes um eine ausschließliche oder um eine konkurrierende Kompetenz handelt. Bei ausschließlicher Kompetenz des handelnden Staates, d.h. wenn nur er einen sinnvollen Anknüpfungspunkt zu dem geregelten Sachverhalt aufweisen kann, bestehe eine grundsäzliche Pflicht zur Anerkennung, nicht dagegen bei konkurrierenden Kompetenzen beider Staaten, d.h. wenn beide einen sinnvollen Anknüpfungspunkt geltend machen könnten.[116] Eine solche ausschließliche Kompetenz besteht z.B. bei der Verleihung der Staatsangehörigkeit: hier ist nur der Staat zu einer Regelung befugt, um dessen Staatsangehörigkeit es geht, vorausgesetzt es besteht ein sinnvoller Anknüpfungspunkt.[117] Die anderen Staaten müssen dann die

---

[114] *Verdross*, Universelles Völkerrecht, § 1021 (S. 636); *Feldmüller*, S. 68.

[115] *Dahm/Delbrück/Wolfrum*, Völkerrecht Bd. I/1, § 75 II 3 ff. (S. 485 ff.). Ausnahmen von der Anerkennungspflicht bestehen nach dieser Auffassung bei Völkerrechtswidrigkeit des Hoheitsaktes oder beim Verstoß gegen den inländischen ordre public.

[116] *Geiger*, Grundgesetz und Völkerrecht, S. 351 f. und ihm folgend *Verdross*, Universelles Völkerrecht, S. 636 (§ 1021); vgl. auch *Schlag*, Grenzüberschreitende Verwaltungsbefugnisse, S. 96 f. Ausnahmen bilden nach dieser Auffassung der noch nicht vollzogene und der völkerrechtswidrige Hoheitsakt sowie der Fall des Verstoßes gegen den inländischen ordre public. Im Ergebnis auch *Dahm/Delbrück/Wolfrum*, Völkerrecht, Bd. I/1, § 75 IV 1 (S. 491). Nach Auffassung *Bleckmann*s hat die Regelung eines Staates bei dessen ausschließlicher Zuständigkeit in allen anderen Staaten automatische Wirkung, d.h. sie wirke ohne Anerkennung auf Grund eines Anwendungsbefehls der Völkerrechtsordnung (*Bleckmann*, Völkerrechtliche Grundlagen, S. 36 f.). Die automatische Wirkung des fremden Rechts beziehe sich dabei nur auf die materiellen Gesetze der fremden Staaten, nicht auf deren Verwaltungsakte und Urteile, die als Ausdruck des ordre public - Vorbehalts einer ausdrücklichen Anerkennung bedürften (*Bleckmann*, Völkerrechtliche Grundlagen, S. 39). Soweit dagegen der Forumstaat ausschließlich zuständig sei, könne die Anwendung des fremden Rechtes nur auf einen Anwendungsbefehl des Forumstaates zurückgeführt werden (*Bleckmann*, Völkerrechtliche Grundlagen, S. 54). Als Argument für die bei ausschließlicher Kompetenz des Erlassstaats eintretende automatische Wirkung führt *Bleckmann* die Tatsache an, dass die nationalen Gerichte bei Fehlen kollisionsrechtlicher Regelungen selbst rechtsschöpfend kollisionsrechtliche Regelungen entwickelten, obwohl ihnen doch die Rechtssetzung durch die nationalen Verfassungen verboten sei; die Befugnis hierzu könne deshalb nur aus der Tatsache fließen, dass das Völkerrecht den Staaten gebiete, die im Rahmen ihrer Zuständigkeit erlassenen Rechtssätze fremder Staaten anzuwenden (*Bleckmann*, Völkerrechtliche Grundlagen, S. 38 u. 41). Die weitere Tatsache, dass sich die Literatur mit dieser Frage nur am Rande befasse, könne als Indiz dafür gewertet werden, dass sie seiner Auffassung weitgehend folge (*Bleckmann*, Völkerrechtliche Grundlagen, S. 41). Die Argumente *Bleckmann*s überzeugen jedoch nicht. Es ist ganz allgemein anerkannt, dass ein Gericht Rechtslücken durch Rechtsfortbildung schließen darf, ohne deshalb gegen die Verfassung zu verstoßen; andernfalls wäre in vielen Fällen Rechtsprechung gar nicht möglich. Dies gilt auch für den Bereich des Kollisionsrechts. Hierzu bedarf es nicht erst einer aus dem Völkerrecht abgeleiteten Befugnis. Erst recht kann aus dem weitgehenden Schweigen der Literatur nicht darauf geschlossen werden, dass sie der Auffassung *Bleckmann*s folge.

[117] *Neumeyer*, Internationales Verwaltungsrecht, Bd. 4, S. 306.

Verleihung der Staatsangehörigkeit anerkennen.[118] Nach herrschender Auffassung sind auch Enteignungen anzuerkennen, wenn die enteigneten Güter im Zeitpunkt der Enteignung innerhalb des enteignenden Staates belegen waren.[119]

Da sich die Frage nach einer Anerkennung aber meistens in Fällen stellt, bei denen Anknüpfungspunkte zu mehreren Staaten bestehen (z.B. bei der Anerkennung ausländischer Diplome oder Führerscheine), liegt in der Regel ein Fall konkurrierender Kompetenzen und damit ein Fall vor, bei dem die Anerkennung freiwillig ist, also im Ermessen der anderen Staaten steht.[120]. Die Frage der Anerkennung ausländischer Hoheitsakte richtet sich dann allein nach dem jeweiligen nationalen Kollisionsrecht.

Die Anerkennung hat die Funktion eines Anwendungsbefehls.[121] Erst durch sie erlangt der fremde Hoheitsakt rechtliche Wirkung im Anerkennungsstaat,[122] auch wenn eine völker(vertrags)rechtliche Anerkennungspflicht besteht. Die Anerkennung ist also der Geltungsgrund für die rechtliche Wirkung im Anerkennungsstaat, d.h. die Rechtserheblichkeit eines fremden Hoheitsaktes im Inland beruht auf der inländischen Staatsgewalt, nicht jedoch auf der Staatsgewalt des Erlassstaates oder auf Völkerrecht.[123]

II. Die Grenzen der Anerkennungspflicht

Auch bei grundsätzlich bestehender Anerkennungspflicht kann die Anerkennung eines ausländischen Hoheitsakte verweigert werden, wenn dieser gegen Völkerrecht verstößt.[124] So besteht zwar grundsätzlich eine Pflicht, die Verleihung der Staatsange-

---

[118] EuGHE 1992, S. I-4239/4262 Rn. 10 f. - Micheletti u.a.; G/T/E-*Zuleeg*, Art. 6 EGV Rn. 10; *Hoffmann*, in: v. Münch, Besonderes Verwaltungsrecht, 7. Aufl., S. 869.

[119] *Ipsen*, Völkerrecht, § 47 Rn. 16 ff. (S. 658); *Kegel/Schurig*, IPR, § 23 II.4. (S. 946); *Vogel*, Der räumliche Anwendungsbereich, S. 121 m. zahlreichen weiteren Nachweisen. Nach dem Bundesverfassungsgericht handelt es sich dabei jedoch nicht um einen völkerrechtlichen Grundsatz, sondern vielmehr um einen Grundsatz des deutschen IVR, der jedoch „international anerkannt" sei (BVerfG, NJW 1991, S. 1597 Ls. 3 u. S. 1599 f.). Die Enteignung von Vermögensgegenständen, die außerhalb des Gebietes des enteignenden Staates liegen, ist nach teilweise vertretener Auffassung dagegen völkerrechtswidrig, da der enteignende Staat damit Hoheitsakte auf fremdem Territorium setze (*Ipsen*, Völkerrecht, § 47 Rn. 32 (S. 664); *Neumeyer*, Internationales Verwaltungsrecht, Bd. 4, S. 436 u. 505). Eine Vornahme von Hoheitsakten auf fremdem Territorium findet bei der Enteignung von Vermögensgegenständen, die außerhalb des Gebietes des enteignenden Staates liegen, jedoch nicht statt, da der Hoheitsakt „Enteignung" ja auf eigenem Staatsgebiet erfolgt. Vielmehr geht es um die Frage der Zulässigkeit der Regelung eines Sachverhalts mit Auslandsbezug, was nach dem Kriterium der sinnvollen Anknüpfung zu entscheiden ist. Ob die Enteignung in den Staat, in dem die enteignete Sache belegen ist, hineinwirkt, ist wiederum eine Frage der Anerkennung von fremden Hoheitsakten. Solche Enteignungen sind deshalb nicht völkerrechtswidrig (*Vogel*, Der räumliche Anwendungsbereich, S. 122 m.w. Nachw.), doch besteht in diesen Fällen keine Anerkennungspflicht.

[120] Vgl. *Schlag*, Grenzüberschreitende Verwaltungsbefugnisse, S. 96 f.

[121] *Siehr*, RabelsZ 52 (1988), S. 84; a.A. *Bleckmann*, Völkerrechtliche Grundlagen, S. 36 u. 44.

[122] *Beitzke*, MDR 1954, S. 321.

[123] *König*, S. 17 ff. u. 24 m.w. Nachw.

[124] *Dahm/Delbrück/Wolfrum*, Völkerrecht, Bd. I/1, § 75 III 2 (S. 487).

hörigkeit anzuerkennen, doch entfällt die Anerkennungspflicht dann, wenn der verleihende Staat keinen hinreichenden Anknüpfungspunkt für die Verleihung der Staatsangehörigkeit hat.

Eine Anerkennungspflicht entfällt auch dann, wenn die Anerkennung dem inländischen Ordre Public widersprechen würde, denn kein Staat braucht die wesentlichen Grundsätze seiner eigenen Rechtsordnung gegenüber dem fremden Hoheitsakt zurücktreten lassen.[125] Dieser Vorbehalt des Ordre Public gilt daher nicht nur im IPR, sondern generell für fremde Hoheitsakte, gleich ob öffentlich-rechtlicher oder privatrechtlicher Art.[126]

Die Anerkennungspflicht entfällt jedoch nicht, wenn eine spezielle völkervertragliche Vereinbarung auch bei Völkerrechtswidrigkeit oder Verstoßes den inländischen Ordre Public zu einer Anerkennung verpflichtet.[127]

III. Die Anerkennung bei fehlerhaften Hoheitsakten

Es fragt sich, ob ein Staat, bevor er den Hoheitsakt eines anderen Staates anerkennt, diesen auf seine Wirksamkeit bzw. Rechtmäßigkeit überprüfen und die Anerkennung ablehnen kann, wenn dieser mit der Rechtsordnung des Erlassstaates nicht übereinstimmt. Unproblematisch ist die Beantwortung dieser Frage, wenn die Befugnis zur Überprüfung der materiellen Rechtmäßigkeit des ausländischen Hoheitsaktes - meistens vorbehaltlich eines Verstoßes gegen den ordre public - durch völkerrechtlichen Vertrag ausgeschlossen wurde wie z.B. in Art. 29 des europäischen Gerichtsstands- und Vollstreckungsabkommens[128] oder in den von der Bundesrepublik Deutschland mit zahlreichen europäischen Staaten abgeschlossenen Rechts- und Amtshilfeabkommen, in denen sich die Bundesrepublik zur Anerkennung und Vollstreckung unanfechtbarer ausländischer Steuerbescheide verpflichtet hat.[129]

Nach teilweise vertretener Auffassung verstößt die Überprüfung der Rechtmäßigkeit von fremden Hoheitsakten gegen den völkerrechtlichen Immunitätsgrundsatz, wonach kein Staat die Hoheitstätigkeit eines anderen Staates seiner Rechtsprechungsgewalt unterwerfen darf.[130] Nach überwiegender Auffassung verbietet der Immunitätsgrundsatz aber nur, dass ein Staat vor den Gerichten eines anderen Staates verklagt wird, nicht aber, dass fremde Hoheitsakte zum Gegenstand eines inländischen Verfahrens

---

[125] *Dahm/Delbrück/Wolfrum*, Völkerrecht, Bd. I/1, § 75 III 2, (S. 486); ähnlich *Seidl-Hohenveldern*, Rev. esp. de der. int. 1972, S. 350; *Geiger*, Grundgesetz und Völkerrecht, S. 351 f.

[126] Vgl. *Schwander*, S. 80; *König*, S. 90.

[127] *Dahm/Delbrück/Wolfrum*, Völkerrecht, Bd. I/1, § 75 III 2 (S. 486); *Schwander*, S. 86.

[128] ABl L 299/32 v. 31. 12. 1972, Sartorius II Nr. 160.

[129] Vgl. die Nachweise bei *Papier/Olschewski*, DVBl. 1976, S. 475 f.

[130] *Groß*, JZ 1994, S. 604.

gemacht werden können.[131] Zwar unterwirft der Anerkennungsstaat so fremde Hoheitsakte seiner eigenen Hoheitsgewalt, jedoch nur insoweit, als es um deren Hineinwirken in das eigene Hoheitsgebiet geht. Eine Entscheidung über die Wirkung des Hoheitsaktes im Erlassstaat ergeht nicht.[132] Für die Frage, ob ein Staat, bevor er den Hoheitsakt eines anderen Staates anerkennt, die Rechtmäßigkeit dieses Hoheitsaktes überprüfen kann, lässt sich aus dem Immunitätsgrundsatz daher nichts herleiten.[133]

Die im angloamerikanischen Rechtskreis entwickelten „Act of State - Doctrine“, nach der Gerichte oder Behörden eines Staates keine Befugnis zur Überprüfung der Wirksamkeit oder Rechtmäßigkeit von Hoheitsakten eines anderen Staates haben, [134] vermochte sich international nicht durchzusetzen.[135]

Entscheidend für die Frage der Überprüfungsbefugnis ist, ob eine Anerkennungspflicht besteht oder nicht. Überall dort, wo eine Anerkennungspflicht besteht, ist eine Rechtmäßigkeitsüberprüfung unzulässig, denn wenn ein Staat zur (unbedingten) Anerkennung eines Hoheitsaktes verpflichtet ist, kann er die Anerkennung nicht unter die Bedingung der Rechtmäßigkeit stellen. Eine Ausnahme ist bei Nichtigkeit des Hoheitsakts zu machen, denn bei Nichtigkeit fehlt es an einem annerkennungsfähigen Hoheitsakt. Deshalb darf der Anerkennungsstaat die Nichtigkeit stets überprüfen. Steht die Anerkennung dagegen im Ermessen des Anerkennungsstaates, kann er selbst bestimmen, unter welchen Voraussetzungen er dem fremden Hoheitsakt im eigenen Staat Rechtswirkungen einräumt und kann daher die Anerkennung auch unter die Bedingung der Rechtmäßigkeit des Hoheitsaktes stellen.[136] Der Erlassstaat hat mangels Anerkennungspflicht keinen Anspruch darauf, in fremdes Hoheitsgebiet hineinzuwirken. Die Befugnis zur Nachprüfung bedarf also keines besonderen Rechtsgrundes, vielmehr bedarf es eines besonderen Rechtssatzes, um eine Bindung an den fremden Staatsakt zu begründen.[137]

---

[131] *Feldmüller*, S. 39 m.w. Nachw.; *Neumeyer*, Internationales Verwaltungsrecht, Bd. 4, S. 344; *König*, S. 85; *Schlag*, Grenzüberschreitende Verwaltungsbefugnisse, S. 97.
[132] *König*, S. 85.
[133] Vgl. *Schlag*, Grenzüberschreitende Verwaltungsbefugnisse, S. 211.
[134] Hierzu z.B. *Schwander*, S. 81 ff.
[135] *Feldmüller*, S. 39.
[136] *Verdross*, Universelles Völkerrecht, § 1178 (S. 774); *Neumeyer*, Internationales Verwaltungsrecht, Bd. 4, S. 343; *Fedozzi*, S. 200; *Dahm/Delbrück/Wolfrum*, Völkerrecht, Bd. I/1, § 75 III 2 a), S. 486; *König*, S. 86; *Kegel/Schurig*, IPR, § 23 II. 3. (S. 945); *Schlag*, Grenzüberschreitende Verwaltungsbefugnisse, S. 97; a.A. z.B. *Heiz*, S. 170 ff.; vgl. hierzu auch *Vogel*, Der räumliche Anwendungsbereich, S. 334 und *Nassr-Esfahani*, Grenzüberschreitender Bestandsschutz, S. 138.
[137] *Neumeyer*, Internationales Verwaltungsrecht, Bd. 4, S. 343.

IV. Befugnis zur Aufhebung anerkannter Hoheitsakte?

Die herrschende Meinung verneint die Aufhebbarkeit ausländischer Hoheitsakte.[138] Zur Begründung wird im Wesentlichen ein darin angeblich liegender Verstoß gegen die Souveränität des ausländischen Staates angeführt. Dem kann so allgemein nicht gefolgt werden. Ein Verstoß gegen die Souveränität des Erlassstaates kann nur dann vorliegen, wenn die Aufhebung des anerkannten fremden Hoheitsakt mit Wirkung auch für den Erlassstaat bezweckt ist. Zwar ist es dem aufhebenden Staat auf Grund der Begrenzung der Hoheitsgewalt auf das Staatsgebiet nicht möglich, die Wirksamkeit des Hoheitsaktes im Ursprungsstaat zu beeinflussen.[139] War dies jedoch beabsichtigt, so liegt darin ein unzulässiges „Hineinregierenwollen" in den fremden Staat und damit ein Verstoß gegen den Souveränitätsgrundsatz. Dem aufhebenden Staat geht es jedoch im Regelfall nur um die Beseitigung der Rechtswirkungen im Inland. Die Aufhebung bedeutet dann nur eine Rückgängigmachung der Anerkennung.[140] War die Anerkennung - wie im Regelfall - fakultativ, so gilt das Gleiche auch für die Aufhebung.[141] Ein Verstoß gegen den völkerrechtlichen Souveränitätsgrundsatz kann darin nicht gesehen werden, denn auf den Bestand des Hoheitsaktes im Ursprungsstaat wird dadurch weder eingewirkt noch ist dies bezweckt. Bestand dagegen eine Pflicht zur Anerkennung, ist es dem Anerkennungsstaat versagt, die Anerkennung rückgängig zu machen.

D. Übertragbarkeit der völkerrechtlichen Grundsätze auf das Verhältnis der EG-Mitgliedstaaten untereinander

Es stellt sich nunmehr die Frage, ob und inwieweit die hier dargestellten völkerrechtlichen Grundsätze des internationalen Verwaltungsrechts, insbesondere die Beschränkung des Geltungsbereichs von Hoheitsakten auf das eigene Staatsgebiet, das Verbot der Vornahme von Hoheitsakten auf fremdem Staatsgebiet und der Immunitätsgrundsatz auch auf das Verhältnis der Mitgliedstaaten der Europäischen Gemeinschaft übertragbar sind. Die Mitgliedstaaten sind zwar nach wie vor Träger staatlicher Souveränität, doch unterliegen sie im Rahmen der Gemeinschaft erheblichen Souveränitätsbeschränkungen, die über das sonst im allgemeinen Völkerrecht anzutreffende Maß hinausgehen.[142] Die Frage der Anwendbarkeit des Völkerrechts in den innergemeinschaftlichen Rechtsbeziehungen ist deshalb schon seit langem sehr umstritten.[143]

---

[138] *Neumeyer*, Internationales Verwaltungsrecht, Bd. 4, S. 349; vgl. auch die Nachweise bei *König*, S. 98 f.
[139] *König*, S. 101.
[140] *König*, S. 101.
[141] *König*, S. 103.
[142] *Schlag*, Grenzüberschreitende Verwaltungsbefugnisse, S. 91.
[143] Vgl. hierzu ausführlich *Schwarze*, EuR 1983, S. 1 ff.; *Bleckmann*, DÖV 1978, S. 391 ff.; *Schlag*, Grenzüberschreitende Verwaltungsbefugnisse, S. 85 ff.

Einigkeit besteht nur insofern, als die Anwendbarkeit des allgemeinen Völkerrechts ausgeschlossen ist, soweit spezielle gemeinschaftsrechtliche Regelungen bestehen,[144] wenn auch die Begründung hierfür unterschiedlich ist. Andererseits wird nicht bezweifelt, dass das allgemeine Völkerrecht dann anwendbar ist, wenn die Mitgliedstaaten völlig außerhalb der Gemeinschaftsverträge und ohne Bezug zur Gemeinschaft handeln.[145] Problematisch ist die Anwendbarkeit des allgemeinen Völkerrechts also nur dann, wenn zwar der Anwendungsbereich des Gemeinschaftsrechts betroffen ist, aber keine speziellen gemeinschaftsrechtlichen Regelungen bestehen.

Die Frage der Anwendbarkeit des Allgemeinen Völkerrechts in den innergemeinschaftlichen Rechtsbeziehungen wird überwiegend im Zusammenhang mit der Frage behandelt, ob die Gemeinschaft eine internationale Organisation im Sinne des Völkerrechts ist und daher auch das Gemeinschaftsrecht als solches (besonderes) Völkerrecht darstellt.

Nach der Auffassung der sog. „Autonomisten" handelt es sich beim Gemeinschaftsrecht nicht um Völkerrecht, sondern um eine „autonome", sowohl vom nationalen Recht als auch vom Völkerrecht zu unterscheidende eigenständige Rechtsordnung.[146] Die Gemeinschaft ist danach ein eigenständiges, keiner bestehenden Rechtsordnung zurechenbares Gebilde, eine Staatenverbindungen sui generis.[147] Zwar sei die Gemeinschaft durch einen völkerrechtlichen Vertrag gegründet worden, daraus könne aber nicht auf den Inhalt der Ordnung selbst geschlossen werden, da auch Bundesstaaten durch völkerrechtlichen Vertrag entstehen können.[148] Der eigenständige Charakter der Gemeinschaft und des Gemeinschaftsrechts wird vor allem mit den erheblichen Unterschieden der Gemeinschaft und den Gemeinschaftsverträgen im Vergleich zu anderen völkerrechtlichen Verträgen und internationalen Organisationen, die sich insbesondere in der Fähigkeit der Gemeinschaft zur effektiven Rechtsdurchsetzung zeigten, begründet.[149] Das Gemeinschaftsrecht bilde eine eigenständige Teilrechtsordnung, die ihre eigenen spezifischen Regeln entwickelt habe und einen Rückgriff auf die allgemeinen Regeln des Völkerrechts nicht mehr gestatte und auch, da es in seiner heutigen Struktur, Gestalt und Dichte eigene Antworten bereithalte, nicht erforderlich

---

[144] *Schwarze*, EuR 1983, S. 5; *Bleckmann*, DÖV 1978, S. 392; *Schlag*, Grenzüberschreitende Verwaltungsbefugnisse, S. 86; *Oppermann*, Europarecht, Rn. 597.

[145] *Schwarze*, EuR 1983, S. 5.

[146] Vertreter dieser Auffassung: z.B. *Schwarze*, EuR 1983, S. 1 ff.; *Schlag*, Grenzüberschreitende Verwaltungsbefugnisse, S. 89. Vgl. zu dieser Auffassung *Streinz*, Europarecht, Rn. 109; *Bleckmann*, DÖV 1978, S. 391.

[147] Vgl. *Schweitzer/Hummer*, Europarecht, Rn. 88.

[148] *Schwarze*, EuR 1983, S. 34; vgl. *Streinz*, Europarecht, Rn. 109; *Schweitzer/Hummer*, Europarecht, Rn. 88.

[149] Z.B. von *Schlag*, Grenzüberschreitende Verwaltungsbefugnisse, S. 89 f.; Vgl. *Schweitzer/Hummer*, Europarecht, Rn. 88; *Streinz*, Europarecht, Rn. 109.

mache.[150] Bei Anwendbarkeit völkerrechtlicher Grundsätze bestehe die Gefahr einer Aufweichung des Gemeinschaftsrechts.[151]

Nach der Gegenauffassung (sog. „Traditionalisten") handelt es sich bei der Gemeinschaft um eine internationale Organisation im Sinne des Völkerrechts und dementsprechend sowohl beim primären als auch beim sekundären Gemeinschaftsrecht um (besonderes) Völkerrecht, weshalb auch das allgemeine Völkerrecht in den innergemeinschaftlichen Rechtsbeziehungen nach wie vor anwendbar sei.[152] Die Gemeinschaft unterscheidet sich nach dieser Auffassung nur durch einige Besonderheiten von herkömmlichen internationalen Organisationen, z.B. die Ausstattung mit eigener Rechtssetzungebefugnis, die Durchgriffswirkung des sekundären und teilweise auch des primären Gemeinschaftsrechts, die Einsetzung unabhängiger Organe und die Möglichkeit von Mehrheitsentscheidungen, Besonderheiten, die sich mit dem Begriff „Supranationalität" zusammenfassen lassen.[153] Das allgemeine Völkerrecht werde wie in jeder internationalen Organisation durch die Satzung und das auf Grund der Satzung erlassene Staatengemeinschaftsrecht überlagert.[154] Die erheblichen Unterschiede des Gemeinschaftsrechts im Vergleich zum Recht anderer internationaler Organisationen scheide das Gemeinschaftsrecht aber aus dem Bereich des Völkerrechts noch nicht aus, da bei jeder internationalen Organisation ein Verselbstständigungsprozess stattfinde, indem auf der Grundlage der Satzung bindendes internes Staatengemeinschaftsrecht gebildet werden, das trotz seiner Verselbstständigung vom allgemeinen Völkerrecht Völkerrecht bleibe.[155] Im Gemeinschaftsrecht ist danach lediglich eine neue Entwicklungsstufe des (völkerrechtlichen) Rechts der internationalen Organisationen zu sehen.[156] Soweit nicht spezielle gemeinschaftsrechliche Regelungen eingreifen, ist das allgemeine Völkerrecht nach dieser Auffassung im den innergemeinschaftlichen Beziehungen nach wie vor anwendbar.[157] Unter Umständen müsse der völkerrechtliche Rechtssatz den besonderen Strukturen des Gemeinschaftsrechts angepasst werden, wobei zu berücksichtigen sei, dass das Völkerrecht wegen der im Vergleich zu Nichtmitgliedstaaten deutlich engeren Beziehungen in der Gemeinschaft häufig nur ein Minimumstandard sei, das Gemeinschaftsrecht also höhere Anforderungen stellen könne.[158] Ausgeschlossen sei die Anwendung des allgemeinen Völkerrechts allerdings, wenn seine Anwendung im konkreten Fall gegen Strukturprinzipien

---

[150] *Schwarze*, EuR 1983, S. 33 f.; *Schlag*, Grenzüberschreitende Verwaltungsbefugnisse, S. 90.
[151] *Schwarze*, EuR 1983, S. 36.
[152] Vertreter dieser Auffassung z.B. *Bleckmann*, DÖV 1978, S. 391 ff.; *Streinz*, Europarecht, Rn. 112 f.; *Oppermann*, Europarecht, Rn. 598. Vgl. zu dieser Auffassung *Schweitzer/Hummer*, Europarecht, Rn. 84 ff., der nachweist, dass sich die EG selbst als internationale Organisation versteht.
[153] *Streinz*, Europarecht, Rn. 113. Solche Merkmale fanden sich zwar bereits bei anderen internationalen Organisationen, nicht aber in dieser Kumulation, *Streinz*, a.a.O.
[154] *Bleckmann*, DÖV 1978, S. 392.
[155] *Bleckmann*, DÖV 1978, S. 392.
[156] *Streinz*, Europarecht, Rn. 113.
[157] *Bleckmann*, DÖV 1978, S. 395.
[158] *Bleckmann*, DÖV 1978, S. 395.

des Gemeinschaftsrechts verstoßen würde.[159] Zur Begründung wird angeführt, das primäre Gemeinschaftsrecht sei durch völkerrechtliche Verträge entstanden und entstehe weiterhin durch völkerrechtliche Verträge zwischen den Mitgliedstaaten, es habe sich von seiner völkervertraglichen Grundlage also nach wie vor nicht gelöst.[160] Eine Loslösung des Gemeinschaftsrechts von seiner völkerrechtlichen Grundlage sei zwar theoretisch möglich, eine entsprechende normative Verankerung fehle aber im primären Gemeinschaftsrecht und auch eine rechtstatsächliche Loslösung sei nicht nachzuweisen.[161] Dafür spreche die teilweise Rückentwicklung der Gemeinschaft hinsichtlich ihrer Supranationalität hin zu intergouvernementalen Strukturen, der verfassungsrechtliche Kontrollvorbehalt in den Mitgliedstaaten sowie das Erfordernis völkerrechtlicher Verträge zur Ausweitung der Gemeinschaftskompetenzen.[162]

Der EuGH beschrieb das Gemeinschaftsrecht zunächst als „neue Rechtsordnung des Völkerrechts"[163], später dann als „eigene Rechtsordnung"[164]. Lücken im Gemeinschaftsrecht wurden vom EuGH überwiegend mit Hilfe der allgemeinen Rechts- und Verfassungsgrundsätze der Mitgliedstaaten, vereinzelt aber auch unter Rückgriff auf Grundsätze des allgemeinen Völkerrechts geschlossen.[165] Nach einer neueren Entscheidung des EuGH „binden die Regeln des Völkergewohnheitsrechts ... die Gemeinschaftsorgane und sind Bestandteile der Rechtsordnung der Gemeinschaft".[166]

Das BVerfG versteht die Gemeinschaft als „eine im Prozess fortschreitender Integration stehende Gemeinschaft eigener Art, eine 'zwischenstaatliche Einrichtung' im Sinne des Art. 24 Abs. 1 GG, auf die die Bundesrepublik Deutschland - wie die übrigen Mitgliedstaaten - bestimmte Hoheitsrechte 'übertragen' hat."[167]

Die Rechtsprechung des EuGH und des BVerfG, wonach es sich beim Gemeinschaftsrecht um eine „eigene Rechtsordnung" bzw. bei der Gemeinschaft um eine „Gemeinschaft eigener Art" handele, wird von der Literatur überwiegend als Beleg für die Auffassung der „Autonomisten" verstanden.[168] Dies ist aber nur hinsichtlich der

---

159 *Bleckmann*, DÖV 1978, S. 395.
160 *Streinz*, Europarecht, Rn. 112.
161 *Streinz*, Europarecht, Rn. 112.
162 *Streinz*, Europarecht, Rn. 112.
163 EuGHE 1963, S. 1/25 - Van Gend & Loos.
164 EuGHE 1964, S. 1251/1269 - Costa-ENEL.
165 So z.B. im Fall Van Dyn (EuGHE 1974, S. 1337/1351): „Andererseits besagt ein völkerrechtlicher Grundsatz, den der EWG-Vertrag in den Beziehungen der Mitgliedstaaten zueinander sicher nicht außer Acht lassen wollte, dass ein Staat seinen eigenen Staatsangehörigen die Einreise in sein Hoheitsgebiet oder den Aufenthalt in diesem nicht untersagen darf". Vgl. hierzu *Schwarze*, EuR 1983, S. 11 f.
166 EuGHE, EuZW 1998, S. 694/697 - Racke; vgl. hierzu *Epiney*, EuZW 1999, S. 5 ff.
167 BVerfGE 22, S. 293/296.
168 Vgl. *Schwarze*, EuR 1983, S. 1; *Schlag*, Grenzüberschreitende Verwaltungsbefugnisse, S. 85 f.; *Bleckmann*, DÖV 1978, S. 391. Daran dürfte auch die Entscheidung des EuGH im Fall Racke, nach der das Völkergewohnheitsrecht „Bestandteil der Rechtsordnung der Gemeinschaft" ist, nichts ändern, dann daraus folgt noch nicht, dass das Völkerrecht auch im Verhältnis der Mitgliedstaaten

Terminologie, nicht aber auch in der Sache zutreffend, da das BVerfG die Normenkontrolle über die Zustimmungsgesetze zu den Gründungsverträgen nach wie vor in Anspruch nimmt und die völkerrechtlichen Grundlagen des Gemeinschaftsrechts und die fortbestehende Bedeutung der Zustimmungsgesetze für seine Geltung und Anwendung im innerstaatlichen Bereich ausdrücklich hervorhebt[169] und auch der EuGH vereinzelt völkerrechtliche Rechtsgrundsätze zur Lückenschließung heranzieht.

Im Ergebnis kann die Frage, ob das Gemeinschaftsrecht als Völkerrecht zu charakterisieren ist und damit das allgemeine Völkerrecht unmittelbar anwendbar ist, aber offen bleiben, denn auch wenn man der Auffassung der Autonomisten folgt, findet das allgemeine Völkerrecht jedenfalls mittelbar Anwendung: Regelungen zur Schließung von Rechtslücken im Gemeinschaftsrecht sind nach dieser Auffassung ausschließlich im (ungeschriebenen) Gemeinschaftsrecht zu suchen.[170] Das ungeschriebene Gemeinschaftsrecht besteht neben dem Gemeinschaftsgewohnheitsrecht aus den allgemeinen Rechtsgrundsätzen.[171] Solche allgemeinen gemeinschaftsrechtlichen Rechtsgrundsätze sind aus den Rechtsgrundsätzen, die den Rechtsordnungen der Mitgliedstaaten gemeinsam sind, insbesondere aus den gemeinsamen Verfassungsüberlieferungen der Mitgliedstaaten zu entwickeln.[172] Hierzu gehören aber auch die allgemeinen Rechtsgrundsätze des Völkerrechts.[173]

Unterschiede zwischen den beiden Auffassungen bestehen dann nur noch hinsichtlich der Beweislast: Da das allgemeine Völkerrecht beim völkerrechtlichen Modell unmittelbar gilt, muss die innergemeinschaftliche Geltung eines bestimmten völkerrechtlichen Rechtssatzes nicht im Einzelnen nachgewiesen werden, vielmehr ist umgekehrt nachzuweisen, dass dieser völkerrechtliche Rechtssatz durch einen bestimmten gemeinschaftsrechtlichen Rechtssatz ausgeschlossen ist.[174] Beim autonomen Modell ist dagegen die Geltung eines völkerrechtlichen Rechtsgrundsatzes über die allgemeinen gemeinsamen Verfassungsüberlieferungen der Mitgliedstaaten jeweils besonders nachzuweisen, da das Völkerrecht nicht unmittelbar gilt.[175]

Nur die zwingenden Völkerrechtsregeln (ius cogens) gelten nach beiden Auffassungen unmittelbar,[176] da völkerrechtliche Verträge, die gegen zwingendes Völkerrecht

---

untereinander gilt. Denn auch in der Bundesrepublik Deutschland ist umstritten, ob das Völkerrecht auf das Verhältnis der Bundesländer untereinander anwendbar ist (hierzu unten, 5. Teil, A.), obwohl Art. 25 GG bestimmt, dass das Völkerrecht Bestandteil des Bundesrechts ist.

[169] *Streinz*, Europarecht, Rn. 110; BVerfGE 52, S. 187; 73, S. 339/372; 75, S. 223/240.

[170] *Schlag*, Grenzüberschreitende Verwaltungsbefugnisse, S. 90.

[171] *Oppermann*, Europarecht, Rn. 479.

[172] *Oppermann*, Europarecht, Rn. 482 ff.

[173] *Oppermann*, Europarecht, Rn. 487. Dies folgt z.B. für Deutschland aus Art. 25 GG.

[174] *Bleckmann*, DÖV 1978, S. 393.

[175] *Bleckmann*, DÖV 1978, S. 393, vgl. zur praktischen Bedeutung des Meinungsstreits auch *Streinz*, Europarecht, Rn. 114.

[176] *Schlag*, Grenzüberschreitende Verwaltungsbefugnisse, S. 87; *Bleckmann*, DÖV 1978, S. 397 f.; *Oppermann*, Europarecht, Rn. 598.

verstoßen, nichtig sind und deshalb die zwingenden Völkerrechtsregeln auch im Verhältnis zwischen den Mitgliedstaaten anwendbar bleiben müssen, wenn die Gemeinschaftsverträge nicht nichtig sein sollen.[177] Diese zwingenden Völkerrechtssätze können nicht durch gemeinschaftsrechtliche Regeln verdrängt werden.[178]

Das Verbot der Vornahme von Hoheitsakten auf fremden Staatsgebiet ist nicht zu den zwingenden Normen des Völkerrechts zu zählen,[179] da dieses Verbot abdingbar (dispositiv) ist. Dies bedeutet jedoch noch nicht, dass das Verbot im Verhältnis der Mitgliedstaaten untereinander nicht gilt. Nach der völkerrechtlichen Auffassung gilt das Verbot unmittelbar, soweit es nicht durch ausdrückliche Regeln, wie z.B. durch Art. 15 Abs. 1 der Zweiten Bankrechtskoordinierungsrichtlinie (RL 77/780) abbedungen ist. Aber auch wenn man der Auffassung der Autonomisten folgt, gilt dieses Verbot über die allgemeinen Rechtsgrundsätze der Mitgliedstaaten. Auch danach darf kein Mitgliedstaat seine Beamten in einen anderen Mitgliedstaat schicken, um dort Kontrollen oder andere Hoheitsakte vorzunehmen, wenn dies nicht durch spezielle Regeln ausdrücklich erlaubt ist.

Der Grundsatz der Staatenimmunität ist nach zutreffender Ansicht ebenfalls nicht als eine zwingende Regel des allgemeinen Völkerrechts anzusehen.[180] Dies führt jedoch noch nicht dazu, dass seine innergemeinschaftliche Anwendbarkeit ausgeschlossen ist.[181] Ausgehend von der völkerrechtlichen Auffassung ist die Anwendbarkeit des Immunitätsprinzips grundsätzlich zu bejahen, doch kann es durch gemeinschaftsrechtliche Regelungen abbedungen werden. Ein Verzicht muss allerdings deutlich (ausdrücklich oder konkludent) zum Ausdruck kommen.[182] Eine Vermutung ist insoweit nicht ausreichend.[183] Ein solcher Verzicht der Mitgliedstaaten auf ihre Immunität ist jedoch nicht nachzuweisen.[184] Auch wenn man von der Auffassung der Autonomisten ausgeht, dürfte die Anwendbarkeit des Immunitätsgrundsatzes über die allgemeinen Rechtsgrundsätze, die den Rechtsordnungen der Mitgliedstaaten gemeinsam sind, zu bejahen sein.[185]

---

[177] *Bleckmann*, DÖV 1978, S. 397.

[178] *Oppermann*, Europarecht, Rn. 598.

[179] *Schlag*, Grenzüberschreitende Verwaltungsbefugnisse, S. 88

[180] *Feldmüller*, S. 57; *Schlag*, Grenzüberschreitende Verwaltungsbefugnisse, S. 222; *Groß*, JZ 1994, S. 603; str.

[181] A.A. *Schlag*, Grenzüberschreitende Verwaltungsbefugnisse, S. 222.

[182] *Feldmüller*, S. 57; *Groß*, JZ 1994, S. 604. Ein konkludenter Verzicht ist nach h.M. z.B. zu bejahen, wenn der fremde Staat als Kläger auftritt (*Feldmüller*, S. 58).

[183] *Feldmüller*, S. 58.

[184] *Groß*, JZ 1994, S. 604; *Feldmüller*, S. 60; a.A. *Schlag*, Grenzüberschreitende Verwaltungsbefugnisse, S. 222, der meint, angesichts der tiefgreifenden Integration innerhalb der EG, insbesondere auf Grund des veränderten Souveränitätsverständnisses habe dem Grundsatz der Staatenimmunität in der Gemeinschaft eine immer geringere Bedeutung, weshalb man an einen Verzicht nur geringe Anforderungen stellen dürfe. Das Prinzip der Staatenimmunität sei daher nicht anwendbar.

[185] Vgl. *Schlag*, Grenzüberschreitende Verwaltungsbefugnisse, S. 222 f., der die diesbezügliche völkerrechtliche Praxis der BRD darstellt.

4. Teil: Grundzüge des deutschen internationalen Verwaltungsrechts

A. Vorbemerkung

Das IVR zeichnet sich vor allem dadurch aus, dass es - im Gegensatz zum IPR - nicht kodifiziert ist.[1] Auch eine detaillierte Systematik allgemeiner kollisionsrechtlicher Regeln wie im IPR hat sich noch nicht entwickelt.[2] Es fragt sich allerdings, ob es angesichts der Vielgestaltigkeit der einzelnen Gebiete des besonderen Verwaltungsrechts überhaupt möglich ist, eine kollisionsrechtliche Systematik zu konstruieren, in der alle internationalverwaltungsrechtlichen Aspekte nicht nur irgendwie untergebracht, sondern in einer Weise eingearbeitet sind, dass jede einzelne Antwort auf eine besondere Frage aus dem allgemeinen System ableitbar ist.[3] Kann z.B. für die Zulassung von Ausländern zu bestimmten Berufen, für die Einfuhr von Arzneimitteln oder für die grenzüberschreitende Tätigkeit von Behörden ein gemeinsamer Nenner gefunden werden? Nach *Wiethölter* ist ein öffentlich-rechtliches Kollisionsrecht aus einem Guss mit sauberen Prinzipien entweder unmöglich oder unbrauchbar.[4] Der einzige Versuch, das gesamte deutsche IVR, insbesondere auch den gesamten besonderen Teil des IVR darzustellen, stammt von *Neumeyer*.[5] Ihm ist es aber nicht gelungen, die verschiedenen Normen mit internationalverwaltungsrechtlichem Charakter nach übergeordneten Gesichtspunkten systematisch zusammenzufassen; der „Besondere Teil“ seines „Internationalen Verwaltungsrechts“ gibt lediglich ein nach Verwaltungszweigen locker gegliedertes Inventar dieser Normen.[6] Auch heute ist es noch nicht möglich, eine konkrete Zusammenfassung der Rechtssätze zu geben, die angeben, wann in einem Verwaltungsverfahren ausländisches Recht anzuwenden ist oder welche ausländischen Verwaltungsakte anzuerkennen sind.[7] Daran wird sich voraussichtlich auch in Zukunft nichts ändern. Das Fehlen einer Systematik des IVR ist auf die Verschiedenartigkeit der einzelnen Materien des besonderen Verwaltungsrechts zurückzuführen, die ein weit gehendes Eigendasein führen.[8] Fehlt es aber an einer vollständigen Systematisierung des Verwaltungsrechts als Gesamtsystem, dann lässt sich auch kein einheitliches Kollisionsrecht schaffen.[9] Auf jedem Spezialgebiet des Verwaltungsrechts muss also ein eigener besonderer Teil des IVR entwickelt werden. Allerdings bestehen bestimmte allgemeine Probleme für das gesamte Gebiet des IVR in gleicher Weise. Aufgabe des allgemeinen Teils des IVR ist es daher,

---

[1] *Siehr*, RabelsZ 52 (1988), S. 74.
[2] *Sandrock*, ZfverglRWiss, Bd. 69/1 (1967), S. 13; *Siehr*, RabelsZ 52 (1988), S. 82.
[3] *Matscher*, FS f. Beitzke, S. 648 f.
[4] *Wiethölter*, DVBl. 1967, S. 466.
[5] *Neumeyer*, Internationales Verwaltungsrecht, 4 Bände.
[6] So die Kritik von *Vogel*, Der räumliche Anwendungsbereich, S. 186.
[7] *Siehr*, RabelsZ 52 (1988), S. 82; *v. Maydell*, Sach- und Kollisionsnormen, S. 20.
[8] *V. Maydell*, Sach- und Kollisionnormen, S. 20; *Siehr*, RabelsZ 52 (1988), S. 82.
[9] *V. Maydell*, Sach- und Kollisionnormen, S. 20.

diejenigen Inhalte darzustellen, die den einzelnen Abschnitten des besonderen IVR gemeinsam sind.

B. Der Geltungsbereich von Hoheitsakten

Hinsichtlich des Geltungsbereichs von Hoheitsakten bestehen keine Unterschiede zu dem völkerrechtlichen Grundsatz, nach dem die Geltung von Hoheitsakten auf das Gebiet des regelnden Hoheitsträgers beschränkt ist. Ausländische Hoheitsakte haben deshalb keine unmittelbare Geltung im Gebiet der Bundesrepublik Deutschland. Der Eintritt innerstaatlicher Rechtswirkung setzt einen inländischen Anwendungsbefehl voraus.

C. Die materiellrechtliche Regelung internationaler Sachverhalte

I. Die Anwendbarkeit inländischen öffentlichen Rechts

Die Anwendbarkeit inländischen öffentlichen Rechts auf internationale Sachverhalte ist umstritten.[10] Nach der einen, früher überwiegend, heute nur noch vereinzelt vertretenen Auffassung ist das Verwaltungsrecht eines Staates auf Grund des „Territorialitätsprinzips" nur auf solche Sachverhalte anzuwenden, die sich auf dem eigenen Staatsgebiet, nicht jedoch auch auf Sachverhalte, die sich außerhalb des Gebietes des betreffenden Staates verwirklicht haben.[11] Nach der heute überwiegenden Auffassung existiert aber weder ein völkerrechtliches noch ein nationales „Territorialitätsprinzip" in einem Sinn, der die Anwendung inländischen öffentlichen Rechts auf auslandsbezogene Sachverhalte verbietet.[12] Auch aus dem Grundgesetz ergibt sich keine Beschränkung der Regelungsbefugnis auf Sachverhalte, die sich im Inland ereignet haben.[13] Vielmehr finden sich im öffentlichen Recht verschiedene Vorschriften, die eine Anwendung deutschen Rechts auf auslandsbezogene Sachverhalte vorsehen.[14] Fehlen, wie im Regelfall, ausdrückliche Regelungen, so ist die Anwendbarkeit einer Norm auf internationale Sachverhalte nach ganz überwiegender Meinung

---

[10] Hierzu ausführlich *Feldmüller*, S. 226-279.

[11] So z.B. noch *Kegel/Schurig*, IPR, § 23 I.2. (S. 939); *Oppermann/Kilian*, Gleichstellung ausländischer Grenznachbarn in deutschen Umweltverfahren? S. 102 ff.; vgl. zu dieser Auffassung ausführlich *Vogel*, Der räumliche Anwendungsbereich, S. 13 f.

[12] Hierzu ausführlich *Vogel*, Der räumliche Anwendungsbereich, S. 11 ff. sowie *Feldmüller*, S. 252 ff. Zum Völkerrecht s. o., 3. Teil, B. II.

[13] *Vogel*, Der räumliche Anwendungsbereich, S. 109 u. 146 ff.; *Feldmüller*, S. 250. Zur Anwendbarkeit der Grundrechte auf auslandsbezogene Sachverhalte ausführlich *Schröder*, FS f. Schlochauer, S. 137 ff.

[14] *Kopp*, DVBl. 1967, S. 649; *Feldmüller*, S. 251.

durch Auslegung zu ermitteln.[15] Dabei ist insbesondere die Verfassungsentscheidung des Grundgesetzes für einen „offenen" Staat zu berücksichtigen.[16]

II. Die Anwendbarkeit ausländischen öffentlichen Rechts

1. Der Grundsatz der Einseitigkeit des IVR

Während es sich bei den Vorschriften des IPR zum größten Teil mit ihrer Bezugnahme auf ausländisches Recht um zweiseitige Kollisionsnormen handelt,[17] gilt im IVR nach ganz herrschender Meinung der Grundsatz der Einseitigkeit: Die Bestimmungen des IVR regeln grundsätzlich nur die Anwendbarkeit inländischen Rechts,[18] stellen also nur einseitige Kollisionsnormen dar. Die Begründung für diesen Grundsatz ist unterschiedlich.

a) Der Grundsatz der Nichtanwendbarkeit ausländischen öffentlichen Rechts

Zum Teil wird der Grund für die Einseitigkeit der verwaltungsrechtlichen Kollisionsnormen in dem Grundsatz von der Nichtanwendbarkeit ausländischen öffentlichen Rechts gesehen.[19]

Die Frage der Anwendbarkeit ausländischen öffentlichen Rechts wurde bislang überwiegend aus dem Blickwinkel des IPR diskutiert,[20] wenn sich die Frage stellte, ob

---

[15] *Vogel*, Der räumliche Anwendungsbereich, S. 357; *Feldmüller*, S. 259.

[16] *Vogel*, Der räumliche Anwendungsbereich, S. 415; *v. Maydell*, DVBl. 1971, S. 910; *Feldmüller*, S. 264 ff. *Meessen* (AöR 110 (1985), S. 411) ist dagegen der Ansicht, der Grundsatz der offenen Staatlichkeit gelte nur im vertikalen Sinn, also gegenüber supranationalem Recht oder allgemeinem Völkerrecht. Das Bundesverfassungsgericht zieht diesen Grundsatz jedoch auch für das horizontale Verhältnis gegenüber fremden Staaten heran (BVerfGE 63, S. 343/370).

[17] *Schlochauer*, Internationales Verwaltungsrecht, S. 3.

[18] *Neumeyer*, Internationales Verwaltungsrecht, Bd. 4, S. 115 f.; *Isay*, HdwbdR, Bd. 3, S. 346; *Schlochauer*, Internationales Verwaltungsrecht, S. 3; *Steindorff*, in: Strupp/Schlochauer (Hrsg.), WVR, S. 581; *Vogel*, Der räumliche Anwendungsbereich, S. 239; *Seidl-Hohenveldern*, Rev. esp. de der. int. 1972, 357; *Meng*, ZaöRV 1984, S. 723; *v. Bar*, IPR, Rn. 250; *Schlag*, Grenzüberschreitende Verwaltungsbefugnisse, S. 200; *Feldmüller*, S. 307. *Vogel*, Der räumliche Anwendungsbereich, S. 298 ff. spricht dem IVR daher sogar den Charakter einer eigenständigen Wissenschaftsdisziplin ab, da er die Grenznormen ebenso wie die selbstbegrenzten Sachnormen für Normen des materiellen Rechts hält, also keine Normen, die, wie die Normen des IPR, gegenüber den Normen des materiellen Rechts „logisch" vorrangig seien. Im Ergebnis wie *Vogel*: *Matscher*, FS f. Beitzke, S.641: Es fehle an einem umreißbaren Erkenntnisgegenstand sowie einer eigenen Methode. Gegen *Vogel*: *Schuler*, Internationales Sozialrecht, S. 248 ff. u. *Meessen*, AöR 110 (1985), S. 410 f.

[19] *Seidl-Hohenveldern*, Rev. esp. de der. int. 1972, S. 357; zu diesem Grundsatz ausführlich *Schwander*, S. 65 ff.

[20] Z.B. *Schwander*, S. 1 ff; *Siehr*, RabelsZ 52 (1988), S. 41 ff; *Sonnenberger*, FS f. Rebmann, S: 819 ff; nach *v. Bar*, IPR, Rn. 244 stellt sich diese Frage sogar ausschließlich im IPR. *Basedow* (RabelsZ

Eingriffe eines fremden Staates in private Rechtsverhältnisse, z.B. Enteignungen oder Ausfuhrverbote, zu berücksichtigen sind. Nach der Lehre von der Einheitsanknüpfung sind die Eingriffsnormen des Staates anzuwenden, auf dessen Privatrecht verwiesen wird.[21] Die heute im Vordringen befindliche Lehre von der Sonderanknüpfung ist dagegen der Auffassung, die Frage der Anwendbarkeit ausländischer Eingriffsnormen unterliege gesonderten Regeln.[22] Ausländische Eingriffsnormen sollen dann Beachtung finden, wenn sie nach dem Recht ihres Ursprungsstaates angewandt sein wollen, eine hinreichend enge Verbindung zum Sachverhalt besteht und ihre Anwendung den inländischen ordre public nicht verletzen.[23] Diese Lehre hat sich in Art. 7 Abs. 1 S. 1 des EG-Übereinkommens über das auf vertragliche Schuldverhältnisse anzuwendende Recht[24] niedergeschlagen, der jedoch nicht in das deutsche IPR übernommen wurde.[25]

Der BGH vertritt dagegen in ständiger Rechtsprechung den Grundsatz der Nichtanwendbarkeit ausländischen öffentlichen Rechts.[26] Zwar ist auch nach seiner Auffassung - insoweit folgt er der Lehre von der Sonderanknüpfung - die Frage der Anwendbarkeit fremder Eingriffsnormen unabhängig davon zu beurteilen, ob das IPR auf fremdes oder auf eigenes Recht verweist.[27] Maßgeblich hierfür sei aber das öffentliche Kollisionsrecht. [28] Während das private Kollisionsrecht auf dem Gedanken der Anerkennung und Anwendung des ausländischen Privatrechts aufbaue,[29] werde das öffentliche Kollisionsrecht vom Gedanken der Territorialität des Rechts beherrscht: Die Bestimmungen des öffentlichen Rechts wirkten grundsätzlich nicht über die Landesgrenzen des rechtsetzenden Staates hinaus.[30] Deshalb sei fremdes öffentliches Recht grundsätzlich nicht anwendbar.[31]

---

52 (1988), S. 10) bezeichnet diesen systematischen Standort zutreffend als eine Art „Obdachlosenasyl“.

[21] Vgl. *Sonnenberger*, FS f. Rebmann, S. 826.

[22] *Kegel/Schurig*, IPR § 2 IV.2. (S. 132 ff.); MK-*Sonnenberger*, Bd. 10, Einl. Rn. 34 ff.; *Sonnenberger*, FS f. Rebmann, S. 819 ff.

[23] *Bleckmann*, Völkerrechtliche Grundlagen, S. 33; *Schuler*, Internationales Sozialrecht, S. 223.

[24] ABl. L 266/1 vom 9.10.1980; *Jayme/Hausmann* (Hrsg.), Internationales Privat- und Verfahrensrecht, Nr. 43. Art. 7 Abs. 1 S. 1 im Wortlaut: „Bei Anwendung des Rechts eines bestimmten Staates auf Grund dieses Übereinkommens kann den zwingenden Bestimmungen des Rechts eines anderen Staates, mit dem der Sachverhalt eine enge Verbindung aufweist, Wirkung verliehen werden, soweit diese Bestimmungen nach dem Recht des letztgenannten Staates ohne Rücksicht darauf anzuwenden sind, welchem Recht der Vertrag unterliegt.“

[25] Zu den Gründen: *Heldrich*, in: Palandt, Art. 34 EGBGB, Rn. 1; *Sonnenberger*, FS f. Rebmann, S. 825 f. Nach Art. 34 EGBGB sind lediglich inländische Eingriffsnormen ohne Rücksicht auf das nach deutschem Kollisionsrecht maßgebliche Recht anwendbar (einseitige Sonderanknüpfung).

[26] BGHZ 31, S. 367/370 f. = NJW 1960, S. 1101; BGH NJW 1975, S. 1220/1222.

[27] BGHZ 31, S. 367/370 f. = NJW 1960, S. 1101; BGH NJW 1975, S. 1220/ 1222; vgl. dazu auch *Siehr*, RabelsZ 52 (1988), S. 75 und *Vogel*, Der räumliche Anwendungsbereich, S. 295.

[28] BGHZ 31, S. 367/371 = NJW 1960, S. 1101; BGH NJW 1975, S. 1220/1222.

[29] BGHZ 31, S. 367/370.

[30] BGHZ 31, S. 367/371 = NJW 1960, S. 1101; BGH NJW 1975, S. 1220/1222.

[31] Eine Einschränkung machte der BGH allerdings für solches ausländisches öffentliches Recht bzw. solche ausländischen Staatsakte, die nicht der Verwirklichung wirtschafts- oder staatspolitischer Ziele des rechtssetzenden Staates, sondern dem Ausgleich schutzwürdiger privater Belange der Be-

Auf das vom BGH damit angesprochene „Territorialitätsprinzip" wird in Rechtsprechung und Literatur zu Fällen mit Bezug zum öffentlichen Recht anderer Staaten immer wieder rekurriert, z.T. mit einer Selbstverständlichkeit, die es anscheinend nicht einmal erforderlich macht, zunächst den Inhalt dieses Prinzips näher zu erläutern. Häufig ist auch nicht klar, ob mit diesem Begriff ein völkerrechtlicher Rechtsgrundsatz oder ein Prinzip des deutschen IVR gemeint ist. Während der BGH unter Berufung auf das „Territorialitätsprinzip" die Anwendung fremden öffentlichen Rechts ablehnte, berief sich das Bundesverfassungsgericht erstaunlicherweise auf dasselbe Prinzip, um die Anerkennung einer ausländischen Enteignung zu begründen.[32] Dies zeigt, dass das „Territorialitätsprinzip" verschiedene Bedeutungen hat[33] und ganz nach Belieben zur Begründung des ein oder anderen Ergebnisses herangezogen wird.

Der BGH selbst definierte das „Territorialitätsprinzip" an anderer Stelle als den sowohl im Völkerrecht als auch im internationalen Privat- und Verwaltungsrecht geltenden Grundsatz, dass die Wirkungen von Staatshoheitsakten an den Gebietsgrenzen der tätig werdenden Staatsgewalt ende.[34] So verstanden ist das „Territorialitätsprinzip" zwar nicht falsch, da in der Tat der räumliche Geltungsbereich von Hoheitsakten grundsätzlich nicht über die Staatsgrenzen hinausreicht. Für die Frage der Anwendbarkeit fremder Gesetze ergibt sich daraus aber nur, dass diese von sich aus für inländische Behörden und Gerichten keine Bindungswirkung entfalten.

Nach der nunmehr herrschenden Auffassung verbietet das „Territorialitätsprinzip" daher nicht die Anwendung ausländischen öffentlichen Rechts.[35] Zudem ist es wegen seiner Vieldeutigkeit[36] nicht zur Lösung der Rechtsanwendungfrage geeignet.[37] Es

---

teiligten diene (BGHZ 31, S. 367/371= NJW 1960, S. 1101; BGH NJW 1975, S. 1220/1222; BGH, WM 1985, S. 1004/1006; so auch bereits *Neumeyer*, Internationales Verwaltungsrecht, Bd. 4, S. 250). Zudem berücksichtigt er einen Verstoß gegen fremdes öffentliches Recht als Tatsache im Rahmen von § 138 BGB - sog. sachrechtliche Berücksichtigung fremden öffentlichen Rechts (*Heldrich*, in: Palandt, IPR Art. 34 Rn. 5; *Siehr*, RabelsZ 52 (1988), S. 78 f.; *Kegel/Schurig*, IPR, § 23 I.4. u. IV. (S. 941 u. 967); vgl. hierzu auch *Neumeyer*, Internationales Verwaltungsrecht, Bd. 4, S. 190 ff. u. S. 420 ff.). Die vom BGH vorgenommene Differenzierung zwischen dem privaten Interessen dienenden „privaten" öffentlichen Recht und dem der Verwirklichung von Staatszielen dienenden „öffentlichen" öffentlichen Recht dürfte indessen mehr als schwierig sein, da in aller Regel eine Vorschrift des öffentlichen Rechts, die den Interessen von Privaten dient, zumindest als Nebenzweck auch die Wahrung öffentlicher Interessen zum Inhalt hat (*Seidl-Hohenveldern*, Rev. esp. de der. int. 1972, S. 354 m. w. Nachw.; MK-*Sonnenberger*, Bd. 10, Einl. IPR Rn. 67 ff.; *Nassr-Esfahani*, Grenzüberschreitender Bestandsschutz, S. 114).

[32] BVerfG, NJW 1991, S. 1597/1600: „Eine Enteignung entfaltet danach Wirkung innerhalb des Hoheitsgebietes des fremden Staates und erfasst das Vermögen, das zum Zeitpunkt der Enteignung der Gebietshoheit des enteignenden Staates unterlag - Territorialitätsprinzip."

[33] *Schwander*, S. 73 ff., zählt sechzehn verschiedene Bedeutungen des Begriffs „Territorialitätsprinzip" auf.

[34] BGHZ 25, S. 134/143; BGH, WM 1958, S. 557/561.

[35] *Meessen*, AöR 110 (1985), S. 411 f.; *Feldmüller*, S. 307. Dies hat nunmehr auch der BGH erkannt (BGH, WM 1985, S. 1004/1006).

[36] *König*, S. 86 ff.; *Meessen*, Völkerrechtliche Grundsätze, S. 15 ff. u. S. 93; *Siehr*, RabelsZ 52 (1988), S. 86; *Kegel/Seidl-Hohenveldern*, FS f. Ferid, S. 234; *Nassr-Esfahani*, Grenzüberschreiten-

existiert auch kein anderer völkerrechtlicher Grundsatz, der die Anwendung fremden öffentlichen Rechts ausschließt.[38]

Auch in der Rechtspraxis lässt sich eine Nichtanwendbarkeit fremden öffentlichen Rechts nicht nachweisen. Im IPR wird z.B. ausländisches öffentliches Recht, nämlich das Staatsbürgerschaftsrecht immer dann angewandt, wenn das IPR des Gerichtsstaates auf das Heimatrecht einer Person verweist, denn dann ist die Vorfrage, ob die betreffende Person Staatsbürger dieses Staates ist, nach dem Staatsbürgerschaftsrecht dieses Staates zu prüfen.[39] Im Verwaltungsrecht wird ebenfalls fremdes öffentliches Recht angewandt, wenn sich bestimmte Vor- und Teilfragen im Rahmen des deutschen materiellen Verwaltungsrechts nur nach ausländischem Recht beurteilen lassen.[40] Die Zahl der Anwendungsfälle erweitert sich noch beträchtlich, wenn man mit einem Teil der Literatur die Anerkennung fremder Verwaltungsakte als Form der Anwendung fremden öffentlichen Rechts klassifiziert.[41]

Da das IVR aber in der Regel nur die Anwendbarkeit des eigenen öffentlichen Rechts abgrenzt und nicht auch auf fremdes Recht verweist, ist der Grundsatz der Nichtanwendbarkeit ausländischen öffentlichen Rechts nicht falsch, denn eine Verweisung auf fremdes öffentliches Recht wird als Voraussetzung für seine Anwendbarkeit gesehen[42]. Er ist aber lediglich im Sinne einer empirischen[43] bzw. statistischen Regel[44] zu verstehen, nicht als dogmatisches Verbot.[45] Der Grund für die Einseitigkeit der internationalverwaltungsrechtlichen Kollisionsnormen ist also nicht der Grundsatz von der Nichtanwendbarkeit fremden öffentlichen Rechts, vielmehr ist umgekehrt die grundsätzliche Nichtanwendbarkeit fremden öffentlichen Rechts die Folge der Einseitigkeit der Kollisionsnormen.

---

der Bestandsschutz, S. 54 f.; *Schuler*, Internationales Sozialrecht, S. 212; *v. Maydell*, DVBl. 1971, S. 908; *Sonnenberger*, FS f. Rebmann, S. 831; *Schwander*, S. 73 ff.

[37] *Schuler*, Internationales Sozialrecht, S. 216; MK-*Sonnenberger*, Bd. 10, Einl. IPR Rn. 374 ff.; *v. Maydell*, DVBl. 1971, S. 911.

[38] S. o., 3. Teil, B. II.

[39] Hierauf weist zutreffend *Seidl-Hohenveldern* (Rev. esp. de der. int. 1972, S. 349) hin.

[40] *Isay*, HdwbdR, Bd. 3, S. 352; *Steindorff*, in: Strupp/Schlochauer (Hrsg.), WVR, Bd. 3, S. 582; *Vogel*, Der räumliche Anwendungsbereich, S. 196 f.; *Neumeyer*, Internationales Verwaltungsrecht, Bd. 4, S. 182 ff. m.w. Beisp.; *Schlochauer*, Internationales Verwaltungsrecht, S. 7 f.; *Kegel/Seidl-Hohenveldern*, FS f. Ferid, S. 240; *Feldmüller*, S. 311.

[41] S. o., 1. Teil, B. II.

[42] *Siehr*, RabelsZ 52 (1988), S. 84; *Rudolf*, in: Habscheid/Rudolf, Territoriale Grenzen, S. 37.

[43] *Vogel*, Der räumliche Anwendungsbereich, S. 313; *Schurig*, Kollisionsnorm und Sachrecht, S. 145 f.

[44] *Schurig*, JZ 1982, S. 387, Fn. 35.

[45] *Vogel*, Der räumliche Anwendungsbereich, S. 204; *Feldmüller*, S. 317.

b) Fehlendes staatliches Eigeninteresse an der Anwendung ausländischen öffentlichen Rechts?

Die Einseitigkeit des IVR hat ihren Grund darin, dass im öffentlichen Kollisionsrecht nicht die gleiche Interessenlage gegeben ist wie im privaten Kollisionsrecht. Im IPR steht die Vorstellung im Vordergrund, dass die als maßgeblich ermittelte Privatrechtsordnung der Gerechtigkeit der Einzelnen im Verhältnis zueinander dient.[46] Der Staat hat eine gewisse Distanz zum Privatrecht, die es ihm ermöglicht, eigenes und fremdes Privatrecht als grundsätzlich gleichwertig zu behandeln[47] und daher auch auf fremdes Privatrecht zu verweisen.[48] Diese Distanz fehlt im Bereich des öffentlichen Rechts, weil der Staat an den Rechtsverhältnissen des öffentlichen Rechts unmittelbar selbst beteiligt ist.[49] In diesen Rechtsverhältnissen geht es um die Wahrung der staatlichen Interessen.[50] Da ein Staat aber in der Regel kein Interesse hat, das Wohl anderer Staaten zu fördern,[51] wird fremdes öffentliches Recht in der Regel nicht angewandt, wird auf fremdes öffentliches Recht nicht verwiesen, gibt es im öffentlichen Recht nur einseitige Kollisionsnormen.

Die Anwendbarkeit ausländischen öffentlichen Rechts bedarf deshalb einer besonderen Rechtfertigung durch ein inländisches Interesse an der Förderung fremden Staatswohls, z.B. ein Interesse an internationaler Kooperation, am Vollzug internationaler Zielsetzungen oder die Erwartung der Gegenseitigkeit.[52] Ein Eigeninteresse der Staaten besteht allerdings auch an der Funktionsfähigkeit der fremden Staaten und damit am Schutz der fremden staatlichen Interessen.[53] Da-rüber hinaus wird eine Anwendung fremden öffentlichen Rechts gefordert, wenn sich die fremden Staatsinteressen mit den eigenen decken[54] bzw. die eigenen Interessen keinen Vorrang genießen.[55] *Meessen* fordert die Verweisung auf ausländisches Wirtschafts(verwaltungs)recht einerseits bei grundlegenden Gemeinsamkeiten des inländischen und ausländischen Wirtschaftsrechts, andererseits auf Grund des inländischen Interesses an der Funktionsfähigkeit des internationalen Wirtschaftsverkehrs.[56] Es ist zu erwarten, dass die Bereitschaft zur Förderung fremdstaatlicher Interessen durch Anwendung ausländischen öffentlichen Rechts mit der immer intensiveren Kooperati-

---

[46] BGH 31, S. 367/371.
[47] *Vogel*, Der räumliche Anwendungsbereich, S. 206; ders., AöR 84 (1959), S. 62.
[48] Diese kollisionsrechtliche Toleranz gegenüber fremdem Privatrecht endet allerdings an der Grenze des ordre public (*Vogel*, Der räumliche Anwendungsbereich, S. 212).
[49] *Vogel*, Der räumliche Anwendungsbereich, S. 238; ders., AöR 84 (1959), S. 62.
[50] *Vogel*, Der räumliche Anwendungsbereich, S. 238.
[51] *Kegel/Schurig*, IPR, § 2 IV. (S. 131).
[52] *Sonnenberger*, FS f. Rebmann, S. 830 und MK-*Sonnenberger*, Bd. 10, Einl. IPR Rn. 379.
[53] *Bleckmann*, Allgemeine Staats- und Völkerrechtslehre, S. 946 ff.; *Kopp*, DVBl. 1967, S. 471.
[54] *Kegel/Schurig*, IPR, § 23 I.3. u. IV. (S. 939 u. 967).
[55] *Siehr*, RabelsZ 52 (1988), S. 99.
[56] *Meessen*, AöR 110 (1985), S. 407 ff.

on der Staaten zunimmt. Sie dürfte umso größer sein, je enger die Beziehung zu dem ausländischen Staat ist.[57]

2. Anwendbarkeit fremden öffentlichen Rechts auch ohne ausdrückliche Verweisung?

Die Bejahung eines Eigeninteresses an der Anwendung fremden öffentlichen Rechts führt allerdings noch nicht ohne weiteres zur Anwendung der ausländischen Normen, sondern bewirkt lediglich, dass die grundsätzlich gegen ihre Anwendung errichtete Schranke geöffnet wird.[58] Voraussetzung für jede staatliche Rechtsanwendung ist das Vorliegen einer Rechtsnorm, die die Anwendung dieses Recht befiehlt.[59] Soweit es sich um Normen der eigenen Rechtsordnung handelt, bedarf es keiner ausdrücklichen Regelung, denn innerstaatliche Rechtsnormen tragen den Anwendungsbefehl in sich selbst.[60] Fremdes Recht ist dagegen nicht in der Lage, von sich aus innerstaatliche Behörden und Gerichte zur Rechtsanwendung zu verpflichten,[61] da sich der Geltungsbereich fremden Rechts auf das Staatsgebiet des fremden Staates beschränkt. Es kann nur angewendet werden, wenn innerstaatliches Recht einen entsprechenden Anwendungsbefehl enthält.[62] Ein solcher Rechtsanwendungsbefehl kann sowohl im geschriebenen wie auch im ungeschriebenen Recht enthalten sein.[63]

Im IVR existieren aber kaum geschriebene Vorschriften über die Anwendung fremden öffentlichen Rechts,[64] insbesondere, soweit ersichtlich, keine zweiseitigen Kollisionsnormen, sondern allenfalls materiellrechtliche Verweisungen (unechte Kollisionsnormen).[65] Es muss also festgestellt werden, dass sich die inländische Interessen an der Anwendung ausländischen öffentlichen Rechts noch nicht in entsprechenden kollisionsrechtlichen Regeln manifestiert haben.[66]

Deshalb stellt sich die Frage, ob auch ungeschriebene Rechtsanwendungsbefehle ausreichen. Kann die Entscheidung über die Anwendung fremden Verwaltungsrechts selbstständig von der mit einem internationalen Sachverhalt befassten Behörde oder einem Verwaltungsgericht getroffen werden? Auch im IPR gab es zunächst nur

---

57 MK-*Sonnenberger*, Bd. 10, Einl. IPR Rn. 380.
58 MK-*Sonnenberger*, Bd. 10, Einl. IPR Rn. 381.
59 *Feldmüller*, S. 304.
60 *Feldmüller*, S. 304.
61 *Feldmüller*, S. 304.
62 *Siehr*, RabelsZ 52 (1988), S. 84; *Schwander*, S. 90 f.; *Heiz*, S. 108 ff.; *Beyerlin*, Grenzüberschreitende Zusammenarbeit, S. 420; *Feldmüller*, S. 304 f. u. 313 f.
63 *Feldmüller*, S. 304.
64 *Siehr*, RabelsZ 52 (1988), S. 83.
65 *Feldmüller*, S. 312
66 *Joerges*, RabelsZ 43 (1979), S. 36 f.

einseitige Kollisionsnormen, die zuerst durch die Rechtsprechung und erst später durch den Gesetzgeber zu zweiseitigen ausgebaut wurden.[67]

Eine Mindermeinung stellt die Anwendung fremden öffentlichen Rechts völlig in das Ermessen der Behörde.[68] Nach teilweise vertretener Auffassung genügt für die Anwendung fremden Verwaltungsrechts eine ungeschriebene Norm.[69] Nach dieser Auffassung ist von einem auf das fremde Recht verweisenden ungeschriebenen Rechtsanwendungsbefehl auszugehen, wenn die Anwendung ausländischen Rechts zu einer sachgerechteren Entscheidung als deutsches Recht führt.[70] Deshalb hätten die mit einem auslandsbezogenen Fall befassten Behörden und Gerichte zu prüfen, ob die Anwendung des deutschen oder des ausländischen Rechts sachgerechter sei.[71] Nach *Kopp* ist grundsätzlich das Recht des Staates anzuwenden, dessen öffentliche Interessen berührt sind, d.h. im Polizeirecht grundsätzlich das Recht des Staates, in dem die Störung eingetreten oder zu befürchten sei. Bei der Erteilung einer Baugenehmigung für ein inländisches Bauvorhaben sei es für die Berücksichtigung der Auswirkungen eines Bauwerks im Inland auf ein benachbartes Grundstück im Ausland geboten, auch das Recht des Staates heranzuziehen, in dem das Nachbargrundstück liege. Entsprechendes gelte für wasserrechtliche, gewerberechtliche und forstrechtliche Erlaubnisse.[72] Nach der (wohl) herrschenden Meinung setzt die Anwendung fremden Verwaltungsrechts oder die Anerkennung fremder Verwaltungsakte und Urteile jedoch wegen des Grundsatzes vom Gesetzesvorbehalt eine gesetzliche Ermächtigung voraus.[73]

Der herrschenden Auffassung ist zuzustimmen. Die Situation im IVR ist eine wesentlich andere als im IPR. Da es im IPR nicht um staatliche Eingriffe, sondern um privatrechtliche Rechtsverhältnisse geht, bei denen der Gesetzesvorbehalt nicht gilt, können die Gerichte auch bei Fehlen von Kollisionsnormen in rechtsschöpferischer Tätigkeit neue Kollisionsnormen entwickeln und auf diesem Weg auch fremdes öffentliches Recht anwenden.[74] Dies ist im IVR jedenfalls nicht generell möglich. Bei der Frage der Anwendbarkeit fremden öffentlichen Rechts bzw. der Anerkennung fremder Verwaltungsakte ist allerdings zwischen Eingriffs- und Leistungsverwaltung zu differenzieren. Das Erfordernis einer gesetzlichen Ermächtigung gilt ausnahmslos nur im Bereich der Eingriffsverwaltung. Die Anwendung fremden öffentlichen Rechts, die zu einer den Bürger belastenden Maßnahme führt, erfordert also eine gesetzliche Grundlage. Manche sehen in der ausländischen Norm eine ausreichende Rechtsgrund-

---

[67] Vgl. nur *Schlosshauer-Selbach*, IPR, Rn. 70.
[68] *Kopp*, DVBl. 1967, S. 471.
[69] *Siehr*, RabelsZ 52 (1988), S. 84; *Schwander*, S. 90 f.; *Beyerlin*, Grenzüberschreitende Zusammenarbeit, S. 420.
[70] *Hoffmann*, in: v. Münch, Besonderes Verwaltungsrecht, 7. Aufl., S. 864.
[71] *Hoffmann*, in: v. Münch, Besonderes Verwaltungsrecht, 7. Aufl., S. 864.
[72] *Kopp*, DVBl. 1967, S. 471 f.; a.A. BVerwG, UPR 1987, S. 114.
[73] *Meng*, ZaöRV 1984, S. 777; *Siehr*, RabelsZ 52 (1988), S. 75, 89; *Meessen*, AöR 110 (1985), S. 406 f. u. 416; BGHZ 31, S. 367/373.
[74] *Nassr-Esfahani*, Grenzüberschreitender Bestandsschutz, S. 115.

lage.[75] Dies ist nur zum Teil richtig. Die ausländische Norm ist zwar ausreichende materiellrechtliche Rechtsgrundlage, hinzutreten muss jedoch immer noch eine kollisionsrechtliche Norm, die die Anwendung des fremden Rechts befiehlt. Keiner ausdrücklichen Verweisung bedarf es hingegen für die Anwendung fremden Rechts bei der Beurteilung von Vorfragen[76] oder im Bereich der Leistungsverwaltung.

Das deutsche Verwaltungsrecht ist also anzuwenden, sofern nicht ausnahmsweise ausdrücklich auf fremdes Recht verwiesen wird.[77] Insofern lässt sich auch sagen, dass eine Vermutung für die Anwendbarkeit des deutschen Verwaltungsrechts spricht.[78]

3. Möglichkeit zweiseitiger Kollisionsnormen

Echte, zweiseitige Kollisionsnormen sind im IVR nach herrschender Meinung allerdings nicht von vornherein ausgeschlossen.[79] Die Ausgestaltung kollisionsrechtlicher Regelungen als echte oder als unechte Kollisionsnormen liegt allein in der Hand des Gesetzgebers.[80] Vorschläge, das IVR ebenfalls mit allseitigen Kollisionsnormen auszustatten,[81] sind allerdings überwiegend auf Ablehnung gestoßen.[82]

Ein einseitiges System hat jedoch den Nachteil, dass es zu positiven (mehrere Staaten beanspruchen eine Regelungsbefugnis) wie negativen Regelungskonflikten (kein Staat

---

[75] *Kopp*, DVBl. 1967, S. 471; offengelassen von *Vogel*, Der räumliche Anwendungsbereich, S. 201, Fn. 27.

[76] *Schlochauer*, Internationales Verwaltungsrecht, S. 8 f.

[77] *Hoffmann*, in: v. Münch, Besonderes Verwaltungsrecht, 7. Aufl., S. 863.

[78] *Achterberg*, Allgemeines Verwaltungsrecht, § 1 Rn. 103; *Wolff/Bachof/Stober*, Verwaltungsrecht I, § 21 Rn. 12 (S. 249 f.); *Hoffmann*, in: v. Münch, Besonderes Verwaltungsrecht, 7. Aufl., S. 863; *Kopp*, DVBl. 1967, S. 469; *Beyerlin*, Grenzüberschreitende Zusammenarbeit, S. 417; *Feldmüller*, S. 314 ff.

[79] *Siehr*, RabelsZ 52 (1988), S. 75; *Schurig*, JZ 1982, S. 387; *Kegel/Schurig*, IPR, § 2 IV.1. (S. 130); *v. Maydell*, Sach- und Kollisionsnormen, S. 23 f. m.w.Nachw. in Fn. 46 u. S. 60 f.; MK-*Sonnenberger*, Bd. 10, Einl. IPR Rn. 378; *Vogel*, Der räumliche Anwendungsbereich, S. 238 f; *Schurig*, Kollisionsnorm und Sachrecht, S. 151 ff. *Sonnenberger*, FS f. Rebmann, S. 828; *Beyerlin*, Grenzüberschreitende Zusammenarbeit, S. 398; *Feldmüller*, S. 309 u. 312; a.A. *Neumeyer*, Internationales Verwaltungsrecht, Bd. 4, S. 104 u. 115 f. Dass entgegen der verbreiteten Meinung (z.B. *Sonnenberger*, FS f. Rebmann, S. 819) der savignyanische Ansatz nicht zu einem zweiseitigen Kollisionssystem und der statutische Ansatz nicht zu einem einseitigen System führt, hat *Schuler* (Internationales Sozialrecht, S. 229 ff.) überzeugend dargelegt. Der (das IPR beherrschende) sayignyanische Ansatz fragt vom Sachverhalt her, welche Rechtsordnung maßgebend ist (Rechtsverhältnis bzw. Sachverhalt als Gegenstand des Kollisionsrecht), der (im IVR vorherrschende) statutische Ansatz fragt vom Gesetz her nach seinem Anwendungsbereich (Rechtsnorm als Gegenstand des Kollisionsrechts), vgl. *Schuler*, Internationales Sozialrecht, S. 229.

[80] *Feldmüller*, S. 312 u. 314.

[81] Z.B. von *Zweigert*, Kieler Festschrift, S. 124 ff. u. 134 ff. oder für das Kartellrecht von *Bär*, Kartellrecht und IPR, S. 226.

[82] *Siehr*, RabelsZ 52 (1988), S. 75 u. 89; MK-*Sonnenberger*, Bd. 10, Einl. IPR Rn. 378; *Vogel*, Der räumliche Anwendungsbereich, S. 239; *v. Bar*, IPR, Rn. 248, Fn. 163.

fühlt sich zuständig) zwischen Staaten sowie zu Pflichtenkollisionen des Einzelnen (ein Staat schreibt etwas vor, was der andere verbietet) führen kann.[83] Zudem entspricht es nicht dem inländischen Interesse an der Kooperation mit ausländischen Staaten. Dies spricht für die Bildung zweiseitiger Kollisionsnormen.

Bei zweiseitigen Kollisionsnormen im Bereich des öffentlichen Rechts entsteht allerdings noch folgendes Problem: Wird für eine bestimmte Frage allgemein auf ausländisches Recht verwiesen, handelt es sich um eine sog. dynamische Verweisung,[84] die aus rechtsstaatlichen und demokratischen Gründen auf verfassungsrechtliche Einwände stößt[85]: Das Demokratieprinzip verlangt, dass die Ausübung jeglicher staatlichen Gewalt der demokratischen Legitimation bedarf, d.h. sie muss durch eine ununterbrochene Legitimationskette vom Staatsvolk abgeleitet werden,[86] wobei das „Staatsvolk" nur von den Deutschen gebildet wird.[87] Der aus dem Rechtsstaatsprinzip abgeleitete Grundsatz vom Vorbehalt des Gesetzes fordert, dass (jedenfalls) Eingriffe in Freiheit und Eigentum des Bürgers nur durch oder auf Grund eines vom (aus Vertretern des deutschen Staatsvolkes gebildeten) Parlament verabschiedeten Gesetzes erfolgen.[88] Bei einer dynamischen Verweisung auf Vorschriften fremder Rechtsordnungen ist es jedoch nicht mehr das demokratisch legitimierte Parlament, sondern der Träger fremder Staatsgewalt, der über den sachlichen Inhalt jener Vorschriften in Zukunft entscheidet.[89] Das Demokratieprinzip ist jedoch im Lichte des Bekenntnisses des Grundgesetzes zur internationalen Zusammenarbeit zu sehen und steht daher der Anwendung fremden öffentlichen Rechts durch deutsche Staatsorgane nicht entgegen.[90] Auch der Grundsatz vom Vorbehalt des Gesetzes stellt im Hinblick auf das Bekenntnis des Grundgesetzes zur internationalen Zusammenarbeit nicht die gleichen strengen Anforderungen wie sonst: Ihm ist bereits dann Genüge getan, wenn die Anwendung fremden öffentlichen Rechts unterbleibt, soweit dadurch gegen Grundrechte verstoßen wird.[91]

Bei einer Verweisung auf fremdes Recht muss die rechtsanwendende Behörde oder das Gericht außerdem prüfen, ob die betreffende ausländische Rechtsnorm - gemessen

---

[83] *Basedow*, RabelsZ 52 (1988), S. 13.

[84] Verweisung auf das fremde Recht in seiner jeweiligen Fassung - im Gegensatz zur sog. statischen Verweisung, bei der auf ein Gesetz in einer bestimmten Fassung verwiesen wird.

[85] *Maurer*, Allgemeines Verwaltungsrecht, § 5 Rn. 19 (S. 102); *Papier/Olschewski*, DVBl. 1976, S. 477 ff.

[86] *Böckenförde*, in: Isensee/Kirchhof (Hrsg.), HdbStR, Bd. I, § 22, Rn. 11.

[87] Vgl. nur *Degenhart*, Staatsrecht I, Rn. 21.

[88] Vgl. nur *Jarass/Pieroth*, GG, Art. 20 Rn. 44 ff.

[89] *Papier/Olschewski*, DVBl. 1976, S. 477. Entsprechendes gilt für die Anerkennung und Vollstreckung ausländischer Verwaltungsakte, insbesondere von Abgabenbescheiden: Auch hier werden die Verwaltungsakte inhaltlich von einer fremden Staatsgewalt festgelegt (*Papier/Olschewski*, DVBl. 1976, S. 477).

[90] BVerfGE 63, S. 343/370; vgl. hierzu *Neßler*, Europäisches Richtlinienrecht, S. 83 ff.

[91] *Beyerlin*, Grenzüberschreitende Zusammenarbeit, S. 430; *Papier/Olschewski*, DVBl. 1976, S. 478; a.A. *v. Bar*, IPR, Rn. 250.

an der ausländischen Rechtsordnung - gültig ist.[92] Ist die fremde Norm allerdings zwar mit höherrangigem Recht unvereinbar, aber nach der eigenen Rechtsordnung dennoch gültig, so ist im Zweifel auch das deutsche rechtsanwendende Organ zur Anwendung dieser Norm verpflichtet.[93]

4. Extraterritorialer Anwendungswille als Voraussetzung der Anwendung fremden öffentlichen Rechts

Überwiegend wird die Auffassung vertreten, die Anwendung fremden Rechts setze neben dem inländischen Rechtsanwendungsbefehl einen extraterritorialen Anwendungswillen des fremden Rechts voraus.[94] In der Praxis begegnet diese Auffassung jedoch dem Problem, dass in der Regel nicht erkennbar ist, ob fremdes Recht extraterritorialen Anwendungswillen hat, da es meistens territorial neutral gefasst ist. In diesem Fall ist *Siehr* dafür, das fremde Recht unbeachtet zu lassen.[95]

Bei der Lösung des Problems hilft auch hier die oben getroffene Unterscheidung zwischen dem räumlichen Geltungsbereich einer Norm und ihrem sachlichen Anwendungsbereich: Während ersterer deckungsgleich ist mit dem Staatsgebiet, ist letzterer nicht darauf beschränkt. Vielmehr erstreckt sich der sachliche Anwendungsbereich einer Norm auf jeden Tatbestand, der sich unter die Norm subsumieren lässt, unabhängig davon, ob es sich um einen grenzüberschreitenden Tatbestand handelt. Demnach kann davon ausgegangen werden, dass jede Norm grundsätzlich extraterritorialen Anwendungswillen hat.[96]

Beschränkt der ausländische Staat den sachlichen Anwendungsbereich allerdings ausdrücklich auf sein eigenes Territorium (z.B. mittels einer Grenznorm) oder verweist die fremde Rechtsordnung (mittels einer zweiseitigen Kollisionsnorm) gar auf inländisches Recht zurück, so ist fraglich, ob dies zwingend zu berücksichtigen ist.[97] Dafür spricht, dass auch im IPR der Grundsatz der Gesamtverweisung gilt, d.h. dass sich Verweisungen auf fremdes Recht auf die fremde Rechtsordnung in ihrer Gesamtheit, d.h. einschließlich der Kollisionsnormen beziehen und deshalb ein renvoi, also eine Vorschrift, die die Anwendung eigenen Rechts ausschließt und auf das Recht des

---

[92] *Achterberg*, Allgemeines Verwaltungsrecht, § 1 Rn. 102; *Hoffmann*, in: v. Münch, Besonderes Verwaltungsrecht, 7. Aufl., S. 865; *Neumeyer*, Internationales Verwaltungsrecht, Bd. 4, S. 227.

[93] *Hoffmann*, in: v. Münch, Besonderes Verwaltungsrecht, 5. Aufl., S. 798; *Neumeyer*, Internationales Verwaltungsrecht, Bd. 4, S. 227.

[94] *Siehr*, RabelsZ Bd. 52, 1988, 41, 92; *Nassr-Esfahani*, Grenzüberschreitender Bestandsschutz, S. 88; BGH, WM 1985, S. 1004/1006.

[95] RabelsZ 52 (1988) S. 92.

[96] MK-*Sonnenberger*, Bd. 10, Einl. IPR Rn. 63; vgl. hierzu *Vogel*, Der räumliche Anwendungsbereich, S. 92 u. 199 m.w.Nachw.

[97] Dafür: *Rudolf*, in: Habscheid/Rudolf, Territoriale Grenzen, S. 37; MK-*Sonnenberger*, Bd. 10, Einl. IPR Rn. 63; ablehnend *Schwander*, S. 77; vgl. hierzu *Vogel*, Der räumliche Anwendungsbereich, S. 92 u. 199 m.w.Nachw.

Gerichtsstaates verweist, grundsätzlich zu beachten ist, vgl. Art. 4 Abs. 1 EGBGB. Dieser Grundsatz der Gesamtverweisung ist verallgemeinerungsfähig und sollte auch für das IVR Anwendung finden.[98]

5. Grenzen der Anwendbarkeit ausländischen öffentlichen Rechts

Nach Art. 6 EGBGB ist die Rechtsordnung eines fremden Staates nicht anzuwenden, wenn ihre Anwendung zu einem Ergebnis führt, das mit wesentlichen Grundsätzen des deutschen Rechts offensichtlich unvereinbar ist, insbesondere dann nicht, wenn die Anwendung mit den Grundrechten unvereinbar ist (ordre public - Vorbehalt). Dieser Grundsatz beherrscht das gesamte deutsche Rechtsanwendungsrecht und gilt auch für das IVR.[99] Er ist jedoch erst dann anwendbar, wenn auf ausländisches Recht verwiesen wurde.[100]

D. Die Anerkennung ausländischer Verwaltungsakte

I. Anerkennungspflichten

1. Ausdrückliche Anerkennungspflichten

Es gibt zahlreiche gesetzliche Vorschriften, die unter bestimmten Voraussetzungen die Anerkennung ausländischer Verwaltungsakte, insbesondere ausländischer Prüfungen regeln, z.B. § 112 II DRiG, § 92 II, II 1 BVFG,[101] § 12 AppOÄ[102] oder § 85 Abs. 5 S. 4 ff. Universitätsgesetz Bad.-Württ. Zum Teil wurden diese Anerkennungsvorschriften auch in Umsetzung verschiedener völkerrechtlicher Abkommen, in denen sich die Bundesrepublik Deutschland zur Anerkennung bestimmter Verwaltungsakte verpflichtet hat, erlassen, so z.B. die Verordnung über den internationalen Kraftfahrzeugverkehr,[103] die in § 1 die Anerkennung ausländischer Kraftfahrzeugzulassungen sowie in

---

[98] A.A. *Neumeyer*, Internationales Verwaltungsrecht, Bd. 4, S. 263; *Schlochauer*, Internationales Verwaltungsrecht, S. 8, nach dem Weiterverweisungen und Rückverweisungen einer fremden Rechtsordnung nur dann gelten, wenn sie im IVR des verweisenden Staates ausdrücklich für maßgeblich erklärt wurden.

[99] *Neumeyer*, Internationales Verwaltungsrecht, Bd. 4, S. 231; *Schlochauer*, Internationales Verwaltungsrecht, S. 9; *König*, S. 90; *Achterberg*, Allgemeines Verwaltungsrecht, § 1 Rn. 103; *Hoffmann*, in: v. Münch, Besonderes Verwaltungsrecht, 7. Aufl., S. 865; *Beyerlin*, Grenzüberschreitende Zusammenarbeit, S. 429; *Kopp*, DVBl. 1967, S. 472; *Feldmüller*, S. 332.

[100] *Neumeyer*, Internationales Verwaltungsrecht, Bd. 4, S. 338.

[101] Vgl. hierzu BVerwG, NJW 1986, S. 1511.

[102] Vgl. hierzu BVerwG, NJW 1998, S. 843 f.

[103] Abgedruckt in *Jagusch/Hentschel*, Straßenverkehrsrecht, Nr. 6. Diese Verordnung setzt das Internationale Abkommen über Kraftfahrzeugverkehr vom 24. April 1926 (RGBl. 1930, II, S 1234)

§ 4 die Anerkennung ausländischer Fahrerlaubnisse regelt. Manche völkerrechtliche Verträge verpflichten auch zur Anerkennung und Vollstreckung ausländischer belastender Verwaltungsakte, z.B. der Vertrag zwischen der Bundesrepublik Deutschland und der Republik Österreich über Rechts- und Amtshilfe in Zoll-, Verbrauchssteuer- und Monopolangelegenheiten.[104] Ebenso wie bei der Verweisung auf fremdes öffentliches Recht entsteht bei der Anerkennung belastender Verwaltungsakte das Problem, inwieweit sie mit dem Demokratieprinzip und dem Grundsatz vom Vorbehalt des Gesetzes vereinbar ist, da der Verwaltungsakt inhaltlich von einer fremden Staatsgewalt festgelegt wird.[105] Auch hier führt die Auslegung dieser Verfassungsprinzipien im Lichte des Bekenntnises des Grundgesetzes zur internationalen Zusammenarbeit dazu, dass sie der Anerkennung und Vollstreckung ausländischer Hoheitsakte durch deutsche Staatsorgane nicht entgegen stehen.[106] Andernfalls wäre die Bundesrepublik Deutschland unfähig, sich am internationalen Rechtshilfeverkehr zu beteiligen.[107] Dem Vorbehaltsgrundsatz wird dadurch hinreichend entsprochen, dass die Anerkennung und Vollstreckung ausländischer Verwaltungsakte unterbleibt, wenn dadurch gegen Grundrechte verstoßen wird.[108]

2. Ungeschriebene Anerkennungspflichten

Ob bei Fehlen solcher speziellen gesetzlichen Anerkennungsvorschriften die Anerkennungsentscheidung auch durch die Behörden oder Gerichte erfolgen kann, ist streitig.[109] Eine Anerkennungspflicht könnte sich aus den Grundrechten oder aus sonstigen Verfassungsprinzipien ergeben.

Aus dem Grundrecht auf freie Entfaltung der Persönlichkeit (Art. 2 Abs. 1 GG) wird z.B. der Anspruch, einen im Ausland erworbenen akademischen Grad auch im Inland zu führen, also ein Anspruch auf Anerkennung des Verleihungsakts, gefolgert.[110] Art. 12 GG wird herangezogen, um einen Anspruch auf Anerkennung von im Ausland verliehener Diplome zum Zweck der Aufnahme oder Ausübung eines Berufs etc.

---

sowie das Übereinkommen über den Straßenverkehr vom 8. November 1968 (BGBl. 1977, II, S. 809) um.

[104] BGBl. 1971 II S. 1001, hierzu BVerfGE 63, S. 343 ff.

[105] *Papier/Olschewski*, DVBl. 1976, S. 477.

[106] BVerfGE 63, S. 343/370; vgl. hierzu *Neßler*, Europäisches Richtlinienrecht, S. 83 ff.

[107] BVerfGE 63, S. 343/370; *Neßler*, Europäisches Richtlinienrecht, S. 87 ff.

[108] *Beyerlin*, Grenzüberschreitende Zusammenarbeit, S. 430; *Papier/Olschewski*, DVBl. 1976, S. 478; a.A. *v. Bar*, IPR, Rn. 250.

[109] Vgl. *Nassr-Esfahani*, Grenzüberschreitender Bestandsschutz, S. 107 f.; *Meng*, ZaöRV 1984, S. 777; *Schwander*, S. 90 f.

[110] VGH Bad.- Württ, DVBl. 1984, S. 273; OVG Münster, OVGE 29, S. 131; BVerwGE 5, S. 291; BVerwGE 94, S. 73; allerdings steht dieses Recht einem Genehmigungsvorbehalt (in Bad.-Württ.: § 55 b Abs. 1 S. 1 des Universitätsgesetzes; früher § 2 Abs. 1 des Gesetzes über die Führung akademischer Grade vom 7.6.1939, RGBl. I S. 985, vgl. hierzu ausführlich *Prieß*, NVwZ 1991, S. 114).

herzuleiten.[111] *Bleckmann* vertritt darüber hinaus einen allgemeinen Anerkennungsanspruch auf Grund eines Prinzips der wohlerworbenen Rechte.[112] *Vogel* leitet aus der Verfassungsentscheidung für eine „offene“ Staatlichkeit eine grundsätzliche allgemeine Anerkennungspflicht gleichwertiger Verwaltungsakte ab. Er unterscheidet dabei zwischen der Anerkennung im Sinne einer „Tatbestandsverweisung“, d.h. die „Anerkennung“ eines fremden Verwaltungsaktes als subsumierbar unter den Tatbestand einer innerstaatlichen Norm, und der Anerkennung im Sinne einer „Rechtsfolgeverweisung“, also einer „Durchsetzung“ des fremden Verwaltungsaktes im Inland. Während die Verfassungsentscheidung für eine „offene“ Staatlichkeit bei Gleichwertigkeit der fremden Verwaltungsakte für eine tatbestandliche „Anerkennung“ spreche, setze die Anerkennung im Sinne einer „Rechtsfolgeverweisung“, eine ausdrückliche innerstaatliche Rechtsnorm voraus.[113] Zum Teil wird die Anerkennung in das Ermessen der Behörde gestellt, wobei eine Ermessensreduzierung bestehe, wenn ein Verwaltungsakt desselben Inhalts unter gleichen Umständen von deutschen Stellen erlassen werden dürfe.[114]

Bei der Frage der Anerkennung ausländischer Verwaltungsakte auch ohne ausdrückliche gesetzliche Regelung ist danach zu unterscheiden, ob es sich bei dem Verwaltungsakte um einen begünstigenden oder um einen belastenden Verwaltungsakt handelt. Während die Anerkennung begünstigender Verwaltungsakte auch ohne ausdrückliche Anerkennungsnorm möglich ist,[115] setzt die Anerkennung belastender Verwaltungsakte wegen des Grundsatzes des Gesetzesvorbehalts eine ausdrückliche Ermächtigungsgrundlage voraus. Ein auch gerichtlich durchsetzbarer Anspruch auf Anerkennung eines begünstigenden Verwaltungsaktes erfordert ein entsprechendes subjektives Recht. Ein solches findet sich z.B. für die Anerkennung ausländischer akademischer Grade in Art. 2 Abs. 1 GG oder für die Anerkennung im Ausland erworbener Berufsabschlüsse in Art. 12 Abs. 1 GG.

II. Grenzen der Anerkennungspflicht

Ebenso wie die Anwendung fremden öffentlichen Rechts zu unterbleiben hat, wenn dies zu einem Ergebnis führen würde, das mit wesentlichen Grundsätzen des deutschen Rechts, insbesondere mit den Grundrechten offensichtlich unvereinbar ist, hat

---

[111] Dabei ist zu berücksichtigen, dass sich wegen der Beschränkung auf Deutsche Ausländer grundsätzlich nicht auf Art. 12 Abs. 1 GG berufen können. Eine Ausnahme besteht für EG-Ausländer, siehe unten, 6. Teil, C. I. 3.

[112] *Bleckmann*, Allgemeine Staats- und Völkerrechtslehre, S. 947.

[113] *Vogel*, Der räumliche Anwendungsbereich, S. 334 f. u. 428 f.

[114] *Hoffmann*, in: v. Münch, Besonderes Verwaltungsrecht, 7. Aufl., S. 870; *Schlochauer*, Internationales Verwaltungsrecht, S. 10.

[115] A.A. v. *Bar*, IPR, Rn. 254 .

auch die Anerkennung fremder Verwaltungsakte zu unterbleiben, wenn die Anerkennung gegen den deutschen ordre public verstoßen würde.[116]

E. Internationales Verwaltungsverfahrensrecht

I. Internationale Zuständigkeit deutscher Behörden

Unter „internationaler Zuständigkeit“ deutscher Behörden versteht man die Zuständigkeit der inländischen Behörden zur Regelung verwaltungsrechtlicher Sachverhalte mit Auslandsberührung in Abgrenzung zur Zuständigkeit der Behörden eines anderen Staates. Die Bestimmung der internationalen Zuständigkeit nationaler Behörden obliegt dem nationalen Gesetzgeber, der sich hierbei nur im Rahmen der - weit gesteckten - völkerrechtlichen Grenzen halten muss[117]. Im deutschen Recht finden sich allerdings keine ausdrücklichen Bestimmungen der internationalen Zuständigkeit. § 3 VwVfG regelt nur die örtliche Zuständigkeit, also die Abgrenzung der Zuständigkeit einer inländischen Behörde von der Zuständigkeit einer anderen inländischen Behörde. Es fragt sich daher, nach welchen Regeln die Zuständigkeit inländischer Behörden von der Zuständigkeit ausländischer Behörden abzugrenzen ist.

Nach herrschender Auffassung gilt für die internationale Zuständigkeit der Grundsatz der Sachrechtsanknüpfung: Deutsche Behörden sind zuständig, wenn deutsches Verwaltungsrecht anwendbar ist.[118] Die Anwendbarkeit des inländischen materiellen Rechts zieht also die verfahrensrechtliche Zuständigkeit nach sich.[119] Dies wird vor allem damit begründet, dass Verwaltungsbehörden ihren Verwaltungsakten und Entscheidungen meist nur inländisches Recht zu Grunde legen.[120] Sei das inländische öffentliche Recht nicht anwendbar, bestehe auch kein Anlass zum Tätigwerden, denn ein Staat habe weder das Bedürfnis noch die tatsächliche und rechtliche Macht, sich mit fremden Angelegenheiten zu befassen.[121] Wer ausländisches öffentliches Recht angewandt wissen wolle, müsse sich an die Behörden des betreffenden ausländischen Staates wenden.[122] In Deutschland werde nur nach deutschem Recht verwaltet; sei

---

[116] *Neumeyer*, Internationales Verwaltungsrecht, Bd. 4, S. 231 u. 338; *Schlochauer*, Internationales Verwaltungsrecht, S. 9; *König*, S. 90; *Achterberg*, Allgemeines Verwaltungsrecht, § 1 Rn. 103; *Hoffmann*, in: v. Münch, Besonderes Verwaltungsrecht, 7. Aufl., S. 865; *Beyerlin*, Grenzüberschreitende Zusammenarbeit, S. 429; *Kopp*, DVBl. 1967, S. 472.

[117] Das Völkerrecht setzt nur einen hinreichenden Anknüpfungspunkt voraus, hierzu oben, 3. Teil, B. I. 1.

[118] *Schäfer*, Internationaler Anwendungsbereich, S. 56; *Schuler*, Internationales Sozialrecht, S. 261; *Kegel/Schurig*, IPR, § 2 IV.1. (S. 130); *Siehr*, RabelsZ 52 (1988), S. 74 f.; *Isay*, HdwbdR Bd. 3, S. 351; *Neumeyer*, Internationales Verwaltungsrecht, Bd. 4, S. 471 f.

[119] *Schäfer*, Internationaler Anwendungsbereich, S. 56.

[120] *Kegel/Schurig*, IPR, § 2 IV.1. (S. 130); *Siehr*, RabelsZ 52 (1988), S. 74 f.

[121] *Siehr*, RabelsZ 52 (1988), S. 74 f. u. S. 74, Fn. 166.

[122] *Siehr*, RabelsZ 52 (1988), S. 89.

deutsches Verwaltungsrecht nicht anwendbar, dann werde eine deutsche Behörde auch nicht tätig.[123]

Nach anderer Auffassung stimmen die Regeln für die internationale Zuständigkeit der Behörden und für die Anwendung materiellen Rechts zwar in der Regel, aber nicht immer überein.[124] Es handele sich um zwei selbstständige und voneinander zu trennende Probleme: es könne sowohl eine Zuständigkeit innerstaatlicher Behörden ohne eine Anwendbarkeit des materiellen innerstaatlichen Verwaltungsrechts - nämlich im Bereich der gesetzesfreien Verwaltung - wie andererseits auch eine Anwendbarkeit des materiellen Verwaltungsrechts ohne eine inländische Behördenzuständigkeit geben; letzteres vor allem, wo die betreffenden Normen ihrer Natur nach einer behördlichen Vollziehung nicht noch besonders bedürften.[125]

Gegen die Anknüpfung der internationalen Zuständigkeit an das anzuwendende Recht spricht, dass diese Auffassung keine Lösung hat für die Fälle, in denen inländische Behörden ausländisches Verwaltungsrecht anwenden müssen, weil auf ausländisches Recht verwiesen wird. Dass solche Verweisungen möglich sind, wurde oben dargelegt. Auch in den Fällen, in denen nur eine Teil- oder Vorfrage nach ausländischem Recht zu beurteilen ist, die sich im Übrigen aber nach nationalem Recht richten, stößt die herrschende Meinung auf ihre Grenzen. Die internationale Zuständigkeit ist daher getrennt von der Frage des anzuwendenden Rechts zu beurteilen. Mangels ausdrücklicher Regelungen muss für die internationale Zuständigkeit deutscher Behörden - wie für die internationale Zuständigkeit der Zivilgerichte[126] - auf die Vorschriften über die örtliche Zuständigkeit (§ 3 VwVfG bzw. spezialgesetzliche Regelungen wie z.B. § 35 Abs. 7 oder § 61 GewO) zurückgegriffen werden.[127] Ist danach eine deutsche Behörde örtlich zuständig, indiziert dies regelmäßig auch ihre internationale Zuständigkeit.

II. Anwendbares Verfahrensrecht

Behörden wenden immer nur ihr eigenes Verfahrensrecht an, auch wenn materiell fremdes Recht zur Anwendung kommt.[128] Deshalb ist bei Bestehen der internationalen Zuständigkeit deutscher Behörden das VwVfG anwendbar.

---

[123] *V. Bar*, IPR, Rn. 250; *Siehr*, RabelsZ 52 (1988), S. 74 f.

[124] *Steindorff*, in: Strupp/Schlochauer (Hrsg.), WVR, Bd. 3, S. 581; *Vogel*, Der räumliche Anwendungsbereich, S. 320 ff.

[125] *Vogel*, Der räumliche Anwendungsbereich, S. 320 f.

[126] BGH NJW 1991, S. 3092/3093.

[127] Ebenso *Vogel*, Der räumliche Anwendungsbereich, S. 320, Fn. 71; *Landmann-Rohmer*, GewO, Bd. 1, § 61 Rn. 5.

[128] *Neumeyer*, Internationales Verwaltungsrecht, Bd. 4, S. 166.

III. Grenzüberschreitende Verfahrensbeteiligung

Ob jemand Beteiligter eines Verwaltungsverfahrens ist, richtet sich nach § 13 Abs. 1 VwVfG. Diese Vorschrift enthält keine Beschränkung auf Bürger mit inländischem Wohnsitz oder Aufenthalt. Dies ergibt sich auch aus § 15 VwVfG, wonach „ein Beteiligter ohne Wohnsitz oder gewöhnlichen Aufenthalt, Sitz oder Geschäftsleitung im Geltungsbereich dieses Gesetzes der Behörde .... einen Empfangsbevollmächtigten im Geltungsbereich dieses Gesetzes zu benennen" hat. Deshalb können auch Personen mit Wohnsitz im Ausland z.B. als Antragsteller oder Verwaltungsaktadressaten nach § 13 Abs. 1 Nr. 1 und 2 VwVfG Beteiligte eines deutschen Verwaltungsverfahrens sein. Ob auch die Voraussetzungen für eine Hinzuziehung als Beteiligte nach § 13 Abs. 1 S. 4 i.V.m. Abs. 2 S.1 VwVfG (Berührung rechtlicher Interessen durch den Ausgang des Verfahrens) bei Personen mit Wohnsitz im Ausland gegeben sein können, ist dagegen fraglich. Da die Geltung von Hoheitsakten auf das Gebiet des Erlassstaates beschränkt ist, könnten deutsche Verwaltungsakte im Ausland lebende Personen an sich nicht in rechtlichen Interessen betreffen, weil sie im Ausland gar nicht wirksam wären.[129] Die auf das Staatsgebiet beschränkte Geltung von Hoheitsakten schließt jedoch einer Berührung in rechtlichen Interessen nicht aus, da z.B. bei einer atomrechtlichen Genehmigung die Gefahren eines auf Grund der Genehmigung errichteten Kernkraftwerkes vor Staatsgrenzen nicht Halt machen.[130] Entsprechendes hat für grenznahe Anlagen i.S. des BImSchG oder des BauGB zu gelten. Auch inländische Verwaltungsakte, die vom Wohnsitzstaat anerkannt werden, können Personen mit ausländischem Wohnsitz in ihren rechtlichen Interessen berühren.[131] Rechtliche Interessen im Sinn des § 13 Abs. 2 S.1 VwVfG sind auch solche, die durch das Recht anderer Staaten geschützt werden.[132]

Die Gewährung von Beteiligungsrechten an Gebietsfremde stellt als solche keine völkerrechtlich unzulässige Hoheitsausübung im Ausland dar.[133] Da aber die Hinzuziehung nach § 13 Abs. 2 VwVfG durch (verfahrensrechtlichen) Verwaltungsakt erfolgt,[134] kann die Bekanntgabe an den Betroffenen im Ausland nur im Wege der Amtshilfe[135] oder über einen inländischen Empfangsbevollmächtigten erfolgen.[136]

---

[129] *Neßler*, Europäisches Richtlinienrecht, S. 106.

[130] BVerwG, UPR 1987, S. 114/115.

[131] *Neßler*, Europäisches Richtlinienrecht, S. 107.

[132] *Neßler*, Europäisches Richtlinienrecht, S. 105.

[133] BVerwG, UPR 1987, S. 114/115; *Neßler*, Europäisches Richtlinienrecht, S. 105.

[134] Vgl. nur *Kopp*, VwVfG, § 13 Rn. 25.

[135] Z.B. nach dem Europäischen Übereinkommen über die Zustellung von Schriftstücken in Verwaltungssachen im Ausland (BGBl. 1981 II S. 535).

[136] A.A. *Neßler*, Europäisches Richtlinienrecht, S. 108: „Anerkennung beinhaltet darüber hinaus die pauschale antizipierte Zustimmung des anerkennenden Staates zu allen fremden Hoheitsakten auf seinem Territorium, die mit dem anerkannten Verwaltungsakt eng zusammenhängen. Das gilt dann insbesondere für die Hinzuziehung als Beteiligte zu einem Verwaltungsverfahren, das dem Erlass eines Verwaltungsaktes vorausgeht, der von allen Mitgliedstaaten anerkannt werden muss."

IV. Fehlerlehre

Bei fehlerhaften Verwaltungsakten ist danach zu unterscheiden, ob die Fehlerhaftigkeit den Verwaltungsakt zwar rechtswidrig macht, er aber wirksam bleibt oder ob sie seine Unwirksamkeit zur Folge hat. Maßgeblich hierfür ist die Rechtsordnung des Erlassstaats.

1. Nichtige Verwaltungsakte

Die Anerkennung fremder Verwaltungsakte setzt die Wirksamkeit des anzuerkennenden Verwaltungsakts voraus. Einem Verwaltungsakt, der in seiner eigenen Rechtsordnung keine Rechtswirkung entfaltet, müssen auch bei Bestehen einer ausdrücklichen Anerkennungspflicht keine Rechtswirkungen für das Inland verliehen werden.[137] Die inländische Behörde hat deshalb die Wirksamkeit des fremden Verwaltungsakts zu prüfen und im Fall der Nichtigkeit diesen als nicht bestehend zu behandeln.[138] Hat die anerkennende Behörde die Nichtigkeit jedoch nicht erkannt und dennoch eine Anerkennung ausgesprochen, so ist die Anerkennung zwar rechtswidrig, aber dennoch wirksam, da es sich bei einer durch eine Behörde ausgesprochenen Anerkennung um einen selbstständigen Verwaltungsakt handelt (der in diesem Fall jedoch unter den Voraussetzungen der §§ 48, 49 VwVfG aufgehoben werden kann).[139] Die Anerkennung wirkt in diesem Fall konstitutiv. Anders bei einer Anerkennung kraft Gesetz: In diesem Fall hat ein nichtiger fremder Verwaltungsakt von vornherein keine Wirkungen im Inland.

2. Rechtswidrige Verwaltungsakte

Bei zwar rechtswidrigen, aber wirksamen Verwaltungsakten stellt sich die Frage, ob die inländische Behörde die Anerkennung auf Grund der Rechtswidrigkeit ablehnen kann. Die herrschende Meinung[140] befürwortet die Möglichkeit der Rechtmäßigkeitsprüfung. Zum Teil wird die Möglichkeit, die Anerkennung wegen Rechtswidrigkeit des anzuerkennenden Verwaltungsakts abzulehnen, jedenfalls dann bejaht, wenn er so fehlerhaft ist, dass nach dem maßgeblichen fremden Recht eine Rücknahme veranlasst wäre oder wenn ein Entziehungsgrund nach diesem Recht eintritt.[141] Aus völkerrecht-

---

[137] *König*, S. 54 f.

[138] *Kopp*, DVBl. 1967, S. 470.

[139] A.A. *König*, S. 54 f., der in diesem Fall eine Anerkennung für ausgeschlossen hält, da es an einer Rechtswirkung fehle, die durch die Anerkennung erstreckt werden könne. Dies ist nach seinem Verständnis von der Anerkennung im Wege einer „Wirkungserstreckung" konsequent. Die Anerkennung erfolgt nach der hier vertretenen Auffassung aber in Form einer Wirkungsverleihung, s. o., 1. Teil, B. II.

[140] *Neumeyer*, Internationales Verwaltungsrecht, Bd. 4, S. 343; *Fedozzi*, S. 200; *König*, S. 85; *Kegel/Schurig*, IPR, § 23 II.3. (S. 945); a.A. *Heiz*, S. 170 ff.

[141] *Kopp*, DVBl. 1967, S. 470.

licher Sicht bestehen hiergegen jedenfalls dann keine Bedenken, wenn die Anerkennung im Ermessen des Anerkennungsstaates steht.[142] Was nach Völkerrecht zulässig ist, muss jedoch noch nicht auch für das innerstaatliche IVR gelten. Schreibt das innerstaatliche Recht eine Anerkennung gesetzlich vor, so muss die gleiche Bindung wie an sonstige innerstaatliche Verwaltungsakte bestehen, d.h. so lange ein rechtswidriger, aber wirksamer Verwaltungsakt nicht angefochten oder von der zuständigen Behörde aufgehoben wurde, ist er von den anderen Behörden anzuerkennen.[143]

V. Aufhebung anerkannter Verwaltungsakte

1. Aufhebung durch den Erlassstaat

Hebt der ausländische Erlassstaat einen im Inland bereits anerkannten Verwaltungsakt auf, so stellt sich die Frage, welche Wirkungen dies hat: Erlöschen damit auch automatisch seine Rechtswirkungen im Inland oder bleibt er mit seinem ursprünglich anerkannten Inhalt bestehen? Mit der Aufhebung durch den Erlassstaat entfällt nicht zwangsläufig auch die Rechtserheblichkeit im Inland. Dies hat darin seinen Grund, dass es sich bei dem ursprünglichen Verwaltungsakt und dessen Anerkennung um selbstständige Hoheitsakte handelt. Die Aufhebung hat vielmehr nur dann Rechtswirkungen im Inland, wenn dem aufhebenden Akt seinerseits durch einen weiteren inländischen Anerkennungsakt Rechtswirkungen verliehen werden,[144] z.B. durch Aufhebung der Anerkennung nach § 49 Abs. 2 Nr. 3 VwVfG.[145] Die Rechtmäßigkeit der Aufhebung durch den Erlassstaat muss dabei nicht überprüft werden.[146]

2. Aufhebung durch den Anerkennungsstaat

Da die Aufhebung eines anerkannten Verwaltungsaktes, die auf die Beseitigung seiner Rechtswirkungen (auch) im Erlassstaat gerichtet ist, gegen das Völkerrecht verstößt,[147] ist nur die Beseitigung der Rechtswirkungen für das Inland durch Aufhebung des Anerkennungsaktes möglich[148]. So kann z.B. nach § 11 Abs. 2 der Verordnung über den internationalen Kraftfahrzeugverkehr dem Inhaber einer ausländischen Fahrerlaubnis, der sich als ungeeignet zum Führen von Kraftfahrzeugen erweist, das Recht aberkannt werden, von der ausländischen Erlaubnis im Inland Gebrauch zu ma-

---

[142] S. o., 3. Teil, C. IV.
[143] *Neumeyer* (Internationales Verwaltungsrecht, Bd. 4, S. 342) vertritt eine solche Bindung nur bei formeller Rechtswidrigkeit.
[144] *König*, S. 57.
[145] VGH Mannheim, NVwZ 1986, S. 397 für den Fall der Aufhebung der Genehmigung zum Führen eines ausländischen akademischen Grades bei Entziehung dieses akademischen Grades durch das Herkunftsland.
[146] VGH Mannheim, NVwZ 1986, S. 397.
[147] S. o., 3. Teil, C. IV.
[148] *König*, S. 102.

chen. Existieren keine Spezialvorschriften, sind die §§ 48, 49 VwVfG für die Aufhebung maßgeblich. Die Anerkennung kann danach z.B. in der Regel dann aufgehoben werden, wenn die Anerkennungsvoraussetzungen nicht (mehr) vorliegen. *Kopp* bejaht eine Aufhebungsmöglichkeit immer dann, wenn der fremde Verwaltungsakt so fehlerhaft ist, dass nach dem maßgeblichen fremden Recht eine Aufhebung veranlasst wäre.[149] Dem kann nicht gefolgt werden, da bei bloßer Rechtswidrigkeit eine Anerkennungspflicht nicht entfällt.

F. Internationales Verwaltungsprozessrecht

I. Internationale Zuständigkeit deutscher Verwaltungsgerichte

Unter „internationaler Zuständigkeit" der deutschen Verwaltungsgerichte versteht man die Zuständigkeit der inländischen Verwaltungsgerichte zur Entscheidung in verwaltungsrechtlichen Fällen mit Auslandsberührung in Abgrenzung zur Zuständigkeit der Gerichte eines anderen Staates.[150] Wie bei der internationalen Behördenzuständigkeit obliegt es den Staaten selbst, die internationale Zuständigkeit ihrer Verwaltungsgerichte zu regeln,[151] wobei aus völkerrechtlicher Sicht nur ein hinreichender Anknüpfungspunkt zu dem zu entscheidenden Sachverhalt erforderlich ist. Auch die internationale Zuständigkeit der Verwaltungsgerichte ist im deutschen Recht nicht ausdrücklich geregelt.[152] Eine Regelung findet sich nur hinsichtlich der örtlichen Zuständigkeit in § 52 VwGO, der die Zuständigkeit der inländischen Verwaltungsgerichte voneinander abgrenzt.

Die herrschende Auffassung sieht die internationale Zuständigkeit deutscher Verwaltungsgerichte dann als gegeben an, wenn deutsche Behörden zuständig sind, also bei Anwendbarkeit des deutschen Verwaltungsrechts, sog. Parallelität von internationaler Zuständigkeit inländischer Behörden und Gerichte und Anwendungsbereich des inländischen öffentlichen Rechts.[153] Nach *Feldmüller* ist die internationale Zuständigkeit deutscher Verwaltungsgerichte darüber hinaus auch bei Vorliegen inländischer Regelungen über die Anwendbarkeit ausländischen öffentlichen Rechts gegeben, da auch in diesen Fällen ein staatliches Interesse an der Beurteilung des zu entscheidenden Sachverhaltes bestehe,[154] sowie - unabhängig von der Frage des anzuwendenden

---

[149] *Kopp*, DVBl. 1967, S. 470 f.
[150] Vgl. *Feldmüller*, S. 74. Zum Unterschied zur Frage nach dem Bestehen der deutschen Gerichtsbarkeit: *Feldmüller*, S. 75.
[151] *Feldmüller*, S. 74
[152] *Feldmüller*, S. 81
[153] *Schuler*, Internationales Sozialrecht, S. 261 ff.; *Siehr*, RabelsZ 52 (1988), S. 74 f. u. 88; *Isay*, HdwbdR Bd. 3, S. 351; *Neumeyer*, Internationales Verwaltungsrecht, Bd. 4, S. 155 u. 471; *Feldmüller*, S. 94 ff.; dagegen *Vogel*, Der räumliche Anwendungsbereich, S. 322.
[154] *Feldmüller*, S. 94 ff.

Rechts - immer dann, wenn ein deutscher Hoheitsträger in Ausübung öffentlicher Gewalt tätig werde.[155]

Gegen die Anknüpfung der internationalen Zuständigkeit der Verwaltungsgerichte an die Anwendbarkeit des inländischen öffentlichen Rechts sprechen in erster Linie die gleichen Gründe wie bei der internationalen Zuständigkeit der Behörden. Die herrschende Auffassung kommt an ihre Grenzen, wenn ganz oder teilweise auf ausländisches Recht verwiesen wurde oder wenn eine inländische Behörde trotz fehlender Verweisung ausländisches Recht angewandt hat. Auch wenn z.B. eine inländische Behörde in einem auslandsbezogenen Fall zu Unrecht deutsches Verwaltungsrecht angewandt und einen belastenden Verwaltungsakt erlassen, kann nicht einfach die Zuständigkeit deutscher Verwaltungsgerichte mit der Begründung verneint werden, deutsches Verwaltungsrecht sei nicht anwendbar. Zudem wird durch die Prüfung des anzuwendenden Rechts im Rahmen der Zuständigkeitsfrage die Zulässigkeitsprüfung mit Begründetheitsfragen überladen. Eine sachgerechte Lösung bietet auch hier - wie im internationalen Zivilprozessrecht - die analoge Anwendung der Vorschriften über die örtliche Zuständigkeit.[156] Die internationale Zuständigkeit deutscher Verwaltungsgerichte ist nach § 52 VwGO analog daher z.B. immer dann gegeben, wenn ein von einer deutschen Behörde erlassener Verwaltungsakt angefochten werden soll oder wenn ein Kläger von einer deutschen Behörde den Erlass eines Verwaltungsakts begehrt - unabhängig von der Frage des anzuwendenden Rechts. Problematisch ist nur der allgemeine Gerichtsstand des § 52 Abs. 5 VwGO: Genügt es für die internationale Zuständigkeit deutscher Gerichte, wenn der Beklagte seinen Wohnsitz im Inland hat? Auch diese Frage ist jedoch zu bejahen. Ist in einem solchen Fall weder deutsches Verwaltungsrecht anwendbar noch wird auf ausländisches Recht verwiesen, fehlt es nicht an der internationalen Zuständigkeit deutscher Verwaltungsgerichte, sondern entweder an der Klagebefugnis oder an der Begründetheit der Klage.

II. Anwendbares Verfahrensrecht

Der allgemeine Grundsatz, dass ein Gericht unabhängig von dem materiell anzuwendenden Recht stets nur sein eigenes Verfahrensrecht anwendet, gilt auch für das Verwaltungsprozessrecht.[157]

III. Grenzüberschreitende Klagebefugnis

Die Möglichkeit der Rechtsverletzung im Sinne von § 42 Abs. 2 VwGO ist auch bei einem Kläger mit ausländischem Wohnsitz unproblematisch immer dann gegeben,

---

[155] *Feldmüller*, S. 100.

[156] Dagegen *Neumeyer*, Internationales Verwaltungsrecht, Bd. 4, S. 472.

[157] *Vogel*, Der räumliche Anwendungsbereich, S. 199; *Neumeyer*, Internationales Verwaltungsrecht, Bd. 4, S. 166.

wenn er Adressat eines belastenden Verwaltungsakts ist. Im Übrigen ist die Möglichkeit der Verletzung in eigenen Rechten ist nicht dadurch ausgeschlossen, dass die Geltung der Gesetze oder Verwaltungsakte auf das Territorium der Bundesrepublik Deutschland beschränkt ist.[158] Die Klagebefugnis setzt voraus, dass der Anwendungs- sowie der Schutzbereich des maßgeblichen Gesetzes nicht auf im Inland wohnende Betroffene beschränkt ist.[159] Dies ist, soweit keine spezielle Kollisionsnorm die Anwendung des eigenen Rechts ausschließt, im Wege völkerrechtsfreundlicher Auslegung zu ermitteln.[160]

IV. Gerichtliche Überprüfung der materiellen Rechtmäßigkeit anzuerkennender ausländischer Verwaltungsakte?

Die Anerkennungsentscheidung der deutschen Verwaltungsbehörden stellt einen Eingriff der deutschen öffentlichen Gewalt dar.[161] Fraglich ist, ob die Rechtmäßigkeit dieses Anerkennungsaktes auch die Rechtmäßigkeit des anerkannten ausländischen Verwaltungsakts voraussetzt. Denkbar ist, dass wegen der Rechtsschutzgarantie des Art. 19 Abs. 4 GG das Gericht inzident den ausländischen Verwaltungsakt auf seine Rechtmäßigkeit hin überprüfen muss. Dieses Problem stellt sich auch bei der Amts- und Vollstreckungshilfe zu Gunsten fremder Staaten und wird meistens in diesem Zusammenhang behandelt. Das BVerfG hat diese Frage anlässlich einer Verfassungsbeschwerde gegen die Vollstreckung einer österreichischen Forderung nach dem deutsch-österreichischen Rechts- und Amtshilfevertrag grundsätzlich geklärt.[162] Nach diesem Vertrag ist Voraussetzung das Vorliegen eines formell ordnungsgemäßen österreichischen Vollstreckungstitels, der allerdings nicht die deutsche öffentliche Ordnung oder andere wesentliche deutsche Interessen beeinträchtigen darf.[163] Die materielle Rechtmäßigkeit des ausländischen Hoheitsakts sei, so das BVerfG, nicht tatbestandliche Voraussetzung für die Anerkennung und Vollstreckung und dürfe deshalb auch nicht von den deutschen Gerichten überprüft werden. Dem Gesetzgeber sei es im Hinblick auf Art. 19 Abs. 4 S. 1 GG allerdings nicht in beliebigem Umfang

---

[158] BVerwG, UPR 1987, S. 114; a.A. VG Oldenburg, DVBl. 1985, S. 802/803 (Vorinstanz); *Oppermann/Kilian*, Gleichstellung ausländischer Grenznachbarn in deutschen Umweltverfahren? S. 136.

[159] Hierzu ausführlich *Feldmüller*, S. 226 ff.

[160] BVerwG, UPR 1987, S. 114/115; *Vogel*, Der räumliche Anwendungsbereich, S. 415 ff.

[161] BVerfGE 63, S. 343/375.

[162] BVerfGE 63, S. 343; hierzu *Feldmüller*, S. 356 ff.; *Schlag*, Grenzüberschreitende Verwaltungsbefugnisse, S. 233 ff.

[163] Eine ähnliche Regelung enthält Art. 8 Uabs. 2 der RL 76/308/EWG über die gegenseitige Unterstützung bei der Beitreibung von Forderungen im Zusammenhang mit Maßnahmen, die Bestandteil des Finanzierungssystems des Europäischen Ausrichtungs- und Garantiefonds für die Landwirtschaft sind, sowie von Abschöpfungen und Zöllen und bezüglich der Mehrwertsteuer und bestimmter Verbrauchssteuern (Amtshilferichtlinie RL Beitreibung, ABl. L 73/18 v. 19. 3. 1976 = EWR Nr. 692). Danach setzt die Beitreibung titulierter Forderungen anderer Mitgliedstaaten lediglich voraus, dass „der Vollstreckungstitel im Mitgliedstaat der ersuchenden Behörde ordnungsgemäß ausgestellt ist“.

gestattet, die Möglichkeit der gerichtlichen Überprüfung anzuerkennender Hoheitsakte zu beschränken.[164] Zwar sei auch bei inländischen Vollstreckungstiteln, die bestandskräftig sind, die Überprüfung der Rechtmäßigkeit des zu Grunde liegenden Verwaltungsakts ausgeschlossen, doch werde Art. 19 Abs. 4 GG insofern Rechnung getragen, als gerichtlicher Rechtsschutz im Rahmen der Entstehung des Vollstreckungstitels möglich war. Die gerichtliche Überprüfung der Rechtmäßigkeit ausländischer Vollstreckungstitel durch deutsche Gerichte könne nur dann ausgeschlossen werden, wenn der im Ausland mögliche Rechtsschutz gegen den anzuerkennenden fremden Hoheitsakt einem Mindestmaß an Rechtsstaatlichkeit genüge.[165] Hierzu gehörten insbesondere die Möglichkeit des Rechtswegs vor unabhängige Gerichte, die Gewährleistung des rechtlichen Gehörs und rechtskundigen Beistands sowie eine hinreichende, dem Rechtsschutzbegehren angemessene Prüfungs- und Entscheidungsmacht der Gerichte.[166] Ist ein gleichwertiger Rechtsschutz nicht gewährleistet, ist die innerstaatliche Grundlage für den Vollzug des ausländischen öffentlichen Rechts verfassungswidrig und die Vollstreckungsmaßnahme rechtswidrig.[167] Die Verfassungswidrigkeit kann jedoch durch einen entsprechenden ordre public - Vorbehalt ausgeräumt werden.[168]

G. Anwendbarkeit der Grundsätze des deutschen IVR im Verhältnis zu anderen EG-Mitgliedstaaten

Das deutsche IVR ist, ebenso wie das übrige nationale Recht, auch auf innergemeinschaftliche grenzüberschreitende Sachverhalte anwendbar, soweit nicht vorrangiges Gemeinschaftsrecht entgegensteht.

---

164 BVerfGE 63, S. 343/376.
165 BVerfGE 63, S. 343/378.
166 BVerfGE 63, S. 343/378.
167 *Feldmüller*, S. 358.
168 BVerfGE 63, S. 343/378.

5. Teil: Grundzüge des deutschen interlokalen Verwaltungsrechts

A. Der Geltungsbereich von Hoheitsakten in der Bundesrepublik Deutschland

Es fragt sich, ob der völkerrechtliche Grundsatz der Beschränkung des Geltungsbereichs von Hoheitsakten auf das Staatsgebiet des normsetzenden Hoheitsträgers auch im Verhältnis der deutschen Bundesländer untereinander anwendbar ist.

Obwohl die Länder der Bundesrepublik Deutschland nach herrschender Auffassung echte Staaten sind und als solche originäre und nicht nur vom Bund abgeleitete Hoheitsmacht ausüben,[1] wird die unmittelbare Anwendbarkeit des Völkerrechts für die Beziehungen zwischen dem Bund und den Ländern sowie zwischen den Ländern untereinander nach herrschender Meinung abgelehnt.[2] Bund und Land, Land und Land seien einander nicht fremde Häuser, sondern Räume eines gemeinsamen Staatsaufbaus.[3]

Die Länder üben ihre Staatsgewalt allerdings im räumlichen Nebeneinander auf der Ebene staatsrechtlicher Gleichordnung aus, die jener des Völkerrechts vergleichbar ist.[4] Für ihr Verhältnis zueinander können deshalb, soweit das Verfassungsrecht Lücken aufweist, völkerrechtliche Grundsätze entsprechend angewandt werden.[5] Die Regeln des Völkerrechts im Bundesstaat stellen insoweit „Mindestanforderungen dar, die wegen der engeren Integration im Bundesstaat in Richtung auf eine stärkere Solidarität zwischen Bund und Ländern überschritten werden können und müssen."[6] Auch soweit eine analoge Anwendung völkerrechtlicher Regeln abgelehnt wird, werden die Grundsätze des Völkerrechts jedoch zur Ermittlung des Inhalts des Bundesverfassungsrechts herangezogen[7] bzw. das aus dem Grundsatz der Bun-

---

[1] BVerfGE 1 S. 14/34; *Bleckmann*, NVwZ 1986, S. 3.

[2] BVerfGE 1, S. 14/51; 34, S. 216/231 f.; *Isensee*, in: Isensee/Kirchhof (Hrsg.), HdbStR, Bd. 4, § 98 Rn. 31; Fn. 66 (S. 533); *Seibert*, Die Bindungswirkung von Verwaltungsakten, S. 280.

[3] *Isensee*, in: Isensee/Kirchhof (Hrsg.), HdbStR, Bd. 4, § 98 Rn. 31 (S. 534).

[4] *Isensee*, in: Isensee/Kirchhof (Hrsg.), HdbStR, Bd. 4, § 98 Rn. 32, 36 (S. 534, 536); *Oldiges*, DÖV 1989, S. 877 f.

[5] Str., vgl. *Bleckmann*, NVwZ 1986, S. 2 und JZ 1991, S. 904; *Thürmer*, DÖV 1987, S. 101; *Isensee*, in: Isensee/Kirchhof (Hrsg.), HdbStR, Bd. 4, § 98 Rn. 32 (S. 534) m.w.Nachw. u. Hinweis auf die inkonsistente Rechtsprechung, insbesondere die sich widersprechenden Entscheidungen des BVerfG: BVerfGE 36, S. 1/24 und BVerfGE 34, S. 216/231 f. Widersprüchlich auch BVerwG, NJW 1988, S. 1924/1925 und BVerwG, NJW 1977, S. 66/ 68 f. Gegen eine analoge Anwendbarkeit völkerrechtlicher Grundsätze auch VG Hannover, NJW 1988, S. 1928, Ls. 3.

[6] *Bleckmann*, NVwZ 1986, S. 2 und ihm folgend BVerwG, NJW 1988, S. 1924/1925; *Seibert*, Die Bindungswirkung von Verwaltungsakten, S. 280.

[7] OVG Lüneburg, DVBl. 1986, S. 476/477.

destreue gefundene Ergebnis anhand völkerrechtlicher Regeln überprüft,[8] was auf eine analoge Anwendung des Völkerrechts hinausläuft.

I. Gesetze

Nach überwiegender Meinung beschränkt sich die Hoheitsgewalt eines Bundeslandes auf das eigene Territorium.[9] Daraus folgt, dass der Geltungsbereich eines Landesgesetzes deckungsgleich ist mit dem Gebiet des Landes, welches das Gesetz erlassen hat. Nur Bundesgesetze gelten also in der gesamten Bundesrepublik, während die Geltung von Landesgesetzen auf das jeweilige Bundesland beschränkt ist.[10]

II. Verwaltungsakte

1. Verwaltungsakte von Bundesbehörden

Unproblematisch ist der räumliche Geltungsbereich der von Bundesbehörden erlassenen Verwaltungsakte. Er erstreckt sich kraft der hinter ihnen stehenden einheitlichen Bundesgewalt auf das gesamte Bundesgebiet.[11] Hier besteht die gleiche Situation wie im Einheitsstaat, bei dem alle Behörden an alle Entscheidungen anderer Behörden gebunden sind.[12]

2. Verwaltungsakte von Landesbehörden in Vollziehung von Bundesrecht

Die Vollziehung von Bundesrecht durch Landesbehörden ist der im Grundgesetz (Art. 83) bestimmte Regelfall. Aus der Beschränkung der Verwaltungshoheit eines Landes auf das eigene Gebiet würde eigentlich folgen, dass auch Verwaltungsakte, die im Vollzug von Bundesrecht erlassen wurden, nur in dem Bundesland gelten, das den Verwaltungsakt erlassen hat[13]. Die Geltung einer vom Land A nach § 55 GewO erteilten Reisegewerbekarte, einer Typengenehmigung für Dampfkessel,[14] ja selbst einer Fahrerlaubnis würde nur bis zur Landesgrenze reichen. Eine Geltung auch in einem anderen Bundesland würde erst durch die Anerkennung des Verwaltungsaktes durch

---

[8] BVerwG, NJW 1977, S. 66/69.

[9] BVerfGE 11, S. 6 Ls. 2 u. S. 19; OVG Lüneburg, DVBl. 1986, S. 476/477; *Lerche*, in: Maunz/Dürig, Grundgesetz, Art. 83 Rn. 49; a.A. BVerwGE 22, S. 299/307; *Thürmer*, DÖV 1987, S. 102 f.

[10] *Ule*, JZ 1961, S. 623; *Oldiges*, DÖV 1989, S. 878; *Fastenrath*, JZ 1987, S. 172; *Giehl*, Verwaltungsverfahrensrecht in Bayern, Art. 94 Rn. 1.

[11] Vgl. *Seibert*, Die Bindungswirkung von Verwaltungsakten, S. 272 f.

[12] *Bleckmann*, NVwZ 1986, S. 3.

[13] So die nach 1949 zunächst vertretene Auffassung, vgl. *Seibert*, Die Bindungswirkung von Verwaltungsakten, S. 274 m.w. Nachw.

[14] So der der Entscheidung BVerfGE 11, S. 6 zu Grunde liegende Fall.

dieses Land eintreten.[15] Hier kommt nun aber die bundesstaatliche Überlagerung des Verhältnisses zwischen den Bundesländern ins Spiel. Nach ganz herrschender Auffassung in Rechtsprechung und Literatur hat dies zur Folge, dass Landesverwaltungsakte, die in Vollzug von Bundesgesetzen erlassen wurden, im ganzen Bundesgebiet gelten,[16] auch wenn entsprechende ausdrückliche Regelungen[17] fehlen. Im Ergebnis ist man sich also einig. Die Begründung ist allerdings unterschiedlich:

a) Die „Wesenstheorie"

Nach der Auffassung des Bundesverfassungsgerichts[18] und einem Teil der Literatur[19] liege es im „Wesen" des landeseigenen Vollzugs von Bundesgesetzen, dass der zum Vollzug eines Bundesgesetzes ergangene Verwaltungsakt eines Landes grundsätzlich im ganzen Bundesgebiet Geltung hat.[20] Worin dieses „Wesen" liegen soll, wird nicht weiter ausgeführt.

b) Die „Organtheorie"

Zum Teil wird das Ergebnis damit begründet, dass die Länder, soweit sie Bundesgesetze ausführen - auch wenn dies als eigene und nicht als bloße Auftragsangelegenheit geschieht - zu Organen des Bundes werden. Das Land handele nicht für sich, sondern

---

15 Da dieses Ergebnis für unerträglich gehalten wurde, sollte nach einer früher vielfach vertretenen Auffassung bei Verwaltungsakten, deren bundesweite Geltung für unabdingbar gehalten wurde, eine Verwaltungszuständigkeit des Bundes kraft Natur der Sache gegeben sein, vgl. hierzu *Füßlein*, DVBl. 1951, S. 33 ff.; *Jellinek*, DVBl. 1955, S. 47 f.; *Weingart*, BayVBl. 1960, S. 175; *Bullinger*, JuS 1964, S. 228 ff.; *Schmitt-Lermann*, DÖV 1962, S. 667 ff.; *Ipsen*, DÖV 1956, S. 199; *Seibert*, Die Bindungswirkung von Verwaltungsakten, S. 274 m.w. Nachw.; OLG Köln, DÖV 1954, S. 506; VGH München, BayVBl. 1956, S. 58.

16 BVerfGE 11, S. 6 (Ls 2) = NJW 1960, S. 907/908; BVerwG, NVwZ 1984, S. 799/800; VGH München, BayVBl. 1956, S. 58/59; *Jellinek*, DVBl. 1955, S. 48; *Ipsen*, DÖV 1956, S. 197; *Weingart*, BayVBl. 60, S. 175; *Schmitt-Lermann*, DÖV 1962, S. 674; *Seibert*, Die Bindungswirkung von Verwaltungsakten, S. 274; *Hempel*, Der demokratische Bundesstaat, S. 227 f.; *Isensee*, in: Isensee/Kirchhof (Hrsg.), HdbStR, Bd. 4, § 98 Rn. 34 (S. 535); *Lerche*, in: Maunz/Dürig, Grundgesetz, Art. 83 Rn. 50; *Oldiges*, DÖV 1989, S. 880; *Monz*, S. 44; a.A. *Fastenrath*, JZ 1987, S. 172, Fn. 38; *Bleckmann*, NVwZ 1986, S. 5 (Keine bundesweite Geltung, aber Anerkennungspflicht, da Gleichwertigkeit mit landeseigenem Verwaltungsakt auf Grund der bundeseinheitlichen Regelung der Voraussetzungen des Verwaltungsaktes). Eine Bundeszuständigkeit wird daher nur in den Fällen vertreten, in denen es an einem Anknüpfungspunkt in einem bestimmten Bundesland fehlt, d.h. bei außerregionalen (ausländischen) Sachverhalten (*Bullinger*, JuS 1964, S. 229; *Weingart*, BayVBl. 1960, S. 175) Beispiel: Die Verleihung von Körperschaftsrechten für das Gebiet der Bundesrepublik an ausländische Vereine.

17 Z.B. § 12 Abs. 1 S. 1 AuslG, § 15 Abs. 3 BJagdG; § 49 Abs. 4 S. 1KrW-/AbfG; § 35 Abs. 1 S. 4 GewO a.F. (hierzu *Landmann-Rohmer*, Gewerbeordnung, § 35 Rn. 104).

18 BVerfGE 11, S. 6 (Ls. 2).

19 *Monz*, S. 44.

20 Kritisch hierzu: *Isensee*, in: Isensee/Kirchhof (Hrsg.), HdbStR, Bd. 4, § 98 Rn. 35 (S. 536).

für den Bund. Ein in Ausführung eines Bundesgesetzes ergangener Landesverwaltungsakt müsse danach die gleiche Wirkung haben wie ein vom Bund erlassener Verwaltungsakt.[21]

c) Wahrung der Rechts- und Wirtschaftseinheit

Eine andere Auffassung leitet das Ergebnis aus der in Art. 72 Abs. 2 GG geregelten Pflicht zur Wahrung einheitlicher Lebensverhältnisse[22] bzw. aus der vom Grundgesetz mit der Gesetzgebungszuständigkeit des Bundes erstrebten Effektivität der bundeseinheitlichen Regelung[23] her: Eine Beschränkung der Geltung von Verwaltungsakten auf das Gebiet des betreffenden Landes würde das Bundesgebiet trotz der einheitlichen Bundesgesetzgebung in getrennte Rechts- und Wirtschaftsräume zerteilen. Dies widerspräche auch dem Sinn und Zweck des Art. 83 GG, den Vollzug der Bundesgesetze im ganzen Bundesgebiet zu gewährleisten.[24]

d) Bundesweite Geltung, da bundesrechtliche Rechtsgrundlage

Die ganz herrschende Auffassung begründet die bundesweite Geltung von im Vollzug von Bundesrecht ergangenen Verwaltungsakten damit, dass der räumliche Geltungsbereich eines Verwaltungsaktes dem Geltungsbereich der dem Verwaltungsakt zu Grunde liegenden Rechtsnorm entspreche.[25] Einer ausdrücklichen gesetzlichen Anordnung bedürfe es daher nicht.[26]

e) Stellungnahme

Die letztgenannte Auffassung verdient den Vorzug. Die bundesstaatliche Überlagerung des Hoheitsbereichs der Länder führt zu einer Durchbrechung des Grundsatzes, dass sich die Wirkung der Hoheitsakte eines Landes auf das Landesgebiet beschränkt. Die bundesweite normative Kraft der Bundesnorm führt zur bundesweiten Wirksamkeit eines auf bundesgesetzlicher Rechtsgrundlage ergehenden Landesverwaltungsaktes.[27] Es ist also die einem Verwaltungsakt zu Grunde liegende bundesrechtliche Rechtsgrundlage, die dem Verwaltungsakt bundesweite Wirkung verleiht.

---

[21] *Ule*, JZ 1961, S. 623; *Isensee*, in: Isensee/Kirchhof (Hrsg.), HdbStR, Bd. 4, § 98 Rn. 34 (S. 535).
[22] *Oldiges*, DÖV 1989, S. 880.
[23] *Hempel*, Der demokratische Bundesstaat, S. 227 f.
[24] *Ule*, JZ 1961, S. 623; *Isensee*, in: Isensee/Kirchhof (Hrsg.), HdbStR, Bd. 4, § 98 Rn. 34 (S. 535).
[25] *Ipsen*, DÖV 1956, S. 197; *Weingart*, BayVBl. 60, S. 175; *Schmitt-Lermann*, DÖV 1962, S. 674; *Seibert*, Die Bindungswirkung von Verwaltungsakten, S. 275; *Isensee*, in: Isensee/Kirchhof (Hrsg.), HdbStR, Bd. 4, § 98 Rn. 34 f. (S. 535 f.); kritisch, aber i.E. ebenso (mit der Begründung bundesweiter „Tatbestandswirkung“): *Lerche*, in: Maunz/Dürig, Grundgesetz, Art. 83 Rn. 50.
[26] *Isensee*, in: Isensee/Kirchhof (Hrsg.), HdbStR, Bd. 4, § 98 Rn. 35 (S. 536).
[27] *Ipsen*, DÖV 1956, S. 198 f.

3. Verwaltungsakte von Landesbehörden in Vollziehung von Landesrecht

Die Frage nach der bundesweiten Geltung von Verwaltungsakten, die Landesrecht vollziehen, stellt sich relativ selten, da sich die meisten dieser Verwaltungsakte auf ortsfeste, regional begrenzte Vorhaben oder Tätigkeiten beziehen.[28] Am häufigsten tritt das Problem bei Schul- oder Hochschulabschlüssen auf. Berechtigt z.B. ein hessischer Gesamtschulabschluss zum Studium in Bayern? Aus der territorialen Beschränkung der Hoheitsgewalt der Länder auf das Landesgebiet folgert die herrschende Auffassung, dass sich die Geltung von Verwaltungsakten, die zum Vollzug von Landesrecht erlassen wurden, auf das betreffende Bundesland beschränke und die Geltung in einem anderen Land die Anerkennung des Verwaltungsakts voraussetze.[29] Dementsprechend regeln verschiedene Abkommen zwischen den Ländern die gegenseitige Anerkennung bestimmter Landesverwaltungsakte, z.B. von Schulabschlüssen[30] oder von Genehmigungen zur Führung akademischer Grade ausländischer Hochschulen[31]. Auch einzelne Landesgesetze regeln die generelle Anerkennung bestimmter Verwaltungsakte anderer Länder, z.B. der baurechtlichen Typengenehmigung.[32]

III. Urteile

Die Geltung von Jurisdiktionsakten der Gerichte der Länder erstreckt sich nach allgemeiner Auffassung auf die gesamte Bundesrepublik.[33] § 160 GVG spricht diesen Grundsatz für Vollstreckungen, Ladungen und Zustellungen ausdrücklich aus.[34] Begründet wird die bundesweite Geltung mit der bundesrechtlichen Regelung der

---

[28] *Seibert*, Die Bindungswirkung von Verwaltungsakten, S. 277.
[29] *Ule*, JZ 1961, S. 622; *Fastenrath*, JZ 1987, S. 172 f.; *Oldiges*, DÖV 1989, S. 879; *Kisker*, Kooperation im Bundesstaat, S. 184 und ders., FS f. Bachof, S. 49; *Lerche*, in: Maunz/Dürig, Grundgesetz, Art. 83 Rn. 49 (der aber die Auffassung vertritt, ein Landesverwaltungsakt hätte auch ohne Anerkennung bundesweite Tatbestandswirkung, d.h. er sei „als wirksamer Hoheitsakt ... überall im Bundesgebiet zu beachten"); vgl. dazu auch *Seibert*, Die Bindungswirkung von Verwaltungsakten, S. 276 ff.; a.A. BVerwGE, 22, S. 299/307; *Kopp/Kopp*, BayVBl. 1994, S. 232: Bundesweite Geltung aller Verwaltungsakte der Landesbehörden.
[30] § 17 des sog. „Hamburger Abkommens" v. 28. 10. 1964 (BTDrucks. 8/1551, S. 69 ff.) und neuerdings die Vereinbarung über den Erwerb der Fachhochschulreife in beruflichen Bildungsgängen, FAZ vom 6. Juni 1998, S. 4; weitere Beispiele bei *Ule*, JZ 1961, S. 623 und bei *Seibert*, Die Bindungswirkung von Verwaltungsakten, S. 279, Fn. 98.
[31] NVwZ 1994, S. 464 f.
[32] § 67 Abs. 3 LBO Bad.-Württ.; § 65 Abs. 4 BauO Bln.
[33] *Ule*, JZ 1961, S. 622; *Seibert*, Die Bindungswirkung von Verwaltungsakten, S. 272; *Isensee*, in: Isensee/Kirchhof (Hrsg.), HdbStR, Bd. 4, § 98 Rn. 34 (S. 535); *Beitzke*, MDR 1954, S. 321; *Bleckmann*, NVwZ 1986, S. 1 f.; BVerwGE 22, S. 299/307; OLG Düsseldorf, MDR 1951, S. 489.
[34] § 160 GVG: „Vollstreckungen, Ladungen und Zustellungen werden nach Vorschrift der Prozessordnungen bewirkt ohne Rücksicht darauf, ob sie in dem Land, dem das Prozessgericht angehört, oder in einem anderen deutschen Land vorzunehmen sind."

Gerichtsverfassung und des gerichtlichen Verfahrens sowie damit, dass § 328 ZPO das Erfordernis der Anerkennung von Urteilen auf ausländische Urteile beschränkt.[35]

B. Die Kompetenz zur Regelung interlokaler Sachverhalte

I. Gesetzgebungskompetenz

Das Grundgesetz enthält in den Art. 70 ff. einen Katalog, der die Gesetzgebungskompetenzen zwischen Bund und Ländern aufteilt. Allerdings enthält dieser keine ausdrücklichen Aussagen über die Kompetenz zur gesetzlichen Regelung landesüberschreitender Sachverhalte.

Liegt die Gesetzgebungskompetenz für einen bestimmten Bereich beim Bund, kann er im Wesentlichen frei darüber entscheiden, welche Anknüpfungspunkte bei landesüberschreitenden Sachverhalten maßgebend sind (z.B. gewöhnlicher Aufenthaltsort des Betroffenen,[36] Sitz des Gewerbebetriebes). Die Grenze wird lediglich vom Willkürverbot gebildet.

Liegt die Gesetzgebungskompetenz bei den Bundesländern, so dürfen sie zwar auch landesüberschreitende Sachverhalte gesetzlich regeln,[37] allerdings nur dann, wenn (wie im Völkerrecht) ein hinreichender, d.h. ein sachgerechter Anknüpfungspunkt zwischen dem zu regelnden Sachverhalt und dem regelnden Bundesland vorliegt.[38] Dies hat darin seinen Grund, dass, wenn ein Land einen länderüberschreitenden Sachverhalt regelt, zu dem kein hinreichender Anknüpfungspunkt besteht, das Land in den Hoheitsbereich eines anderen Bundeslandes hineinregiert. Dieser Aspekt kommt bei der Bundesgesetzgebung nicht zum Tragen, da diesbezüglich ein bundesweiter Hoheitsbereich besteht. So kann der Landesgesetzgeber z.B. in einem Gesetz über landesparlamentarische Untersuchungsausschüsse nur dann Zeugnispflichten für außerhalb des Bundeslandes ansässige Bürger festlegen,[39] wenn der Untersuchungs-

---

[35] *Ule*, JZ 1961, S. 623; *Beitzke*, MDR 1954, S. 321; *Rietdorf*, DVBl. 1962, S. 662; *Isensee*, in: Isensee/Kirchhof (Hrsg.), HdbStR, Bd. 4, § 98 Rn. 34 (S. 536).

[36] So z.B. § 61 GewO für die Zuständigkeit zur Erteilung einer Reisegewerbekarte.

[37] BVerwG, NJW 1988, S. 1924 ff.; OVG Lüneburg, DVBl. 1986, S. 476/477.

[38] *Isensee*, in: Isensee/Kirchhof (Hrsg.), HdbStR, Bd. 4, § 98 Rn. 39 (S. 538).

[39] BVerwG, NJW 1988, S. 1924 = JZ 1988, S. 1122 m. Anm. *Schenke*. Entgegen der Ansicht des OVG Lüneburg (DVBl. 1986, S. 476/478, aufgehoben durch BVerwG, NJW 1988, S. 1924) handelt es sich hierbei nicht um eine - unzulässige - Erstreckung des räumlichen Geltungsbereichs von Gesetzen über die Landesgrenze hinweg, sondern um die - zulässige - Anwendung von Landesrecht auf einen landesüberschreitenden Sachverhalt.

gegenstand Landesmaterie betrifft.[40] Ein hinreichender Anknüpfungspunkt hierfür ist in der Kenntnis dieses Bürgers zu sehen, die für die Untersuchung wesentlich sind.[41]

Es fragt sich aber, ob ein Landesgesetz die Gewährung von Begünstigungen wie z.B. Familiengründungsdarlehen oder Unternehmenssubventionen davon abhängig machen kann, dass der Begünstigte im eigenen Bundesland wohnt oder dort seinen Unternehmenssitz hat, also den Wohn- oder Geschäftssitz als Anknüpfungspunkt einer begünstigenden Regelung wählen kann. Nach allgemeiner Meinung darf ein Land Begünstigungen von einem Wohnsitz im Land abhängig machen.[42] Als rechtfertigender Grund wird hierfür von einer teilweise vertretenen Ansicht die räumlich beschränkte Wirkung staatlicher Akte auf das Staatsgebiet genannt, aus der sich die Notwendigkeit einer Anknüpfung an Aufenthalt, belegene Sache etc. ergebe.[43]

Hier werden zwei Problembereiche vermengt, nämlich der räumliche Geltungsbereich und der sachliche Anwendungsbereich von Hoheitsakten. Zur Regelung landesüberschreitender Sachverhalte (Problem des sachlichen Anwendungsbereichs) besteht in der Tat das Erfordernis einer hinreichenden Anknüpfung. Hiervon zu trennen ist die Frage nach der räumlichen Wirkung von Hoheitsakten. Aus der räumlich beschränkten Wirkung staatlicher Akte auf das Staats- bzw. Landesgebiet folgt nicht, dass den jenseits der Grenze Ansässigen keine Rechtspositionen eingeräumt werden dürfen.[44] Erforderlich, aber auch ausreichend für die Begünstigung Landesfremder ist ein sachgerechter Anknüpfungspunkt.

Maßgebliche Vorschrift ist Art. 33 Abs. 1 GG, der die Länder verpflichtet, bei der Setzung von Landesrecht nicht nach der Landeszugehörigkeit zu differenzieren.[45] Da es keine Landesstaatsangehörigkeit gibt, können dies nur Anknüpfungspunkte ein, die einer Landesstaatsangehörigkeit nahe kommen wie z.B. der Wohnsitz, das Land der Geburt, der Ausbildung oder der Arbeitsstätte.[46] Danach wäre es eigentlich unzulässig, dass ein Land Begünstigungen wie z.B. Familiengründungsdarlehen nur seinen

---

[40] *Arloth*, NJW 1987, S. 810.

[41] *Hilf*, NVwZ 1987, S. 542; *Thürmer*, DÖV 1987, S. 102; VG Hannover, NJW 1988, S. 1928/1929. Allerdings kann das Land den Zeugniszwang nicht selbst durchsetzen, sondern ist auf die Amtshilfe des Wohnsitzlandes angewiesen, *Isensee*, in: Isensee/Kirchhof (Hrsg.), HdbStR, Bd. 4, § 98 Rn. 40 (S. 539); *Hilf*, NVwZ 1987, S. 542 f. *Arloth*, NJW 1987, S. 810; *Schenke*, JZ 1988, S. 1126. Zum damit angesprochenen Problem der Vornahme von Hoheitsakten auf fremdem Landesgebiet s. u., 5. Teil, B. IV.

[42] *Maunz*, in: Maunz/Dürig, GG, Art. 33 Rn. 7; *Maunz*, GS f. Peters, S. 561; *Fastenrath*, JZ 1987, S. 176; BVerwG, NVwZ 1983, S. 223/224. Unzulässig soll nur das Erfordernis eines längerfristigen Wohnsitzes sein, *Fastenrath*, JZ 1987, S. 176; *Kisker*, FS f. Bachof, S. 52.

[43] *Maunz*, in: Maunz/Dürig, GG, Art. 33 Rn. 7; *Fastenrath*, JZ 1987, S. 176.

[44] BVerwG, UPR 1987, S. 114.

[45] *Kunig*, in: v. Münch/Kunig, GG, Bd. 2, Art. 33 Rn. 12; *Jarass/Pieroth*, GG, Art. 33 Rn. 3.

[46] *Kisker*, FS f. Bachof, S. 52; *Bethge*, AöR 110 (1985), S. 210 f.; *Kunig*, in: v. Münch/Kunig, GG, Bd. 2, Art. 33 Rn. 7; *Maunz*, GS f. Peters, S. 559; *Gallwas*, Festgabe f. Maunz, S. 110.

Einwohnern vorbehält. Da Art. 33 Abs. 1 GG jedoch kein absolutes Diskriminierungsverbot enthält,[47] können solche Ungleichbehandlungen gerechtfertigt werden.

Die Legitimation für zulässige Ungleichbehandlungen ergibt sich allerdings noch nicht aus der verfassungsrechtlichen Kompetenzverteilung zwischen Bund und Ländern bzw. im Verhältnis der Länder zueinander,[48] denn dann wäre im Bereich der Landesgesetzgebung für Ungleichbehandlungen nach der Landeszugehörigkeit Tür und Tor geöffnet. Dies zu verhindern ist aber gerade der Sinn und Zweck des Art. 33 Abs. 1 GG. Wie das Bundesverwaltungsgericht[49] zutreffend festgestellt hat, gehört es aber zum Kernbereich des verfassungsrechtlich verankerten bundesstaatlichen Prinzips (Art. 20 Abs. 1 GG), dass die Bundesländer Regelungen treffen können, die nur ihre Einwohner berechtigen oder verpflichten. Hiermit stünde nicht im Einklang, wenn man den Landesgesetzgeber vor die Alternative stellen würde, entweder eine staatliche Leistung (wie z.B. eine Externenprüfung an Hochschulen) für jedermann zur Verfügung zu stellen oder darauf ganz zu verzichten. Eine solche Auffassung des „Jedem oder Niemandem“ würde das bundesstaatliche Prinzip aushöhlen. Vor eine derartige Alternative gestellt, würden sich die Länder mit Rücksicht auf die Grenzen ihrer Leistungskraft zu einer Entscheidung im Sinne der zweiten Möglichkeit gedrängt sehen. Das föderative Prinzip ist ein Verfassungswert mit herausragender Bedeutung (Art. 19 Abs. 3 GG), der Schaden nehmen würde, verböte man den Ländern, Regelungen vorzunehmen, die nur den Landesangehörigen zugute kommen. Insoweit wird der Wirkungsbereich der Grundrechte durch das bundesstaatliche Prinzip des Grundgesetzes eingeschränkt. Zwar hat nach Art. 33 Abs. 1 GG jeder Deutsche in jedem Land die gleichen staatsbürgerlichen Rechte und Pflichten; dies schließt es aber nicht aus, bestimmte Rechte oder Pflichten davon abhängig zu machen, dass durch Wohnsitz oder Arbeitsstätte zu dem betreffenden Land eine engere Beziehung besteht. Ausnahmen sind zu machen, wenn es wie z.B. bei der Hochschulzulassung um einen Lebenssachverhalt geht, der seiner Natur nach über die Ländergrenzen hinausgreift und eine für alle Staatsbürger in allen Bundesländern gewährleistete Rechtsposition (z.B. das Recht auf freie Wahl der Ausbildungsstätte, Art. 12 Abs.1 S. 1 GG) berührt. In diesem Fall können einseitige Begünstigungen der Einwohner eines Landes eine ungerechtfertigte Ungleichbehandlung anderer Staatsbürger bewirken, so z.B. wenn ein Land seine Einwohner bei der Hochschulzulassung bevorzugt.[50] In diesem Sinne wird Art. 33 Abs. 1 GG hinsichtlich der Hochschulzulassung nunmehr konkretisiert durch § 35 HRG, wonach die Zulassung eines deutschen Studienbewerbers nicht davon abhängig gemacht werden darf, in welchem Land der Bundesrepublik Deutschland der Geburtsort oder der Wohnsitz des Studienbewerbers oder seiner Angehörigen liegt oder in welchem Land der Bundesrepublik Deutschland der Studienbewerber die Qualifikation

---

[47] Siehe die Nachweise bei Fn. 112.
[48] So aber *Kunig*, in: v. Münch/Kunig, GG, Bd. 2, Art. 33 Rn. 13.
[49] BVerwG, NVwZ 1983, S. 223/224.
[50] BVerfGE 33, S. 303/352 f; BVerwG, NVwZ 1983, S. 223/224.

für das Hochschulstudium erworben hat. Art. 33 Abs. 1 GG steht demnach einer sachlich begründbaren Anknüpfung an den Wohnsitz etc. nicht entgegen.[51]

II. Verwaltungskompetenz

1. Befugnis zur Regelung interlokaler Sachverhalte durch Verwaltungsakt

Ebenso, wie ein landesüberschreitender Sachverhalt durch Landesgesetz geregelt werden kann, kann dies auch durch Verwaltungsakt geschehen, soweit ein hinreichender bzw. sachgerechter Anknüpfungspunkt zu dem regelnden Land besteht. Insofern gelten die gleichen Grundsätze wie im Völkerrecht.[52] Rechts- und Amtshilfe (Art. 35 Abs. 1 GG; §§ 4 ff. VwVfG) setzen notwendig voraus, dass die Behörde überhaupt Akte setzen darf, die gegebenenfalls auch Rechtspositionen im Bereich der Behörden eines anderen Hoheitsträgers berühren.[53] Die Anwendung von Landesrecht auf Personen, die in einem anderen Bundesland ansässig sind, ist daher nicht grundsätzlich verboten.[54] Kein Zweifel kann z.B. daran bestehen, dass eine polizeiliche Ordnungsverfügung gegen einen in einem anderen Bundesland ansässigen Handlungsstörer zulässig ist, wenn er die störende Handlung auf dem Territorium des die Verfügung erlassenden Bundeslandes vornimmt. Ebenso können Grundsteuerbescheide oder grundstücksbezogene Ordnungsverfügungen gegenüber dem in einem anderen Bundesland ansässigen Eigentümer erlassen werden,[55] denn der Hoheitsgewalt eines Landes unterliegen alle auf dem Gebiet eines Landes befindlichen Personen und Sachen[56]. Der sachliche Anwendungsbereich eines Landesverwaltungsaktes ist also nicht auf das eigene Landesgebiet beschränkt.

Es fragt sich allerdings, ob wegen des Grundsatzes des Gesetzesvorbehalts eine Rechtsgrundlage erforderlich ist, die zur Regelung landesüberschreitender Sachverhalte ermächtigt.[57] In der Rechtsprechung wird eine entsprechende Ermächtigung aus Art. 33 Abs. 1 GG hergeleitet, der die persönliche Geltung von Rechten und Pflichten der Bürger eines Landes auf die Angehörigen aller deutschen Länder erweitert.[58] Eine Ermächtigung zur Regelung landesüberschreitender Sachverhalte kann aber auch in der Sachnorm selbst gesehen werden, sofern der Sachverhalt unter die Norm subsumierbar ist. Eine ausdrückliche Erwähnung der Befugnis, den Sachverhalt auch dann hoheitlich regeln zu dürfen, wenn er landesüberschreitende Elemente enthält, ist nicht erforder-

---

[51] *Herdegen*, in: Isensee/Kirchhof (Hrsg.), HdbStR, Bd. 4, § 97 Rn. 10; BVerwG, NVwZ 1983, S. 223/224.
[52] *Kopp/Kopp*, BayVBl. 1994, S. 231.
[53] *Kopp/Kopp*, BayVBl. 1994, S. 231.
[54] Unzutreffend deshalb *Oldiges*, DÖV 1989, S. 878.
[55] *Thomas*, DVBl. 1964, S. 337; *Oldiges*, DÖV 1989, S. 878.
[56] Vgl. *Bleckmann*, JZ 1991, S. 906. Allerdings haben die Länder weder eine Personal- noch eine Territorialhoheit im völkerrechtlichen Sinn (*Thürmer*, DÖV 1987, S. 101).
[57] Bejahend: *Stelkens/Bonk/Sachs*, VwVfG § 3 Rn. 10.
[58] VG Hannover, NJW 1988, S. 1928 (1929); BVerwG, NJW 1988, S. 1924 (1925).

lich. So genügt z.B. für die Heranziehung von in anderen Bundesländern ansässigen Grundstückseigentümern zur Grundsteuer eine Norm, die bestimmt, dass die Grundsteuer vom jeweiligen Eigentümer des Grundstücks zu tragen ist. Einer ausdrückliche Erwähnung, dass ein Eigentümer auch dann grundsteuerpflichtig ist, wenn er in einem anderen Bundesland ansässig ist, bedarf es nicht.

Eine Landesbehörde darf einen landesüberschreitenden Sachverhaltes jedoch dann nicht durch Verwaltungsakt regeln, sofern sie an einen diesbezüglich bereits ergangenen Verwaltungsakt eines anderen Bundeslandes gebunden ist, weil dieser bundesweite Geltung hat oder von ihr anzuerkennen ist.

2. Anwendbares materielles Recht

Soweit die Frage der Anwendung fremden Landesrechts überhaupt diskutiert wird, wird auch für das Verhältnis der Gliedstaaten eines Bundeslandes untereinander der Grundsatz der Nichtanwendung fremden öffentlich-rechtlichen Landesrechts vertreten.[59] Doch könne es vorkommen, dass der übergeordnete Staat eine materiellrechtliche Verweisung vorschreibe.[60]

III. Rechtsprechung

Sind die Verwaltungsgerichte eines Landes örtlich zuständig,[61] so können sie auch über landesüberschreitende Streitigkeiten entscheiden.

IV. Grenzen der Regelungskompetenz der Länder

Obwohl die Frage der Anwendbarkeit völkerrechtlicher Grundsätze im Verhältnis der Bundesländer untereinander umstritten ist, besteht Einigkeit darüber, dass den Ländern die Vornahme von Hoheitsakten auf dem Gebiet anderer Bundesländer grundsätzlich nicht gestattet ist.[62] Dieses Verbot folgt aus der territorialen Beschränkung der Hoheitsgewalt eines Landes auf das eigene Territorium.[63] In der Vornahme von Hoheitsakte auf fremdem Hoheitsgebiet liegt ein Eingriff in eine fremde Landeshoheit.[64] So ist es der Landespolizei zum Beispiel grundsätzlich untersagt, einen Straftäter über die Landesgrenze hinweg zu verfolgen. Die Vornahme von Hoheitsak-

---

[59] *Neumeyer*, Internationales Verwaltungsrecht, Bd. 4, S. 450 ff.
[60] *Neumeyer*, Internationales Verwaltungsrecht, Bd. 4, S. 451 f.
[61] S. u., 5. Teil, E.
[62] *Isensee*, in: Isensee/Kirchhof (Hrsg.), HdbStR, Bd. 4, § 98 Rn. 39 (S. 538).
[63] BVerfGE 11, S. 6/19; OVG Lüneburg, DVBl. 1986, S. 476/477; a.A. BVerwGE 22, S. 299/307; *Thürmer*, DÖV 1987, S. 99/102 f.
[64] BGH, NJW 1970, S. 1841/1843; *Oldiges*, DÖV 1989, S. 877.

ten auf fremdem Landesgebiet bedarf für ihre Zulässigkeit einer besonderen Ermächtigung. Die Polizeigesetze und die Verwaltungsvollstreckungsgesetze der Länder enthalten deshalb Bestimmungen, die die Voraussetzungen eines die Landesgrenzen überschreitenden hoheitlichen Tätigwerdens regeln.[65] Eigenmächtige Hoheitsakte auf fremdem Landesgebiet, insbesondere Maßnahmen der Verwaltungsvollstreckung, sind nichtig.[66] Anders als im Völkerrecht wird allerdings die postalische Zustellung eines Verwaltungsaktes auch ohne ausdrückliche Ermächtigung als zulässig erachtet,[67] nicht dagegen auch die Vornahme von Vollstreckungsakten auf dem Gebiet eines anderen Bundeslandes ohne dessen Zustimmung, selbst wenn sie nur durch Postzustellung erfolgt[68] (z.B. die Pfändung einer Forderung durch postalische Zustellung an den in einem anderen Bundesland ansässigen Drittschuldner[69]). Fehlt es an einer ausdrücklichen Ermächtigung, muss der Weg der Amts- bzw. Vollstreckungshilfe eingeschlagen werden.

C. Die Anerkennung von Verwaltungsakten anderer Bundesländer

Die Frage nach einer Anerkennungspflicht stellt sich bei Verwaltungsakten nur, soweit nicht schon von vornherein eine bundesweite Wirkung besteht, d.h. bei Landesverwaltungsakten in Vollzug von Landesrecht. Kann in den Bereichen, in denen weder ein Gesetz[70] noch ein Verwaltungsabkommen[71] eine Anerkennungspflicht normiert, aus allgemeinen Prinzipien eine generelle Anerkennungspflicht hergeleitet werden?[72]

---

[65] Vgl. z.B. die §§ 78, 79 PolG Bad.-Württ; §§ 7, 8 ASOG Berlin; § 15 Abs. 2 und 3 VwVG Bad.-Württ.

[66] BGH, NJW 1970, S. 1841/1843; *Isensee*, in: Isensee/Kirchhof (Hrsg.), HdbStR, Bd. 4, § 98 Rn. 39 (S. 539).

[67] BVerwG, NJW 1988, S. 1924/1925.

[68] *Isensee*, in: Isensee/Kirchhof (Hrsg.), HdbStR, Bd. 4, § 98 Rn. 39 u. Fn. 89 (S. 538). Ein einleuchtender Grund für die unterschiedliche Behandlung der postalischen Zustellung von Verwaltungsakten und der postalischen Zustellung von Vollstreckungsakten, bei denen es sich ja ebenfalls um Verwaltungsakte handelt (vgl. nur *Kopp/Ramsauer*, VwVfG § 35 Rn. 67), ist nicht zu erkennen.

[69] BGH, NJW 1970, S. 1841; vgl. dazu auch *Oldiges*, DÖV 1989, S. 878; *Rietdorf*, DVBl. 1962, S. 662 f.; *Thomas*, DVBl. 1964, S. 337 ff.; *Kopp/Kopp*, BayVBl. 1994, S. 229 ff.; VG Gelsenkirchen, DÖV 1986, S. 527; *App/Wettläufer*, Verwaltungsvollstreckungsrecht, S. 37, Rn. 12.

[70] Z.B. § 122 Abs. 1 BRRG, § 6 Abs. 1 S. 1 DRiG, § 35 HRG.

[71] Z.B. das Abkommen der Länder der Bundesrepublik Deutschland zur Vereinheitlichung auf dem Gebiet des Schulwesens vom 28. 10. 1964 in der Fassung vom 14. 10. 1971 („Hamburger Abkommen", BTDrucks. 8 / 1551, S. 69 ff.; GBl. Bad.-Württ. 1967, S. 74; 1972, S. 126), das die Voraussetzungen für die Anerkennung der allgemeinen Hochschulreife durch Staatsvertrag festlegt .

[72] Seit der Vereinbarung der Länder über den Erwerb der Fachhochschulreife in beruflichen Bildungsgängen (FAZ vom 6. Juni 1998 S. 4) dürfte diese Frage allerdings einiges von ihrer Relevanz eingebüßt haben.

I. Anerkennungspflichten aus den Grundrechten

1. Freiheitsrechte

a) Art. 11 GG

In Betracht kommt zunächst Art. 11 GG. Ob Art. 11 Abs. 1 GG neben der räumlichen Freizügigkeit, d.h. der Möglichkeit, an jedem Ort innerhalb des Bundesgebiets Aufenthalt und Wohnsitz zu nehmen,[73] auch die wirtschaftliche Freizügigkeit, insbesondere die berufliche Niederlassungsfreiheit schützt, ist streitig.[74] Unstreitig ist aber, dass aus Art. 11 Abs. 1 GG kein generelles Recht zur „Mitnahme" jeglicher andernorts erworbenen Rechtspositionen[75] und damit auch keine generelle Pflicht zur Anerkennung begünstigender Verwaltungsakte hergeleitet werden kann. Dies würde ein mit der bundesstaatlichen Struktur der Bundesrepublik Deutschland unvereinbares Grundrecht auf einen unitarischen Bundesstaat bedeuten.[76] Diskutiert wird dagegen, ob aus Art. 11 GG eine Pflicht zur Anerkennung *gleichwertiger* Verwaltungsakte anderer Bundesländer abgeleitet werden kann.[77] Bei einer Versagung der Anerkennung landesfremder Verwaltungsakte handelt es sich jedoch in der Regel um bloß mittelbare und faktische Beeinträchtigungen der Freizügigkeit, gegen die Art. 11 Abs. 1 GG nicht schützt.[78] Eine Erweiterung des Schutzbereichs des Art. 11 Abs. 1 GG auf berufsbezogene Regelungen wie z.B. die Anerkennung berufsqualifizierender Abschlüsse oder Genehmigungen zur Ausübung bestimmter Berufe ist auch nicht erforderlich, da hierfür der speziellere Art. 12 Abs. 1 GG zur Verfügung steht.[79]

b) Art. 12 GG

Nach dem Bundesverfassungsgericht folgt aus dem in Art. 12 Abs. 1 S. 1 GG gewährleisteten Recht auf freie Wahl des Berufs und der Ausbildungsstätte in Verbindung mit dem allgemeinen Gleichheitssatz (Art. 3 Abs 1 GG) und dem Sozialstaatsprinzip

---

[73] BVerfGE 2, S. 266/273; 43, S. 203/211.

[74] Bejahend: *v. Mangoldt/Klein/Starck*, GG, Bd. 1, Art. 11 Rn. 31; *Rittstieg*, AK, Art. 11 Rn. 35 f.; *Bethge*, AöR 110 (1985), S. 214 m.w. Nachw. in Fn. 239; ablehnend: BVerwGE 12, S. 140/162; *Jarass/Pieroth*, GG, Art. 11 Rn. 4; *Kisker*, FS f. Bachof, S. 53 f.; *Dürig*, in: Maunz/Dürig, GG, Art. 11 Rn. 19 f.

[75] *Kisker*, FS f. Bachof, S. 54; *Bethge*, AöR 110 (1985), S. 215.

[76] *Kisker*, FS f. Bachof, S. 54; *Bethge*, AöR 110 (1985), S. 215.

[77] *Kisker*, FS f. Bachof, S. 54; *Bethge*, AöR 110 (1985), S. 215; *Isensee*, in: Isensee/Kirchhof (Hrsg.), HdbStR, Bd. 4, § 98 Rn. 41; *Hempel*, Der demokratische Bundesstaat, S. 228; *Fastenrath*, JZ 1987, S. 174 u. 176; der BayVGH erwähnt Art. 11 GG neben Art. 12 Abs. 1 und Art. 33 Abs. 1 GG.

[78] BGH, NJW 1980, S. 2414/2415; *Jarass/Pieroth*, GG, Art. 11 Rn. 7; *Kunig*, in: v. Münch/Kunig, GG, Bd. 1, Art. 11 Rn. 19.

[79] *Dürig*, in: Maunz/Dürig, GG, Art. 11 Rn. 19 f.; *Jarass/Pieroth*, GG, Art. 11 Rn. 4; *Kunig*, in: v. Münch/Kunig, GG, Bd. 1, Art. 11 Rn. 17; str., vgl. *Kisker*, FS Bachof, S. 53 f. m. w. Nachw. in Fn. 28.

(Art. 20 Abs. 1 GG) ein Recht auf Zulassung zum Hochschulstudium[80] und damit - so folgert das Bundesverwaltungsgericht[81] - grundsätzlich ein Anspruch auf Anerkennung der in einem anderen Bundesland erworbenen Hochschulreife.

Die Entscheidung des Bundesverfassungsgerichts ist zwar nicht im Ergebnis, wohl aber hinsichtlich der dogmatischen Begründung stark kritisiert worden.[82] Erstens vermischt die Entscheidung Freiheitsrechte mit Gleichheitsrechten, zweitens hätte das Bundesverfassungsgericht entsprechend der Dogmatik vor dem allgemeinen Gleichheitssatz zunächst die hier in Frage kommenden speziellen Gleichheitsrechte (Art. 3 Abs. 3; 33 Abs. 1 GG) prüfen müssen.[83]

Bei der Frage nach einer Anerkennungspflicht geht es weniger um ein Freiheitsproblem, sondern vielmehr um ein Gleichheitsproblem, denn es ist zu prüfen, ob der Inhaber eines landesfremden begünstigenden Verwaltungsakts deshalb Gleichbehandlung mit den Inhabern eines landeseigenen begünstigenden Verwaltungsaktes verlangen kann, weil der landesfremde Verwaltungsakt dem landeseigenen Verwaltungsakt gleichwertig ist. Für die Lösung dieser Frage bietet die Dogmatik der Gleichheitsrechte (ungerechtfertigte Ungleichbehandlung von wesentlich Gleichem?) das geeignete Instrumentarium.

2. Gleichheitsrechte

a) Grundsätzliches

Die Gleichheitsrechte bestehen nur gegenüber dem nach der Kompetenzverleihung konkret zuständigen Träger öffentlicher Gewalt, d.h. der Landesgesetzgeber ist nicht gehindert, von der Gesetzgebung anderer Länder abweichende Regelungen zu treffen, auch wenn dadurch die Einwohner seines Landes mehr belastet oder begünstigt werden.[84] Das Grundgesetz billigt alle Ungleichbehandlungen, die dadurch entstehen, dass die Länder ihre Gesetzgebungsmaterien unterschiedlich regeln.[85] Entsprechendes gilt für den Gesetzesvollzug durch die Verwaltung.[86] Ungleichbehandlungen als Folge der Ausübung eigener Kompetenz durch verschiedene Hoheitsträger sind also

---

[80] BVerfGE 33, S. 303, Ls. 2 und S. 355 - erstes Numerus clausus - Urteil.
[81] BVerwG, DÖV 1979, S. 751; für eine Lösung der Anerkennungsfrage über Art. 12 Abs. 1 GG auch *Isensee*, in: Isensee/Kirchhof (Hrsg.), HdbStR, Bd. 4, § 98 Rn. 41 u. *Fastenrath*, JZ 1987, S. 177.
[82] *Kisker*, FS für Bachof, S.47 ff.; *Bethge*, AöR 110 (1985), S. 217; *Schoch* , DVBl. 1988, S. 871 f.; *Häberle*, DÖV 1972, S. 739; *Dürig*, in: Maunz/Dürig, GG, Art. 3 Rn. 242 a: „schlicht falsch".
[83] *Bethge*, AöR 110 (1985), S. 217; *Häberle*, DÖV 1972, S. 739; *Dürig*, in: Maunz/Dürig, GG, Art. 3 Rn. 242 a ; *Ridder*, in: AK, Art. 33 Rn. 13.
[84] St. Rspr., vgl. BVerfGE 76, S. 1/73; 51, S. 43/58 f.; 33, S. 303/352; BVerwGE 5, S. 291/293; vgl. hierzu *Bethge*, AöR 110 (1985), S. 207; *Fastenrath*, JZ 1987, S. 173.
[85] *Bethge*, AöR 110 (1985), S. 199.
[86] *Schoch*, DVBl. 1988, S. 870.

grundsätzlich zulässig.[87] Gegenüber Ungleichheiten, die aus bundesstaatlicher Vielfalt resultieren, schützen die Gleichheitsrechte folglich nicht.[88] Bundesstaatsprinzip und Gleichheitssatz zeigen insoweit tendenziell in entgegengesetzte Richtungen.[89] Der Föderalismus erweist sich als „offene Flanke" der Gleichheit.[90]

Daraus folgt jedoch nur, dass der Einzelne gegenüber einem Bundesland einen Anspruch auf Gleichbehandlung nicht mit der Begründung geltend machen kann, andere Bundesländer sähen eine bestimmte Begünstigung vor. Die Frage nach einer Anerkennungspflicht kann damit noch nicht beantwortet werden, denn dabei geht es um die Frage, ob der Adressat eines von einem anderen Bundesland erlassenen Verwaltungsakt gegenüber einem bestimmten Bundesland die gleiche Behandlung wie die Adressaten eines von demselben Bundesland erlassenen begünstigenden Verwaltungsaktes beanspruchen kann.

b) Art. 3 Abs. 3 S. 1 GG

Art. 3 Abs. 3 S. 1 GG verbietet die Benachteiligung oder Bevorzugung wegen Heimat und Herkunft. Mit „Herkunft" ist die ständisch - soziale Abstammung und Verwurzelung gemeint.[91] Unter „Heimat" wird die örtliche Herkunft verstanden,[92] also der örtliche Bereich, durch den man während der Kinder- und Jugendjahre geprägt wird.[93] Damit ist nicht der gegenwärtige Wohnsitz oder der gewöhnliche Aufenthalt gemeint.[94] Differenzierungen unter dem Gesichtspunkt des Wohnsitzes und des ständigen Arbeitsplatzes werden durch Art. 3 Abs. 3 GG nicht ausgeschlossen.[95] Deshalb sind auch Ungleichbehandlungen von Landesfremden gegenüber Landesangehörigen (sog. „Landeskinderklauseln") nicht an diesem Maßstab zu prüfen.[96] Das Gleiche gilt für die Frage nach einer Pflicht zur Anerkennung landesfremder Verwatungsakte.

---

[87] *Schoch*, DVBl. 1988, S. 870; *Gubelt*, in: v. Münch/Kunig, Grundgesetz, Bd. 1, Art. 3 Rn. 60; BVerfGE 76, S. 1/73.
[88] *Bethge*, AöR 110 (1985), S. 200; *Kisker*, FS f. Bachof, S. 54.
[89] *Gubelt*, in: v. Münch/Kunig, Grundgesetz, Bd. 1, Art. 3 Rn. 60.
[90] *Dürig*, in: Maunz/Dürig, GG, Art. 3 Rn. 233 ff.; *Schoch*, DVBl. 1988, S. 870; ähnlich *Bethge*, AöR 110 (1985), S. 199.
[91] BVerfGE 5, S. 17/22.
[92] BVerfGE 5, S. 17/22.
[93] *Jarass/Pieroth*, GG, Art. 3 Rn. 93.
[94] BVerfGE 38, S. 128 /135; BVerwG, NVwZ 1983, S. 223/224; *Kunig*, in: v. Münch/Kunig, GG, Bd. 2, Art. 33 Rn. 12.
[95] BVerwG, NVwZ 1983, S. 223/224.
[96] BVerwG, NVwZ 1983, S. 223/224; *Sachs*, GG, Art. 3 Rn. 296; a.A. *Bethge*, AöR 110 (1985), S. 208 f.; *Häberle*, DÖV 1972, S. 739.

c) Art. 33 Abs. 2 GG

Nach Art. 33 Abs. 2 GG hat jeder Deutsche nach seiner Eignung, Befähigung und fachlichen Leistung gleichen Zugang zu jedem öffentlichem Amte (sog. amtsrechtliche Gleichheit[97]). Diese Vorschrift wird konkretisiert durch den unmittelbar auch für die Länder geltenden § 122 BRRG.[98] Nach dessen Abs. 1 darf die Zulassung zum Vorbereitungsdienst einer Laufbahn nicht deshalb abgelehnt werden, weil der Bewerber die für seine Laufbahn vorgeschriebene Vorbildung (§ 13 BRRG) im Bereich eines anderen Dienstherren erworben hat. Abs. 2 ordnet an, dass derjenige, der unter den Voraussetzungen der §§ 13 ff. BRRG eine Laufbahnbefähigung erworben hat, die Befähigung für eine entsprechende Laufbahn bei allen Dienstherren im Geltungsbereich des Gesetzes besitzt. Damit ordnet Abs. 2 eine bundesweite Geltung der unter den Voraussetzungen der §§ 13 ff. BRRG erworbenen Laufbahnbefähigungen an,[99] während aus Abs. 1 eine Verpflichtung zur Anerkennung der Zulassungsvoraussetzungen des § 13 BRRG, d.h. der darin aufgezählten Bildungsabschlüsse wie z.B. Haupt- oder Realschulabschluss oder ein als gleichwertig anerkannter Bildungsstand, folgt.[100]

d) Art. 33 Abs. 1 GG

Nach Art. 33 Abs. 1 GG hat jeder Deutsche in jedem Bundesland die gleichen staatsbürgerlichen Rechte und Pflichten (sog. bundesstaatliche Gleichheit).[101] Die Bedeutung des Art. 33 Abs. 1 GG erschöpft sich allerdings nicht darin, einem nach Bayern verzogenen Hessen die gleichen Rechte einzuräumen wie einem Bayern.[102] Weil es keine Landesstaatsangehörigkeit gibt,[103] wird der Hesse mit Wohnsitznahme in Bayern zu einem Bayern.[104] Da die Gleichbehandlung aller Bayern durch die bayerische Landesstaatsgewalt aber schon von Art. 3 Abs. 1 GG garantiert wird und Art. 3 Abs. 3 GG eine Benachteiligung auf Grund der hessischen Herkunft verbietet,

---

[97] *Maunz*, GS f. Peters, S. 562 f.

[98] BVerwGE 75, S. 133/135 f.; 68, S. 109/111; vgl. hierzu *Menger*, VerwA 73 (1982), S. 99 f. Eine entsprechende Regelung enthält § 6 DRiG.

[99] BVerwGE 68, S. 109/114; *Fastenrath*, JZ 1987, S. 177. Gleiches gilt für die Befähigung zum Richteramt (zweites juristisches Staatsexamen), § 6 Abs. 2 DRiG.

[100] *Fastenrath*, JZ 1987, S. 177; *Bethge*, AöR 110 (1985), S. 213 f.; BVerwGE 64, S. 153/158. Hinsichtlich der Zulassung zum juristischen Vorbereitungsdienst ergibt sich eine Pflicht zur Anerkennung des ersten Staatsexamens aus § 6 Abs. 1 S. 1 DRiG.

[101] *Maunz*, GS f. Peters, S. 558 f. Anders als es der Wortlaut nahe legt, sind unter den staatsbürgerlichen Rechten und Pflichten nicht nur die politischen Rechte (status activus) zu verstehen, sondern das gesamte Rechtsverhältnis des Staatsbürgers zum Staat, h.M., vgl. *Maunz*, in: Maunz/Dürig, GG, Art. 33 Rn. 6; *Sachs*, GG, Art. 33 Rn. 15; *Bethge*, AöR 110 (1985), S. 209 f.; *Kunig*, in: v. Münch/Kunig, GG, Bd. 2, Art. 33 Rn. 10 ff.

[102] *Kisker*, FS f. Bachof, S. 52.

[103] Von Art. 74 Nr. 8 GG, der die (konkurrierende) Gesetzgebungzuständigkeit für die Staatsangehörigkeit in den Ländern betraf, hatten weder der Bund noch die Länder Gebrauch gemacht. Durch Gesetz vom 27. 10. 1994 (BGBl. I S. 3146) wurde Art. 74 Nr. 8 GG aufgehoben.

[104] *Ridder*, in: AK, Art. 33 Rn. 11; *Kisker*, FS f. Bachof, S. 52.

wäre er für die Inanspruchnahme seiner Rechte nicht auf Art. 33 Abs. 1 GG verwiesen[105] und die Vorschrift würde leer laufen. Der Grundsatz der bundesstaatlichen Gleichheit hat daher nur für in persönlicher und/oder sachlicher Hinsicht landesüberschreitende Tatbestände Bedeutung.[106] Art. 33 Abs. 1 GG erweist sich so als die einschlägige Norm zur Lösung der Anerkennungsproblematik.[107]

Art. 33 Abs. 1 GG verpflichtet jedes Bundesland, alle Deutschen gleich zu behandeln,[108] d.h. die Landesstaatsgewalt darf bei der Setzung oder Anwendung öffentlichen Rechts nicht nach der Landeszugehörigkeit differenzieren.[109] Da es keine Landesstaatsangehörigkeit gibt, können dies nur Anknüpfungspunkte ein, die einer Landesstaatsangehörigkeit nahe kommen wie z.B. der Wohnsitz, das Land der Geburt, der Ausbildung oder der Arbeitsstätte.[110] Demnach wären auch Differenzierungen danach, welches Bundesland einen bestimmten Verwaltungsakt (z.B. die Hochschulreife) erlassen hat, unzulässig. Ein Bundesland müsste also die von anderen Bundesländern erlassenen Verwaltungsakte anerkennen.

Einer solchen generellen Anerkennungspflicht steht aber die vom Grundgesetz mit der Aufteilung der Gesetzgebungs- und Verwaltungskompetenzen zwischen Bund und Ländern intendierte Regelungsvielfalt im Bundesstaat entgegen. Den Ländern muss es unbenommen bleiben, ihre unterschiedlichen politischen Lösungsvorstellungen in Gesetzgebung und Verwaltung zu realisieren. Ihre Eigenverantwortlichkeit darf nicht dadurch ausgehöhlt werden, dass sie an alle Verwaltungsakte der anderen Länder gebunden sind.[111] Über eine Bindung könnte ein Land einseitig den anderen Ländern seine Vorstellungen oktroyieren.[112] Eine generelle Anerkennungspflicht wäre demnach mit dem föderalen Prinzip unvereinbar.

Die Lösung liegt darin, dass man Art. 33 Abs.1 GG nicht als absolutes Differenzierungsverbot versteht.[113] Die Vorschrift verbietet also nicht jegliche Differenzierungen anhand der Landeszugehörigkeit, sondern die Landeszugehörigkeit darf nur nicht - wie die in den anderen speziellen Gleichheitsrechten genannten Merkmale - als ein die

---

105 *Ridder*, in: AK, Art. 33 Rn. 11.

106 *Ridder*, in: AK, Art. 33 Rn. 12.

107 *Kisker*, FS für Bachof, S. 51; *Dürig*, in: Maunz/Dürig, GG, Art. 3 Rn. 242 a; *Ridder*, in: AK, Art. 33 Rn. 13; *Gallwas*, FG f. *Maunz*, S. 103 ff.; *Hempel*, Der demokratische Bundesstaat, S. 228; *Fastenrath*, JZ 1987, S. 177; a.A. *Isensee*, in: Isensee/Kirchhof (Hrsg.), HdbStR, Bd. 4, § 98 Rn. 41.

108 Art. 33 Abs. 1 GG verpflichtet also nicht nur dazu, alle im Landesgebiet ansässigen Deutschen gleich zu behandeln; so aber *Sachs*, AöR 108 (1983), S. 83.

109 *Kunig*, in: v. Münch/Kunig, GG, Bd. 2, Art. 33 Rn. 12; *Jarass/Pieroth*, GG, Art. 33 Rn. 2.

110 *Kisker*, FS f. Bachof, S. 52; *Bethge*, AöR 110 (1985), S. 210 f.; *Kunig*, in: v. Münch/Kunig, GG, Bd. 2, Art. 33 Rn. 7; *Maunz*, GS f. Peters, S. 559; *Gallwas*, Festgabe f. Maunz, S. 110.

111 *Seibert*, Die Bindungswirkung von Verwaltungsakten, S. 286; *Hempel*, Der demokratische Bundesstaat, S. 228.

112 BVerwG, DÖV 1979, S. 751/752.

113 Dafür: *Gallwas*, Festgabe f. Maunz, S. 111 ff.; *Maunz*, in: Maunz/Dürig, Art. 33 Rn. 7. Die Befürworter eines absoluten Differenzierungsverbotes wie z.B. v. *Kunig*, in: v. Münch/Kunig, GG, Bd. 2, Art. 33 Rn. 12 f. kommen nicht umhin, zahlreiche Ausnahmen zuzulassen.

Ungleichbehandlung rechtfertigender Grund herangezogen werden.[114] Es müssen nur andere, ihrerseits verfassungsmäßige Gründe hinzukommen.[115]

Für die Frage der Anerkennungspflicht landesfremder Verwaltungsakte ergibt sich daraus folgendes: Differenzierungen danach, welches Bundesland den Verwaltungsakt (z.B. die Hochschulreife) erlassen hat, dürfen nur dann vorgenommen werden, wenn dies sachgerecht ist. Dies ist dann der Fall, wenn die Voraussetzungen des Verwaltungsaktes nicht gleichwertig mit den landeseigenen Voraussetzungen sind.[116] Bei Gleichwertigkeit folgt aus Art. 33 Abs. 1 GG eine Pflicht zur Anerkennung.[117] Gleichwertigkeit ist dabei nicht so zu verstehen, dass die Voraussetzungen für den Verwaltungsakt exakt mit denen des eigenen Landes übereinstimmen,[118] vielmehr muss es genügen, wenn die Voraussetzungen im Wesentlichen zur Wahrung des öffentlichen Interesses ausreichen, das hinter dem Verwaltungsakterfordernis steht. Auf diese Weise werden Sinn und Zweck des Art. 33 Abs.1 GG, nämlich die negativen Konsequenzen des Föderalismus abzubauen, ohne den Föderalismus anzutasten,[119] bestens verwirklicht. Das föderale Prinzip ist nämlich nicht beeinträchtigt, wenn eine Anerkennungspflicht nur in den Fällen bejaht wird, in denen der landesfremde Verwaltungsakt gleichwertig mit einem landeseigenen Verwaltungsakt ist.[120] Bei Gleichwertigkeit besteht kein schützenswertes Interesse, die Anerkennung zu verweigern. Die Anerkennung gleichwertiger Hoheitsakte würde die lästigen Konsequenzen bundesstaatlicher Vielfalt mindern, ohne die Vielfalt in Frage zu stellen.[121] Eine Anerkennungspflicht ist also nur bei Gleichwertigkeit zu bejahen.[122]

---

[114] *Fastenrath*, JZ 1987, S. 176.

[115] *Jarass/Pieroth*, GG, Art. 33 Rn. 6; a.A. *Sachs*, AöR 108 (1983), S. 82 ff., der eine Anknüpfung an den Wohnsitz für zulässig und auch ausreichend erachtet.

[116] Auch § 35 HRG verbietet nicht, die Anerkennung der Hochschulzugangsberechtigung von ihrer Gleichwertigkeit abhängig zu machen (VGH München, NJW 1981, S. 1973), d.h. der Hochschulzugang darf zwar nicht aus den in § 35 HRG genannten Gründen, wohl aber wegen fehlender Gleichwertigkeit der Hochschulzugangsberechtigung verweigert werden. Dem entspricht die Regelung in § 85 Abs. 5 S. 4 des Bad.-Württ. Universitätsgesetzes, wonach die Hochschulreife durch eine als gleichwertig anerkannte in- oder ausländische Vorbildung erworben werden kann.

[117] *Fastenrath*, JZ 1987, S. 177.

[118] *Fastenrath*, JZ 1987, S. 176.

[119] *Gallwas*, Festgabe f. Maunz, S. 103; *Bethge*, AöR 110 (1985), S. 209; *Dürig*, in: Maunz/Dürig, GG, Art. 3 Rn. 242 a.

[120] Ebenso *Seibert*, Die Bindungswirkung von Verwaltungsakten, S. 286.

[121] *Kisker*, FS f. Bachof, S. 54.

[122] I.E. ebenso *Isensee*, in: Isensee/Kirchhof (Hrsg.), HdbStR, Bd. 4, § 98 Rn. 41 f.; *Bleckmann*, NVwZ 1986, S. 5; anders *Bleckmann*, Völkerrechtliche Grundlagen, S. 25; *Monz*, S. 45; *Arloth*, NJW 1987, S. 810 und *Kopp/Kopp*, BayVBl. 1994, S. 232, die für eine generelle Anerkennungspflicht bzw. eine bundesweite Geltung aller Landesverwaltungsakte eintreten.

e) Art. 3 Abs. 1 GG

Für die Anwendung des allgemeinen Gleichheitssatzes bleibt insoweit kein Raum, als bereits ein spezieller Gleichheitssatz einschlägig ist. Relevant bleibt Art. 3 Abs. 1 GG daher nur für Nichtdeutsche. Der allgemeine Gleichheitssatz ist verletzt, wenn ein vernünftiger, sich aus der Natur der Sache ergebender oder sonst wie sachlich einleuchtender Grund für die Differenzierung fehlt; kurzum, wenn die Ungleichbehandlung als willkürlich bezeichnet werden muss.[123] Ungleichbehandlungen von In- und Ausländern bzw. Einheimischen und Gebietsfremden sind zulässig, wenn sie durch sachliche Unterschiede gerechtfertigt sind.[124]

Ein rechtfertigender Grund für eine Ungleichbehandlung ist auch im Rahmen von Art. 3 Abs. 1 GG zu verneinen, wenn der landesfremde Verwaltungsakt gleichwertig ist mit einem landeseigenen Verwaltungsakt. Für Nichtdeutsche kann so aus dem allgemeinen Gleichheitssatz ein Anerkennungsanspruch hergeleitet werden, z.B. für einen Berliner türkischer Nationalität, der mit seiner in Berlin erworbenen Hochschulreife in Baden-Württemberg studieren möchte.[125]

f) Zwischenergebnis

Der Einzelne hat gegenüber einem Bundesland aus den Grundrechten einen Anspruch auf Anerkennung eines landesfremden Verwaltungsaktes, wenn dieser gleichwertig mit einem landeseigenen Verwaltungsakt ist.

Damit ist jedoch nur die Frage nach einer Anerkennungspflicht hinsichtlich begünstigender Verwaltungsakte beantwortet. Zu klären bleibt weiter, ob die Bundesländer auch verpflichtet sind, belastende Verwaltungsakte gegenseitig anzuerkennen. Hierfür können die Grundrechte nicht herangezogen werden, da sie Rechte, keine Pflichten beinhalten.

II. Anerkennungspflicht aus dem Grundsatz der Bundestreue

Der Grundsatz der Bundestreue ist ein ungeschriebener Verfassungsgrundsatz, der aus der föderativen Struktur der Bundesrepublik folgt und die Pflicht zum Inhalt hat, dass die Glieder des Bundes einander wie auch dem größeren Ganzen und der Bund den Gliedern die Treue halten und sich verständigen.[126] Er verpflichtet jedes Land, bei der Inanspruchnahme seiner Rechte die gebotene Rücksicht auf die Interessen der anderen

---

123 BVerfGE 38, S. 128/134.

124 *Fastenrath*, JZ 1987, S. 176.

125 Dies ergibt sich auch aus § 85 Abs. 1 S. 2 i.V.m. Abs. 5 S. 4 des Bad.-Württ. Universtiätsgesetzes.

126 *Maunz/Zippelius*, Deutsches Staatsrecht, § 15 II. 2. (S. 108).

Länder und des Bundes zu nehmen und nicht auf die Durchsetzung rechtlich eingeräumter Positionen zu dringen, die elementare Interessen eines anderen Landes schwer wiegend beeinträchtigen.[127] Darüber hinaus lassen sich aus ihm konkrete, über die in der Verfassung ausdrücklich normierten verfassungsrechtlichen Pflichten hinausgehende zusätzliche Pflichten entwickeln.[128] Dabei ist jedoch zu berücksichtigen, dass der Grundsatz der Bundestreue akzessorischer Natur ist und für sich allein keine selbständigen Pflichten eines Bundes oder eines Landes begründet.[129]

Der überwiegende Teil der Literatur folgert aus dem Grundsatz der Bundestreue, dass wirksame Verwaltungsakte eines Landes von anderen Ländern grundsätzlich anzuerkennen sind.[130] Einer generellen Anerkennungspflicht steht aber, wie bereits ausgeführt, das föderale Prinzip mit seinen den Ländern eingeräumten Gestaltungsfreiheiten entgegen. Eine Anerkennungspflicht kann also allenfalls bei Gleichwertigkeit bejaht werden.[131] Das Prinzip der Bundestreue findet zudem nur im Verhältnis der Bundesländer untereinander (bzw. im Verhältnis zwischen dem Bund und den Ländern) Anwendung.[132] Die Bürger werden durch dieses Prinzip weder unmittelbar berechtigt noch verpflichtet.[133] Auf dieser Grundlage besteht deshalb kein einklagbares subjektives Recht des Bürgers.[134] Als Grundlage für einen Anerkennungsanspruch des Einzelnen ist aber ein subjektives Recht erforderlich, das sich z.B. aus den Grundrechten ergeben kann. Eine aus der Bundestreue folgende Anerkennungspflicht kann daher allenfalls im Verhältnis der Bundesländer untereinander bestehen, und dies auch nur in Bezug auf begünstigende Verwaltungsakte. Die Anerkennung belastender Verwaltungsakte kann dem Bürger gegenüber mangels einer individualverpflichtenden Wirkung nicht mit dem Grundsatz der Bundestreue begründet werden. Gegen eine aus der Bundestreue folgende generelle Anerkennungspflicht spricht zudem der akzessorische Charakter der Bundestreue.

---

127 BVerfGE 34, S. 216/232.

128 *Hesse*, Grundzüge des Verfassungsrechts, Rn. 269 (S. 116).

129 Vgl. nur BVerfGE 95, S. 250/266.

130 *Monz*, S. 45; *Bleckmann*, Völkerrechtliche Grundlagen, S. 25; *Bethge*, AöR 110 (1985), S. 215; *Arloth*, NJW 1987, S. 810; *Seibert*, Die Bindungswirkung von Verwaltungsakten, S. 286; *Fastenrath*, JZ 1987, S. 177; *Isensee* in: Isensee/Kirchhof (Hrsg.), HdbStR, Bd. 4, § 98 Rn. 41. *Kopp/Kopp*, BayVBl. 1994, S. 232 leiten aus dem Grundsatz der Bundestreue in Verbindung mit „allgemeinen Grundsätzen des internationalen öffentlichen Rechts“ und „einer in Art. 35 Abs. 1 GG vorausgesetzten entsprechenden Ermächtigung“ nicht nur eine Anerkennungspflicht, sondern sogar eine bundesweite Geltung aller Landesverwaltungsakte ab.

131 *Seibert*, Die Bindungswirkung von Verwaltungsakten, S. 286; *Fastenrath*, JZ 1987, S. 177; *Isensee*, in: Isensee/Kirchhof (Hrsg.), HdbStR, Bd. 4, § 98 Rn. 41; a.A. *Monz*, S. 45; *Bleckmann*, Völkerrechtliche Grundlagen, S. 25; *Bethge*, AöR 110 (1985), S. 215; *Arloth*, NJW 1987, S. 810.

132 *Bauer*, Die Bundestreue, S. 310; *Fastenrath*, JZ 1987, S. 177.

133 *Bauer*, Die Bundestreue, S. 310 f.

134 *Kisker*, FS f. Bachof, S. 57.

III. Anerkennungspflicht aus der Pflicht zur Amtshilfe

Nach Art. 35 Abs. 1 GG leisten sich alle Behörden des Bundes und der Länder gegenseitig Rechts- und Amtshilfe. Diese Pflicht wird konkretisiert durch die §§ 4 ff. VwVfG des Bundes und die entsprechenden landesrechtlichen Bestimmungen. Nach der Legaldefinition des § 4 Abs. 1 VwVfG ist Amtshilfe die auf Ersuchen einer anderen Behörde geleistete ergänzende Hilfe. Eine solche ergänzende Hilfe besteht z.B. in der Erteilung von Auskünften oder in der Übersendung von Akten.[135] Derartige Hilfeleistungen stellen einen rein verwaltungsinternen Vorgang dar. Zudem erfolgen sie im Rahmen eines noch nicht abgeschlossenen Verwaltungsverfahrens. Ein anerkennungsfähiger Verwaltungsakt liegt mithin noch gar nicht vor.

Ob die allgemeine Amtshilfepflicht auch die Pflicht umfasst, einen von Behörden eines anderen Bundeslandes erlassenen Verwaltungsakt zu vollstrecken (sog. Vollstreckungshilfe[136]), ist umstritten. Nach teilweiser Auffassung ist die Vollstreckungshilfe von der Amtshilfe zu unterscheiden, da die Vollstreckungshilfe durch die Vornahme selbstständiger Vollstreckungshandlungen oder die Übernahme des gesamten Vollstreckungsverfahrens geleistet werde und daher über eine ergänzende Hilfeleistung im Sinne von § 4 Abs. 1 VwVfG hinausgehe oder für die Hilfe leistende Behörde (Vollstreckungsbehörde) eine eigene Aufgabe (§ 4 Abs. 2 Nr. 2 VwVfG) darstelle.[137] Die Vollstreckungshilfe erfordere deshalb eine besondere gesetzliche Ermächtigung.[138] Nach überwiegender Auffassung handelt es sich bei der Vollstreckungshilfe dagegen um einen Anwendungsfall der Amtshilfe (gesteigerte Amtshilfe).[139] Für diese Auffassung spricht die Formulierung des Gesetzgebers in § 5 Abs. 2 VwVG: „Wird die Vollstreckung im Wege der Amtshilfe von Organen der Länder vorgenommen ..." Allerdings darf auch nach dieser Auffassung die ersuchte Behörde Verwaltungsakte nur dann erlassen, wenn sie dazu kraft besonderer gesetzlicher Ermächtigung befugt und der ersuchenden Behörde gegenüber auch gesetzlich verpflichtet ist.[140] Die Pflicht der ersuchten Behörde zur Amtshilfe ergibt sich aus Art. 35 Abs. 1 GG und seiner gesetzlichen Konkretisierungen (§§ 4 ff. VwVfG)[141] bzw. - wenn die ersuchte Behörde einem anderen Bundesland angehört - unmittelbar aus Art. 35 Abs. 1 GG i.V.m. dem bundesstaatlichen Prinzip.[142] Die Ermächtigungsgrundlage für den Erlass von Verwal-

---

[135] Vgl. nur *Kopp/Ramsauer*, VwVfG § 4 Rn. 11.
[136] *Kopp/Ramsauer*, VwVfG, § 4 Rn. 12.
[137] *Obermayer*, VwVfG, vor § 4 Rn. 29.
[138] *Obermayer*, VwVfG, vor § 4 Rn. 29.
[139] *Kopp/Ramsauer*, VwVfG, § 4 Rn. 12 u. 17; *App/Wettläufer*, Verwaltungsvollstreckungsrecht, S. 35, Rn. 8.
[140] *App/Wettläufer*, Verwaltungsvollstreckungsrecht, S. 35, Rn. 8; *Kopp/Ramsauer*, VwVfG, § 4 Rn. 11.
[141] *App/Wettläufer*, Verwaltungsvollstreckungsrecht, S. 35, Rn. 8.
[142] *App/Wettläufer*, Verwaltungsvollstreckungsrecht, S. 37, Rn. 12. Die §§ 4 ff. VwVfG des Bundes finden in diesem Fall keine Anwendung, da es sich nicht um Bundesbehörden handelt, die entsprechenden landesrechtlichen Bestimmungen sind ebenfalls nicht anwendbar, da diese nur die Amtshilfe der Behörden des jeweiligen Bundeslandes untereinander regeln.

tungsakten ist in dem für die ersuchte Behörde geltenden Recht ihres normalen Kompetenzbereichs zu suchen. Die Befugnis, Handlungen, zu denen die Behörde sonst zur Erfüllung eigener Aufgaben befugt ist, auf Grund der Amtshilfe für eine andere Behörde vorzunehmen, ist in der allgemeinen Ermächtigung der Behörde zu Handlungen der in Frage stehenden Art enthalten.[143] Die ersuchte Behörde hat also zur Leistung der Amtshilfe die Befugnisse, die ihr auch sonst zustehen. Fehlt es an der erforderlichen Ermächtigungsgrundlage, darf die ersuchte Behörde die Amtshilfe nicht leisten, § 5 Abs. 2 Nr. 1 VwVfG.

Da die Amtshilfepflicht des Art. 35 GG somit grundsätzlich zur Vollstreckung der Verwaltungsakte anderer Bundesländer verpflichtet, folgt aus Art. 35 GG nach teilweise vertretener Auffassung eine allgemeine Pflicht zur Anerkennung der Verwaltungsakte anderer Länder.[144] Dieser Auffassung ist insofern zuzustimmen, als die Vollstreckungshilfe die Anerkennung des zu vollstreckenden Verwaltungsakts impliziert,[145] denn bei der im Rahmen der Verwaltungsvollstreckung geleisteten Hilfe werden dem zu vollstreckenden fremden Verwaltungsakt Rechtswirkungen im eigenen Hoheitsbereich verliehen. Eine Anerkennungspflicht kann jedoch aus Art. 35 GG nur hinsichtlich belastender Verwaltungsakte hergeleitet werden, denn nur insofern ist Amtshilfe in Form von Vollstreckungshilfe denkbar.

IV. Ergebnis

Ein Bundesland muss grundsätzlich die belastende Verwaltungsakte anderer Bundesländer anerkennen. Diese Anerkennungspflicht ergibt sich aus Art. 35 Abs. 1 GG. Begünstigende Verwaltungsakte anderer Bundesländer müssen nur bei Gleichwertigkeit anerkannt werden. Der Einzelne hat einen entsprechenden Anerkennungsanspruch, der, soweit keine spezielleren Vorschriften einschlägig sind, aus Art. 33 Abs. 1 bzw. Art. 3 Abs. 1 GG folgt.

Landesverwaltungsakte können demnach entweder auf Grund unmittelbarer bundesweiter Geltung oder auf Grund von Anerkennung durch die übrigen Bundesländer landesüberschreitende Wirkung haben. Solche Landesverwaltungsakte werden auch als „interlokale“[146] oder „überregionale Verwaltungsakte“[147] bezeichnet.

---

143 *Kopp/Ramsauer*, VwVfG, § 7 Rn. 5 f.

144 *Bleckmann*, NVwZ 1986, S. 4; *Bleckmann*, Völkerrechtliche Grundlagen, S. 25; ihm folgend VG Hannover, NJW 1988, S. 1928/1930; *Arloth*, NJW 1987, S. 810. *Maunz*, in: Maunz/Dürig, GG, Art. 35 Rn. 7: Aus Art. 35 GG folgt, „dass Akte der einen Behörde von der anderen als wirklich vorgenommen angesehen werden müssen.“

145 *Kisker*, Kooperation im Bundesstaat, S. 184, Fn. 648; *Bleckmann*, Allgemeine Staats- und Völkerrechtslehre, S. 213.

146 Unter diesem Begriff wurde auch die Frage nach der Geltung von Hoheitsakten der DDR im Bundesgebiet erörtert, vgl. *Beitzke*, MDR 1954, S. 321.

147 *Seibert*, Die Bindungswirkung von Verwaltungsakten, S. 272; *Lerche*, in: Maunz/Dürig, GG, Art. 83 Rn. 49 f.

D. Interlokales Verwaltungsverfahrensrecht

I. Interlokale Zuständigkeit der Landesbehörden

Können bei landesüberschreitenden Sachverhalten mehrere Länder einen sinnvollen Anknüpfungspunkt vorweisen, so ist fraglich, nach welchen Kriterien die Zuständigkeit der Behörden des einen Landes von der Zuständigkeit der Behörden der anderen Bundesländern (interlokale Zuständigkeit oder Verbandszuständigkeit[148]) abzugrenzen ist. Die interlokale Zuständigkeit ist von der örtlichen Zuständigkeit zu unterscheiden, die nur das Verhältnis der Behörden des selben Verwaltungsträgers betrifft.[149] Während sich die Aufteilung der Verwaltungskompetenz im (vertikalen) Verhältnis zwischen dem Bund und den Ländern nach den Art. 83 ff. GG bestimmt, fehlt eine allgemeine Regelung zur Abgrenzung der Verwaltungskompetenz im horizontalen Verhältnis der Bundesländer untereinander.[150] Nur in Spezialgesetzen findet sich gelegentlich eine ausdrückliche Vorschrift, so z.B. § 49 Abs. 4 S. 2 KrW-/AbfG, wonach die Zuständigkeit für die Erteilung einer Abfalltransportgenehmigung bei der Behörde des Landes liegt, in dem der Beförderer oder Einsammler seinen Hauptsitz hat.

Es liegt nahe, zur Abgrenzung der Verbandskompetenz der Länder die Vorschriften über die örtliche Zuständigkeit (§ 3 VwVfG des Bundes bzw. die entsprechenden Vorschriften in den Verwaltungsverfahrensgesetzen der Länder sowie die Sondervorschriften für die örtliche Zuständigkeit in den einzelnen Gebieten des besonderen Verwaltungsrechts, z.B. § 61 GewO) anzuwenden. Eine unmittelbare Anwendung scheidet nach herrschender Auffassung aber aus, da § 3 VwVfG nur für das Verhältnis der Behörden des selben Verwaltungsträgers gelte.[151] Hierfür gibt es aber weder im Wortlaut noch in Sinn und Zweck der Vorschrift einen Anhaltspunkt.[152] Lehnt man eine unmittelbare Anwendung ab, so ist § 3 VwVfG jedenfalls entsprechend anzuwenden.[153] Die Ablehnung einer (direkten oder analogen) Anwendung würde dazu führen, dass mangels der Fortführungsmöglichkeit des § 3 Abs. 3 VwVfG jeder Wohnsitzwechsel in ein anderes Bundesland die Beendigung eines anhängigen Verwaltungsverfahrens nach sich zöge,[154] ein untragbares Ergebnis, insbesondere bei Verwaltungsverfahren, die auf den Erlass eines belastenden Verwaltungsaktes gerichtet sind. Auch bei

---

[148] *Meyer/Borgs*, VwVfG § 3, Rn. 4; *Stelkens/Bonk/Sachs*, VwVfG § 3 Rn. 10; *Knack*, VwVfG Vor § 3 Rn. 1.1; zum Begriff ausführlich *Oldiges*, DÖV 1989, S. 873 ff.

[149] *Meyer/Borgs*, VwVfG § 3, Rn. 6.

[150] Art. 83 GG gilt hierfür nicht, OVG Lüneburg, OVGE 28, S. 430.

[151] *Oldiges*, DÖV 1989, S. 882; *Meyer/Borgs*, VwVfG § 3, Rn. 6; *Kopp/Ramsauer*, VwVfG § 3 Rn. 6; OVG Münster, 15. Senat, NJW 1979, S. 1057 = JuS 1979, S. 450 m. Anm. *Schulze-Osterloh*; a.A. OVG Münster, 14. Senat, NJW 1989, S. 2906/2907.

[152] OVG Münster, 14. Senat, NJW 1989, S. 2906/2907.

[153] *Kopp/Ramsauer*, VwVfG § 3 Rn. 6, allerdings nur für § 3 Abs. 2 - 4; vgl. hierzu auch *Landmann-Rohmer*, Gewerbeordnung, Bd. 1, § 35 Rn. 187 u. § 61 Rn. 5.

[154] OVG Münster, 14. Senat, NJW 1989, S. 2906/2907.

der Abgrenzung der Verbandskompetenz der Länder geht es um eine Abgrenzung der Zuständigkeit in räumlicher bzw. örtlicher Hinsicht. § 3 VfVfG enthält hierfür sinnvolle Abgrenzungskriterien, z.B. die Belegenheit der Sache bei Angelegenheiten, die sich auf unbewegliches Vermögen richten (§ 3 Abs. 1 Nr. 1 VwVfG). Erweist sich z.B. ein Gewerbetreibender, der neben der Hauptniederlassung eine oder mehrere Zweigniederlassungen in verschiedenen Bundesländern unterhält, als unzuverlässig, so bestimmt sich die Behördenzuständigkeit für die Gewerbeuntersagung nach § 3 VwVfG, wobei in erster Linie nach dem Prinzip des ersten Aufgriffs (§ 3 Abs. 2 S. 1 VwVfG) die Behörde zuständig ist, die zuerst mit der Sache befasst war.[155]

II. Anwendbares Verwaltungsverfahrensrecht

Jede Landesbehörde wendet ihr eigenes Verwaltungsverfahrensrecht an, wobei allerdings die Regelungen in den Verwaltungsverfahrensgesetzen weitgehend identisch sind. Eine Besonderheit findet sich in § 96 VwVfG Bad. - Württ. und Art. 94 VwVfG Bayern für Verwaltungsverfahren, die sich auf das Gebiet eines anderen Bundeslandes erstrecken und bei denen nach § 3 Abs. 2 S. 4 des jeweiligen VwVfG eine gemeinsame zuständige Behörde bestimmt ist: In diesem Fall ist das Verfahrensrecht des anderen Bundeslandes anzuwenden.

III. Fehlerlehre

1. Nichtige Verwaltungsakte

Nichtige Verwaltungsakte sind nach § 43 Abs. 3 VwVfG unwirksam. Unwirksame Verwaltungsakte haben keine Rechtswirkungen und können deshalb auch keine bundesweite Geltung haben. Eine Anerkennungspflicht scheidet ebenfalls aus, da die Anerkennung eines Verwaltungsakts die Existenz eines anerkennungsfähigen Verwaltungsakts voraussetzt.

---

[155] *Landmann-Rohmer*, Gewerbeordnung, Bd. 1, § 35 Rn. 187. Umstritten ist, welche (verwaltungsrechtliche) Rechtsfolge bei fehlender Verbandskompetenz eintritt, d.h. wenn eine Behörde des einen Bundeslandes anstatt der an sich zur Entscheidung berufenen Behörde eines anderen Bundeslandes oder wenn eine Bundesbehörde anstatt der zuständigen Landesbehörde tätig wird: Nichtigkeit oder Anfechtbarkeit des Verwaltungsakts oder gar Unbeachtlichkeit des Fehlers nach § 46 VwVfG? Vgl. hierzu *Oldiges*, DÖV 1989, S. 882; *Weingart*, BayVBl. 1960, S. 176; *Isensee*, in: Isensee/Kirchhof (Hrsg.), HdbStR, Bd. 4, § 98 Rn. 34 (S. 535) u. Fn. 79 (S. 537); BVerwG, DÖV 1972, S. 173; BVerwGE 90, S. 25; OVG Münster, NJW 1979, S. 1057 = JuS 1979, S. 450 m. Anm. *Schulze-Osterloh*; OVG Lüneburg, OVGE 28, S. 430; *Knack*, VwVfG, Vor § 3 Rn. 1.6.2.; *Meyer/Borgs*, VwVfG § 3 Rn. 5, § 46 Rn. 16; *Forsthoff*, Verwaltungsrecht, Bd. 1, S. 230.

2. Rechtswidrige Verwaltungsakte

Die Rechtswidrigkeit eines Verwaltungsakt lässt dagegen eine bundesweite Geltung nicht entfallen. Für den Eintritt bundesweiter Geltung genügt die Wirksamkeit des Verwaltungsaktes. Entsprechendes gilt für die Anerkennung. Besteht eine Anerkennungspflicht, so entfällt diese nicht, wenn der fragliche Verwaltungsakt rechtswidrig ist.

IV. Aufhebung von Hoheitsakten eines anderen Bundeslandes?

Nach § 48 Abs. 5 sowie § 49 Abs. 5 VwVfG entscheidet über die Aufhebung des Verwaltungsaktes die nach § 3 VwVfG zuständige Behörde auch dann, wenn der zurückzunehmende Verwaltungsakt von einer anderen Behörde erlassen worden ist. Handelt es sich bei der „anderen Behörde“ um die Behörde eines anderen Bundeslandes, sind die §§ 48 Abs. 5, 49 Abs. 5 i.V.m. § 3 VwVfG jedenfalls entsprechend anzuwenden. Hat sich also die örtliche Zuständigkeit nach Unanfechtbarkeit des Verwaltungsakts geändert, so entscheidet die nunmehr örtlich zuständige Behörde. Örtlich bzw. interlokal zuständig für die Aufhebung ist bei Zuständigkeitsänderungen daher immer die Behörde, die im Zeitpunkt der Rücknahme auch für den Erlass örtlich bzw. interlokal zuständig wäre.[156] So kann die Entziehung einer Fahrerlaubnis auch durch die Behörde eines Bundeslandes, das die Fahrerlaubnis nicht erteilt hat, erfolgen, wenn diese Behörde nunmehr (z.B. auf Grund eines Wohnsitzwechsels des Führerscheininhabers) zuständig ist, und die Entziehung wirkt wie die Erteilung wegen der bundesrechtlichen Rechtsgrundlage für das gesamte Bundesgebiet und damit auch für das Bundesland, das die Fahrerlaubnis erteilt hat.[157]

E. Interlokales Verwaltungsprozessrecht

Die Zuständigkeit der Verwaltungsgerichte zur Entscheidung überregionaler Sachverhalte ergibt sich aus den Vorschriften über die örtliche Zuständigkeit der Gerichte (z.B. § 52 VwGO). Die dort vom Bundesgesetzgeber bestimmten Anknüpfungspunkte grenzen nicht nur die Zuständigkeiten der Verwaltungsgerichte eines Landes untereinander, sondern auch die Zuständigkeit der Verwaltungsgerichte eines Bundeslandes von der Zuständigkeit der Verwaltungsgerichte der anderen Länder (interlokale Zuständigkeit der Verwaltungsgerichte) ab.

---

[156] Vgl. *Kopp/Ramsauer*, VwVfG, § 48 Rn. 148.

[157] Sonderregelungen finden sich z.B. in § 61 GewO oder in Art. 2 Abs. 3 des Abkommens zwischen den Ländern des Bundesrepublik Deutschland über die Genehmigung zur Führung akademischer Grade ausländischer Hochschulen (abgedruckt in NVwZ 1994, S. 464).

F. Übertragbarkeit der Grundsätze des interlokalen Verwaltungsrechts auf das Verhältnis der EG-Mitgliedstaaten untereinander

Eine pauschale Übertragung der dargestellten Grundsätze des für das Verhältnis zwischen den deutschen Bundesländern geltenden interlokalen Verwaltungsrechts auf das Verhältnis der Mitgliedstaaten der Europäischen Gemeinschaft untereinander scheidet aus, da die Europäische Gemeinschaft nach heute ganz herrschender Meinung in Literatur und Rechtsprechung kein Staat ist und deshalb auch kein Bundesstaat sein kann.[158] Hierfür fehlt es ihr vor allem an der sog. „Kompetenz-Kompetenz".[159] Bei ihren Mitgliedern handelt es sich nach wie vor um souveräne Staaten, auch wenn ihre Souveränität durch die Eingliederung in die Gemeinschaft eingeschränkt wurde.[160]

Denkbar ist jedoch eine Übertragung einzelner Grundsätze, soweit die Strukturen der Gemeinschaft dies rechtfertigen. Nach im Vordringen befindlicher Auffassung hat die Gemeinschaft bzw. die Europäische Union nämlich jedenfalls eine föderative Struktur, auch wenn sie kein Bundesstaat ist.[161] Dem entspricht auch die Formulierung im neu gefassten Art. 23 Abs. 1 S. 1 GG, nach dem die Europäische Union „demokratischen, rechtsstaatlichen, sozialen und *föderativen Grundsätzen* und dem Grundsatz der Subsidiarität verpflichtet ist ..."[162] Dieser Auffassung ist beizupflichten, wenn man den Begriff „Föderalismus" weder gleich bedeutend mit der Struktur eines Bundesstaates noch gleich bedeutend mit der Struktur eines Einheitsstaates versteht, sondern in einem weiteren Sinne als System, bei dem verschiedene Entscheidungsträger zu einer größeren, übergreifenden Organisation verbunden werden, wobei die Teile in ihren regionalen und sozialen Besonderheiten grundsätzlich erhalten bleiben[163] als dezentral aufgebautes System also[164]. Ausgehend von dieser Definition lässt sich feststellen, dass die Gemeinschaft eine Vielzahl von föderativen Elementen enthält, insbesondere der institutionelle Aufbau aus der zentralistisch aufgebauten Kommission, dem unmittelbar gewählten Europaparlament und dem aus Vertretern der Regierungen der Mitgliedstaat bestehenden, also föderativ aufgebauten Rat, der Vorrang des Gemeinschaftsrecht vor dem nationalen Recht sowie die Durchführung des Gemeinschaftsrechts teils unmittelbar durch die Kommission, überwiegend aber durch die Mitgliedstaaten.[165]

---

[158] BVerfGE 22, S. 293/296; *Everling*, FS f. Doehring, S. 180; *Bleckmann*, DÖV 1978, S. 398; BVerfGE 22, S. 293/296. Zur früher teilweise vertretenen Auffassung, nach der die Gemeinschaft bundesstaatlichen Charakter hätten *Schweitzer/Hummer*, Europarecht Rn. 84.

[159] Vgl. *Schweitzer/Hummer*, Europarecht Rn. 84.

[160] *Everling*, FS f. Doehring, S. 179 u. 189.

[161] *Kahl*, in: Calliess/Ruffert, EUV/EGV, Art. 10 EG Rn. 6 m. Fn. 30; *Everling*, FS f. Doehring, S. 179 ff.; ausführlich *Zuleeg*, Die föderativen Grundsätze in der Europäischen Union, NJW 2000, S. 2846 ff.

[162] Vgl. hierzu *Scholz*, in: Maunz/Dürig, GG, Art. 23 Rn. 62.

[163] So die Definition von *Everling*, FS f. Doehring, S. 181.

[164] *Scholz*, in: Maunz/Dürig, GG, Art. 23 Rn. 62.

[165] *Everling*, FS f. Doehring, S. 182 ff. m.w. Beispielen.

Die föderative Struktur ist also der Europäischen Gemeinschaft und der Bundesrepublik Deutschland gemeinsam. Dennoch wird ein Vergleich beider Systeme, insbesondere die Übertragung einzelner Grundsätze zum Teil ausdrücklich abgelehnt, so z.B. von *Hatje*, der Parallelen zum Bundesstaat sogar ausdrücklich für verfehlt hält, denn die Europäische Gemeinschaft sei kein Verband, dessen Integrationsdichte das Niveau eines staatlichen Gemeinwesens erreiche; das gelte vor allem für die Verflechtungen der mitgliedstaatlichen Verwaltungen, deren Ausmaß weit hinter der Verflechtung der Landesverwaltungen etwa in Deutschland zurückbleibe.[166]

Es trifft zwar zu, dass die Europäische Gemeinschaft kein Verband mit der Integrationsdichte eines staatlichen Gemeinwesens wie die Bundesrepublik Deutschland ist. Dennoch rechtfertigt die föderale Struktur beider Systeme den Vergleich einzelner Strukturelemente, was u.U. auch zur Übertragung einzelner Grundsätze des deutschen interlokalen Verwaltungsrechts führen kann. Denn in Teilbereichen ist eine Integrationsdichte erreicht, die der eines Bundesstaates entspricht. So existiert bei der Gemeinschaft z.B. eine Zentralgewalt, die die Rechtsmacht hat, Normen zu erlassen, die im gesamten Gebiet der Gliedstaaten unmittelbar anwendbar sind. Die Übertragung von Grundsätzen darf jedoch nicht pauschal, sondern nur nach vorheriger Prüfung der Übertragbarkeit im Einzelfall erfolgen.

---

[166] *Hatje*, Die gemeinschaftsrechtliche Steuerung der Wirtschaftsverwaltung, S. 210 Fn. 461. Vgl. zur ablehnenden Auffassung auch *Everling*, FS f. Doehring, S. 180 m.w.Nachw. Nach *Engel* (DV 1992, S. 470) betritt vermintes Gelände, wer die Europäische Gemeinschaft mit einem Bundesstaat vergleicht.

6. Teil: Europäisches Internationales Verwaltungsrecht

A. Der Geltungsbereich von Hoheitsakten in der EG

I. Gesetze

Normen von Gemeinschaftsorganen (Richtlinien, Verordnungen) gelten gemeinschaftsweit. Für Verordnungen ist die gemeinschaftsweite Geltung in Art. 249 Abs. 2 EG (früher Art. 189 Abs. 2 EGV) ausdrücklich geregelt: „Die Verordnung hat allgemeine Geltung. Sie ist in allen ihren Teilen verbindlich und gilt unmittelbar in jedem Mitgliedstaat." Allgemeine und unmittelbare Geltung bedeutet, dass die Verordnung eine unbestimmte Vielzahl von Sachverhalten generell und abstrakt regelt und in allen Mitgliedstaaten ohne Mitwirkung der nationalen Legislativorgane gilt.[1] Bei Richtlinien besteht die Besonderheit, dass der räumliche Geltungsbereich zwar das Gebiet der gesamten Gemeinschaft umfasst, sie in persönlicher Hinsicht jedoch nur für die Mitgliedstaaten verbindlich sind (vgl. Art. 249 Abs. 3 EG), wenn nicht ausnahmsweise die Voraussetzungen für eine unmittelbare Geltung gegeben sind.

Das von den Mitgliedstaaten gesetzte Recht behält auch dann, wenn es Gemeinschaftsrecht durchführt, seinen Charakter als staatliches Recht, da die Mitgliedstaaten durch die Eingliederung in die Europäische Gemeinschaft ihre Staatsqualität nicht verloren haben.[2] Gesetze der Mitgliedstaaten gelten daher nur innerhalb des jeweiligen Mitgliedstaates.

Der Geltungsbereich von Gesetzen ist also identisch mit dem Gebiet des normsetzenden Hoheitsträgers.

II. Verwaltungsakte

1. Verwaltungsakte in Vollziehung von Gemeinschaftsrecht

Bei der Vollziehung von Gemeinschaftsrecht unterscheidet man folgende Vollziehungstypen: Gemeinschaftsunmittelbare Vollziehung, unmittelbare mitgliedstaatliche Vollziehung und mittelbare mitgliedstaatliche Vollziehung.[3] Im Bereich der gemeinschaftsunmittelbaren Vollziehung wird das Gemeinschaftsrecht von den Gemeinschaftsorganen selbst vollzogen.[4] Wichtigste Handlungsform ist hierbei die Entscheidung i.S.v. Art. 249 Abs. 4 EG. Bei der unmittelbaren mitgliedstaatlichen Vollziehung

---

[1] Vgl. *Schweitzer/Hummer*, Europarecht, Rn. 349 ff.
[2] *Everling*, FS f. Doehring, S. 189.
[3] Vgl. *Schweitzer/Hummer*, Europarecht, Rn. 425 ff.
[4] *Schweitzer/Hummer*, Europarecht, Rn. 425.

wird das Gemeinschaftsrecht unmittelbar, d.h. ohne Umsetzung durch den nationalen Gesetzgeber von den Mitgliedstaaten vollzogen.[5] Typisches Beispiel ist hierfür die Verordnungen i.S.v. Art. 249 Abs. 2 EG. Die mittelbare mitgliedstaatliche Vollziehung kommt zur Anwendung, wenn der nationale Gesetzgeber das Gemeinschaftsrecht in nationales Recht umgesetzt hat. Dies ist insbesondere bei Richtlinien i.S.v. Art. 249 Abs. 3 EG der Fall.[6] Häufig finden sich auch der Begriff direkter Vollzug für die gemeinschaftseigene Vollziehung von EG-Recht und indirekter Vollzug für die Ausführung von EG-Recht durch nationale Behörden, wobei der indirekte Vollzug noch unterteilt wird in unmittelbaren Vollzug (z.B. beim Vollzug von Verordnungen) und mittelbaren Vollzug (z.B. beim Vollzug von Richtlinien).[7]

Diese Übersicht zeigt, dass die Vollziehung im Bereich der Europäischen Gemeinschaften ähnlich der Vollziehung in der Bundesrepublik Deutschland ausgestaltet ist: Der gemeinschaftsunmittelbaren Vollziehung, unmittelbaren mitgliedstaatliche Vollziehung und der mittelbaren mitgliedstaatliche Vollziehung entsprechen die bundeseigene, Bundesauftrags- und landeseigene Vollziehung von Bundesrecht.[8] Hinzu kommt in der Bundesrepublik die landeseigene Vollziehung von Landesrecht, der auf Gemeinschaftsebene die mitgliedstaatliche Vollziehung des (rein) nationalen Rechts der Mitgliedstaaten entspricht.

Diese Entsprechung berechtigt zu der Untersuchung, ob für den Geltungsbereich der Verwaltungsakte, die in Vollzug von Gemeinschaftsrecht ergehen, ähnliche Prinzipien wie im Bundesstaat gelten.

a) Verwaltungsakte der Gemeinschaftsorgane

Verwaltungsakte von Gemeinschaftsorganen sind die Entscheidungen.[9] Nach Art. 249 Abs. 4 EG (früher Art. 189 Abs. 4 EGV) ist die „Entscheidung ist in allen ihren Teilen für diejenigen verbindlich, die sie bezeichnet.“ Daraus wird gefolgert, dass Entscheidungen unmittelbare gemeinschaftsweite Geltung haben.[10] Insofern besteht also eine vergleichbare Situation wie im Bundesstaat, in dem sich der räumliche Geltungsbereich der von Bundesbehörden (in Vollziehung von Bundesrecht) erlassenen Verwaltungsakte kraft der hinter ihnen stehenden einheitlichen Bundesgewalt auf das gesamte Bundesgebiet erstreckt.[11] Für die gemeinschaftsweite Geltung lässt sich auch der

---

[5] *Schweitzer/Hummer*, Europarecht, Rn. 427.
[6] *Schweitzer/Hummer*, Europarecht, Rn. 428.
[7] *Schoch*, VBlBW 1999, S. 241 f.; *Rengeling*, VVDStRL 1994, S. 205 f.
[8] *Schweitzer/Hummer*, Europarecht, Rn. 424.
[9] Vgl. *Oppermann*, Europarecht, Rn. 565.
[10] *Schmidt-Aßmann*, EuR 1996, S. 300. Da sie von einer supranationalen Behörde erlassen wird, kann die Entscheidung auch als supranationaler Verwaltungsakt bezeichnet werden (*Schmidt-Aßmann*, EuR 1996, S. 299: Verwaltungsenscheidung mit supranationaler Wirkung; hierzu auch *Seidel*, in: Magiera (Hrsg.), Entwicklungsperspektiven der EG, S. 180).
[11] S. o., 5. Teil, A. II. 1.

Grundsatz von der Identität des räumlichen Geltungsbereichs von Verwaltungsakten mit dem räumlichen Geltungsbereich der Rechtsnorm, auf deren Grundlage der Verwaltungsakt ergangen ist, anführen. Eine ausdrückliche Regelung der gemeinschaftsweiten Geltung von Entscheidungen der Gemeinschaftsbehörden findet sich z.B. in Art. 12 Abs.1 der Arzneimittelverordnung.[12] Nach dieser Vorschrift ist eine von der Gemeinschaft erteilte Genehmigung für das Inverkehrbringen von Arzneimitteln „für die gesamte Gemeinschaft gültig". Da sich die gemeinschaftsweite Geltung bereits aus Art. 249 Abs. 4 EG ergibt, hat eine solche ausdrückliche Regelung nur deklaratorische Bedeutung. Wird die Gemeinschaftsgenehmigung versagt, so stellt dies nach Art. 12 Abs. 2 der Arzneimittelverordnung „ein Verbot für das Inverkehrbringen des betreffenden Arzneimittels in der gesamten Gemeinschaft dar". Damit tritt nicht nur eine Bindungswirkung an den Erlass, sondern auch an die Versagung des Verwaltungsakts ein (sog. negative Bindungswirkung).

b) Verwaltungsakte der Mitgliedstaaten

Wenn die Behörden eines Mitgliedstaates Verwaltungsakte erlassen, handeln sie weiter in Ausübung der Hoheitsgewalt dieses Staates, selbst wenn sie zur Durchführung von Gemeinschaftsrecht tätig werden.[13] Ihr Geltungsbereich würde sich deshalb unter Zugrundelegung der völkerrechtliche Grundsätze auf das Gebiet des jeweiligen Mitgliedstaats beschränken. Es dürfte jedoch Einigkeit darüber herrschen, dass die Zusammenarbeit der Mitgliedstaaten in der Europäischen Gemeinschaft über eine nur völkerrechtliche Kooperation hinausgeht und dieser völkerrechtliche Grundsatz zumindest modifiziert wird.

aa) Vollziehung von Verordnungen

Ob Verwaltungsakte der Behörden der Mitgliedstaaten, die in Vollziehung von Verordnungen erlassen wurden, unmittelbare gemeinschaftsweite Geltung haben, ist umstritten. *Engel*[14] spricht sich für eine gemeinschaftsweite Geltung aus und begründet dies damit, dass in diesem Fall nicht Akten einer fremden Rechtsordnung Wirkung in der eigenen Rechtsordnung zuerkannt werde, sondern eine bundesstaatliche Lösung erfolgt sei: Die Gliedstaaten führten Recht der Zentralgewalt aus; dass solche Einzelakte im gesamten Herrschaftsbereich der Zentralgewalt gelten, sei selbstverständlich. Die andere Auffassung geht von gegenseitiger Anerkennung aus, und dies z.T. sogar nur dann, wenn wie z.B. nach Art. 12 Abs. 2, 250 der VO (EWG) Nr. 2913/92

---

[12] VO (EWG) Nr. 2309/93 zur Festlegung von Gemeinschaftsverfahren für die Genehmigung und Überwachung von Human- und Tierarzneimitteln und zur Schaffung einer Europäischen Agentur für die Beurteilung von Arzneimitteln, ABl. L 214/1 v. 24. 8. 1993; *Schmidt-Aßmann*, EuR 1996, S. 300.
[13] *Everling*, FS f. Doehring, S. 189.
[14] *Engel*, DV 1992, S. 452.

(Zollkodex)[15] eine grenzüberschreitende Bindungswirkung der mitgliedstaatlichen Verwaltungsakte in der Verordnung ausdrücklich geregelt ist.[16]

Verordnungen der Gemeinschaft haben, wie bereits ausgeführt, unmittelbare gemeinschaftsweite Geltung, d.h. sie müssen von den Mitgliedstaaten nicht erst in nationales Recht umgesetzt werden. Insofern entsprechen die Verordnungen dem Bundesrecht in einem Bundesstaat. Ebenso wie im Bundesstaat das Bundesrecht i.d.R. durch die Gliedstaaten vollzogen wird, werden die EG-Verordnungen i.d.R. durch die Mitgliedstaaten der Europäischen Gemeinschaft vollzogen. Dies rechtfertigt eine Übertragung der in der BRD geltenden Grundsätze über den Geltungsbereich von Landesverwaltungsakten, die auf der Grundlage von Bundesrecht ergehen.

Die Anwendung des Grundsatzes, dass der räumliche Geltungsbereich eines Verwaltungsaktes immer dem räumlichen Geltungsbereich der diesem zu Grunde liegenden Rechtsnorm entspricht, führt zur gemeinschaftsweiten Geltung der Verwaltungsakte der Mitgliedstaaten in Vollziehung von Gemeinschaftsrecht. Die einem Verwaltungsakt zu Grunde liegende gemeinschaftliche Rechtsgrundlage verleiht ihm also gemeinschaftsweite Geltung. Auch der bundesstaatliche Grundsatz der Wahrung der Rechts- und Wirtschaftseinheit kann übertragen werden: Eine Beschränkung der Geltung von Verwaltungsakten auf das Gebiet des betreffenden Mitgliedstaats würde das Gemeinschaftsgebiet trotz der einheitlichen Gemeinschaftsgesetzgebung in getrennte Rechts- und Wirtschaftsräume zerteilen. Dies widerspräche der vom Gemeinschaftsvertrag mit der Verordnungszuständigkeit der Gemeinschaft erstrebten Effektivität der gemeinschaftseinheitlichen Regelung. Schließlich lässt sich auch die „Wesenstheorie" auf die Gemeinschaftsebene übertragen. In Bezug auf Verordnungen der Europäischen Gemeinschaft kann man ebenfalls sagen, es liege im Wesen des mitgliedstaatlichen Vollzugs von EG-Verordnungen, dass der zum Vollzug ergangene Verwaltungsakt eines Mitgliedstaats grundsätzlich im ganzen Gemeinschaftsgebiet unmittelbare Geltung hat.

Die Überlagerung des Hoheitsbereichs der Mitgliedstaaten durch das supranationale Gemeinschaftsrecht führt so zu einer Durchbrechung des Grundsatzes, dass sich die Wirkung eines mitgliedstaatlichen Verwaltungsakts auf das Gebiet dieses Mitgliedstaats beschränkt. Mitgliedstaatliche Verwaltungsakte, die im Vollzug von Verordnungen erlassen wurden, gelten deshalb unmittelbar in der gesamten Gemeinschaft.

---

[15] ABl. L 302/1 v. 19. 10. 1992.

[16] *Hatje*, Die gemeinschaftsrechtliche Steuerung der Wirtschaftsverwaltung, S. 210, der Parallelen zum Bundesstaat ausdrücklich für verfehlt hält; *Scheunig*, in: Hoffmann-Riem/Schmidt-Aßmann (Hrsg.): Innovation und Flexibilität des Verwaltungshandelns, S. 338 f., der die gegenseitige Anerkennung damit begründet, dass zwar Maßnahmen fremder Staatsgewalt in Frage stünden, diese Maßnahmen aber weitgehend in Anwendung des Gemeinschaftsrechts ergangen seien.

bb) Vollziehung von Richtlinien

Die Vollziehung von Richtlinien der Gemeinschaft durch die Mitgliedstaaten erfolgt zunächst durch die Umsetzung in nationales Recht[17] und sodann (soweit erforderlich) durch den Erlass von Verwaltungsakten auf der Grundlage des umgesetzten Rechts. Für eine unmittelbare gemeinschaftsweite Geltung dieser Verwaltungsakte spricht zwar, dass sie zumindest mittelbar auch auf der Grundlage von Gemeinschaftsrecht ergangen sind. Dieser Zusammenhang mit dem Gemeinschaftsrecht kommt z.B. dadurch zum Ausdruck, dass bei der Vollziehung des nationalen Rechts immer auch darauf geachtet werden muss, dass der Richtlinie entsprechend gehandelt wird.[18] Maßgeblich ist jedoch, dass es sich bei der unmittelbaren Rechtsgrundlage der Normhierarchie nach um rein nationales Recht handelt, selbst wenn es inhaltlich (z.B. wenn die Richtlinie sehr detaillierte Vorgaben enthält) identisch mit den Regelungen der Richtlinie ist. Wendet man auch hier den Grundsatz der Identität des Geltungsbereichs eines Verwaltungsakts mit dem Geltungsbereich der dem Verwaltungsakt zu Grunde liegenden Rechtsnorm an, ergibt sich, dass die in Vollziehung von umgesetztem Richtlinienrecht ergangenen Verwaltungsakte nur in dem Mitgliedstaat unmittelbare Geltung haben können, der sie erlassen hat. Dieses Ergebnis lässt sich auch damit begründen, dass das angeglichene Recht seine Geltungskraft durch den nationalen Gesetzgeber bezieht und es deshalb nur die in das nationale Rechtssystem eingebetteten Gerichte und Behörden unmittelbar zu binden vermag.[19] Ein Staat hat nicht die Rechtsmacht, seinen Verwaltungsakten unmittelbare Geltung in anderen Staaten zu verleihen. Denkbar ist jedoch, dass der gemeinschaftsrechtliche Charakter der mittelbaren Rechtsgrundlage zu einer Anerkennungspflicht führt.[20]

2. Verwaltungsakten der Mitgliedstaaten in Vollziehung von nationalem Recht

Was für den Geltungsbereich von mitgliedstaatlichen Verwaltungsakten in Vollzug von umgesetztem Richtlinienrecht gilt, gilt erst recht für Verwaltungsakte auf der Grundlage von rein nationalem Recht. Hier bleibt es bei dem Grundsatz des auf das Staatsgebiet beschränkten Geltungsbereichs von Verwaltungsakten.

III. Urteile

Urteile des EuGH haben als Hoheitsakte eines Gemeinschaftsorgans gemeinschaftsweite Geltung. Bei Urteilen der Verwaltungsgerichte der Mitgliedstaaten ist zu differenzieren: Der Geltungsbereich eines verwaltungsgerichtlichen Urteils richtet sich

---

[17] *Happe*, Grenzüberschreitende Wirkung, S. 104, schlägt für das in Umsetzung von Richtlinien entstandene nationale Recht die Bezeichnung „Tertiärrecht" vor.

[18] Vgl. nur *Schweitzer/Hummer*, Europarecht, Rn. 428.

[19] *Happe*, Grenzüberschreitende Wirkung, S. 103.

[20] Siehe hierzu unten, 6. Teil, B.

nach dem Geltungsbereich des Verwaltungsakts, der durch das Urteil bestätigt oder aufgehoben wird. Wird z.B. ein auf der Grundlage einer EG-Verordnung ergangener und deshalb gemeinschaftsweit geltender Verwaltungsakt gerichtlich aufgehoben, verliert der Verwaltungsakt seine Rechtswirkungen im gesamten Gebiet der Gemeinschaft. Das Urteil hat in diesem Fall also ebenfalls gemeinschaftsweite Geltung. In den übrigen Fällen ist der Geltungsbreich auf das Gebiet des Gerichtsstaats begrenzt.

IV. Ergebnis für Teil 2

Behördliche Entscheidungen der Mitgliedstaaten in Vollzug von EG-Verordnungen, z.B. nach Art. 12 Abs. 2, 250 der VO (EWG) Nr. 2913/92 (Zollkodex), haben unmittelbare gemeinschaftsweite Geltung. Einen nur nationalen Geltungsbereich haben dagegen alle Verwaltungsakte der Mitgliedstaaten, die auf der Grundlage von umgesetztem Richtlinienrecht ergangen sind. Bei den im zweiten Teil genannten Richtlinienbestimmungen, aus denen sich ergibt, dass bestimmte Verwaltungsakte in anderen Mitgliedstaaten Rechtswirkungen haben sollen, können deshalb nicht als Anordnung unmittelbarer gemeinschaftsweiter Geltung verstanden werden. Dies gilt z.B. für die auf der Grundlage der Produktsicherheitsrichtlinien ergangenen Verwaltungsakte. Entsprechendes gilt für die Richtlinien im Banken und Versicherungsbereich, und zwar selbst dann, wenn in einer Richtlinie wie z.B. in Art. 5 Abs. 1 der 3. Schadensversicherungsrichtlinie (RL 92/49/EWG) und Art. 4 Abs. 1 der 3. Lebensversicherungsrichtlinie (RL 92/96/EWG) ausdrücklich bestimmt ist: „Die Zulassung gilt für die gesamte Gemeinschaft.“ Eine solche Bestimmung ist dann aber als Anordnung mittelbarer gemeinschaftsweiter Geltung im Wege der Anerkennung zu verstehen.[21]

B. Die Anerkennung von Verwaltungsakten anderer Mitgliedstaaten

I. Anerkennungspflichten aus dem sekundären Gemeinschaftsrecht

Steht eine Behörde vor der Frage, ob sie zur Regelung eines Sachverhaltes mit Auslandsberührung befugt ist, muss sie zunächst klären, ob sie an einen fremden Verwaltungsakt auf Grund dessen unmittelbarer gemeinschaftsweiter Geltung gebunden ist oder ob sie ihn anerkennen muss. Nur soweit dies nicht der Fall ist, besteht noch eine Regelungebefugnis der inländischen Behörden.

Die Frage nach einer Anerkennungspflicht stellt sich im harmonisierten, d.h. im sekundärrechtlich geregelten Bereich nur, soweit nicht bereits - wie beim Vollzug von Verordnungen - eine gemeinschaftsweite Geltung besteht, also nur bei mitgliedstaatli-

---

[21] Hierzu im Folgenden.

chen Hoheitsakten, die in Vollzug von umgesetztem Richtlinienrecht ergehen oder bei rein nationalen Hoheitsakten.

1. Ausdrückliche Anerkennungspflicht

Eine Anerkennungspflicht besteht in diesem Bereich jedenfalls immer dann, wenn die Richtlinien ausdrücklich die „Anerkennung" von Verwaltungsakten vorschreiben[22] oder in anderer Weise zum Ausdruck bringen, dass die auf der Basis des umgesetzten Richtlinienrechts ergangenen Verwaltungsakte in anderen Mitgliedstaaten Rechtswirkungen haben sollen[23].[24] Problematisch ist dann nur, ob die Anerkennung generell durch Gesetz oder Rechtsverordnung oder im Wege individueller Behördenentscheidung zu erfolgen hat. Von einer gesetzlichen Anerkennungspflicht ist immer dann auszugehen, wenn in der Richtlinie kein besonderes Verfahren für die Anerkennung vorgesehen ist. Ausländische Verwaltungsakte gelten im Inland dann kraft des nationalen Umsetzungsgesetzes.[25] Enthält die Richtlinie nur eine administrative Anerkennungspflicht, treten die Rechtswirkungen erst mit der behördlichen Anerkennungsentscheidung ein.

Bei nicht rechtzeitiger oder unvollständiger Umsetzung von Richtlinien, die zur Anerkennung verpflichten, fragt es sich, ob sich der Einzelne unmittelbar auf die Richtlinie berufen kann. Die Beantwortung dieser Frage richtet sich nach den allgemeinen Voraussetzung für die unmittelbare Wirkung von Richtlinien, d.h. die Regelung muss inhaltlich unbedingt und hinreichend bestimmt sein.[26] Hinsichtlich der Diplomrichtlinien nach der alten Konzeption werden diese Voraussetzungen z.B. bejaht,[27]

---

[22] Z.B. Art. 9 Abs. 4 S. 1 der Zweiten Arzneimittelrichtlinie oder die Bestimmungen der Diplomrichtlinien nach der alten Konzeption, s. o., 2. Teil, B. I.

[23] Z.B. die Bestimmungen der Diplomrichtlinien nach der neuen Konzeption, s. o., 2. Teil, B. II.

[24] Eine ausdrückliche Ermächtigungsgrundlage zum Erlass von Anerkennungsvorschriften findet sich nur in Art. 47 Abs. 1 EGV und Art. 65 a) 3. Spstr. EGV (Art. 100 b EGV a.F. wurde aufgehoben). Nach überwiegend vertretener Ansicht ermächtigen die Kompetenzgrundlagen zur Rechtsangleichung aber zugleich auch zum Erlass von Anerkennungsverpflichtungen; *Beyer*, EWS 1999, S. 12/14 f. m.w.Nachw.; *Langeheine*, EuR 1988, S. 252; *Hatje*, Die gemeinschaftsrechtliche Steuerung der Wirtschaftsverwaltung, S. 219; *Niehof*, Der Grundsatz der gegenseitigen Anerkennung im Gemeinschaftsrecht, S. 71; einschränkend *Beyer*, der eine Regelung der Anerkennung von Hoheitsakten auf der Grundlage der Kompetenzen zur Rechtsangleichung nur als ergänzende, akzessorische Regelungen für zulässig erachtet und die herrschende Auffassung wegen des grundsätzlichen Unterschieds zwischen Rechtsangleichung und Anerkennung (str.) im Widerspruch zu dem Prinzip der begrenzten Ermächtigung sieht (*Beyer*, Rechtsnormanerkennung im Binnenmarkt, S. 85 ff. u. ders., EWS 1999, S. 15). Auch *Niehof* (Der Grundsatz der gegenseitigen Anerkennung im Gemeinschaftsrecht, S. 71) hält die Regelung von Anerkennungspflichten in Richtlinien mangels ausdrücklicher Ermächtigung in den Art. 94 und 95 EG (Art. 100, 100 a EGV) nur im Zusammenhang mit einer Minimalharmonisierung für zulässig.

[25] *Neßler*, Europäisches Richtlinienrecht, S. 21 u. 84.

[26] Vgl. EuGHE 1994, S. I-483 Ls. 1; *Schweitzer/Hummer*, Europarecht, Rn. 365; *Schoch*, VBlBW 1999, S. 242 f.

[27] EuGHE 1983, S. 2727 Ls. 1; *Winkel*, WiVerw 1998, S. 94.

nicht dagegen bei den Diplomrichtlinien nach der neuen Konzeption[28]. Fraglich ist dann aber, ob die Richtlinie bei unmittelbarer Wirkung selbst die Anerkennung enthält, dem fremden Verwaltungsakt also Rechtswirkungen in den anderen Mitgliedstaaten verleiht,[29] oder ob sie die anderen Mitgliedstaaten nur zu seiner Anerkennung verpflichtet.

Die unmittelbare Wirkung der Richtlinie kann nicht über den Richtliniengehalt hinausgehen. Verpflichtet die Richtlinie den nationalen Gesetzgeber zum Erlass von Vorschriften, welche die gesetzliche Anerkennung vorsehen, so tritt die unmittelbare Richtlinienwirkung an die Stelle der gesetzlichen Anerkennung, d.h. der fremde Hoheitsakt erlangt Rechtswirkungen im Inland durch die unmittelbar anwendbare Richtlinie. Verpflichtet die Richtlinie zur administrativen Anerkennung, so kann auch die unmittelbare Wirkung der Richtlinie keine weiter reichende Pflicht enthalten. Der Eintritt der Rechtswirkungen setzt dann die Durchführung eines Anerkennungsverfahrens voraus.

2. Fehlen einer ausdrücklichen Anerkennungspflicht

Fehlt es an einer Anerkennungspflicht in der Richtlinie, fragt es sich, ob die Mitgliedstaaten bereits deshalb zur gegenseitigen Anerkennung ihrer auf Grund von umgesetztem Richtlinienrecht ergangenen Verwaltungsakte verpflichtet sind, weil die Voraussetzungen der Verwaltungsakte durch die Richtlinie angeglichen sind. Nach *Neßler* führt die Gleichwertigkeit der Rechtsordnungen dazu, dass ein Verwaltungsakt, der im Einklang mit einer dieser Rechtsordnungen erlassen wurde, auch in allen anderen Rechtsordnungen anzuerkennen ist.[30]

Allein die Gleichheit der Voraussetzungen eines Verwaltungsakts vermag jedoch noch nicht zu seiner Anerkennung verpflichten. Andernfalls müsste dies auch im Verhältnis zu Drittstaaten gelten. Selbst dann, wenn die materiellrechtlichen Voraussetzungen für die Erteilung eines Verwaltungsakts durch Rechtsangleichungsmaßnahmen der Gemeinschaft vereinheitlicht sind, setzt die Anerkennung der Verwaltungsakte anderer Mitgliedstaaten eine gemeinschaftsrechtliche Verpflichtung zur Anerkennung voraus.[31] Eine Anerkennungspflicht kann sich aber aus dem primären Gemeinschaftsrecht ergeben, z.B. aus den Grundfreiheiten, die auch in den durch Richtlinien geregelten Bereichen zur Anwendung kommen.[32]

---

[28] *Winkel*, WiVerw 1998, S. 99.

[29] Bejahend *Neßler*, Europäisches Richtlinienrecht, S. 20 u. 78 sowie *Schmidt-Aßmann*, DVBl. 1993, S. 935.

[30] *Neßler*, Europäisches Richtlinienrecht, S. 29.

[31] *Seidel*, in: Magiera (Hrsg.), Entwicklungsperspektiven der EG, S. 180.

[32] EuGHE 1997, S. I-2971/3012 Rn. 32 - Faber-Sekt : „Die Vorschriften, die zum abgeleiteten Gemeinschaftsrecht gehören, sind im Einklang mit den Bestimmungen des Vertrages und den allgemeinen Grundsätzen des Gemeinschaftsrechts auszulegen." Hierzu im Folgenden.

II. Anerkennungspflichten aus dem primären Gemeinschaftsrecht

1. Ausdrückliche Anerkennungspflicht?

Eine Vorschrift, die ausdrücklich eine generelle Verpflichtung der Mitgliedstaaten zu einer Anerkennung von Hoheitsakten anderer Gemeinschaftsstaaten ausspricht, enthält der EG-Vertrag nicht.[33] Es finden sich lediglich einzelne Normen, die zwar den Anerkennungsgedanken enthalten, aber weder bezüglich der Regelungsgegenstände noch der Art und Weise der Begründung einer Anerkennungspflicht ein geschlossenes Konzept erkennen lassen.[34]

a) Art. 47 Abs. 1 EG

Nach Art. 47 Abs.1 EG (Art. 57 EGV a.F.) erlässt der Rat, „um die Aufnahme und Ausübung selbstständiger Tätigkeiten zu erleichtern, ... Richtlinien für die gegenseitige Anerkennung der Diplome, Prüfungszeugnisse und sonstigen Befähigungsnachweise.“ Art. 47 Abs. 1 EG enthält jedoch selbst keine Anerkennungsverpflichtung, sondern lediglich eine Ermächtigung zum Erlass von Anerkennungsrichtlinien.

b) Art. 293 EG

Gemäß Art. 293 EG (Art. 220 EGV a.F.) „leiten die Mitgliedstaaten untereinander Verhandlungen ein, um zu Gunsten ihrer Staatsangehörigen ... die gegenseitige Anerkennung der Gesellschaften im Sinne des Art. 48 Abs. 2“ und „die Vereinfachung der Förmlichkeiten für die gegenseitige Anerkennung und Vollstreckung richterlicher Entscheidungen und Schiedssprüche“ sicherzustellen. Auch aus Art. 293 EG folgt keine unmittelbare Anerkennungspflicht, vielmehr beauftragt die Vorschrift die Mitgliedstaaten nur mit dem Abschluss entsprechender völkerrechtlicher Verträge.[35]

c) Art. 65 EG

Der durch den Amsterdamer Vertrag eingefügte Art. 65 a) 3. Spstr. EG sieht Maßnahmen zur Anerkennung und Vollstreckung gerichtlicher und außergerichtlicher Entscheidungen in Zivil- und Handelssachen vor. Auch diese Vorschrift stellt nur eine Ermächtigungsgrundlage dar.

---

[33] *Beyer*, Rechtsnormanerkennung im Binnenmarkt, S. 46; ders., EWS 1999, S. 14.

[34] *Beyer*, Rechtsnormanerkennung im Binnenmarkt, S. 49.

[35] *Beyer*, Rechtsnormanerkennung im Binnenmarkt, S. 50; ders., EWS 1999, S. 14.

d) Art. 100 b Abs. 1 EGV

Art. 100 b Abs. 1 EGV, der die Möglichkeit eines Beschlusses des Rates vorsah, dass die in einem Mitgliedstaat geltenden Vorschriften als den Vorschriften eines anderen Mitgliedstaates gleichwertig anerkannt werden müssen,[36] wurde im Amsterdamer Vertrag ersatzlos gestrichen.

2. Ungeschriebene Anerkennungspflichten aus den Grundfreiheiten?

a) Warenverkehrsfreiheit, Art. 28 EG

aa) Grundzüge der Warenverkehrsfreiheit nach der Rechtsprechung des EuGH

(1) Begriff der „mengenmäßigen Einfuhrbeschränkungen" und der „Maßnahmen gleicher Wirkung"

Art. 28 EG (früher Art. 30 EGV) verbietet mengenmäßige Einfuhrbeschränkungen sowie Maßnahmen gleicher Wirkung. Eine „mengenmäßige Einfuhrbeschränkung" im Sinne des Art. 28 EG ist jede Maßnahme, welche die Einfuhr einer Ware verbietet oder nach Menge, Wert oder Zeitraum begrenzt.[37] Als Maßnahme gleicher Wirkung wie eine mengenmäßige Einfuhrbeschränkung ist nach der sog. Dassonville-Formel des EuGH[38] jede Handelsregelung der Mitgliedstaaten anzusehen, die geeignet ist, den innergemeinschaftlichen Handel unmittelbar oder mittelbar, tatsächlich oder potenziell zu behindern. Mit dieser Definition löste der EuGH die Warenverkehrsfreiheit von der Voraussetzung einer Ungleichbehandlung importierter Waren gegenüber Inlandsprodukten und erweiterte sie zu einem allgemeinen Verbot der Beschränkungen des zwischenstaatlichen Handelsverkehrs,[39] das auch nicht diskriminierende Maßnahmen erfasst. Eine Einschränkung dieser weiten Definition erfolgte später im Fall Keck:

> „Demgegenüber ist entgegen der bisherigen Rechtsprechung die Anwendung nationaler Bestimmungen, die bestimmte Verkaufsmodalitäten beschränken oder verbieten, auf Erzeugnisse aus anderen Mitgliedstaaten nicht geeignet, den Handel zwischen den Mitgliedstaaten im Sinne des Urteils Dassonville (...) unmittelbar oder mittelbar, tatsächlich oder potenziell zu behindern, sofern diese Bestimmungen für alle betroffenen Wirtschaftsteilnehmer gelten, die ihre Tätigkeit im Inland ausüben, und sofern sie den Absatz der inländischen Erzeugnisse und der Erzeugnisse aus anderen Mitgliedstaten rechtlich wie tatsächlich in gleicher Weise berühren."[40]

---

[36] Zu dieser Vorschrift ausführlich *Beyer*, Rechtsnormanerkennung im Binnenmarkt, S. 94 ff.
[37] Vgl. nur G/T/E-*Müller-Graff*, Art. 30 EGV Rn. 16.
[38] EuGHE 1974, S. 837/852 - Dassonville.
[39] *Behrens*, EuR 1992, S. 149; *Beyer*, Rechtsnormanerkennung im Binnenmarkt, S. 55.
[40] EuGH, NJW 1994, S. 121.

(2) Rechtfertigung von Beschränkungen - Die Cassis-Entscheidung des EuGH

Maßnahmen, die an sich nach Art. 28 EG verboten sind, können jedoch unter den Voraussetzungen des Art. 30 EG gerechtfertigt sein. Erforderlich ist hierzu, dass die Maßnahme z.B. dem Schutz der öffentlichen Sicherheit und Ordnung oder dem Gesundheitsschutz dient und weder ein Mittel zur willkürlichen Diskriminierung noch eine verschleierte Beschränkung des Handels zwischen den Mitgliedstaaten darstellt.

Da der EuGH diese Rechtfertigungsgründe von jeher sehr restriktiv interpretierte,[41] stellten sie gegenüber der weiten Definition der Maßnahmen gleicher Wirkung in der „Dassonville-Formel" kein ausreichendes Korrektiv mehr dar. Der EuGH sah sich daher genötigt, bei unterschiedslos anwendbaren Regelungen weitere Ausnahmen zuzulassen. Dies erfolgte in der Entscheidung „Cassis de Dijon"[42]:

> „In Ermangelung einer gemeinschaftlichen Regelung der Herstellung und Vermarktung ... (einer Ware) ist es Sache des Mitgliedstaates, alle die Herstellung und Vermarktung ... betreffenden Vorschriften für ihr Hoheitsgebiet zu erlassen. Hemmnisse für den Binnenhandel der Gemeinschaft, die sich aus den Unterschieden der nationalen Regelungen über die Vermarktung dieser Erzeugnisse ergeben, müssen hingenommen werden, soweit diese Bestimmungen notwendig sind, um zwingenden Erfordernissen gerecht zu werden, insbesondere den Erfordernissen einer wirksamen steuerlichen Kontrolle, des Schutzes der öffentlichen Gesundheit, der Lauterkeit des Handelsverkehrs und des Verbraucherschutzes."[43]

---

[41] EuGHE 1977, S. 5 Ls. 2 - Bauhuis.

[42] EuGHE 1979, S. 649. Streitgegenstand war eine deutsche Regelung, die einen Mindestalkoholgehalt für bestimmte Liköre festlegte. Damit waren Liköre mit einem geringeren Alkoholgehalt, z.B. der französische Likör „Cassis de Dijon", vom Absatz in Deutschland ausgeschlossen. Diesen Fall nahm der EuGH zum Anlass für grundsätzliche Ausführungen zur Regelungsbefugnis der Mitgliedstaaten.

[43] EuGHE 1979, S. 649/662 Rn. 8. Damit stellt sich die Frage nach der dogmatischen Einordnung der „zwingenden Erfordernisse". Eine ergänzende Auslegung des Art. 30 EG kam auf Grund seiner restriktiven Interpretation durch den EuGH nicht in Betracht, sodass als Ausweg nur ihre Einordnung in Art. 28 EG blieb, entweder in Form einer teleologischen Restriktion des Tatbestandes (so der EuGH in EuGHE 1981, S. 1625/1639 Rn. 9 - Irische Souvenirs; *Beyer*, Rechtsnormanerkennung im Binnenmarkt, S. 57; *Möschel*, NJW 1994, S. 430) oder als ungeschriebene Rechtfertigungsgründe. Aus der Formulierung im Fall Wurmser ergibt sich, dass der EuGH die „zwingenden Erfordernisse" nunmehr als Rechtfertigungsgründe ansieht: „Damit eine nationale Vorschrift, die sich auf die Einfuhren einschränkend auswirken kann, nach Artikel 36 EWG-Vertrag oder auf Grund der genannten zwingenden Erfordernisse *gerechtfertigt* ist, muss sie ..." (EuGHE 1989, S. 1124 ff. Rn. 13 - Wurmser, vgl. auch EuGHE 1994, S. I-4249/4267 Rn. 11 - Houtwipper und EuGHE 1994, S. I-317/335 Rn. 13 - Clinique). Demnach gibt es also nicht nur Rechtfertigungsgründe nach Art. 30 EG, sondern daneben ungeschriebene Rechtfertigungsgründe nach Art. 28 EG. Der wesentliche Unterschied zwischen beiden Gruppen besteht darin, dass diskriminierende Maßnahmen nur nach Art. 30 EG, nicht diskriminierende Maßnahmen jedoch auch nach Art. 28 EG gerechtfertigt werden können (EuGHE 1981, S. 1625/1639 Rn. 10 f. - Irische Souvenirs; a.A. *Niehof*, Der Grundsatz der gegenseitigen Anerkennung im Gemeinschaftsrecht, S. 39 u. 51, der diskriminierende Maßnahmen

Liegen diese Voraussetzungen nicht vor und sind auch keine Rechtfertigungsgründe nach Art. 30 EG gegeben, darf „die Einfuhr von in einem Mitgliedstaat rechtmäßig hergestellten und in den Verkehr gebrachten" Produkten in andere Mitgliedstaaten nicht behindert werden[44] (Grundsatz der freien Verkehrsfähigkeit rechtmäßig hergestellter und in den Verkehr gebrachter Produkte). Gleichgestellt sind Waren, die, gleich woher sie ursprünglich stammen, in einem Mitgliedstaat in den freien Verkehr gebracht worden sind.[45] Erzeugnisse, die den Rechtsvorschriften des Herstellungsstaats entsprechen, dürfen in einen anderen Mitgliedstaat also auch dann eingeführt werden, wenn sie den Rechtsvorschriften dieses Staates nicht entsprechen (Herkunftsland- bzw. Ursprungslandprinzip)[46]. Nach dem bis dahin geltenden Bestimmungslandprinzip waren Produkte dagegen dem Regulierungssystem desjenigen Mitgliedstaates unterworfen sind, in dem sie vermarktet werden sollten.[47] Das Bestimmungslandprinzip war eine Folge der früheren Auslegung des Art. 28 EG als bloßer Grundsatz der Inländergleichbehandlung (Diskriminierungsverbot): Jeder Mitgliedstaat unterwirft die importierten ausländischen Waren den inländischen Standards, die auch für heimische Produkte gelten.[48] Dagegen lässt das Herkunftslandprinzip für die Vermarktung von Waren in einem anderen Mitgliedstaat die Einhaltung der Produktstandards des Mitgliedstaates genügen, aus denen die Waren exportiert werden.[49] Daran ändert auch die durch den EuGH in der Keck-Rechtsprechung bei Verkaufsmodalitäten vorgenommene Reduzierung der Interpretation des Art. 28 EGV auf ein Diskriminierungsverbot nichts, da sie die produktbezogenen Regelungen nicht erfasst.[50]

Selbstverständlich können Produkte, die nach Rechtsvorschriften des Bestimmungslandes hergestellt wurden (z.B. sog. Exportanfertigungen) nach wie vor eingeführt werden, auch wenn sie den Rechtsvorschriften des Herstellungslandes nicht entsprechen.[51] Ein Produkt kann demnach grundsätzlich (d.h. vorbehaltlich nach Art. 30 EG oder auf Grund zwingender Erfordernisse gerechtfertigter Ausnahmen) immer dann in einen anderen Mitgliedstaat eingeführt werden, wenn es entweder den Rechtsvorschrif-

---

ausschließt. Zu Auflösungstendenzen bei der Differenzierung zwischen unterschiedslosen und unterschiedlichen Maßnahmen in der neueren Rechtsprechung *Weiß*, EuZW 1999, S. 493 ff.). Gründe des Gesundheitsschutzes, die der EuGH in der Cassis-Entscheidung zu den zwingenden Erfordernissen zählte, obwohl sie bereits in Art. 30 EG ihren Niederschlag gefunden hatten, prüfte der EuGH später nur noch im Rahmen des Art. 30 EG (z.B. EuGHE 1989, S. 1124 ff. Rn. 10 - Wurmser).

[44] EuGHE 1979, S. 649 Ls. 3 u. S. 664 Rn. 15 - Cassis de Dijon.

[45] EuGHE 1976, S. 1921 Ls. 1 - Donckerwolcke.

[46] *Dauses*, in: Dauses (Hrsg.), Hdb. EU-WirtschaftsR, C. I Rn. 104; G/T/E-*Müller-Graff*, Art. 30 EGV Rn. 180; *Streinz*, ZfRV 1991, S. 366; *Beyer*, Rechtsnormanerkennung im Binnenmarkt, S. 28 ff.; *Nicolaysen*, GS f. Grabitz, S. 475.

[47] *Behrens*, EuR 1992, S. 156.

[48] *Behrens*, EuR 1992, S. 156.

[49] *Behrens*, EuR 1992, S. 156.

[50] *Beyer*, Rechtsnormanerkennung im Binnenmarkt, S. 55 f.

[51] Vgl. G/T/E-*Müller-Graff*, Art. 30 EGV Rn. 69.

ten des Bestimmungslandes oder denen des Herkunftslandes entspricht oder sich im Herkunftsland rechtmäßig im freien Verkehr befindet.

Umstritten ist jedoch, ob die Warenverkehrsfreiheit auch solchen Produkten zugute kommt, bei denen dies nicht der Fall ist, die also weder den Rechtsvorschriften des Bestimmungslandes oder denen des Herkunftslandes entsprechen und sich auch nicht im Herkunftsland rechtmäßig im freien Verkehr befinden.[52] Dem steht die deutliche Formulierung des EuGH: *„rechtmäßig* hergestellt und in den Verkehr gebracht" entgegen, die er in späteren Entscheidungen immer wieder wiederholt. [53] Auch in Urteilen zur Dienstleistungsfreiheit findet sich eine entsprechende Formulierung.[54] sodass davon ausgegangen werden kann, dass es sich um einen allgemeinen Grundsatz handelt und nicht um eine durch die Besonderheiten des Einzelfalls bedingte, im Übrigen aber unbedeutende Aussage. Dafür spricht auch der Sinn und Zweck einer über den Grundsatz der Inländergleichbehandlung hinausreichenden Interpretation der Warenverkehrsfreiheit, die die Doppelregelung durch die Normen des Herkunfts- und des Bestimmungsstaats mit ihren handelshemmenden Wirkungen verhindern will; dieser Zweck entfällt, wenn das Produkt den Vorschriften des Herkunftstaates nicht entspricht.[55] Wer weder die Vorschriften des Bestimmungsstaates noch die Vorschriften des Herkunftstaates einhält, kann sich auf den Grundsatz der Warenverkehrsfreiheit nicht berufen.

Existieren für den fraglichen Bereich sekundärrechtliche Regelungen, so fragt es sich, welche Auswirkungen dies auf die Anwendbarkeit der Art. 28 und 30 EG hat. Nach der Rechtsprechung des EuGH ist die Rechtfertigung von abweichenden nationalen Vorschriften nach Art. 30 EG oder durch zwingende Erfordernisse im Sinne der Cassis - Formel ausgeschlossen, wenn und soweit gemeinschaftsrechtliche Bestimmungen eine abschließende Regelung treffen.[56] Ist eine gemeinschaftsrechtliche Regelung nur teilweise abschließend, so verbleibt es hinsichtlich der übrigen Bereiche bei der Rechtfertigungsmöglichkeit.[57] Aber auch soweit eine abschließende Regelung vorliegt, führt dies nicht dazu, dass die Anwendung der Art. 28 und 30 EG in diesem Bereich

---

[52] Bejahend G/T/E-*Müller-Graff*, Art. 30 EGV Rn. 70 (der nur bei schädliche Erzeugnisse eine Ausnahme machen will); *Basedow*, RabelsZ 59 (1995), S. 17; dagegen *Roth*, in: Marktwirtschaft und Wettbewerb, S. 37 f.

[53] Z.B. EuGHE 1982, S. 3961 Ls. 2 - Margarine; EuGHE 1984, S. 933 Ls. 1 - Teigwaren; EuGHE 1994, S. I-4249/4267 Rn. 11 - Houtwipper.

[54] EuGHE 1991, S. I-4221 Ls. 1 - Dennemeyer: „... die Tätigkeit des Dienstleistenden, der in einem anderen Mitgliedstaat ansässig ist und dort **rechtmäßig** ähnliche Dienstleistungen erbringt, zu unterbinden oder zu behindern."

[55] *Roth*, in: Marktwirtschaft und Wettbewerb, S. 37 f.

[56] EuGHE 1979, S. 3369/3388 f. Rn. 14 - Denkavit Futtermittel I; EuGHE 1985, S. 1013/1024 Rn. 13 - Denkavit Futtermittel II; EuGHE 1979, S. 649/662 Rn 8 - Cassis de Dijon („In Ermangelung einer gemeinschaftsrechtlichen Regelung..."); G/T/E-*Müller-Graff*, Art. 30 EGV Rn. 198 u. Art. 36 Rn. 14; *Niehof*, Der Grundsatz der gegenseitigen Anerkennung im Gemeinschaftsrecht, S. 31 ff. u. 53 ff.

[57] G/T/E-*Müller-Graff*, Art. 36 EGV Rn. 18.

völlig ausgeschlossen ist. Das abgeleitete Gemeinschaftsrecht ist nämlich im Lichte der Grundfreiheiten auszulegen.[58] Dies kann sogar dazu führen, dass Maßnahmen, die an sich nach abgeleitetem Recht zulässig sind, nach Art. 28 EG verboten sind (wenn sie nicht ausnahmsweise nach Art. 30 gerechtfertigt sind).[59] Im harmonisierten Bereich kann demnach die Einfuhr von in einem Mitgliedstaat rechtmäßig hergestellten und in den Verkehr gebrachten Produkten in andere Mitgliedstaaten einerseits dann nicht behindert werden darf, wenn eine abschließende und ihrerseits mit der Warenverkehrsfreiheit vereinbare Gemeinschaftsregelung vorliegt, andererseits auch dann nicht, wenn es zwar an einer abschließenden Harmonisierung fehlt, aber die Voraussetzungen für eine Rechtfertigung abweichender nationaler Vorschriften nach Art. 30 EG bzw. auf Grund zwingender Erfordernisse nicht vorliegen.

(3) Interpretation der Cassis - Entscheidung durch die Kommission

Das vom EuGH in der Cassis- Entscheidung aufgestellte Prinzip, wonach Waren, die in einem Mitgliedstaat rechtmäßig hergestellt und in den Verkehr gebracht worden sind, in der Regel (d.h. vorbehaltlich nationaler Vorschriften, die nach Art. 30 EG oder auf Grund „zwingender Erfordernisse“ gerechtfertigt sind) ungehindert in andere Mitgliedstaaten eingeführt werden dürfen, basiert nach der Kommission auf einem als „Grundsatz der gegenseitigen Anerkennung“ nationaler Vorschriften und Kontrollen bezeichneten Prinzip.[60] Hierzu führt sie aus:

> „Nach den vom Gerichtshof aufgestellten Grundsätzen kann ein Mitgliedstaat den Verkauf eines in einem anderen Mitgliedstaat rechtmäßig hergestellten und in den Verkehr gebrachten Erzeugnisses grundsätzlich nicht verbieten, auch wenn dieses Erzeugnis nach anderen technischen oder qualitativen Vorschriften als den für die inländischen Erzeugnisse geltenden Vorschriften hergestellt worden ist. Sofern das betreffende Erzeugnis ‘in angemessener und befriedigender Weise’ dem in der einschlägigen Regelung angestrebten legitimen Ziel (Sicherheit, Verbraucherschutz, Umweltschutz usw.) entspricht, kann sich der EG-Einfuhrstaat zur Rechtfertigung eines in seinem Hoheitsgebiet geltenden Verkaufsverbots nicht darauf berufen, dass sich die Mittel zur Erreichung dieses Zieles von den für inländische Erzeugnisse vorgeschriebenen Mitteln unterscheiden. In einem solchen Fall könnte ein absolutes Absatzverbot nicht als ‘notwendig’ betrachtet werden, um einem ‘zwingenden Erfordernis’ gerecht zu werden, da es nicht als ‘wesentliche Garantie’ im Sinne des Urteil des Gerichtshofs anzusehen wäre.“[61]

---

[58] EuGHE 1994, S. I-317/335 Rn. 12 - Clinique; EuGHE 1997, S. I-2971/3012 Rn. 32 - Faber Sekt.
[59] EuGHE 1997, S. I-2971/3012 f. Rn. 33 ff. - Faber Sekt.
[60] Weißbuch, Kom (85) 310, Ziff. 77; Ziff. 16 der Mitteilung der Kommission v. 15. 12. 1993 über die Handhabung der gegenseitigen Anerkennung einzelstaatlicher Vorschriften nach 1992, KOM (93) 669 endg.
[61] Mitteilung der Kommission über die Auswirkungen des Urteils des Europäischen Gerichtshofs vom 20. Februar 1979 in der Rechtssache 120/79 („Cassis de Dijon“), ABl. C 256/2 v. 3. 10. 1980.

Die Kommission stellt sodann fest, dass die gesetzgeberischen Ziele der Mitgliedstaaten auf dem Gebiet des Schutzes der Gesundheit, der Sicherheit und der Umwelt im Kern gleichwertig seien.[62] Daraus folgert sie, dass die Vorschriften und Kontrollen, mit denen diese Ziele erreicht werden sollten, zwar verschiedene Formen annehmen könnten, im Kern aber auf das gleich hinausliefen und daher normalerweise in allen Mitgliedstaaten anerkannt werden sollten.[63] Eine Anerkennungspflicht entsteht nach Auffassung der Kommission also immer dann, wenn keine Rechtfertigungsgründe nach Art. 30 EG bzw. auf Grund von zwingenden Erfordernissen vorliegen, darüber hinaus aber auch dann, wenn zwar an sich ein Rechtfertigungsgrund einschlägig ist, die Rechtsvorschriften des Herkunftslandes aber einem gleichwertigen Ziel, z.B. dem Gesundheitsschutz, dienen.[64] In der Folgezeit versuchte die Kommission ihre Auffassung insbesondere im Rahmen von Vertragsverletzungsverfahren vor dem EuGH durchzusetzen.

---

[62] Weißbuch, Kom (85) 310, Ziff. 65; ähnlich die Formulierung in Ziff. 58: „Die Ziele nationaler Rechtsvorschriften - wie der Schutz der menschlichen Gesundheit, des menschlichen Lebens und der Umwelt - decken sich in den meisten Fällen."

[63] Weißbuch, Kom (85) 310, Ziff. 58.

[64] Diese von der Kommission aus der Cassis-Entscheidung gezogenen Schlussfolgerungen führten dazu, dass sie auch bei der Rechtsangleichung eine neue Strategie verfolgte, deren Ziel es war, die „Normangleichung" zu Gunsten der gegenseitigen „Normanerkennung" zu reduzieren und damit den Umfang der Harmonisierung auf eine *Kern-* anstelle einer *Voll*harmonisierung zu beschränken (Strategie der Deregulierung und Äquivalenzanerkennung, *v. Borries/Petschke*, DVBl. 1996, S. 1343 f.; *Dauses*, in: Dauses (Hrsg.), Hdb. EU-WirtschaftsR, C. I Rn. 104; ausführlich *Beyer*, Rechtsnormanerkennung im Binnenmarkt, S. 73 ff.): „Die generelle Stoßrichtung der Kommission in diesem Bereich ist es, vom Ansatz der Rechtsangleichung wegzukommen und das Gewicht auf die gegenseitige Anerkennung und die Gleichwertigkeit der nationalen Regeln zu legen" (Weißbuch, Kom (85) 310, Ziff. 13). Soweit der Grundsatz der „gegenseitigen Anerkennung" anwendbar war, hielt sie eine Harmonisierung unterschiedlicher nationaler Vorschriften nunmehr grundsätzlich für entbehrlich, da insoweit die Freiheit des Warenverkehrs bereits durch die Anwendung des Primärrechts (Art. 28 ff. EG) gewährleistet werden könne (*v. Borries/Petschke*, DVBl. 1996, S. 1344). Die Rechtsangleichung braucht sich nach Ansicht der Kommission deshalb nur noch auf diejenigen unterschiedlichen nationalen Regelungen zu konzentrieren, die sich als „Cassis-fest" erweisen, d.h. die nach Art. 30 EG oder auf Grund „zwingender Erfordernisse" gerechtfertigt sind (Weißbuch, Kom (85) 310, Ziff. 65). Die neue Strategie der Kommission besteht also im Wesentlichen darin, den Erlass gemeinschaftsweit harmonisierter Vorschriften mit dem Grundsatz der gegenseitigen Anerkennung einzelstaatlicher Vorschriften und Normen zu verbinden, soweit es sich um Fragen handelt, die keiner gemeinschaftlichen Regelung bedürfen (Mitteilung der Kommission über den freien Verkehr mit Lebensmitteln innerhalb der Gemeinschaft, ABl. C 271/3 v. 24. 10. 1989). Auf dieser neuen Strategie der Kommission basiert das gesamte Programm des Weißbuchs zur Vollendung des Binnenmarkts, d.h. der Binnenmarkt beruht in erster Linie auf der gegenseitigen Anerkennung nicht harmonisierter nationaler Rechtsvorschriften (Ziff. 38 der Mitteilung der Kommission v. 15. 12. 1993 über die Handhabung der gegenseitigen Anerkennung einzelstaatlicher Vorschriften nach 1992, KOM (93) 669 endg.; *v. Borries/Petschke*, DVBl. 1996, S. 1344).

(4) Interpretation der Cassis - Entscheidung durch die Literatur

Die Literatur folgte der Auffassung der Kommission insoweit, als für sie aus dem Herkunftslandprinzip das Prinzip der „gegenseitigen Anerkennung“ nationaler Produktvorschriften folgt.[65] Kritisiert wurde die Kommission jedoch insoweit, als sie eine Rechtfertigung nach Art. 30 EG bzw. auf Grund zwingender Erfordernisse bereits dann ablehnt und eine „Anerkennungspflicht“ bejaht, wenn nur die Ziele der nationalen Rechtsvorschriften wie z.B. der Gesundheits- oder Verbraucherschutz im Wesentlichen gleichwertig seien, sowie ihre Feststellung, dass eine solche Gleichwertigkeit der Regelungsziele in den meisten Fällen gegeben sei.[66] Erforderlich ist nach Auffassung der Literatur darüber hinaus eine Gleichwertigkeit des Schutzniveaus[67] bzw. der Mittel und Methoden zur Gewährleistung dieses Schutzes.[68]

Die Auffassung der Literatur fand später auch ihre Bestätigung durch die Rechtsprechung des EuGH, insbesondere im Fall „Holzbearbeitungsmaschinen“ [69]: Auf Grund von Beschwerden deutscher Unternehmen über die Schwierigkeiten, Holzbearbeitungsmaschinen auf den französischen Markt zu bringen, leitete die Kommission gegen Frankreich ein Vertragsverletzungsverfahren ein mit dem Ziel, Frankreich dazu zu zwingen, die Einfuhr von Holzbearbeitungsmaschinen zu erlauben, die zwar den deutschen technischen Vorschriften, nicht aber den in Frankreich geltenden Vorschriften entsprachen.[70] Der Gerichtshof prüfte die Rechtfertigung dieser Vorschriften nach Art. 30 EG. Hierzu stellte er zunächst fest, dass es angesichts des Fehlens einer Gemeinschaftsregelung oder einer Harmonisierung auf Gemeinschaftsebene Sache der Mitgliedstaaten sei zu entscheiden, inwieweit sie den Schutz der Gesundheit und des Lebens der Benutzer eines bestimmten Erzeugnisses sicherstellen wollten.[71] Die

[65] *Seidel*, NJW 1981, S. 1124; *Streinz*, ZfRV 1991, S. 363; *Tünnessen-Harmes*, DVBl. 1994, S. 1335; *Krohn*, in: Dauses (Hrsg.), Hdb. EU-WirtschaftsR, C. IV Rn. 156; G/T/E-*Müller-Graff*, Art. 30 EGV Rn. 191; *Rönck*, Technische Normen, S. 81; *Neßler*, Europäisches Richtlinienrecht, S. 5 Fn. 2 u. S. 7 f.; *Pernice/Kadelbach*, DVBl. 1996, S. 1104; *v. Borries/Petschke*, DVBl. 1996, S. 1344; *Lichtenberg*, DAR 1992, S. 449; *Eckert*, ZLR 1990, S. 527; *Reuter*, CR 1990, S. 541 f.; *Nicolaysen*, GS f. Grabitz, S. 475; *Delbrück*, EuZW 1990, S. 372; *Behrens*, EuR 1992, S. 156; *Köck*, DVBl. 1994, S. 32; *Niehof*, Der Grundsatz der gegenseitigen Anerkennung im Gemeinschaftsrecht, S. 5; *Beyer*, Rechtsnormanerkennung im Binnenmarkt, S. 62: „Gebot der Anerkennung der die Verkehrsfähigkeit begründenden Rechtsakte des Herkunftsstaates“; ders., EWS 1999, S. 16; kritisch *Matthies*, FS f. Steindorff, S. 1293 f.

[66] *Joerges/Falke*, Die Normung von Konsumgütern, in: Müller-Graff (Hrsg.), Technische Regeln im Binnenmarkt, S. 175 („ ... allzu extensive Interpretation des EuGH seitens der Kommission.“); *Rönck*, Technische Normen, S. 87; *Beyer*, Rechtsnormanerkennung im Binnenmarkt, S. 79 Fn. 134; *Niehof*, Der Grundsatz der gegenseitigen Anerkennung im Gemeinschaftsrecht, S. 49.

[67] *Joerges/Falke*, Die Normung von Konsumgütern, in: Müller-Graff (Hrsg.), Technische Regeln im Binnenmarkt, S. 168 ff.

[68] *Sedemund*, „Cassis de Dijon“, in: Schwarze, Der gemeinsame Markt, S. 43 f.; *Mohr*, Technischen Normen und freier Warenverkehr in der EWG, S. 142 f.

[69] EuGHE 1986, S. 419.

[70] EuGHE 1986, S. 419 - Holzbearbeitungsmaschinen.

[71] EuGHE 1986, S. 419 Ls. - Holzbearbeitungsmaschinen. Der Rückgriff auf Art. 30 EG ist nur dann nicht mehr gerechtfertigt, wenn gemeinschaftsrechtliche Vorschriften die vollständige

entsprechenden Regelungen seien aber nur dann mit dem Vertrag vereinbar, soweit sie für einen wirksamen Schutz dieser Belange erforderlich seien und weder ein Mittel zur willkürlichen Diskriminierung noch eine verschleierte Beschränkung des Handels zwischen den Mitgliedstaaten darstellten.[72] Ein Mitgliedstaat dürfe das Inverkehrbringen eines aus einem anderen Mitgliedstaat stammenden Erzeugnisses nicht verhindern, das hinsichtlich des Niveaus des Schutzes der Gesundheit und des Lebens von Menschen dem entspreche, was mit der nationalen Regelung erreicht werden solle. Es würde dem Grundsatz der Verhältnismäßigkeit zuwiderlaufen, wenn der Mitgliedstaat verlangen würde, dass diese eingeführten Erzeugnisse den Bestimmungen und technischen Anforderungen, die für die in dem betreffenden Mitgliedstaat hergestellten Erzeugnisse gelten, buchstabengenau entsprächen, obwohl sie dasselbe Schutzniveau für die Benutzer gewährleisteten.[73] Dagegen verpflichte das Gemeinschaftsrecht bei seinem gegenwärtigen Stand die Mitgliedstaaten nicht, in ihrem Gebiet gefährliche Maschinen zuzulassen, die nicht nachweislich dasselbe Schutzniveau für die Benutzer in diesem Gebiet gewährleisteten."[74] Da der Kommission dieser Nachweis nicht gelang, wurde ihre Klage abgewiesen.

Mit dieser Entscheidung hat der EuGH deutlich gemacht, dass die bloße Übereinstimmung gesetzgeberischer Zielsetzungen ohne die Gleichwertigkeit des Schutzniveaus nicht ausreicht. Ein Mitgliedstaat kann also die Einhaltung des Schutzniveaus einer nationalen Regelung verlangen, die Beachtung der technischen Anforderungen zu seiner Realisierung dagegen nur dann, wenn das gleiche Schutzniveau nicht auch auf andere Weise erreicht werden kann.[75] Der Nachweis der Gleichwertigkeit des

---

Harmonisierung aller z.B. zum Schutz der Gesundheit notwendigen Maßnahmen vorsehen und gemeinschaftliche Verfahren zur Kontrolle ihrer Einhaltung regeln, EuGHE 1985, S. 3887/3903 Rn. 16 - Motte; EuGHE 1986, S. 1511/1526 Rn. 14 - Muller.

[72] EuGHE 1986, S. 419 Ls. - Holzbearbeitungsmaschinen.

[73] EuGHE 1986, S. 419 Ls. u. S. 436 Rn. 16 - Holzbearbeitungsmaschinen.

[74] EuGHE 1986, S. 419/436 Rn. 17 - Holzbearbeitungsmaschinen.

[75] *V. Borries/Petschke*, DVBl. 1996, S. 1345 f. Die Rechtsprechung des EuGH zu den Art. 28 ff. EG hat sich in den nationalen Rechtsordnungen in sog. Gleichwertigkeitsklauseln niedergeschlagen, die die Mitgliedstaaten auf Verlangen der Kommission in ihre nationalen Rechtsordnungen einfügten, um so rechtlichen Auseinandersetzungen mit der Kommission vor dem EuGH aus dem Wege zu gehen (*Langner*, in: Dauses (Hrsg.), Hdb. EU-WirtschaftsR, C. VI Rn. 24; *v. Borries/Petschke*, DVBl. 1996, S. 1343 f.). Da z.B. die Regelung des § 47 Abs. 1 S. 1 LMBG, wonach es verboten ist, Lebensmittel einzuführen, die nicht den in der Bundesrepublik Deutschland geltenden lebensmittelrechtlichen Bestimmungen entsprechen, mit den Art. 28 ff. EG und der hierzu ergangenen Rechtsprechung des EuGH nicht vereinbar war, wurde § 47 a LMBG eingefügt. Nach dessen Abs. 1 S. 1 dürfen abweichend von § 47 Abs. 1 S. 1 LMBG Lebensmittel, die in einem anderen Mitgliedstaat rechtmäßig hergestellt und in den Verkehr gebracht werden, eingeführt werden, auch wenn sie den in der Bundesrepublik Deutschland geltenden lebensmittelrechtlichen Vorschriften nicht entsprechen. Dies gilt nicht für Erzeugnisse, die zum Schutz der Gesundheit erlassenen Vorschriften nicht entsprechen, soweit nicht die Verkehrsfähigkeit der Erzeugnisse durch eine Allgemeinverfügung bekanntgemacht worden ist (§ 47 a Abs. 1 S. 2 LMBG). Solche Allgemeinverfügungen werden auf Antrag erlassen, soweit nicht zwingende Gründe des Gesundheitsschutzes entgegenstehen (§ 47 a Abs. 2 S. 1 u. 2 LMBG) und wirken zu Gunsten aller Einführer der betreffenden Erzeugnisse aus Mitgliedstaaten der Europäischen Gemeinschaft (S. 4).Wichtig sind auch sind die Gleichwertigkeits-

Schutzniveaus ist allerdings so schwierig zu führen, dass die Feststellung der Gleichwertigkeit eher die Ausnahme als die Regel ist.[76] Auf Grund der Unwägbarkeit in der Beurteilung dieser Frage durch den EuGH wird zum Teil sogar - jedenfalls für die in Art. 30 EG genannten Gebiete - eine Rückkehr zum Prinzip der vollständigen Harmonisierung gefordert.[77]

bb) Anerkennungspflichten im Bereich der Warenverkehrsfreiheit

Die Auffassung der Kommission und der überwiegenden Literatur, Art. 28 EG verpflichte zur „gegenseitigen Anerkennung" von Rechtsvorschriften[78] sowie von im Rahmen der Prüfung der Vorschriftsmäßigkeit eines Produktes vorgenommenen Analysen, Laborversuche und Kontrollen[79] ist zu pauschal. Um den internationalverwaltungsrechtlichen Gehalt der Art. 28 ff. EG zu analysieren, muss zwischen Rechtsvorschriften und Verwaltungsakten unterschieden werden. Die Rechtmäßigkeit des In-

---

klauseln, die durch die VO vom 22. 6. 1995 zur Änderung von Verordnungen nach § 11 GSG (BGBl. 1995 I S. 836, sog. Gleichwertigkeitsverordnung) gleichlautend in eine Reihe von Einzelverordnungen aufgenommen wurden (*v. Borries/Petschke*, DVBl. 1996, S. 1346). Als Beispiel sei § 4 Abs. 2 der Druckbehälterverordnung genannt: S. 1 bestimmt, dass bei Druckbehältern, die nach den in einem anderen Mitgliedstaat der Europäischen Gemeinschaften geltenden Regelungen oder Anforderungen rechtmäßig hergestellt und in den Verkehr gebracht werden und die gleiche Sicherheit gewährleisten, davon auszugehen ist, dass die die sicherheitstechnische Beschaffenheit betreffenden Anforderungen nach Absatz 1 erfüllt sind. Nach S. 3 gelten die DIN-Normen nur beispielhaft und schließen andere, mindestens ebenso sichere Lösungen nicht aus, die insbesondere auch in Normen oder technischen Regelungen anderer Mitgliedstaaten ihren Niederschlag gefunden haben. S. 4 regelt, dass zum Nachweis der Erfüllung der sicherheitstechnischen Anforderungen der Dampfkesselverordnung auch Prüfberichte von in anderen Mitgliedstaaten der EG zugelassenen Stellen berücksichtigt werden, wenn die den Prüfberichten dieser Stellen zu Grunde liegenden technischen Anforderungen, Prüfungen und Prüfverfahren denen der deutschen Stellen gleichwertig sind. In der Praxis bereiten die Gleichwertigkeitsklauseln allerdings vielfach Probleme, da sie die Frage, ob ein bestimmtes Produkt „gleichwertig" ist, offen lassen, sodass es jeweils im Einzelfall der Feststellung und ggf. des Nachweises der Gleichwertigkeit oder Nichtgleichwertigkeit eines Produkts bedarf (*v. Borries/Petschke*, DVBl. 1996, S. 1349). Die Gleichwertigkeitsklauseln gelten zudem nur für den nicht harmonisierten Bereich, also nicht für diejenigen Erzeugnisse, für die bereits Harmonisierungsrichtlinien erlassen worden sind (*Kaufmann*, DB 1996, S. 277). Dementsprechend ist in den Klauseln klargestellt: „Vorschriften dieser Verordnung zur Umsetzung von Rechtsakten des Rats der Europäischen Union oder der Kommission der Europäischen Gemeinschaften bleiben unberührt." Da jedoch immer mehr technische Erzeugnisse durch Harmonisierungsrichtlinien erfaßt werden (z.B. Druckbehälter-VO), reduziert sich die Bedeutung der Gleichwertigkeitsklauseln nach und nach (*Kaufmann*, DB 1996, S. 277).

[76] *Rönck*, Technische Normen, S. 87; *Joerges/Falke*, Die Normung von Konsumgütern, in: Müller-Graff (Hrsg.), Technische Regeln im Binnenmarkt, S. 168 f. mit weiteren Beispielen; *Tünnessen-Harmes*, DVBl. 1994, S. 1336; *Streinz*, ZfRV 1991, S. 366.

[77] *Streinz*, ZfRV 1991, S. 368; *Bruha*, ZaöRV 1986, S. 22 f.; kritisch auch *Reuter*, CR 1990, S. 542: „Das Anerkennungsprinzip ist hiernach in der Praxis kaum verwertbar."

[78] S. o., 6. Teil, B. II. 2. a) aa) (3) u. (4).

[79] Mitteilung der Kommission über den freien Verkehr mit Lebensmitteln innerhalb der Gemeinschaft, ABl. C 271 v. 24. 10. 1989, S. 12; *v. Borries/Petschke*, DVBl. 1996, S. 1346.

verkehrbringens eines Produktes im Herstellungsland kann bereits dann gegeben sein, wenn das Produkt die in Rechtsvorschriften vorgeschriebenen materiellen Anforderungen erfüllt, sie kann jedoch auch von einem formellen Zulassungs- bzw. Genehmigungs(verwaltungs)akt abhängen. Nur soweit es um Verwaltungsakte geht, stellt sich die Frage der Anerkennung im hier vertretenen Sinn. Im Übrigen geht es um die Frage der Anwendung fremden Rechts[80], wofür häufig fälschlicherweise ebenfalls der Begriff der Anerkennung verwendet wird.[81]

(1) Förmliche Zulassungserfordernisse

In mehreren Fällen musste sich der EuGH mit der Frage auseinander setzen, ob für eingeführte Produkte, die in einem anderen Mitgliedstaat bereits förmlich zugelassen worden waren, eine erneute Zulassung verlangt werden kann. Nach der Rechtsprechung des EuGH steht Art. 28 EG im innergemeinschaftlichen Handel der Anwendung nationaler Rechtsvorschriften entgegen, die, auch nur als reine Formalität, Einfuhrlizenzen oder ähnliche Verfahren gleich welcher Art verlangen,[82] da jedwedes Erfordernis einer besonderen Formalität im innergemeinschaftlichen Handel wegen der damit verbundenen Verzögerung und seiner abschreckenden Wirkung auf die am Wirtschaftsleben Beteiligten ein Hindernis für den freien Warenverkehr darstelle.[83] Daher fallen auch Zulassungserfordernisse unter das Verbot des Art. 28 EG.[84] Es kommt also darauf an, ob und, wenn ja, unter welchen Voraussetzungen ein Zulassungserfordernis z.B. aus Gründen des Gesundheitsschutzes nach Art. 30 EG gerechtfertigt werden kann. Fehle es an einer Gemeinschaftsregelung, so sei es, wie der EuGH immer wieder betont, Sache der Mitgliedstaaten, zu bestimmen, in welchem Umfang sie den Schutz der Gesundheit und des Lebens von Menschen gewährleisten wollten,[85] zumal wenn beim jeweiligen Stand der Forschung noch Unsicherheiten bestünden.[86] Zu diesem Zweck sei ein Mitgliedstaat nach Art. 30 EG grundsätzlich auch befugt, für ein Erzeugnis eine vorherige Zulassung vorzuschreiben, selbst wenn das Erzeugnis bereits in einem anderen Mitgliedstaat zugelassen worden sei. [87] Das Zulassungserfordernis sei allerdings am Maßstab des Verhältnismäßigkeitsgrundsatzes zu messen, der

---

[80] Hierzu unten, 6. Teil, C. II.

[81] *Basedow*, RabelsZ 59 (1995), S. 13.

[82] EuGHE 1971, S. 1107 - International Fruit Company; EuGHE 1976, S. 1921 Ls. 2 - Donckerwolcke; EuGHE 1988, S. 1037/1057 Rn 9 - Kom./Griechenland; EuGHE 1983, S. 203 Ls. 4 - UHT-Milch.

[83] EuGHE 1977, S. 515 Ls. 1 - Kartoffeln.

[84] EuGHE 1983, S. 2445 Ls. 1 - Sandoz.

[85] EuGHE 1981, S. 3277/3290 Rn. 12 - Biologische Producten; EuGHE 1986, S. 1511/1528 Rn. 21 - Muller; EuGHE 1996, S. I - 3159 Ls. 2 - Brandsma.

[86] EuGHE 1983, S. 2445/2463 Rn. 16 - Sandoz; EuGHE 1985, S. 3887/3904 Rn. 19 - Motte; EuGHE 1987, S. 1227/1228 Ls. 4 - Bier.

[87] EuGHE 1981, S. 3277 Ls. 1 - Biologische Producten; EuGHE 1983, S. 2445 Ls. 2 u. S. 2463 Rn. 17 - Sandoz; EuGHE 1985, S. 3887/3905 Rn. 22 - Motte; EuGHE 1987, S. 1227/1228, Ls. 4 - Bier; EuGHE 1994, S. I-5243/5264 Rn. 18; EuGHE 1996, S. I - 3159 Ls. 2 - Brandsma.

Art. 30 S. 2 EG zu Grunde liege.[88] Dieser Grundsatz verlange, dass die Regelung auf das Maß dessen zu beschränken sei, was zur Erreichung der rechtmäßig verfolgten Ziele des Gesundheitsschutzes erforderlich sei.[89] Bei dieser Prüfung sei einerseits die Gefährlichkeit des Erzeugnisses und andererseits der Umstand zu berücksichtigen, dass das Erzeugnis im Herstellungsmitgliedstaat bereits zugelassen sei.[90] Ein Zulassungserfordernis sei daher nur gerechtfertigt, sofern das Inverkehrbringen genehmigt werde, wenn sich dies mit den Erfordernissen des Gesundheitsschutzes vereinbaren lasse.[91] Bei Lebensmittelzusatzstoffen müssten die Mitgliedstaaten zur Einhaltung des Grundsatzes der Verhältnismäßigkeit das Inverkehrbringen gestatten, wenn die Zusetzung im Einfuhrstaat keine Gefahr für die Gesundheit darstelle und einem echten Bedürfnis, insbesondere technologischer oder ernährungswissenschaftlicher Art, entspreche.[92] Der Grundsatz der Verhältnismäßigkeit erfordere außerdem, dass die Wirtschaftsteilnehmer die Möglichkeit hätten, in einem leicht zugänglichen Verfahren, das innerhalb eines angemessenen Zeitraums abgeschlossen werden könne, zu beantragen, dass die Verwendung bestimmter Zusatzstoffe durch einen Rechtsakt von allgemeiner Wirkung[93] zugelassen werde.[94] Die Pflicht zur Berücksichtigung der im Herkunftsstaat bereits erfolgten Zulassung beinhaltet nach dem EuGH, dass die Behörden des Einfuhrmitgliedstaats im Rahmen des zweiten Zulassungsverfahrens nicht ohne Not technische oder chemische Analysen oder Laborversuche verlangen dürften, wenn die gleichen Analysen und Versuche bereits in einem anderen Mitgliedstaat durchgeführt worden seien und ihre Ergebnisse diesen Behörden zur Verfügung stünden oder auf Anfrage zur Verfügung gestellt werden könnten.[95]

Da nach der Rechtsprechung des EuGH bei Waren aus anderen Mitgliedstaaten eine erneute Zulassung nur bei Vorliegen der Voraussetzungen des Art. 30 EG bzw. von

[88] EuGHE 1983, S. 2445 Ls. 2 - Sandoz; EuGHE 1985, S. 3887/3905 Rn. 23 - Motte; EuGHE 1986, S. 1511/1528 Rn. 23 - Muller; EuGHE 1987, S. 1227/1228 Ls. 4 - Bier. Dieser Grundsatz ist im Wesentlichen identisch mit dem Verhältnismäßigkeitsprinzip im deutschen öffentlichen Recht (BVerwG, VBlBW, 1998, S. 336/339; *Mohr*, Technischen Normen und freier Warenverkehr in der EWG, S. 133 m.w.Nachw.). Zum gemeinschaftsrechtlichen Grundsatz der Verhältnismäßigkeit ausführlich *Schwarze*, Europäisches Verwaltungsrecht, Bd. 2, S. 690 ff.

[89] EuGHE 1976, S. 613/635 f. Rn. 14/18 - de Peijper; EuGHE 1983, S. 2445 Ls. 2 - Sandoz; EuGHE 1985, S. 3887/3905 Rn. 23 - Motte; EuGHE 1986, S. 1511/1528 Rn. 23 - Muller; EuGHE 1987, S. 1227/1228 Ls. 4 - Bier.

[90] EuGHE 1981, S. 3277/3291 Rn. 13 - Biologische Producten.

[91] EuGHE 1983, S. 2445 Ls. 2 - Sandoz; EuGHE 1985, S. 3887/3905 Rn. 23 - Motte.

[92] EuGHE 1983, S. 2445 Ls. 2 - Sandoz; EuGHE 1987, S. 1227/1228, Ls. 4 - Bier; EuGHE 1990, S. I-4863/ 4883 Rn. 14 - Bellon.

[93] Die Zulassung in Form eines Rechtsakts von allgemeiner Wirkung bedeutet, dass die Zulassung für alle eingeführten Lebensmittel gilt, die die Zulassungsvoraussetzungen erfüllen, d.h. eine derartige Zulassung darf nur für ein neues Produkt verlangt werden, das erstmals auf dem Markt erscheint (Mitteilung der Kommission über den freien Verkehr mit Lebensmitteln innerhalb der Gemeinschaft, ABl. C 271/12 v. 24. 10. 1989).

[94] EuGHE 1986, S. 1511/1528 Rn. 23 - Muller; EuGHE 1987, S. 1227/1229 Ls. 4 - Bier; EuGHE 1990, S. I- 4863 Ls. - Bellon.

[95] EuGHE 1981, S. 3277 Ls. 1- Biologische Producten; EuGHE 1996, S. I-3159 Ls. 2 - Brandsma.

zwingenden Erfordernissen, also nur ausnahmsweise gerechtfertigt ist, ist im Grundsatz davon auszugehen, dass eine erneute Zulassung nicht verlangt werden darf. Damit hat die Zulassung des Herkunftsstaats grenzüberschreitende Wirkung. Diese Wirkung tritt jedoch nicht durch eine unmittelbare gemeinschaftsweite Geltung der Zulassung des Herkunftsstaats ein,[96] sondern setzt die Anerkennung durch den Aufnahmestaat voraus. Erst durch die Anerkennung erlangt das Produkt die Verkehrsfähigkeit im Inland, erst sie verleiht dem Zulassungsakt des Herkunftsstaates Rechtswirkungen im Inland. Die nach fremdem Recht erteilte Zulassung tritt durch die Anerkennung an die Stelle einer nach eigenem Recht ergangenen Zulassung. Die Anerkennung hat, wenn alle Mitgliedstaaten die Anerkennung vorgenommen haben, zwar im Ergebnis eine gemeinschaftsweite Geltung zur Folge[97], diese unterscheidet sich aber von einer ursprünglichen gemeinschaftweiten Geltung dadurch, dass sie erst als Folge der Anerkennung durch sämtliche Mitgliedstaaten entsteht.

Die Ansicht *Engels*, das Gemeinschaftsrecht verlange nicht die Anerkennung der Verwaltungsakte anderer Mitgliedstaaten, also die Erstreckung ihrer Rechtswirkungen ins Inland, vielmehr genüge es, wenn das Bestimmungsland auf die Anwendung seines eigenen Wirtschaftsverwaltungsrechts verzichte,[98] trifft nicht zu. Diese Auffassung würde dazu führen, dass sich das Produkt im Inland im rechtsfreien Raum bewegt. Im Falle einer später auftretenden Gefahr hätte die inländische Behörde dann keine Möglichkeiten wie z.B. eine Aufhebung der Anerkennung[99] zur Hand.

Fraglich ist aber, in welcher Form die Anerkennung erfolgen muss: individuell durch Verwaltungsakt oder allgemein durch Gesetz oder Rechtsverordnung? Da unter den Begriff der „Maßnahme gleicher Wirkung“ jedwedes Erfordernis einer besonderen Formalität im innergemeinschaftlichen Handel fällt, weil es wegen der damit verbundenen Verzögerung und seiner abschreckenden Wirkung auf die am Wirtschaftsleben Beteiligten ein Hindernis für den freien Warenverkehr darstellt,[100] verstößt ein formelles Anerkennungserfordernis (behördliche Einzelfallanerkennung) gegen Art. 28 EG. Dies gilt auch dann, wenn die Genehmigung bzw. die Anerkennung auf Antrag immer erteilt wird.[101] Aus diesem Grunde trifft die Auffassung *Happes*, Art. 28 EG führe lediglich zu einer Reduzierung des Anerkennungsermessens „auf Null“,[102] nicht zu. Der freie Warenverkehr ist ein Recht, dessen Ausübung nicht von einem Ermessen oder einer Konzession der nationalen Verwaltung abhängen kann.[103] Die Anerkennung

---

[96] Eine unmittelbare gemeinschaftsweite Geltung tritt nur bei Zulassungsentscheidungen auf der Grundlage von EG-Verordnungen ein, nicht aber auch bei Zulassungen auf Grund von umgesetztem Richtlinienrecht oder rein nationalem Recht, s. o. 6. Teil, A. II. 1. b).
[97] G/T/E-*Troberg*, Art. 57 EGV Rn. 16.
[98] *Engel*, DV 1992, S. 452.
[99] Hierzu unten, 6. Teil, D. IV.
[100] EuGHE 1977, S. 515 Ls. 1 - Kartoffeln.
[101] G/T/E-*Müller-Graff*, Art. 30 EGV Rn. 83.
[102] *Happe*, Grenzüberschreitende Wirkung, S. 143.
[103] EuGHE 1983, S. 203/205 Ls. 5 - UHT-Milch.

muss deshalb allgemein (durch Gesetz oder Verordnung) erfolgen.[104] Mit Grenzüberschreitung greift dann die gesetzliche Anerkennungsregelung ein und verleiht der fremden Zulassung so „automatisch" Rechtswirkungen im eigenen Hoheitsgebiet.[105] Die Anerkennung selbst ist nicht bereits in Art. 28 EG enthalten. Art. 28 EG enthält lediglich eine unter bestimmten Voraussetzungen bestehende Anerkennungspflicht der Mitgliedstaaten. Art. 28 EG gilt zwar unmittelbar, dies bedeutet jedoch nur, dass sich die Vorschrift nicht nur an die Mitgliedstaaten richtet, sondern dass sich auch der Einzelne darauf - im Gegensatz zu einer in einem völkerrechtlichen Vertrag enthaltenen Anerkennungsverpflichtung - berufen kann. Die Anerkennung als solche obliegt nach wie vor den Mitgliedstaaten.

Eine Anerkennungspflicht besteht ausnahmsweise nicht, wenn das Produkt im Inland einem Zulassungsverfahren unterliegt, das aus den Gründen des Art. 30 EG oder auf Grund „zwingender Erfordernisse" gerechtfertigt ist. Da Produktzulassungserfordernisse meistens zum Zweck des Schutzes von Leben und Gesundheit der Menschen bestehen, sind diese Ausnahmen häufiger als der Regelfall. Art. 30 EG bzw. die zwingenden Erfordernisse im Sinne der Cassis - Rechtsprechung haben gegenüber der aus Art. 28 EG folgenden grundsätzlichen Anerkennungspflicht die Funktion eines ordre public - Vorbehalts, der ausnahmsweise das Beharren auf dem nationalen Zulassungsverfahren erlaubt.

Doch auch wenn eine erneute Zulassung nach Art. 30 EG gerechtfertigt ist, bedeutet dies nicht, dass das im Herkunftsland durchgeführte Zulassungsverfahren unberücksichtigt bleibt. Analysen und Versuche, die bereits im Rahmen des ersten Zulassungsverfahrens durchgeführt wurden, dürfen nicht erneut verlangt werden. Da es insofern regelmäßig an einem anerkennungsfähigen Verwaltungsakt fehlt, liegt darin allerdings keine Anerkennungspflicht, sondern nur eine Pflicht zur Berücksichtigung von Tatsachen, die sich im Ausland ereignet haben. Diese Tatsachenberücksichtigungspflicht stellt ein minus gegenüber einer Anerkennung der Zulassungsentscheidung dar.[106]

(2) Doppelte Kontrollen

In anderen Fällen hatte sich der EuGH mit der Frage zu beschäftigen, ob im Bestimmungsland gesundheitspolizeiliche oder sicherheitstechnische Kontrollen zulässig sind, obwohl das Erzeugnis bereits im Herkunftsmitgliedstaat einer solchen Kontrolle unterworfen war, und wenn ja, inwieweit bei der zweiten Kontrolle Untersuchungen, die im Rahmen der ersten Kontrolle durchgeführt wurden, zu berücksichtigen sind. Bei einer Kontrolle handele es sich, so der EuGH, um eine Maßnahme gleicher Wirkung

[104] Die Gleichwertigkeitsklauseln z.B. stellen gesetzlichen Anerkennungsregeln dar. Sie sind deshalb nicht bloß deklaratorisch (a.A. *v. Borries/Petschke*, DVBl. 1996, S. 1348).
[105] Diese Möglichkeit übersieht *Neßler*, Europäisches Richtlinienrecht, S. 15.
[106] *Beyer*, EWS 1999, S. 13.

im Sinne des Art. 28 EG, die - mangels einer Gemeinschaftsregelung - nach Art. 30 EG gerechtfertigt sein könne, wenn sie z.B. zum Schutz der Gesundheit oder aus Gründen der Verkehrssicherheit durchgeführt werde und verhältnismäßig sei.[107] Das Erfordernis eines weiteren Kontrollverfahrens im Einfuhrland gehe jedoch über das nach Art. 30 EG Zulässige hinaus, wenn das angestrebte Ziel genauso wirksam durch Maßnahmen erreicht werden könne, die den innergemeinschaftlichen Handel weniger beschränkten.[108] Daraus folge, dass die Behörden des Einfuhrmitgliedstaats verpflichtet seien, der Existenz der im Ursprungsland durchgeführten Kontrollen Rechnung zu tragen.[109] Sie hätten zu prüfen, ob die ausgestellten Nachweise nicht eine Vermutung dafür begründeten, dass die eingeführten Waren den Erfordernissen der innerstaatlichen gesundheitsrechtlichen Vorschriften entsprechen.[110] Die Behörden dürften keine Kontrollen verlangen, die bereits in einem anderen Mitgliedstaat durchgeführt worden seien und deren Ergebnisse diesen Behörden zur Verfügung stünden oder auf Anfrage zur Verfügung gestellt werden könnten.[111] Das Gleiche gelte für technische oder chemische Analysen oder Laborversuche. [112] „Der Geist der gegenseitigen Zusammenarbeit und Unterstützung zwischen den nationalen Kontrollbehörden" verlange, „dass der Einfuhrmitgliedstaat die vom Mitgliedstaat der Erzeugung ... ausgestellten Analysezertifikate anerkennt."[113] Diese Regel stelle eine besondere Ausprägung des allgemeineren Grundsatzes des gegenseitigen Vertrauens zwischen den Behörden der Mitgliedstaaten dar.[114] Doppelte Kontrollen könnten daher nicht gerechtfertigt sein, wenn die im Herkunftsmitgliedstaat durchgeführten Kontrolle den im Einfuhrmitgliedstaat bestehenden Anforderungen genügten.[115] Nach dem EuGH schließt diese Rechtsprechung es für die Behörden des Einfuhrstaates jedoch nicht aus, Stichprobenkontrollen durchzuführen, um sich über die Einhaltung der von ihnen festgelegten Normen zu vergewissern,[116] Eine zweite Analyse kann nach der Rechtsprechung auch dann gerechtfertigt sein, wenn vernünftigerweise (auf Grund eines durch konkrete Anhaltspunkte im Einzelfall begründeten Verdachts[117]) anzunehmen sei, dass das Produkt nicht den Erfordernissen der Gemeinschaftsvorschriften[118] bzw. den innerstaatlichen Normen des Einfuhrstaats[119] entspreche, denn der Einfuhrmitgliedstaat habe die Möglichkeit, sich der Einfuhr von Sendungen zu widersetzen, die er für mit diesen

---

107 EuGHE 1981, S. 995 Ls. 2 - United Foods; EuGHE 1987, S. 2525/ 2541 f. Rn. 7 - Gofette.

108 EuGHE 1981, S. 995 Ls. 2 - United Foods; EuGHE 1979, S. 3369/3391 Rn. 23 - Denkavit Futtermittel; EuGHE 1987, S. 2525/2542 Rn. 10 - Gofette.

109 EuGHE 1997, S. I-2971/3013 Rn. 34 - Faber Sekt; EuGHE 1983, S. 1013/1048 Rn. 56 - Kom./Frankreich.

110 EuGHE 1983, S. 203/239 Rn. 30 - UHT-Milch.

111 EuGHE 1987, S. 2525/2542 Rn. 11 - Gofette.

112 EuGHE 1989, S. 1124/1129 f. Rn. 18 - Wurmser.

113 EuGHE 1997, S. I-2971/3013 Rn. 34 - Faber Sekt.

114 EuGHE 1989, S. 1124/ 1130 Rn. 18 - Wurmser.

115 EuGHE 1994, S. I-4249/4268 f. Rn. 19 - Houtwipper.

116 EuGHE 1983, S. 1013/1048 Rn. 57 - Kom./Frankreich; EuGHE 1983, S. 203/239 Rn. 31 - UHT-Milch.

117 EuGHE 1983, S. 1013/1048 Rn. 57 - Kom./Frankreich.

118 EuGHE 1997, S. I-2971/3013 Rn. 35 - Faber Sekt.

119 EuGHE 1983, S. 203/239 Rn. 31 - UHT-Milch.

Normen nicht vereinbar halte.[120] Ergänzende Analysen seien zudem zulässig, wenn mit den vom Einfuhrstaat durchgeführten ergänzenden Analysen Eigenschaften des Produkts überprüft werden sollten, die bei der durch den Erzeugungsmitgliedstaat durchgeführten Analyse nicht kontrolliert worden seien.[121] Dies gilt nach dem EuGH selbst dann, wenn die Ware von vorschriftsmäßigen Analysezertifikaten begleitet werde.[122] Eine Berufung auf Art. 30 EG sei dagegen nicht mehr möglich, wenn Richtlinien der Gemeinschaft die abschließende Harmonisierung der Maßnahmen vorsehen, die zur Verwirklichung des konkreten Ziels, das durch den Rückgriff auf Art. 30 EG erreicht werden solle, erforderlich seien,[123] so z.B. durch Richtlinien, die die gesundheitspolizeilichen Kontrollmaßnahmen der Mitgliedstaaten harmonisieren.[124] Auch dann müssten sich die Mitgliedstaaten hinsichtlich der in ihrem jeweiligen Hoheitsgebiet durchgeführten Kontrollen gegenseitig Vertrauen entgegenbringen.[125] Dem Bestimmungsland verbleibe jedoch die Möglichkeit, darüber zu wachen, dass die sich aus dem vereinheitlichten Kontrollsystem ergebenden Garantien auch wirklich vorliegen.[126] Systematische gesundheitspolizeiliche Kontrollen sind nach dem EuGH aber unzulässig,[127] und zwar selbst dann, wenn die maßgeblichen sekundärrechtlichen Vorschriften systematische Kontrollen erlauben, da das abgeleitete Gemeinschaftsrecht wiederum im Lichte des Primärrechts auszulegen sei.[128]

Es fragt sich, ob aus dieser Rechtsprechung des EuGH die Pflicht folgt, die Kontrollen des Herkunftsmitgliedstaats anzuerkennen,[129] oder ob sie nur eine Berücksichtigungspflicht in Bezug auf die durch die Analysezertifikate festgestellten Tatsachen statuiert[130]. Bei den gesundheitsbehördlichen Kontrollbescheinigungen („Analysezertifikaten“) handelt es sich um feststellende Verwaltungsakte. Eine bloße Tatsachenberücksichtigung scheidet daher aus. Geht es allerdings nicht um die Frage, ob der Einfuhrstaat bei einer bestimmten Sendung eine bestimmte Kontrollbescheinigung des Herkunftsstaats berücksichtigen muss, sondern um die Frage, ob der Einfuhrstaat generell auf systematische Kontrollen verzichten muss, weil auch der Herkunftsstaat (allgemein) Kontrollen vornimmt, geht es nur um die Berücksichtigung von Tatsachen.

Bedenken gegen eine Anerkennungspflicht hinsichtlich der gesundheitsbehördlichen Kontrollbescheinigungen des Herkunftsstaats ergeben sich daraus, dass das Vorliegen derartiger Bescheinigungen nach dem EuGH Zweitkontrollen nicht generell aus-

[120] EuGHE 1983, S. 203/239 Rn. 31 - UHT-Milch.
[121] EuGHE 1997, S. I-2971/3013 Rn. 36 - Faber Sekt.
[122] EuGHE 1997, S. I-2971 Ls. 3 u. S. 3013 f. Rn. 37 - Faber Sekt.
[123] EuGHE 1996, S. I-2553 Rn. 18 - Hedley Lomas.
[124] EuGHE 1977, S. 5 Rn. 16/19 - Bauhuis.
[125] EuGHE 1996, S. I-2553 Rn. 19 - Hedley Lomas; EuGHE 1977, S. 5 Rn. 22 /25 - Bauhuis.
[126] EuGHE 1977, S. 5 Rn. 20/21 - Bauhuis.
[127] EuGH, EuZW 1990, S. 29 - Kom./Deutschland.
[128] EuGHE 1997, S. I-2971/3012 f. Rn. 31 ff. - Faber Sekt.
[129] So *Behrens*, EuR 1992, S. 157.
[130] So *Beyer*, EWS 1999, S. 17.

schließt. Der Einfuhrstaat darf Stichprobenkontrollen und ergänzende Kontrollen durchführen; außerdem kann er eine zweite Kontrolle auch dann vornehmen, wenn er den begründeten Verdacht hat, dass die eingeführte Ware den Gemeinschaftsvorschriften bzw. den eigenen Vorschriften nicht entspricht. Daraus folgt, dass die Anerkennung verweigert werden kann, wenn die Kontrollbescheinigung des Herkunftsstaats deshalb rechtswidrig ist, weil das Produkt den einschlägigen Vorschriften nicht entspricht. Bestünde eine Anerkennungspflicht auch bei rechtswidrigen Kontrollbescheinigungen, hätte die Befugnis zu Zweitkontrollen keinen Sinn. Nach dem EuGH haben Kontrolbescheinigungen also nur eine Vermutungswirkung. Zwar müssen den Bescheinigungen auch in diesem Fall Rechtswirkungen verliehen, sie also anerkannt werden, doch handelt es sich nicht um eine uneingeschränkte Anerkennungspflicht.

(3) Ergebnis und Stellungnahme

Nach der Rechtsprechung des EuGH folgt aus den Art. 28 ff. EG zwar eine grundsätzliche, aber keine generelle Pflicht zur Anerkennung von Produktzulassungs- und Kontrollakten anderer Mitgliedstaaten. Aus den Gründen des Art. 30 EG bzw. wegen zwingender Erfordernisse dürfen formelle Produktzulassungen nach wie vor verlangt werden, auch wenn das Produkt im Herkunftsstaat bereits zugelassen worden ist. Auch die Durchführung einer erneuten Kontrolle ist selbst dann nicht völlig ausgeschlossen, wenn vorschriftsmäßige Analysezertifikate vorgelegt werden können.

Der EuGH ist insoweit aber zu zurückhaltend. Eine uneingeschränkte Anerkennungspflicht ist auch im Anwendungsbereich des Art. 30 EG immer dann zu fordern, wenn die Zulassungs- bzw. Kontrollvoraussetzungen gleichwertig sind, wobei gleichwertig so zu verstehen ist, dass die Anwendung der Vorschriften des Herkunftslandes einen ebenso guten Schutz der Rechtsgüter des Art. 30 EG herbeiführen wie die Vorschriften des Einfuhrstaates. Damit sind die Rechtsgüter des Art. 30 EG hinreichend geschützt; eine erneute Zulassung würde kein höheres Schutzniveau herbeiführen. Bei Gleichwertigkeit der Zulassungs- bzw. Kontrollvoraussetzungen besteht daher kein Grund, dem Einfuhrstaat eine Berufung auf Art. 30 EG zu gestatten. Entsprechendes gilt für die zwingenden Erfordernisse im Sinne der Cassis-Rechtsprechung. Für dieses Ergebnis spricht auch die Entscheidung des EuGH im Fall Holzbearbeitungsmaschinen. Danach kann der Einfuhrstaat dann nicht auf der Einhaltung seiner nationalen Produktsicherheitsvorschriften bestehen, wenn das aus einem andern Mitgliedstaat stammende Erzeugnis hinsichtlich des Niveaus des Schutzes der Gesundheit und des Lebens von Menschen dem entspreche, was mit der nationalen Regelung erreicht werden solle.[131]

Bei vollständiger Harmonisierung (die allerdings selten ist) besteht jedoch auch nach der Rechtsprechung des EuGH immer eine Anerkennungspflicht, da in diesem Fall die

---

[131] EuGHE 1986, S. 419 Ls. u. S. 436 Rn. 16 - Holzbearbeitungsmaschinen.

Berufung auf Art. 30 EG bzw. zwingende Gründe des Allgemeininteresses ausgeschlossen ist, das Einfuhrland also keine Möglichkeit hat, eine Behinderung des grenzüberschreitenden Warenverkehrs durch ein erneutes Zulassungs- oder Kontrollerfordernis zu rechtfertigen.

b) Dienstleistungsfreiheit, Art. 49 EG

aa) Grundzüge der Dienstleistungsfreiheit nach der Rechtsprechung des EuGH

(1) Begriff der „Beschränkungen" im Sinne von Art. 49 EG

Nach Art. 49 EG (früher Art. 59 EGV) sind die „Beschränkungen" des freien Dienstleistungsverkehrs für Angehörige der Mitgliedstaaten, die in einem anderen Staat der Gemeinschaft als demjenigen des Leistungsempfängers ansässig sind, verboten. Trotz der Vorschrift des Art. 50 Abs. 3 EG, wonach die Leistung im Empfangsstaat „unter den Voraussetzungen, welche dieser Staat für seine eigenen Angehörigen vorschreibt", erbracht wird, was eine auf den Grundsatz der bloßen Inländergleichbehandlung beschränkte Reichweite der Dienstleistungsfreiheit nahe legt, versteht der EuGH Art. 49 EG seit der Entscheidung im Fall „van Binsbergen"[132] und ihm folgend die Literatur[133] als umfassendes Beschränkungsverbot. In einer neueren Entscheidung hat der EuGH dies folgendermaßen formuliert:

> „Art. 59 EGV (jetzt Art. 49 EG) verlangt nicht nur die Beseitigungen sämtlicher Diskriminierungen des Dienstleistungserbringers auf Grund seiner Staatsangehörigkeit, sondern auch die Aufhebung aller Beschränkungen - selbst wenn sie unterschiedslos für einheimische Dienstleistende wie für Dienstleistende anderer Mitgliedstaaten gelten - , wenn sie geeignet sind, die Tätigkeit des Dienstleistenden, der in einem anderern Mitgliedstaat ansässig ist und dort rechtmäßig ähnliche Dienstleistungen erbringt, zu unterbinden oder zu behindern."[134]

Gegen die Begrenzung der Dienstleistungsfreiheit auf eine bloße Inländerbehandlung führt der EuGH an, Art. 50 Abs. 3 EG solle es in erster Linie dem Leistungserbringer ermöglichen, seine Tätigkeit in dem Mitgliedstaat, in dem die Leistung erbracht wird, ohne Diskriminierungen gegenüber den Staatsangehörigen dieses Staats auszuüben. Er impliziere hingegen nicht, dass jede für die Staatsangehörigen dieses Staats geltende nationale Regelung, die normalerweise eine Dauertätigkeit von in diesem Staat ansässigen Unternehmen zum Gegenstand hat, in vollem Umfang auf zeitlich begrenzte Tätigkeiten angewandt werden könne, die von in anderen Mitgliedstaaten ansässigen

---

[132] EuGHE 1974, S. 1299.
[133] Vgl. G/T/E-*Troberg*, Art. 59 EGV Rn. 4.
[134] EuGHE 1991, S. I-4221, Ls. 1 - Dennemeyer.

Unternehmen ausgeübt werden.[135] Andernfalls werde den Bestimmungen des Vertrages, die den freien Dienstleistungsverkehr gewährleisten sollen, jede praktische Wirksamkeit genommen.[136]

(2) Rechtfertigung von Beschränkungen

Voraussetzung für eine Rechtfertigung nationaler Vorschriften, die den grenzüberschreitenden Dienstleistungsverkehr behindern, ist zunächst, dass es an einer Harmonisierung durch Gemeinschaftsrecht fehlt. Ist dies der Fall, so muss weiter gefragt werden, ob es sich um diskriminierende oder um nicht diskriminierende Regeln handelt. Während diskriminierende Vorschriften nur unter den Voraussetzungen des Art. 55 i.V.m. Art. 46 EG („aus Gründen der öffentlichen Ordnung, Sicherheit oder Gesundheit") gerechtfertigt werden können,[137] lassen sich Beschränkungen des freien Dienstleistungsverkehrs durch unterschiedslos auf alle im Hoheitsgebiet des Bestimmungsstaats tätigen Personen oder Unternehmen anwendbare Vorschriften nach der Rechtsprechung des EuGH auch durch zwingende Gründe des Allgemeininteresses rechtfertigen.[138] Die Parallele zur Rechtsprechung auf dem Gebiet der Warenverkehrsfreiheit ist offensichtlich. Zu den vom Gerichtshof (bislang) anerkannten Gründen des Allgemeininteresses gehören z.B. die zum Schutz des Empfängers von Dienstleistungen bestimmten Berufsregeln, der Schutz des geistigen Eigentums, der Schutz der Arbeitnehmer, der Schutz der Verbraucher und die Erhaltung des nationalen historischen und künstlerischen Erbes.[139] Die im Allgemeininteresse gestellten Anforderungen müssen zudem geeignet sein, die Verwirklichung des mit ihnen angestrebten Ziels zu gewährleisten und dürfen nicht über das hinausgehen, was zur Erreichung dieses Ziels erforderlich ist.[140] Es ist also der Verhältnismäßigkeitsgrundsatz zu beachten.[141]

Jede in einem Mitgliedstaat rechtmäßig erbrachte Dienstleistung darf demnach grundsätzlich (d.h. vorbehaltlich nach Art. 55 i.V.m. Art. 46 EG oder aus zwingenden Gründen des Allgemeininteresses gerechtfertigter Beschränkungen) auch in anderen Mitgliedstaaten erbracht werden.[142] Die Dienstleister sind demnach nicht mehr dem

---

[135] EuGHE 1981, S. 3305/3324 Rn. 15 f. - Webb; EuGHE 1986, S. 3755/3802 Rn. 26 - Versicherungen.

[136] EuGHE 1991, S. I-709 Ls. 2 - Fremdenführer; EuGHE 1991, S. I-4221 Ls. 1 - Dennemeyer.

[137] EuGHE 1991, S. 4007 Ls. 1 u. S. 4040 Rn. 11 - Gouda.

[138] EuGHE 1974, S. 1299 Ls. 2 u. S. 1309 Rn. 10/12 - van Binsbergen; EuGHE 1981, S. 3305 Ls. 3 - Webb; EuGHE 1986, S. 3755 Ls. 4 - Versicherungen; EuGHE 1991, S. 4007 Ls. 1 u. S. 4040 f. Rn. 13 - Gouda.

[139] EuGHE 1991, S. 4007/4041 Rn. 14 - Gouda.

[140] EuGHE 1986, S. 3755 Ls. 4 - Versicherungen; EuGHE 1991, S. I-709 Ls. 3 - Fremdenführer; EuGHE 1991, S. 4007 Ls. 1 u. S. 4041 Rn 15 - Gouda; EuGHE 1991, S. I-4221 Ls. 2 - Dennemeyer.

[141] G/T/E-*Troberg*, Art. 59 EGV Rn. 23.

[142] G/T/E-*Troberg*, Art. 57 EGV Rn. 18; *Roth*, in: Dauses (Hrsg.), Hdb. EU-WirtschaftsR, E. I, Rn. 121.

Regulierungssystem desjenigen Mitgliedstaates unterworfen sind, in dem sie tätig werden wollen (Bestimmungslandprinzip), vielmehr genügt die Einhaltung der gewerbe- und berufsrechtlichen Regelungen des Mitgliedstaates, in dem sie ansässig sind.[143] Damit gilt auch auf dem Gebiet der Dienstleistungsfreiheit das Herkunftslandprinzip.[144]

bb) Anerkennungspflichten im Bereich der Dienstleistungsfreiheit

(1) Förmliche Genehmigungs- bzw. Zulassungerfordernisse

Im mehreren Fällen hatte sich der EuGH mit der Frage zu beschäftigen, ob für die Ausübung einer genehmigungspflichtigen Tätigkeit auch dann eine Genehmigung verlangt werden darf, wenn die Tätigkeit bereits im Herkunftsland des Dienstleistenden genehmigt worden ist. Für die Tätigkeit gewerblicher Stellenvermittlungsbüros für Bühnenkünstler bejahte der EuGH diese Frage, wenn sich das Genehmigungserfordernis für die Gewährleistung der Beachtung der Berufsregelungen und des Schutzes des Künstlers als objektiv notwendig darstelle.[145] Dies sei dann nicht der Fall, wenn der in einem anderen Mitgliedstaat ansässige Leistende dort eine Genehmigung besitze, die unter Voraussetzungen erteilt worden sei, welche mit denen des Staates, in dem die Leistung erbracht werde, vergleichbar seien und in jenem Staat die gesamte Vermittlungstätigkeit des Büros ohne Rücksicht darauf, in welchem Mitgliedsstaat die Leistung erbracht werden solle, einer angemessenen Beaufsichtigung unterstellt sei.[146]

Im Fall Webb[147] hatte der EuGH die gleiche Frage für die Tätigkeit der Überlassung von Arbeitnehmern zu entscheiden. Er erklärte das Genehmigungserfordernis für grundsätzlich zulässig, da es eine im Allgemeininteresse liegende Regelung darstelle, da so die Genehmigung versagt werden könne, wenn die Gefahr bestehe, dass diese Tätigkeit gedeihliche Verhältnisse auf dem Arbeitsmarkt beeinträchtigen würde oder dass dabei die Interessen der betroffenen Arbeitnehmer unzulänglich gewahrt werden würden.[148] Dabei verwies der EuGH auch auf die Unterschiede, die zwischen den Arbeitsmarktverhältnissen der verschiedenen Mitgliedstaaten bestehen können, sowie auf die Verschiedenheit der Beurteilungsmaßstäbe, die an diese Art von Tätigkeit angelegt würden.[149] Es ginge allerdings über das angestrebte Ziel hinaus, wenn die Anforderungen, von denen die Erteilung einer Genehmigung abhängt, zu einer bloßen Wiederholung der Nachweise und Sicherheiten führen würde, die im Staat der Niederlassung

---

[143] *Behrens*, EuR 1992, S. 156.
[144] Mitteilung der Kommission, ABl. C 334/3 v. 9. 12. 1993, S. 6; *Roth*, in: Dauses (Hrsg.), Hdb. EU-WirtschaftsR, E. I, Rn. 121; *Behrens*, EuR 1992, S. 156.
[145] EuGHE 1979, S. 35/52 f. Rn. 29 - van Wesemael.
[146] EuGHE 1979, S. 35/53 Rn. 30 - van Wesemael.
[147] EuGHE 1981, S. 3305.
[148] EuGHE 1981, S. 3305/3325 Rn. 19 - Webb.
[149] EuGHE 1981, S. 3305/3325 Rn. 19 - Webb.

verlangt würden. Der Mitgliedstaat, in dem die Leistung erbracht werden soll, müsse bei der Prüfung der Anträge auf Genehmigung und bei der Genehmigungserteilung die Nachweise und Sicherheiten berücksichtigen, die der Leistungserbringer bereits für die Ausübung seiner Tätigkeit im Mitgliedstaat der Niederlassung beigebracht habe.[150]

Im sog. „Versicherungsurteil"[151] stand der EuGH den Mitgliedstaaten die Befugnis zu, Versicherungsunternehmen, die in einem anderen Mitgliedstaaten bereits zugelassen worden waren und die im Wege grenzüberschreitender Dienstleistung tätig werden wollten, einem erneuten Zulassungserfordernis zu unterwerfen. Da damals noch zwischen den nationalen Vorschriften über die technischen Reserven erhebliche Unterschiede bestanden und auch Vorschriften fehlten, wonach die Aufsichtsbehörde des Niederlassungsstaats die Einhaltung der im Bestimmungsstaat geltenden Vorschriften zu überwachen hat,[152] erklärte der EuGH den Bestimmungsstaat für berechtigt, die Einhaltung seiner eigenen Vorschriften über die technischen Reserven zu verlangen.[153] Die Überwachung der Einhaltung dieser Vorschriften dürfe auch im Rahmen einer Zulassungsregelung erfolgen: Nur das Erfordernis einer Zulassung könne eine wirksame Aufsicht gewährleisten und sei daher gerechtfertigt. Die in den Rechtsvorschriften des Bestimmungsstaats geforderten Voraussetzungen dürften jedoch keine Wiederholung der bereits im Niederlassungsstaat erfüllten gleichwertigen Voraussetzungen darstellen.[154]

Aus der Rechtsprechung des EuGH ergibt sich also, dass die Erbringung einer im Herkunftsland genehmigten Dienstleistung grundsätzlich nicht von einer weiteren Genehmigung des Empfangsstaats abhängig gemacht werden darf. Eine Ausnahme gilt, wenn die weitere Genehmigung durch zwingende Gründe des Allgemeininteresses gerechtfertigt ist. Auf diese Ausnahme kann sich der Empfangsstaat jedoch nicht berufen, wenn die Genehmigungsvoraussetzungen gleichwertig sind. Bei nur teilweiser Gleichwertigkeit darf er zwar an dem Genehmigungserfordernis festhalten, muss aber die Nachweise und Sicherheiten berücksichtigen, die der Antragsteller bereits für die Genehmigung im Herkunftsstaat erbracht hat. Eine Rechtfertigung durch zwingende Gründe des Allgemeininteresses ist also insoweit nicht möglich, als dem Allgemeininteresse bereits im Herkunftsstaat Rechnung getragen wurde.

Der Grundsatz, dass die Erbringung einer im Herkunftsland genehmigten Dienstleistung nicht von einer weiteren Genehmigung des Empfangsstaats abhängig gemacht werden darf, bedeutet, dass der Genehmigung des Herkunftsstaats Rechtswirkungen für das Inland verliehen werden müssen, sie also anerkannt werden muss.[155] Durch die Anerkennung tritt die Zulassung des Herkunftslandes an die Stelle einer nach eigenem

---

[150] EuGHE 1981, S. 3305/3326 Rn. 20 - Webb.
[151] EuGHE 1986, S. 3755.
[152] Mittlerweile gilt hierfür die RL 92/49 - Dritte RL Schadensversicherung.
[153] EuGHE 1986, S. 3755/3806 Rn. 39 - Versicherungen.
[154] EuGHE 1986, S. 3755/3808 Rn. 46 f. - Versicherungen.
[155] G/T/E-*Troberg*, Art. 57 EGV Rn. 18 f.

Recht erteilten Zulassung. Die Anerkennung verleiht dem Zulassungsakt transnationale Wirkung. Da ein förmliches Anerkennungserfordernis aber ebenfalls eine Dienstleistungsbeschränkung darstellen würde, ist davon auszugehen, dass die Anerkennung grundsätzlich (vorbehaltlich einer Rechtfertigung) kraft Gesetz erfolgen muss. Die in Art. 49 EG damit enthaltene Anerkennungspflicht entfällt, wenn die Gründe der Art. 55 i.V.m. Art. 46 EG bzw. objektive und wichtige Gründe des Allgemeinwohls es einem Mitgliedstaat ausnahmsweise erlauben, die Anerkennung zu versagen.[156] In diesem Fall kann der Aufnahmestaat auf der Einholung einer inländischen Genehmigung bestehen. Wurde dem Allgemeininteresse des Aufnahmestaates jedoch bereits im Herkunftsstaat Rechnung getragen, z.B. weil die Genehmigungen dort unter gleichwertigen Voraussetzungen wie im Aufnahmestaat erteilt wurde, muss der Aufnahmestaat gleichwohl die Genehmigung des Herkunftsstaats anerkennen.

(2) Doppelte Kontrollen

Nach der Rechtsprechung des EuGH muss die Aufsichtsbehörde des Bestimmungsstaats die bereits im Niederlassungsstaat vorgenommenen Kontrollen berücksichtigen.[157] Aus dem Prinzip, dass Doppelaufsicht vermieden werden muss, folgt der Grundsatz der „Sitzlandskontrolle“.[158] Internationalverwaltungsrechtlich gesehen liegt darin die Pflicht zur Anerkennung der Aufsichtsmaßnahmen des Herkunftsstaats.[159] Eine Anerkennungspflicht scheidet aus bei abweichenden Allgemeininteressen oder bei fehlender Gleichwertigkeit der Schutzmaßnahmen.[160]

(3) Erfordernis bestimmter nationaler Diplome

Das Erfordernis eines bestimmten inländischen Diploms für die Ausübung bestimmter Dienstleistungen stellt eine Beschränkung der Dienstleistungsfreiheit im Sinne von Art. 49 EG dar.[161] Eine solche Beschränkung kann jedoch durch das Allgemeininteresse gerechtfertigt sein, wenn die Anforderungen an die Qualifikation des Leistungserbringers erforderlich sind, um die Einhaltung der Berufsregelungen und den Schutz der Empfänger von Dienstleistungen zu gewährleisten.[162] Das Erfordernis eines bestimmten Diploms ist jedoch unverhältnismäßig, wenn weder die Art der Dienstleistung noch die Folgen eines Versäumnisses des Dienstleistenden es erfordern, die Erbringung die-

---

[156] G/T/E-*Troberg*, Art. 57 EGV Rn. 18.
[157] EuGHE 1986, S. 3755/3808 Rn. 46 f. - Versicherungen; EuGHE 1981, S. 3305/3326 Rn. 20 - Webb.
[158] G/T/E-*Troberg*, Art. 59 EGV Rn. 26.
[159] *Roth*, in: Dauses (Hrsg.), Hdb. EU-WirtschaftsR, E. I, Rn. 121; G/T/E-*Troberg*, Art. 57 EGV Rn. 18 u. Art. 59 EGV Rn. 26.
[160] G/T/E-*Troberg*, Art. 59 EGV Rn. 26.
[161] EuGHE 1991, S. I-4221/4243 Rn. 14 - Dennemeyer.
[162] EuGHE 1991, S. I-4221 Ls. 2 - Dennemeyer; EuGHE 1991, S. I-709 Ls. 3 - Fremdenführer.

ser Dienstleistung Personen vorzubehalten, die über eine besondere berufliche Qualifikation verfügen.[163]

Die Frage der Unverhältnismäßigkeit des Erfordernisses eines bestimmten Diploms ist von der Frage zu trennen, ob ein ausländisches Diplom berücksichtigt werden muss, wenn es eine gleichwertige Qualifikation wie das inländische Diplom bescheinigt. Diese Frage stellt sich erst dann, wenn das Diplomerfordernis als solches nicht unverhältnismäßig ist. Da die meisten der hierzu ergangenen Entscheidungen die Niederlassungsfreiheit betreffen, wird diese Frage dort behandelt. Entsprechendes gilt jedoch für die Dienstleistungsfreiheit.

c) Niederlassungsfreiheit, Art. 43 EG

aa) Grundzüge der Niederlassungsfreiheit nach der Rechtsprechung des EuGH

(1) Begriff der „Beschränkungen" im Sinne von Art. 43 EG

Nach Art. 43 Abs. 1 EG (früher Art. 52 Abs. 1 EGV) sind „Beschränkungen der freien Niederlassung von Staatsangehörigen eines Mitgliedstaates im Hoheitsgebiet eines anderen Mitgliedstaates ... verboten". Während der EuGH unter Beschränkungen der Dienstleistungsfreiheit schon frühzeitig auch nicht diskriminierende Behinderungen verstand, blieb er hinsichtlich der Niederlassungsfreiheit lange bei der Auslegung als bloßes Diskriminierungsverbot, obwohl die Formulierung in Art. 43 Abs. 2 EG, wonach die Niederlassungsfreiheit „die Aufnahme und Ausübung selbstständiger Erwerbstätigkeiten ... nach den Bestimmungen des Aufnahmestaats für seine eigenen Angehörigen" umfasst, sehr der Formulierung in Art. 50 Abs. 3 EG für den Bereich der Dienstleistungsfreiheit ähnelt (Erbringung der Dienstleistung „unter den Voraussetzungen, welche dieser Staat für seine eigenen Angehörigen vorschreibt") und eine gleiche Auslegung des Begriffs der „Beschränkungen" in Art. 49 EG und in Art. 43 EG deshalb von vornherein nahe gelegen hätte.[164]

Ob Art. 43 EG über ein Diskriminierungsverbot hinaus als Verbot von (nicht diskriminierenden) Behinderungen auszulegen ist, war in der Literatur lange sehr umstritten.[165] Die frühere Auffassung verstand unter „Beschränkungen" im Sinne von Art. 43 EG nur (unmittelbar oder mittelbar) diskriminierende Maßnahmen. Dass für die Dienstleistung trotz der fast gleichen Formulierung des Inhalts der beiden Freiheiten im Vertrag andere Grundsätze gelten sollen als für die Niederlassung, wurde mit dem

---

163 EuGHE 1991, S. I-4221/4245 Rn. 20 - Dennemeyer; EuGHE 1991, S. I-709 Ls. 4 - Fremdenführer.

164 *Zuleeg*, FS f. Everling, Bd. 2, S. 1724.

165 Dafür z.B. *Knobbe-Keuk*, DB 1990, S. 2573 ff.; dagegen z.B. *Everling*, DB 1990, S. 1853 ff. Ausführlich zum Meinungsstreit: G/T/E-*Troberg*, Art. 52 EGV Rn. 46 ff. mit Überblick über den Meinungsstand in Fn. 57.

grenzüberschreitenden Charakter und der vorübergehenden Dauer der Dienstleistung begründet.[166] Nach der neueren Auffassung stellen auch Niederlassungshindernisse, die sich aus Unterschieden der nationalen Rechtsvorschriften des Aufnahmelandes gegenüber denen des Herkunftslandes ergeben, „Beschränkungen" im Sinne von Art. 43 EG dar und müssen nur dann hingenommen werden, wenn sie durch ein Allgemeininteresse des Aufnahmelandes gerechtfertigt werden können.[167] Der Wortlaut des Vertrages steht der weiten Auffassung nicht entgegen, da nach Art. 43 Abs. 2 EG die Niederlassungsfreiheit das Diskriminierungsverbot „umfasst", sich darin also nicht notwendigerweise erschöpft, sondern auch ein „Mehr" zulässt.[168] Da die ältere Auffassung mit dem EuGH den Begriff der „versteckten" bzw. „mittelbaren" Diskriminierung jedoch sehr weit auslegte, bestanden im Ergebnis allerdings nur geringe Unterschiede zwischen beiden Auffassungen.[169]

Mehrere Entscheidungen des EuGH in den letzten Jahren bewegten sich vorsichtig in Richtung eines Verständnisses der Niederlassungsfreiheit über ein bloßes Diskriminierungsverbot hinaus.[170] Der Durchbruch erfolgte in den Entscheidungen „Kraus"[171] und „Gebhard"[172]. Im Fall „Kraus" stellte der EuGH fest:

> „Daher stehen die Art. 48 (jetzt Art. 39 EG) und 52 EGV (jetzt Art. 43 EG) jeder nationalen Regelung ... entgegen, die zwar ohne Diskriminierung aus Gründen der Staatsangehörigkeit anwendbar ist, die aber geeignet ist, die Ausübung der durch den EWG-Vertrag garantierten grundlegenden Freiheiten durch die Gemeinschaftsangehörigen ... zu behindern oder weniger attraktiv zu machen. Anders verhielte es sich nur, wenn mit einer solchen Regelung ein berechtigter Zweck verfolgt würde, der mit dem EGV vereinbar und aus zwingenden Gründen des Allgemeininteresses gerechtfertigt wäre (...). In einem solchen Fall müsste jedoch darüber hinaus die Anwendung der fraglichen nationalen Regelung geeignet sein, die Verwirklichung des mit ihr verfolgten Zwecks zu gewährleisten, und die dürfte nicht über das hinausgehen, was zur Erreichung dieses Zwecks erforderlich ist (...)."[173]

Noch deutlicher wurde der EuGH im Fall „Gebhard". Zunächst führte er zu Art. Art. 43 Abs. 2 EG (früher 52 Abs. 2 EGV) aus, dass der Aufnahmestaat die Aufnahme oder Ausübung einer spezifischen Tätigkeit im Aufnahmemitgliedstaat bestimmten

---

166 *Everling*, DB 1990, S. 1855.

167 *Zuleeg*, FS f. Everling, Bd. 2, S. 1724; G/T/E-*Troberg*, Art. 52 EGV Rn. 46.

168 *Knobbe-Keuk*, DB 1990, S. 2574; *Behrens*, EuR 1992, S. 151; *Wägenbaur*, EuZW 1991, S. 431; *Roth*, RabelsZ 1990, S. 82.

169 G/T/E-*Troberg*, Art. 52 EGV Rn. 54 ff.

170 Ausführliche Analysen der Rechtsprechung des EuGH finden sich bei *Zuleeg*, FS f. Everling, Bd. 2, S. 1722; G/T/E-*Troberg*, Art. 52 EGV Rn. 49 ff.; *Roth*, in: Dauses (Hrsg.), Hdb. EU-WirtschaftsR, E. I, Rn. 63 ff.; *Wägenbaur*, EuZW 1991, S. 430 ff.; *Behrens*, EuR 1992, S. 151 ff.

171 EuGHE 1993, S. I-1663 - Kraus.

172 EuGH, NJW 1996, S. 579 - Gebhard.

173 EuGHE 1993, S. I-1663/1697 Rn. 32 - Kraus.

Bedingungen unterwerfen darf, die auch die Angehörigen eines anderen Mitgliedstaats grundsätzlich erfüllen müssen.[174] Sodann stellte er aber fest:

> „Aus der Rechtsprechung des Gerichtshofes ergibt sich jedoch, dass nationale Maßnahmen, die die Ausübung der durch den Vertrag garantierten grundlegenden Freiheiten behindern oder weniger attraktiv machen können, vier Voraussetzungen erfüllen müssen: Sie müssen in nicht diskriminierender Weise angewandt werden, sie müssen aus zwingenden Gründen des Allgemeininteresses gerechtfertigt sein, sie müssen geeignet sein, die Verwirklichung des mit ihnen verfolgten Ziels zu gewährleisten und sie dürfen nicht über das hinausgehen, was zur Erreichung dieses Zieles erforderlich ist."[175]

Indem der EuGH damit auch nicht diskriminierende Regelungen, die geeignet sind, die Ausübung der Niederlassungsfreiheit zu behindern oder weniger attraktiv zu machen, dem Verbot des Art. 43 EG unterstellt und für die Zulässigkeit solcher Regelungen die gleichen Voraussetzungen wie bei den anderen Grundfreiheiten aufstellt, zeigt sich, dass der EuGH auch den Grundsatz der Niederlassungsfreiheit nicht mehr nur als Diskriminierungs-, sondern als Beschränkungsverbot versteht.[176]

(2) Rechtfertigung von Beschränkungen

Auch für die Rechtfertigung von Beschränkungen der Niederlassungsfreiheit gilt also, dass diskriminierende Maßnahmen nach Art. 46 EG „aus Gründen der öffentlichen Ordnung, Sicherheit oder Gesundheit" gerechtfertigt sein müssen, während unterschiedslos alle im Hoheitsgebiet des Bestimmungsstaats niedergelassene Personen und Unternehmen betreffende Maßnahmen auch aus zwingenden Gründen des Allgemeininteresses gerechtfertigt werden können. Dies bedeutet jedoch nicht, dass eine die grenzüberschreitende Dienstleistung behindernde Maßnahme, die nicht durch ein zwingendes Allgemeininteresse gerechtfertigt werden kann und daher nach Art. 49 EG verboten ist, auch eine verbotene Beschränkung der Niederlassungsfreiheit darstellt. Den Unterschieden zwischen Dienstleistung und Niederlassung, insbesondere der vorübergehenden Dauer der Dienstleistung muss Rechnung getragen werden. Hierzu lässt sich, entsprechend der in der Rechtsprechung zur Warenverkehrsfreiheit seit dem Fall „Keck"[177] getroffenen Unterscheidung zwischen Einfuhrhindernissen und „Verkaufsmodalitäten", zwischen Beschränkungen der Niederlassungsfreiheit durch Berufszulassungsregeln und Beschränkungen durch Berufsausübungsregeln differenzieren.[178] Der Grundsatz der Niederlassungsfreiheit ist dann nur insoweit als Beschränkungsver-

---

[174] EuGH, NJW 1996, S. 579/580 Rn. 36 - Gebhard.
[175] EuGH, NJW 1996, S. 579/581 Rn. 37 - Gebhard.
[176] *Everling*, GS f. Knobbe-Keuk, S. 608 ff.; *Bröhmer*, in: Calliess/Ruffert, EUV/EGV, Art. 43 Rn. 21 ff.; *Ewig*, NJW 1999, S. 250.
[177] EuGH, NJW 1994, S. 121.
[178] *Everling*, GS f. Knobbe-Keuk, S. 620 f.; G/T/E-*Troberg*, Art. 52 EGV Rn 59.

bot anzusehen, als es um Regelungen geht, die sich auf den Zutritt zu der Wirtschaft des Mitgliedstaates, in dem der Betreffende sich niederlassen will, beziehen; für Vorschriften, die eine dauernde Anforderung an die Berufsausübung darstellen, gilt dagegen ein bloßes Diskriminierungsverbot.[179]

Als durch das Allgemeininteresse gerechtfertigte Rechts- und Verwaltungsvorschriften, von deren Beachtung die Aufnahme und Ausübung selbstständiger Tätigkeiten abhängig gemacht werden können, kommen z. B. Vorschriften über Organisation, Qualifikation, Standespflichten, Kontrolle und Haftung in Betracht.[180] Auch der Schutz der Öffentlichkeit vor der irreführenden Verwendung akademischer Grade stellt ein berechtigtes Interesse dar, das eine Beschränkung der Grundfreiheiten rechtfertigen kann.[181] Beschränkungen müssen zudem geeignet sein, die Verwirklichung des mit ihnen verfolgten Ziels zu gewährleisten und sie dürfen nicht über das hinausgehen, was zur Erreichung dieses Zieles erforderlich ist, sie müssen also verhältnismäßig sein.[182]

Es fragt sich, ob nunmehr auch im Bereich des Niederlassungsrechts das Herkunftslandprinzip gilt, ob also Selbstständige oder Unternehmen, die in ihrem Herkunftsland rechtmäßig niedergelassen sind, auch in anderen Mitgliedstaaten eine (Haupt- oder Zweig-) Niederlassung gründen können, selbst wenn sie den Rechtsvorschriften des anderen Staates nicht genügen.[183] Diese Frage ist m.E. jedenfalls grundsätzlich zu bejahen. Sie folgt aus der Abkehr vom Diskriminierungsverbot und dem damit verbundenen Bestimmungslandprinzip. Für das Herkunftslandprinzip war so lange kein Raum, wie der EuGH am Diskriminierungsverbot festhielt, das es den Mitgliedstaaten erlaubte, von Niederlassungswilligen aus anderen Mitgliedstaaten die Erfüllung aller an inländische Selbstständige gestellten Anforderungen zu verlangen.[184] Mit der Hinwendung zum Beschränkungsverbot geht bei der Niederlassungsfreiheit wie auch bei den anderen Grundfreiheiten das Herkunftslandprinzip einher. Allerdings dürften bei der Niederlassungsfreiheit die Voraussetzungen für Ausnahmen aus zwingenden Gründen des Allgemeininteresses häufiger gegeben sein als bei den anderen Grundfreiheiten, sodass die Ausnahme zur Regel werden könnte. Ein für die Praxis wichtiger Unterschied zur herkömmlichen Auslegung des Art. 43 EG besteht in der Beweislastverteilung: Ist das Herkunftslandprinzip der Grundsatz, so muss das Bestimmungsland das Vorliegen der Voraussetzungen für die Ausnahmen beweisen.[185]

---

179 *Everling*, GS f. Knobbe-Keuk, S. 621 u. 625.

180 EuGH, NJW 1996, S. 579/580 Rn. 35 - Gebhard.

181 EuGHE 1993, S. I-1663/1697 f. Rn. 33 ff. - Kraus.

182 EuGH, NJW 1996, S. 579/581 Rn. 37 - Gebhard.

183 Vgl. hierzu *Behrens*, EuR 1992, S. 157 f.

184 *Behrens*, EuR 1992, S. 156 f.

185 G/T/E-*Troberg*, Art. 52 EGV Rn. 55.

bb) Anerkennungspflichten im Bereich der Niederlassungsfreiheit

(1) Förmliche Genehmigungs- bzw. Zulassungerfordernisse

Im Fall „Gullung"[186] ging es u.a. um die Frage, ob ein Mitgliedstaat von einem Rechtsanwalt, der sich in seinem Hoheitsgebiet niederlassen möchte, eine Zulassung verlangen darf, obwohl er in einem anderen Mitgliedstaat bereits niedergelassen und zugelassen ist. Der EuGH entschied, dass es jedem Mitgliedstaat in Ermangelung besonderer gemeinschaftsrechtlicher Vorschriften grundsätzlich freistehe, die Ausübung des Rechtsanwaltsberufs für sein Hoheitsgebiet zu regeln, da die Niederlassungsfreiheit nach Art. 43 Abs. 2 EG die Aufnahme und Ausübung selbstständiger Erwerbstätigkeiten „nach den Bestimmungen des Aufnahmestaats für seine eigenen Angehörigen" umfasse.[187] Das Erfordernis einer Zulassung zur Rechtsanwaltschaft sei daher als gemeinschaftsrechtlich zulässig anzusehen, sofern diese Zulassung den Angehörigen aller Mitgliedstaaten ohne Diskriminierung offen stehe. Durch dieses Erfordernis sollten nämlich die Zuverlässigkeit und die Beachtung der standesrechtlichen Grundsätze gewährleistet werden; es diene somit einem schutzwürdigen Zweck.[188]

Ob der EuGH die Grundsätze, die er für die Rechtfertigung von Dienstleistungsbeschränkungen durch Zulassungserfordernisse entwickelt hat, auch auf die Niederlassungsfreiheit erstreckt, bleibt abzuwarten, wäre aber nur konsequent. Das Erfordernis der Zulassung im Niederlassungsstaat müsste dann durch zwingende Gründe des Allgemeininteresses gerechtfertigt sein. Selbst wenn solche Gründe vorliegen, scheidet eine Berufung hierauf aus, wenn dem Allgemeininteresse bereits im Herkunftsstaat hinreichend Rechnung getragen wurde. Dies ist bei Dienstleistungen z.B. dann der Fall, wenn der in einem anderen Mitgliedstaat ansässige Leistende dort eine Genehmigung besitzt, die unter Voraussetzungen erteilt worden ist, welche mit denen des Staates, in dem die Leistung erbracht wird, vergleichbar ist und im Herkunftsstaat die gesamte Tätigkeit des Dienstleisters ohne Rücksicht darauf, in welchem Mitgliedsstaat die Leistung erbracht wird, einer angemessenen Beaufsichtigung unterstellt ist.[189] Im Bereich der Niederlassungsfreiheit ist das Vorliegen dieser Voraussetzungen denkbar bei der Gründung von Zweigniederlassungen in anderen Mitgliedstaaten, die vom Hauptunternehmen im Herkunftsstaat beaufsichtigt werden. Aber auch wenn das Zulassungserfordernis als solches durch zwingende Gründe des Allgemeininteresses gerechtfertigt ist, muss der Niederlassungsstaat, überträgt man die Rechtsprechung zur Dienstleistungsfreiheit,[190] bei der Prüfung der Anträge auf Genehmigung und bei der Genehmigungserteilung die Nachweise und Sicherheiten berücksichtigen, die Niederlassungswillige bereits für die Ausübung seiner Tätigkeit im Herkunftsstaat beigebracht hat.

---

[186] EuGHE 1988, S. 111.
[187] EuGHE 1988, S. 111/139 Rn. 28 - Gullung.
[188] EuGHE 1988, S. 111/140 Rn. 29 - Gullung.
[189] EuGHE 1979, S. 35/53 Rn. 30 - van Wesemael.
[190] EuGHE 1981, S, 3305/3326 Rn. 20 - Webb.

Da das Erfordernis einer förmlichen Zulassung, wie alle anderen Beschränkungen der Niederlassungsfreiheit, nur dann mit Art. 43 EG vereinbar ist, wenn es (ausnahmsweise) zum Schutz wichtiger Allgemeininteressen gerechtfertigt ist, müssen Zulassungen der Herkunftsländer demnach grundsätzlich anerkannt werden. Im Niederlassungsbereich besteht also eine ähnlich allgemeine Anerkennungspflicht wie bei der Dienstleistungsfreiheit.[191] Die Anerkennungspflicht entfällt, wenn Gründe des Allgemeininteresses entgegenstehen. Sie entfällt nicht, wenn dem Allgemeininteresse bereits durch die Zulassungsvorschriften des Herkunftsstaats Rechnung getragen ist.

(2) Erfordernis bestimmter nationaler Diplome für den Berufszugang

Es stellt ein Hindernis für die wirksame Ausübung der Niederlassungsfreiheit dar, wenn die einzelnen Mitgliedstaaten für den Zugang zu bestimmten Berufen den Besitz eines bestimmten Diploms gesetzlich vorschreiben.[192] Solange es jedoch an einer Harmonisierung der Voraussetzungen für den Zugang zu einem Beruf fehlt, dürfen die Mitgliedstaaten festlegen, welche Kenntnisse und Fähigkeiten zur Ausübung dieses Berufes notwendig sind und dürfen die Vorlage eines Diploms verlangen, mit dem diese Kenntnisse und Fähigkeiten bescheinigt werden.[193] Unterliegt die Aufnahme oder Ausübung einer spezifischen Tätigkeit im Aufnahmestaat derartigen Bedingungen, so muss der Angehörige eines anderen Mitgliedstaats, der diese Tätigkeit ausüben will, diese Bedingungen grundsätzlich erfüllen.[194] Die Beseitigung dieses Hindernisses soll nach Art. 47 EG (früher Art. 57 EGV) durch Richtlinien über die gegenseitige Anerkennung der Diplome erleichtert werden.[195] Sind solche Richtlinien für den fraglichen Beruf noch nicht ergangen,[196] führt dies jedoch nicht dazu, dass eine Berufung auf Art. 43 EG ausgeschlossen ist.[197] Denn Art. 43 EG legt nach dem EuGH eine Verpflichtung auf, deren Erfüllung durch die Durchführung von Gemeinschaftsmaßnahmen zwar erleichtert, nicht aber bedingt werden solle.[198] Zusätzlich zieht der EuGH Art. 10 EG (früher Art. 5 EGV) des Vertrages heran, wonach es den Mitgliedstaaten obliegt, „alle geeigneten Maßnahmen allgemeiner oder besonderer Art zur Erfüllung der Verpflichtungen, die sich aus diesem Vertrag oder aus Handlungen der Organe der Gemeinschaft ergeben", zu treffen und „alle Maßnahmen, welche die

---

[191] G/T/E-*Troberg*, Art. 57 EGV Rn. 19.

[192] EuGHE 1977, S. 1199 Ls. 3 - Patrick; EuGHE 1987, S. 4097/4116 Rn. 11 - Heylens.

[193] EuGHE 1991, S. I-2357 Rn. 9 - Vlassopoulou.

[194] EuGH, NJW 1996, S. 579/581 Rn. 36 - Gebhard.

[195] EuGHE 1977, S. 1199 Ls. 3 - Patrick; EuGHE 1979, S. 437/449 Rn. 21 f. - Auer I; EuGHE 1987, S. 4097/4116 Rn. 11 - Heylens; EuGH, NJW 1996, S. 579/581 Rn. 36 - Gebhard.

[196] Die meisten Fälle, in denen es um die Berücksichtigung von im Ausland erworbenen Qualifikationen für die Ausübung von Berufen geht, sind mittlerweile durch die Diplomanerkennungsrichtlinien erfasst.

[197] EuGHE 1993, S. I-1663/1696 Rn. 30 - Kraus; EuGHE 1977, S. 765 Ls. 1 u. S. 777 Rn. 15 - Thieffry; EuGHE 1977, S. 1199 Ls. 3 - Patrick; EuGHE 1987, S. 4097/4116 Rn. 11 - Heylens.

[198] EuGHE 1993, S. I-1663/1696 Rn. 30 - Kraus; EuGHE 1991, S. I-2357/Rn. 13 - Vlassopoulou; EuGHE 1977, S. 1199 Ls. 1 - Patrick.

Verwirklichung der Ziele dieses Vertrages gefährden könnten", zu unterlassen.[199] Die Befugnis der Mitgliedstaaten, die Voraussetzungen für den Zugang zu einem Beruf festzulegen, ist durch das Gemeinschaftsrecht daher insoweit begrenzt, als die hierzu ergangenen nationalen Rechtsvorschriften keine ungerechtfertigte Beschränkung der Niederlassungsfreiheit darstellen dürfen.[200] Vorschriften, die vorsehen, dass die Ausübung einer spezifischen Tätigkeit den Inhabern eines bestimmten Diploms vorbehalten ist, können jedoch durch das Allgemeininteresse gerechtfertigt sein.[201] Auch wenn sich ein solches Allgemeininteresse bejahen lässt, bedeutet dies allerdings noch nicht, das die in einem anderen Mitgliedstaat erworbenen Diplome generell unberücksichtigt bleiben dürfen.[202] Während der EuGH in den zunächst entschiedenen Fällen „Thieffry"[203] und „Patrick"[204] eine Berücksichtigungspflicht jedenfalls dann bejahte, wenn die Berücksichtigung des ausländischen Diploms für den Berufszugang auf der Grundlage der bereits geltenden innerstaatlichen Rechtsvorschriften möglich war und eine Feststellung der Gleichwertigkeit des ausländischen Diploms durch eine staatliche Stelle bereits erfolgt war, statuierte er im Fall „Vlassopoulou"[205] erstmals eine generelle Berücksichtigungspflicht. Ein Mitgliedstaat, bei dem die Zulassung zu einem Beruf beantragt worden ist, dessen Aufnahme nach nationalem Recht vom Besitz eines Diploms oder einer beruflichen Qualifikation abhängt, habe „die Diplome ... , die der Betroffene erworben hat, um den gleichen Beruf in einem anderen Mitgliedstaat auszuüben, ... zu berücksichtigen".[206] Die Berücksichtigung habe in der Weise zu erfolgen, dass der Aufnahmemitgliedstaat die durch diese Diplome bescheinigten Fachkenntnisse mit den nach nationalem Recht vorgeschriebenen Kenntnissen und Fähigkeiten vergleiche und prüfe, ob ein ausländisches Diplom seinem Inhaber die gleichen Kenntnisse und Fähigkeiten wie das innerstaatliche Diplom oder diesem zumindest gleichwertige Kenntnisse und Fähigkeiten bescheinige.[207] Führe diese vergleichende Prüfung zu der Feststellung, dass die durch das ausländische Diplom bescheinigten Kenntnisse und Fähigkeiten den nach den nationalen Rechtsvorschriften verlangten entsprechen, so habe „der Mitgliedstaat **anzuerkennen**, dass dieses Diplom die in diesen Vorschriften aufgestellten Voraussetzungen erfüllt."[208] Diese Rechtsprechung wurde im Fall „Gebhard" bestätigt.[209] Kommt der Niederlassungsstaat nach der

[199] EuGHE 1977, S. 765/777 Rn. 15 - Thieffry; EuGHE 1991, S. I- 2357 Rn. 14 - Vlassopoulou.
[200] EuGHE 1993, S. I-1663/1696 f. Rn. 28 u. 32 - Kraus.
[201] EuGH, NJW 1996, S. 579/580 Rn. 35 - Gebhard.
[202] EuGHE 1991, S. I- 2357 Rn. 15 - Vlassopoulou.
[203] EuGHE 1977, S. 765.
[204] EuGHE 1977, S. 1199.
[205] EuGHE 1991, S. I- 2357 - Vlassopoulou.
[206] EuGHE 1991, S. I- 2357 Rn. 16 - Vlassopoulou.
[207] EuGHE 1991, S. I- 2357 Rn. 16 f. - Vlassopoulou.
[208] EuGHE 1991, S. I- 2357 Rn. 19 - Vlassopoulou. Bei nur teilweiser Entsprechung dieser Kenntnisse und Fähigkeiten kann der Aufnahmemitgliedstaat von dem Betroffenen den Nachweis verlangen, dass er die fehlenden Kenntnisse und Fähigkeiten erworben hat, wobei der Aufnahmestaat die im eigenen Staat im Rahmen eines Studiengangs oder praktischer Erfahrung erworbenen Kenntnisse zu berücksichtigen hat (a.a.O. Rn. 19 f.).
[209] EuGH, NJW 1996, S. 579/581 Rn. 38 - Gebhard.

Überprüfung des ausländischen Diploms hingegen zu dem Ergebnis, dass keine Gleichwertigkeit mit der nach inländischem Recht erforderlichen Qualifikation besteht, muss er dieses Diplom nicht anerkennen.[210] Maßgeblich ist also das Qualifikationsniveau im Niederlassungsland. Nur kann eine im Ausland erworbene Qualifikation nicht pauschal deshalb unberücksichtigt bleiben, weil sie im Ausland erworben wurde. Vielmehr ist zu prüfen, ob das Ausbildungsniveau dem inländischen Ausbildungsniveau entspricht.

Ausländische Diplome sind danach also anzuerkennen, wenn sie dem inländischen Diplom gleichwertig sind[211], d.h. wenn die durch das ausländische Diplom bescheinigten Kenntnisse und Fähigkeiten den nach den nationalen Rechtsvorschriften verlangten entsprechen[212]. Waren im Ausland erworbene Berufsqualifikationen bislang bedeutungslos, so gilt das heute für den Bereich der Europäischen Union nicht mehr.[213] Fraglich ist nur noch, ob die Anerkennung für bestimmte Diplome allgemein (durch Gesetz oder Rechtsverordnung) ausgesprochen werden muss oder ob eine erst nach Prüfung des Einzelfalls vorgenommene Anerkennung zulässig ist. Nach überwiegender Auffassung genügt es, wenn die Anerkennung von Fall zu Fall ausgesprochen wird.[214]

(3) Befugnis zum Führen ausländischer akademischer Grade

Im Fall „Kraus“ ging es um die Frage, ob das Führen ausländischer akademischer Grade von einer staatlichen Genehmigung abhängig gemacht werden darf.[215] Diese Frage stellte sich in einem Rechtsstreit zwischen einem deutschen Staatsangehörigen, der in Großbritannien auf Grund eines einjährigen Postgraduiertenstudiums den akademischen Grad „Master of Laws (LL.M)“ erworben hatte, und dem Land Baden-Württemberg. Der EuGH prüfte diesen Fall unter dem Gesichtspunkt der Niederlassungsfreiheit sowie der Freizügigkeit, obwohl ein akademischer Grad, der auf Grund eines Postgraduiertenstudiums erworben worden ist, normalerweise keine Zugangsvoraussetzung für einen unselbstständig oder selbstständig ausgeübten Beruf ist. Sein Besitz stelle jedoch für denjenigen, der ihn führen darf, einen Vorteil sowohl für den Zugang zu einem solchen Beruf als auch für das berufliche Fortkommen dar.[216] Das

---

[210] EuGHE 1979, S. 437 - Auer I; EuGHE 1990, S. I- 3551 - Bouchoucha; *Stumpf*, in: Dauses (Hrsg.), Hdb. EU-WirtschaftsR, E. II Rn. 14.

[211] *Winkel*, WiVerw 1998, S. 88.

[212] EuGHE 1991, S. I-2357 Rn. 19; *Pernice/Kadelbach*, DVBl. 1996, S. 1110.

[213] MK-*Sonnenberger*, Bd. 10, Einl. IPR Rn. 371.

[214] *Roth*, in: Dauses (Hrsg.), Hdb. EU-WirtschaftsR, E. I, Rn. 65; G/T/E-*Troberg*, Art. 57 EGV Rn. 20.

[215] EuGHE 1993, S. I-1663 - Kraus.

[216] EuGHE 1993, S. I-1663 Rn. 18 - Kraus. Im Fall Kraus ging es also um die berufliche und nicht um die akademische (zum Zweck der Aufnahme bzw. Fortsetzung des Studiums erfolgende) Anerkennung des Diploms, vgl. zu dieser Unterscheidung *Sangiovanni*, WissR 1999, S. 128 ff. Wegen der nur einjährigen Studiendauer kam eine Anwendbarkeit der Hochschuldiplomrichtlinie (RL 89/48/EWG) von vornherein nicht in Frage. Die zweite Diplomrichtlinie (RL 92/51/EWG) war zum damaligen Zeitpunkt noch nicht ergangen.

Genehmigungserfordernis erklärte der EuGH grundsätzlich für zulässig, da die darin liegende Beeinträchtigung der Niederlassungsfreiheit zum Schutz der Öffentlichkeit vor der irreführenden Verwendung akademischer Grade gerechtfertigt werden könne.[217] Um jedoch dem gemeinschaftsrechtlichen Verhältnismäßigkeitsgrundsatz zu genügen, müsse eine solche nationale Regelung folgende Voraussetzungen erfüllen: Das Genehmigungsverfahren dürfe nur bezwecken, zu überprüfen, ob der in einem anderen Mitgliedstaat auf Grund eines Postgraduiertenstudiums erworbene akademische Grad von einer hierfür zuständigen Hochschule im Anschluss an ein tatsächlich absolviertes Studium ordnungsgemäß verliehen worden sei, das Genehmigungsverfahren müsse für alle Betroffenen leicht zugänglich sein und dürfe insbesondere nicht von der Zahlung überhöhter Verwaltungsgebühren abhängen und gegen eine ablehnende Entscheidung müsse eine gerichtliche Rechtsbehelfsmöglichkeit gegeben sein.[218] Anders als bei der Frage, ob ein ausländisches Diplom den inländischen Berufszulassungsvoraussetzungen entspricht, sieht der EuGH also nicht vor, dass die Genehmigung zum Führen eines ausländischen akademischen Grades davon abhängig gemacht werden darf, ob der ausländische akademische Grad seinem Inhaber die gleichen oder zumindest gleichwertige Kenntnisse und Fähigkeiten wie ein entsprechender inländischer akademischer Grad bescheinigt. Deshalb verstößt § 55 b des Bad.-Württ. Universitätsgesetzes, wonach die Genehmigung zur Führung eines ausländischen akademischen Grades erteilt wird, wenn die ausländische Hochschule einer deutschen Hochschule vergleichbar, nach dem Recht des Sitzlandes anerkannt und zur Verleihung des Grades berechtigt ist und wenn der Grad auf Grund von vergleichbaren Studien- und Prüfungsleistungen an dieser Hochschule verliehen wurde, insoweit gegen Gemeinschaftsrecht, als es die Vergleichbarkeit der ausländischen Hochschule mit einer deutschen Hochschule sowie die Vergleichbarkeit der der Verleihung zu Grunde liegenden Studien- und Prüfungsleistungen vorschreibt.[219]

Die vom EuGH damit ausgesprochene Pflicht, unter bestimmten Voraussetzungen die Genehmigung zum Führen ausländischer akademischer Grade zu erteilen, verpflichtet dazu, dem ausländischen Grad im Inland Rechtswirkungen zu verleihen, ihn also anzuerkennen, wobei die Anerkennung individuell durch Verwaltungsverfahren erfolgt. Diese Anerkennung verleiht dem ausländischen Titel aber weder die gleichen Rechtswirkungen wie im Herkunftsland noch die gleichen Rechtswirkungen wie ein inländischer Grad.

89/48/EWG) von vornherein nicht in Frage. Die zweite Diplomrichtlinie (RL 92/51/EWG) war zum damaligen Zeitpunkt noch nicht ergangen.

217 EuGHE 1993, S. I-1663/1697 f. Rn. 33 ff. - Kraus.

218 EuGHE 1993, S. I-1663/1698 Rn. 37 ff. - Kraus.

219 BVerwG, VwBlBW 1998, S. 336.

(4) Doppelte Kontrollen

Es kann davon ausgegangen werden, das auch im Rahmen der Niederlassungsfreiheit die Mitgliedstaaten nationale Kontrollen in dem Maße nicht mehr ausüben dürfen wie gleichwertige Kontrollen bereits im Herkunftsstaat durchgeführt wurden, da diese anzuerkennen sind.[220]

d) Freizügigkeit, Art. 39 EG

aa) Grundzüge der Freizügigkeit

Nach Art. 39 Abs. 2 EG (früher Art. 48 Abs. 2 EGV) umfasst die Freizügigkeit der Arbeitnehmer die Abschaffung jeder auf der Staatsangehörigkeit beruhenden unterschiedlichen Behandlung der Arbeitnehmer der Mitgliedstaaten in Bezug auf Beschäftigung, Entlohnung und sonstige Arbeitsbedingungen. Art. 39 Abs. 3 EG enthält weitere Konkretisierungen sowie einen Vorbehalt zu Gunsten der öffentlichen Ordnung, Sicherheit und Gesundheit, der nach herrschender Meinung allerdings nicht auch für das Diskriminierungsverbot des Art. 39 Abs. 2 EG, sondern nur im Hinblick auf die von Art. 39 Abs. 3 EG erfassten Einreise- Aufenthalts- und Verbleiberechte zum Tragen kommen kann.[221]

Ob Art. 39 EG nur Diskriminierungen aus Gründen der Staatsangehörigkeit verbietet oder darüber hinaus auch ein Verbot allgemeiner Beschränkungen der Freizügigkeit enthält, ist wie bei Art. 43 EG umstritten.[222] Die bisher h.M. lehnt eine solche erweiterte Auslegung der Freizügigkeit ab und auch der EuGH hat sich bislang jedenfalls noch nicht ausdrücklich für ein umfassendes Beschränkungsverbot ausgesprochen.[223] Mit den bereits erwähnten Entscheidungen des EuGH in den Fällen „Kraus“ [224] und „Gebhard“ [225] dürfte jedoch auch hier eine grundlegende Wandlung eingetreten sein. Im Fall „Kraus“ entschied der EuGH, dass Art. 39 EG ebenso wie Art. 43 EG auch solche nationalen Regelungen verbiete, die zwar ohne Diskriminierung aus Gründen der Staatsangehörigkeit anwendbar seien, die aber geeignet seien, die Ausübung der Freizügigkeit zu behindern oder weniger attraktiv zu machen, es sei denn, mit diesen Regelungen werde ein berechtigter Zweck verfolgt, der aus zwingenden Gründen des Allgemeininteresses gerechtfertigt sei, wobei die Anwendung der fraglichen nationalen Regelung geeignet sein müsse, die Verwirklichung des mit ihr verfolgten Zwecks zu gewährleisten und nicht über das hinausgehen dürfe, was zur Er-

---

[220] *Behrens*, EuR 1992, S. 158.
[221] *Hailbronner*, in: Dauses (Hrsg.), Hdb. EU-WirtschaftsR, D. I, Rn. 48 a.
[222] *Hailbronner*, in: Dauses (Hrsg.), Hdb. EU-WirtschaftsR, D. I, Rn. 41 d.
[223] *Hailbronner*, in: Dauses (Hrsg.), Hdb. EU-WirtschaftsR, D. I, Rn. 41 d.
[224] EuGHE 1993, S. I-1663 - Kraus.
[225] EuGH, NJW 1996, S. 579 - Gebhard.

reichung dieses Zwecks erforderlich sei.[226] Die Entscheidung im Fall „Gebhard“ erging zwar zur Niederlassungsfreiheit, die bereits zitierte wesentliche Passage des Urteils[227] ist jedoch für alle Grundfreiheiten allgemein formuliert und daher auch für die Auslegung von Art. 39 EG relevant. Beschränkungen der Freizügigkeit sind demnach nur dann zulässig, wenn sie in nicht diskriminierender Weise erfolgen, aus zwingenden Gründen des Allgemeininteresses gerechtfertigt, insbesondere verhältnismäßig sind. Die für die Dienstleistungs- und für die Niederlassungsfreiheit dargestellten Grundsätze gelten daher auch für die Arbeitnehmerfreizügigkeit. Die Konvergenz der Grundfreiheiten ist damit im Wesentlichen erreicht.[228]

bb) Anerkennungspflichten im Bereich der Freizügigkeit

(1) Erfordernis bestimmter nationaler Diplome für den Berufszugang

Solange es an einer Harmonisierung der Voraussetzungen für den Zugang zu einem Beruf fehlt, dürfen die Mitgliedstaaten festlegen, welche Kenntnisse und Fähigkeiten zur Ausübung dieses Berufes notwendig sind, und die Vorlage eines Diploms verlangen, mit dem die Kenntnisse und Fähigkeiten bescheinigt werden.[229] Im Ausland erworbene Diplome müssen die Mitgliedstaaten unter bestimmten Bedingungen berücksichtigen, die der EuGH überwiegend zu Art. 43 EG (Fälle „Thieffry“, „Patrick“, „Vlassopoulou“, „Kraus“ und „Gebhard“)[230], teilweise aber auch zu Art. 39 EG (Fälle „Heylens“ und „Kraus“)[231] entwickelt hat. Für beide Bereichen sind jedenfalls die gleichen Grundsätze anwendbar. [232] Insoweit kann auf die obigen Ausführungen verwiesen werden. Demnach verpflichtet auch Art. 39 EG zur Anerkennung von Diplomen.

(2) Pflicht zur Berücksichtigung von Beschäftigungszeiten in anderen Mitgliedstaaten

In einem Rechtsstreit mit der Stadt Hamburg ging es um eine Regelung, die für den Zeitaufstieg der Bediensteten des öffentlichen Dienstes Beschäftigungszeiten außer Betracht ließ, die in einem vergleichbaren Betätigungsfeld im öffentlichen Dienst eines anderen Mitgliedstaats zurückgelegt worden sind. Eine solche Regelung wirkt sich nach Ansicht des Gerichtshofs offensichtlich zum Nachteil von Wanderarbeitnehmern

---

226 EuGHE 1993, S. I-1663/1697 Rn. 32 - Kraus.
227 EuGH, NJW 1996, S. 579/581 Rn. 37 - Gebhard, s. o., 6. Teil, B. II. 2. c) aa) (1).
228 *Hilf/Pache*, NJW 1996, S. 1172; *Beyer*, Rechtsnormanerkennung im Binnenmarkt, S. 72.
229 EuGHE 1987, S. 4097/4116 Rn. 10 - Heylens.
230 EuGHE 1977, S. 765 - Thieffry; EuGHE 1977, S. 1199 - Patrick; EuGHE 1991, S. I-2357 - Vlassopoulou; EuGHE 1993, S. I-1663 - Kraus; EuGH, NJW 1996, S. 579 - Gebhard.
231 EuGHE 1987, S. 4097 - Heylens; EuGHE 1993, S. I-1663 - Kraus.
232 G/T/E-*Wölker*, Art. 48 EGV Rn. 35.

aus und ist daher mittelbar diskriminierend.[233] Bei dieser Pflicht zur Berücksichtigung von Beschäftigungszeiten handelt es sich allerdings eine bloße „Tatsachenanerkennung“, also eine Pflicht zur Berücksichtigung von Tatsachen, die sich in einem anderen Mitgliedstaat ereignet haben.

e) Kapital- und Zahlungsverkehrsfreiheit, Art. 56 EG

Im Gegensatz zu den Vertragsvorschriften über den freien Waren- und Dienstleistungsverkehr war der Grundsatz des freien Kapital- und Zahlungsverkehrs bislang nicht unmittelbar anwendbar,[234] der Einzelne konnte daraus also keine Rechte ableiten. Erst seit der Neugestaltung durch den Maastrichter Vertrag im Jahre 1992 handelt es sich hierbei um unmittelbar anwendbares Recht.[235]

Eine generell-abstrakte Definition des Begriffs der Beschränkungen seitens des EuGH fehlt bislang.[236] In der Literatur wird der Begriff in Anlehnung an die anderen Grundfreiheiten weit ausgelegt und erfasst nicht nur Diskriminierungen, sondern auch nicht diskriminierende Behinderungen.[237] Beschränkungen des Kapital- und Zahlungsverkehrs zwischen den Mitgliedstaaten können nach Art. 58 EG und, soweit sie nicht zu einer Diskriminierung führen, in Anlehnung an die Rechtsprechung zu den übrigen Grundfreiheiten ausnahmsweise durch zwingende Erfordernisse des Allgemeininteresses gerechtfertigt werden.[238] Insofern kann auch hier von einem Grundsatz der gegenseitigen Anerkennung ausgegangen werden.

f) Ergebnis

Es hat sich gezeigt, dass die Grundfreiheiten zahlreiche Anerkennungspflichten enthalten. Allgemein lassen sich diese Anerkennungspflichten wie folgt zusammenfassen: Verwaltungsakte des Herkunftsstaates sind vom Aufnahmestaat grundsätzlich anzuerkennen. Diese Anerkennungspflicht entfällt, wenn die Voraussetzungen eines ausdrücklichen Rechtfertigungsgrundes gegeben sind. Bei nicht diskriminierenden Maßnahmen des Aufnahmelandes ist eine Rechtfertigung darüber hinaus auch durch zwingende Gründe des Allgemeininteresses möglich. Die Anerkennungspflicht bleibt jedoch bestehen, wenn die Vorschriften des Herkunftsstaates ein gleichwertiges Schutzniveau gewährleisten bzw. wenn dem Allgemeininteresse bereits im Herkunftsstaat Rechnung getragen wurde. Die Anerkennungspflicht bleibt auch dann bestehen,

---

[233] EuGHE 1998, S. I-47 Ls. 1; hierzu *Montag*, NJW 2000, S. 34.
[234] Weißbuch, Kom. (85) 310 endg., Rn. 130.
[235] *Bröhmer*, in: Calliess/Ruffert (Hrsg.), EUV/EGV, Art. 56 EG Rn. 3.
[236] *Bröhmer*, in: Calliess/Ruffert (Hrsg.), EUV/EGV, Art. 56 EG Rn. 19.
[237] *Bröhmer*, in: Calliess/Ruffert (Hrsg.), EUV/EGV, Art. 56 EG Rn. 17; *Everling*, GS f. Knobbe-Keuk, S. 617.
[238] *Bröhmer*, in: Calliess/Ruffert (Hrsg.), EUV/EGV, Art. 56 EG Rn. 19 f.

wenn eine abschließende gemeinschaftsrechtliche Harmonisierung erfolgt ist.

Dies gilt jedenfalls für begünstigende Verwaltungsakte. Fraglich ist, ob eine entsprechende Anerkennungspflicht auch für belastende Verwaltungsakte besteht. Ist z.B. die Verhängung eines Bußgeldes durch den Einfuhrstaat gegen den in einem anderen Mitgliedstaat ansässigen Hersteller wegen Verstoßes gegen lebensmittelrechtliche Vorschriften des Herkunftsstaats, vom Herkunftsmitgliedstaat anzuerkennen bzw. zu vollstrecken?[239] Diese Frage muss verneint werden. Die Grundfreiheiten beinhalten Rechte, nicht aber auch Pflichten für den Einzelnen. Eine Anerkennung und Vollstrekkung belastender Verwaltungsakte stellt selbst einen belastenden Verwaltungsakt dar und setzt damit eine ausdrückliche und auch hinreichend bestimmte Ermächtigungsgrundlage voraus, die in den Grundfreiheiten jedenfalls nicht enthalten ist. Der Grundsatz des Vorbehalts eines Gesetzes für belastende Verwaltungsakte gilt auch im Gemeinschaftsrecht.[240]

Ein ähnliches Problem stellt sich bei der Ablehnung begünstigender Verwaltungsakte, z.B. der Versagung von Genehmigungen oder Zulassungen. Besteht eine Anerkennungspflicht auch hinsichtlich ablehnender Behördenentscheidungen oder kann die Zulassung in einem anderen Staat erneut beantragt werden? Hier wird vertreten, zur Gewährleistung der Freiheit des Waren- und Dienstleistungsverkehrs müsse die wechselseitige Anerkennung von Zulassungen, Genehmigungen und Prüfzeugnissen auch ablehnende Verwaltungsakte umfassen.[241] Dem kann nicht gefolgt werden. Die Anerkennung einer ablehnenden Entscheidung stellt selbst einen belastenden Verwaltungsakt dar und bedarf daher einer Ermächtigungsgrundlage. Fehlt es an einer ausdrücklichen Bestimmung, die die Anerkennung ablehnender Bescheide ermöglicht bzw. vorschreibt, kann eine Anerkennungspflicht nicht aus den Grundfreiheiten abgeleitet werden. Die Gewährleistung der Waren- und Dienstleistungsverkehrsfreiheit erfordert nicht auch die Anerkennung ablehnender Bescheide. Das Gegenteil ist vielmehr richtig: Wird z.B. einen Rechtsanwalt in einem Mitgliedstaat die Zulassung versagt und möchte sich dieser Rechtsanwalt deshalb in einem anderen Mitgliedstaat niederlassen, so würde eine Anerkennung der ablehnenden Entscheidung eine Beschränkung der Niederlassungsfreiheit darstellen.[242]

---

[239] Vgl. hierzu *Meier*, EuR 1989, S. 242 f.

[240] *Triantafyllou*, Vom Vertrags- zum Gesetzesvorbehalt, S. 152 ff. u. 304; *Bleckmann*, DVBl. 1976, S. 485 (in Bezug auf das Rechtsstaatsprinzip); a.A. *Schwarze*, Europäisches Verwaltungsrecht, Bd. 1, S. 238.

[241] *Seidel*, in: Magiera (Hrsg.), Entwicklungsperspektiven der EG, S. 181.

[242] Allerdings kann er sich nach der Zulassung durch den anderen Mitgliedstaat nicht auf die Bestimmungen der Dienstleistungsrichtlinie für Rechtsanwälte (RL 77/249/EWG) berufen, um im Mitgliedstaat der ersten Antragstellung im Wege der Dienstleistung tätig zu werden (EuGHE 1988, S. 111 Ls. 2 u. S. 138 Rn. 22 - Gullung). Indem die Richtlinie in Art. 4 Abs. 2 u. 4 bestimmt, dass der Rechtsanwalt auch die Standesregeln des Aufnahmestaats einzuhalten hat, setzt sie voraus, dass der Dienstleistungserbringer fähig ist, die Standesregeln des Aufnahmestaats zu beachten. Diese Voraussetzung ist nicht erfüllt, wenn die zuständige Stelle des Aufnahmestaats anlässlich eines

Die hier dargestellten Anerkennungspflichten bestehen auch nur, soweit eine der Grundfreiheiten betroffen ist. In den übrigen Bereichen könnte sich eine Anerkennungspflicht aber aus sonstigen Prinzipien des Gemeinschaftsvertrages wie z.B. dem Grundsatz der Gemeinschaftstreue oder dem allgemeinen Diskriminierungsverbot ergeben.

3. Ungeschriebene Anerkennungspflichten aus sonstigen Prinzipien des Gemeinschaftsvertrages

a) Grundsatz der Gemeinschaftstreue, Art. 10 EG

aa) Grundsätzliche Ausführungen zu Art. 10 EG

Die in Art. 10 EG (früher Art. 5 EGV) enthaltene Pflicht, wonach die Mitgliedstaaten „alle geeigneten Maßnahmen allgemeiner oder besonderer Art zur Erfüllung der Verpflichtungen, die sich aus diesem Vertrag oder aus Handlungen der Organe der Gemeinschaft ergeben" treffen, dieser die Erfüllung ihrer Aufgabe erleichtern und „alle Maßnahmen, welche die Verwirklichung der Ziele dieses Vertrags gefährden könnten," unterlassen, wird überwiegend als Ausprägung eines darüber hinaus reichenden allgemeinen (ungeschriebenen) Grundsatzes verstanden.[243] Nach der Rechtsprechung des Gerichtshofs ist Art. 10 EG „Ausdruck der allgemeinen Regel, dass den Mitgliedstaaten und den Gemeinschaftsorganen gegenseitige Pflichten zur loyalen Zusammenarbeit und Unterstützung obliegen".[244] In der deutschsprachigen Literatur wird dieser allgemeine Grundsatz in Anlehnung an den Begriff der Bundestreue überwiegend mit dem Begriff der Gemeinschaftstreue umschrieben.[245] Damit soll aber nicht zum Ausdruck gebracht werden, dass dieser Grundsatz inhaltlich identisch ist mit dem Grundsatz der Bundestreue. Vielmehr handelt es sich um einen spezifisch europarechtlichen Grundsatz[246], der in der Intensität zwischen dem für rein völkerrechtliche Verbindungen geltenden Missbrauchsverbot und der für Bundesstaaten geltenden Bundestreue liegt.[247] Dieser so verstandenen Gemeinschaftstreue ist nicht nur das Verhältnis zwischen den Mitgliedstaaten und der Gemeinschaft unterworfen, sondern

---

Zulassungsverfahrens bereits festgestellt hat, dass diese Fähigkeit fehlt (EuGHE 1988, S. 111/138 Rn. 21 - Gullung).

[243] G/T/E-*Zuleeg*, Art. 5 EGV Rn. 1; *Kahl*, in: Calliess/Ruffert, EUV/EGV, Art. 10 EG Rn. 6; *Wuermeling*, Kooperatives Gemeinschaftsrecht, S. 192.

[244] EuGHE 1986, S. 47/81 - Hurd .

[245] G/T/E-*Zuleeg*, Art. 5 EGV Rn. 1; *Bleckmann*, Europarecht, Rn. 677 ff.; *Kahl*, in: Calliess/Ruffert, EUV/EGV, Art. 10 EG Rn. 3 m.w.Nachw. u. Rn. 6; *Lück*, Gemeinschaftstreue, S. 159 ff.; *Wuermeling*, Kooperatives Gemeinschaftsrecht, S. 192; zur a.A. vgl. die Nachweise bei *Kahl*, in: Calliess/Ruffert, EUV/EGV, Art. 10 EG Rn. 4; zum nicht-deutschprachigen Schrifttum vgl. *Kahl*, in: Calliess/Ruffert, EUV/EGV, Art. 10 EG Rn. 5 mit Nachweisen.

[246] *Lück*, Gemeinschaftstreue, S. 162; *Wuermeling*, Kooperatives Gemeinschaftsrecht, S. 192; *Kahl*, in: Calliess/Ruffert, EUV/EGV, Art. 10 EG Rn. 3.

[247] *Wuermeling*, Kooperatives Gemeinschaftsrecht, S. 190 ff.

auch das der Mitgliedstaaten untereinander.[248] Für letzteres Verhältnis beinhaltet sie eine Pflicht der Mitgliedstaaten, die Rechte und Interessen zu wahren, die für die anderen Mitgliedstaaten und ihre Staatsangehörigen durch das Gemeinschaftsrecht geschützt werden.[249]

bb) Generelle Anerkennungspflicht aus Art. 10 EG?

Ob aus Art. 10 EG deshalb eine generelle Pflicht der Mitgliedstaaten abgeleitet werden kann, die Hoheitsakte der anderen Mitgliedstaaten anzuerkennen, ist fraglich.

(1) Rechtsprechung des EuGH

Der EuGH zog in mehreren Fällen Art. 10 EG heran, wenn er über die Frage zu entscheiden hatte, ob ein Mitgliedstaat die in anderen Mitgliedstaaten erworbenen Diplome anzuerkennen hat, auch wenn entsprechende Anerkennungsrichtlinien nach Art. 47 EG noch nicht ergangen waren.[250] Er stützte die Entscheidungen jedoch nicht isoliert auf Art. 10 EG, sondern außerdem auf eine der Grundfreiheiten. In einer späteren Entscheidung zur gleichen Frage verweist der EuGH zwar auf seine frühere Rechtsprechung, lässt jedoch Art. 10 EG unerwähnt.[251]

(2) Literatur

Die Literatur folgt dem EuGH überwiegend.[252] Von Kritikern wird dagegen eingewandt, eine kumulative Heranziehung des Art. 10 EG neben den im einzelnen Fall anwendbaren Vertragsbestimmungen über die Grundfreiheiten sei nicht erforderlich.[253]

Zum Teil geht die Literatur aber noch über die Rechtsprechung hinaus: Nach *Happe*[254] reduziert Art. 10 EG das völkerrechtliche Anerkennungsermessen in Bezug auf mitgliedstaatliche Hoheitsakte, die in Vollzug von umgesetztem Richtlinienrecht

---

[248] G/T/E-*Zuleeg*, Art. 5 EGV Rn. 1 u. 12; *Kahl*, in: Calliess/Ruffert, EUV/EGV, Art. 10 EG Rn. 14; *Klein*, in: Hailbronner/Klein/Magiera/Müller-Graff, HK EUV/EGV, Art. 5 EGV Rn. 42.

[249] G/T/E-*Zuleeg*, Art. 5 EGV Rn. 12; *Klein*, in: Hailbronner/Klein/Magiera/Müller-Graff, HK EUV/EGV, Art. 5 EGV Rn. 42.

[250] EuGHE 1977, S. 765 Ls. 1 u. S. 777 Rn. 15 - Thieffry; EuGHE 1987, S. 4097 Ls. 1 u. S. 4116 Rn. 11 f. - Heylens; EuGHE 1991, S. I-2357 Rn 14 - Vlassopoulou; EuGHE 1993, S. I-1663/1697 Rn. 31 - Kraus; siehe hierzu oben, 6. Teil,.B. II. 2. c) bb) (2).

[251] EuGH, NJW 1996, S. 579 - Gebhard.

[252] *Klein*, in: Hailbronner/Klein/Magiera/Müller-Graff, HK EUV/EGV, Art. 5 EGV Rn. 43; *Lenz*, in: Lenz (Hrsg.), EG-Vertrag, Art. 10 EG Rn. 5; *Kahl*, in: Calliess/Ruffert, EUV/EGV, Art. 10 EG Rn. 55.

[253] *Beyer*, Rechtsnormanerkennung im Binnenmarkt, S. 48.

[254] *Happe*, Grenzüberschreitende Wirkung, S. 106 ff.

ergehen. Die Rechtsangleichung führe zur Angleichung der nationalen Schutzanliegen. Wenn Staat A mit seinen Hoheitsakt dem inhaltlich gleichwertig ausgestalteten Schutzgut zur Durchsetzung wie Staat B verhelfe, habe dies trotz der formalen Begrenzung des Geltungsbereichs des umgesetzten Richtlinienrechts auf das eigene Hoheitsgebiet die zunehmende Aufweichung des Dualismus der Rechtsordnungen zur Folge, die Fremdheit der anderen Rechtsordnungen werde relativiert, die einzelnen Verwaltungsakte so austauschbar. Für *Bleckmann* begründet der Grundsatz der Gemeinschaftstreue im Verhältnis der Mitgliedstaaten zueinander die Notwendigkeit, dass der Mitgliedstaat A die Entscheidung des Mitgliedstaates B, die dieser in Durchführung des Europäischen Gemeinschaftsrechts erlassen habe, anerkenne und soweit als möglich auch vollstrecke.[255] Die Annäherung der Mitgliedstaaten in einem Verband, der weitgehend schon einem Bundesstaat entspreche, könne dazu führen, dass die Akte des Staates A im Staat B als „inländische" Akte zu begreifen seien, soweit sie in Durchführung des Europäischen Gemeinschaftsrechts erlassen worden seien.[256]

Die übrige Literatur lehnt es ab, aus Art. 10 EG bzw. dem Grundsatz der Gemeinschaftstreue eine generelle Anerkennungspflicht der Mitgliedstaaten hinsichtlich der Hoheitsakte der anderen Mitgliedstaaten abzuleiten.[257] *Niehof* begründet dies damit, dass Art. 10 EG keine unmittelbare Wirkung habe.[258] Für *Lück* folgt dieses Ergebnis daraus, dass die Gemeinschaft nicht über eine Kompetenz zur umfassenden Regelung des nationalen Verfahrensrechts verfüge und deshalb auch kein allgemeiner Rechtsgrundsatz des Gemeinschaftsrechts dazu führen könne, dass die insoweit bestehenden

---

[255] *Bleckmann*, Europarecht, Rn. 707.

[256] *Bleckmann*, Europarecht, Rn. 707; ähnlich bereits *Bleckmann*, DVBl. 1976, S. 486, jedoch noch mit der Einschränkung: „... von diesem Rechtszustand sind wir aber noch weit entfernt." Es ist nicht ganz klar, ob *Bleckmann* unter Entscheidungen eines Mitgliedstaats „in Durchführung des Europäischen Gemeinschaftsrechts" nur die im unmittelbaren Vollzug von Gemeinschaftsrecht (auf der Grundlage von Verordnungen) oder auch die im mittelbaren Vollzug (auf der Grundlage von umgesetzten Richtlinien) ergangenen Verwaltungsakte der Mitgliedstaaten versteht, denn auch beim mittelbaren Vollzug wird Gemeinschaftsrecht durchgeführt. Die von ihm angeführte Begründung spricht für die erste Alternative: Wenn die Mitgliedstaaten auf Grund eines Gesetzes der übergeordneten Gemeinschaft Verwaltungsakte erließen, verlange wie im Bundesstaat die Einheit der übergeordneten Rechtsordnung die Anerkennung dieser Verwaltungsakte durch die anderen Mitgliedstaaten (*Bleckmann*, Europarecht, Rn. 707). Als „Gesetze" der Gemeinschaft werden allgemein die EG-Verordnungen bezeichnet (Vgl. nur *Oppermann*, Europarecht, Rn. 540). Verwaltungsakte der Mitgliedstaaten, die in Durchführung von Verordnungen ergangen sind, haben aber, wie oben dargelegt wurde, bereits gemeinschaftsweite Geltung. Für eine Anerkennung ist insoweit kein Raum mehr. Auch im Bundesstaat der Bundesrepublik Deutschland haben Verwaltungsakte der Länder in Vollzug von Bundesgesetzen bereits bundesweite Geltung (s. o., 5. Teil, A. II. 2.; a.A. *Bleckmann*, NVwZ 1986, S. 5: nur Anerkennungspflicht).

[257] *Reich*, RabelsZ 1992, S. 492; *Beyer*, Rechtsnormanerkennung im Binnenmarkt, S. 46; *Niehof*, Der Grundsatz der gegenseitigen Anerkennung im Gemeinschaftsrecht, S. 10; *Schlag*, Grenzüberschreitende Verwaltungsbefugnisse, S. 108; *Lück*, Gemeinschaftstreue, S. 168 f.: „Die Ausführungen Bleckmanns ... lassen sich kaum mit der rechtlichen Realität und den Aufgaben der Gemeinschaftstreue in Einklang bringen."

[258] *Niehof*, Der Grundsatz der gegenseitigen Anerkennung im Gemeinschaftsrecht, S. 8 ff.

Unterschiede missachtet würden.[259] *Schlag* führt zur Begründung an, dass sonst die zahlreichen Amtshilferegelungen in Richtlinien überflüssig wären und außerdem der allgemeine Charakter des Grundsatzes der Gemeinschaftstreue einer Ableitung konkreter Pflichten entgegenstünde.[260]

(3) Stellungnahme

Die Ableitung einer generellen Anerkennungspflicht aus Art. 10 EG bzw. dem Grundsatz der Gemeinschaftstreue setzt seine selbstständige Anwendbarkeit sowie seine unmittelbare Wirkung im Verhältnis zu den Unionsbürgern voraus.[261]

Ob Art. 10 EG selbstständig oder nur in Verbindung mit anderen Vorschriften des Gemeinschaftsrechts anwendbar ist, ist umstritten.[262] Für eine selbstständige Anwendung ist jedenfalls dann kein Raum, wenn die betreffende Fallgestaltung durch eine spezifische Vorschrift des Vertrags geregelt ist.[263] So können sich im Anwendungsbereich der Grundfreiheiten Anerkennungspflichten unmittelbar aus den Grundfreiheiten ergeben.[264] Eine zusätzliche Heranziehung des Art. 10 EG wie in der Rechtsprechung des EuGH zur Anerkennung von Diplomen ist dann zur Begründung der Anerkennungspflicht nicht erforderlich. Ist die zu entscheidende Frage nicht spezifisch geregelt, so kann Art. 10 EG zu anderen Vorschriften des Gemeinschaftsrechts hinzutreten und so pflichtenergänzend wirken. Früher vertrat der EuGH die Auffassung, ohne eine solche Verbindung mit anderen Vorschriften sei Art. 10 EG zu allgemein gehalten, um aus sich selbst heraus Pflichten hervorbringen zu können.[265] Mit der Zeit entwickelte er aber auch Pflichten, die in der Gemeinschaftstreue verwurzelt sind, ohne zu ihrer Begründung weitere Elemente des Gemeinschaftsrechts zu benötigen.[266] Auch die überwiegende Auffassung in der Literatur geht davon aus, dass Art. 10 EG ausnahmsweise auch selbstständig anwendbar sein und so konstitutive Wirkung entfalten kann. Vorausgesetzt wird jedoch, dass dem Mitgliedstaat kein Entscheidungsspielraum verbleibt, er also nur durch eine einzige Maßnahme seiner Verpflichtung entsprechen kann (Ermessensreduzierung auf Null).[267]

---

[259] *Lück*, Gemeinschaftstreue, S. 169.
[260] *Schlag*, Grenzüberschreitende Verwaltungsbefugnisse, S. 108.
[261] Die Begriffe „unmittelbare Wirkung" und „selbstständige Anwendbarkeit" werden in der Kommentierung zu Art. 10 EG häufig identisch verwendet, z.B. bei *Kahl*, in: Calliess/Ruffert, EUV/EGV, Art. 10 EG Rn. 15 und G/T/E-*Zuleeg*, Art. 5 EGV Rn. 2 f. Da unter dem Begriff „unmittelbarer Wirkung" bei den Grundfreiheiten und bei EG-Richtlinien jedoch die Frage behandelt wird, ob sich auch der Einzelne auf diese Bestimmungen berufen kann, soll der Begriff auch hier im selben Sinn verstanden und von der „selbstständigen Anwendbarkeit" unterschieden werden.
[262] Vgl. die Nachweise bei *Kahl*, in: Calliess/Ruffert, EUV/EGV, Art. 10 EG Rn. 15 Fn. 62.
[263] Vgl. G/T/E-*Zuleeg*, Art. 5 EGV Rn. 2 m.w. Nachw.
[264] S. o., 6. Teil, B. II. 2.
[265] G/T/E-*Zuleeg*, Art. 5 EGV Rn. 2.
[266] G/T/E-*Zuleeg*, Art. 5 EGV Rn. 2.
[267] *Kahl*, in: Calliess/Ruffert, EUV/EGV, Art. 10 EG Rn. 15; G/T/E-*Zuleeg*, Art. 5 EGV Rn. 2.

Mit der damit bestehenden Möglichkeit der selbstständigen Anwendung des Art. 10 EG ist jedoch noch nicht gesagt, dass die Vorschrift auch Rechte und Pflichten des Einzelnen begründen kann (unmittelbare Wirkung). Die Frage nach der Individualpflichten begründenden Wirkung von Art. 10 EG stellt sich bei der Anerkennung belastender Verwaltungsakte. Nach einhelliger Meinung vermag Art. 10 EG keine Pflichten des Einzelnen zu begründen, da sich die Regelung nicht an den Einzelnen, sondern nur an die Mitgliedstaaten wende.[268] Art. 10 EG führt nach der Literatur im Regelfall auch nicht zu Rechten Einzelner.[269] Der Vorschrift fehle es hierfür an hinreichender Bestimmtheit und Unbedingtheit.[270] Der Begründung von Individualrechten stehe daher entweder ein Entscheidungsspielraum der Mitgliedstaaten zur Erfüllung ihrer entsprechenden Pflicht entgegen oder aber die Pflicht beziehe sich ausschließlich auf die Zusammenarbeit der Mitgliedstaaten untereinander.[271] Eine Ausnahme wird gemacht, wenn das Ermessen auf Null reduziert ist[272] und Individualinteressen betroffen sind.[273]

Der EuGH zog Art. 10 EG heran, um die Haftung eines Mitgliedstaats gegenüber einem Einzelnen für Schäden, die durch nicht rechtzeitige Umsetzung einer Richtlinie entstanden sind, zu begründen.[274] Die Entscheidung wurde vom EuGH aber nicht allein auf Art. 10 EG gestützt, sondern in erster Linie auf einen aus seiner ständigen Rechtsprechung folgenden Grundsatz, wonach die nationalen Gerichte die volle Wirksamkeit der Bestimmungen des Gemeinschaftsrechts gewährleisten und die Rechte schützen müssten, die das Gemeinschaftsrecht den Einzelnen verleihe, wozu die Möglichkeit gehöre, dass die Einzelnen die Möglichkeit hätten, für den Fall eine Entschädigung zu erlangen, dass ihre Rechte durch einen Verstoß gegen das Gemeinschaftsrecht verletzt würden, der einem Mitgliedstaat zuzurechnen sei.[275] Dieser Entschädigungsanspruch sei unmittelbar im Gemeinschaftsrecht begründet.[276] In

---

[268] G/T/E-*Zuleeg*, Art. 5 EGV Rn. 3; *Kahl*, in: Calliess/Ruffert, EUV/EGV, Art. 10 EG Rn. 16.

[269] G/T/E-*Zuleeg*, Art. 5 EGV Rn. 3; *Kahl*, in: Calliess/Ruffert, EUV/EGV, Art. 10 EG Rn. 16; *Lenz*, in: Lenz (Hrsg.), EG-Vertrag, Art. 10 EG Rn. 9.

[270] *Kahl*, in: Calliess/Ruffert, EUV/EGV, Art. 10 EG Rn. 16.

[271] G/T/E-*Zuleeg*, Art. 5 EGV Rn. 3; *Lenz*, in: Lenz (Hrsg.), EG-Vertrag, Art. 10 EG Rn. 9.

[272] *Kahl*, in: Calliess/Ruffert, EUV/EGV, Art. 10 EG Rn. 16; G/T/E-*Zuleeg*, Art. 5 EGV Rn. 3.

[273] G/T/E-*Zuleeg*, Art. 5 EGV Rn. 3.

[274] EuGH, NJW 1992, S. 165/167 Rn. 36 - Francovich; zustimmend *Lenz*, in: Lenz (Hrsg.), EG-Vertrag, Art. 10 EG Rn. 6 u. 9; dagegen *Lück*, Gemeinschaftstreue, S. 167.

[275] EuGH, NJW 1992, S. 165/167 Rn. 32 ff. - Francovich. Einen Entschädigungsanspruch knüpft der EuGH an die folgenden drei Voraussetzungen: Erstens müsse das durch die Richtlinie vorgeschriebene Ziel die Verleihung von Rechten an Einzelne beinhalten. Zweitens müsse der Inhalt dieser Rechte auf der Grundlage der Richtlinie bestimmt werden können. Drittens müsse ein Kausalzusammenhang zwischen dem Verstoß gegen die dem Staat auferlegte Verpflichtung und dem den Geschädigten entstandenen Schaden bestehen (EuGH, NJW 1992, S. 165/167 Rn. 40 - Francovich).

[276] EuGH, NJW 1992, S. 165/167 Rn. 41 - Francovich. Trotz dieser doch wohl klaren Aussage ist umstritten, ob der Schadensersatzanspruch unmittelbar aus dem Gemeinschaftsrecht folgt oder ob sich die materielle Anspruchsgrundlage aus dem nationalen Staatshaftungsrecht ergeben muss. Für die zweite Auffassung LG Bonn, NJW 1994, S. 2489/2490; *Streinz*, EuZW 1993, 599; *Nettesheim*, DÖV 1992, S. 1000. Für die erste Auffassung *Prieß*, NVwZ 1993, S. 121. Für die erste Auffassung

späteren Urteilen zur Haftung der Mitgliedstaaten verweist der EuGH zwar auf seine Entscheidung in diesem Fall, lässt Art. 10 EG jedoch unerwähnt.[277]

Eine Begründung von Individualrechten durch Art. 10 EG ist abzulehnen. Bei Art. 10 EG bzw. dem Grundsatz der Gemeinschaftstreue handelt es sich um einen Grundsatz, der seine Erklärung in dem Nebeneinander von mehreren, mit eigenen Befugnissen ausgestatteten Entscheidungsträgern findet.[278] Er soll nicht nur vermeiden, dass aus diesem Nebeneinander ein Gegeneinander wird, sondern darüber hinaus zu einem Miteinander führen. Damit richtet er sich an die beteiligten Entscheidungsträger, die Mitgliedstaaten und die Gemeinschaft und begründet für diese Rechte und Pflichten. Der Grundsatz dient jedoch nicht dazu, den Bürgern unmittelbar Rechte einzuräumen oder sie gar zu verpflichten. Er verpflichtet zwar die Mitgliedstaaten, die Rechte und Interessen zu wahren, die für die anderen Mitgliedstaaten *und ihre Staatsangehörigen* durch das Gemeinschaftsrecht geschützt werden,[279] doch kann eine Wirkung für Einzelne nur im Wege eines sog. Rechtsreflexes eintreten, der den Bürger als Auswirkung des objektiven Rechts begünstigt, ihm aber keinen Anspruch auf diese Begünstigung verleiht[280]. Für einen Anerkennungsanspruch ist ein subjektives Recht des Bürgers erforderlich. Ein solches ist in Art. 10 EG nicht enthalten, kann sich jedoch aus anderen Bestimmungen des Gemeinschaftsrechts, insbesondere aus den Grundfreiheiten ergeben. Aus Art. 10 EG bzw. dem Grundsatz der Gemeinschaftstreue lässt sich also kein einklagbarer Anerkennungsanspruch des Einzelnen ableiten.

Daraus folgt jedoch nicht, dass Art 10 EG für die Rechtsbeziehungen zwischen den Einzelnen und den Mitgliedstaaten völlig bedeutungslos ist. Nach der Rechtsprechung des EuGH zur Warenverkehrsfreiheit verlangt „der Geist der gegenseitigen Zusammenarbeit und Unterstützung zwischen den nationalen Kontrollbehörden" die Anerkennung der vom Herkunftsland ausgestellten Analysezertifikate.[281] Diese Regel stelle eine besondere Ausprägung des allgemeineren Grundsatzes des gegenseitigen Vertrauens zwischen den Behörden der Mitgliedstaaten dar.[282] Das dieser Vertrauensgrundsatz seine Grundlage in der Gemeinschaftstreue hat, zeigt eine neuere Entschei-

---

sprechen die weiteren Ausführungen des EuGH, wonach der Staat im Rahmen des nationalen Haftungsrechts die Folgen des verursachten Schadens zu beheben habe. Mangels einer gemeinschaftsrechtlichen Regelung sei es nämlich Sache der nationalen Rechtsordnung der einzelnen Mitgliedstaaten, die zuständigen Gerichte zu bestimmen und das Verfahren für die Klagen auszugestalten, die den vollen Schutz der den Einzelnen aus dem Gemeinschaftsrecht erwachsenden Rechte gewährleisten sollten (EuGH, NJW 1992, S. 165/167 Rn. 42 - Francovich).

[277] EuGHE 1996, S. I-2553 Rn. 24 - Hedley Lomas; ebenso EuGHE 1996, S. I-1029/1144 Rn. 31 - Brasserie du pêcheur („Der Grundsatz einer Haftung des Staates für Schäden, die dem Einzelnen durch dem Staat zurechenbare Verstöße gegen das Gemeinschaftsrecht entstehen, folgt aus dem Wesen der mit dem Vertrag geschaffenen Rechtsordnung.")

[278] *Lück*, Gemeinschaftstreue, S. 168.

[279] G/T/E-*Zuleeg*, Art. 5 EGV Rn. 12; *Klein*, in: Hailbronner/Klein/Magiera/Müller-Graff, HK EUV/EGV, Art. 5 EGV Rn. 42.

[280] *Wolff/Bachof/Stober*, Verwaltungsrecht Bd. 1, § 43 I.3. Rn. 8 ff. (S. 644 ff).

[281] EuGHE 1997, S. I-2971/3013 Rn. 34 - Faber Sekt.

[282] EuGHE 1989, S. 1124/1130 Rn. 18 - Wurmser.

dung: Die Mitgliedstaaten seien nach den Art. 10 Abs. 1 und 249 Abs. 3 EG verpflichtet, „alle geeigneten Maßnahmen zu treffen, um die Geltung und die Wirkung des Gemeinschaftsrechts zu gewährleisten (...). Dabei müssen sich die Mitgliedstaaten hinsichtlich der in ihrem jeweiligen Hoheitsgebiet durchgeführten Kontrollen gegenseitig Vertrauen entgegenbringen (...).“[283] Entgegen dem EuGH ist dieser Vertrauensgrundsatz jedoch nicht selbst Grundlage für einen Anerkennungsanspruch. Anspruchsgrundlage ist vielmehr die Warenverkehrsfreiheit bzw. eine der anderen Grundfreiheiten oder ein sich aus dem sekundären Gemeinschaftsrecht ergebendes subjektives Recht. In den Bereichen, in den sich der Aufnahmestaat grundsätzlich auf einen ordre public - Vorbehalt berufen kann, ist die Gleichwertigkeit der Regelungen des Herkunftslandes Voraussetzung für den Anerkennungsanspruch. Hier greift nun der Vertrauensgrundsatz ein und verpflichtet das Empfangsland dazu, auf die Gleichwertigkeit zu vertrauen. Für den Einzelnen hat das die Wirkung einer Beweislastumkehr, d.h. nicht der Importeur muss die Gleichwertigkeit der Regelungen des Herkunftslandes beweisen, sondern der Einfuhrstaat die fehlende Gleichwertigkeit. Geht es um die Anerkennung von Diplomen, so führt der Vertrauensgrundsatz dazu, dass die Gleichwertigkeit eines ausländischen Diploms grundsätzlich zu vermuten ist. Hierbei handelt es sich um eine durch die Grundfreiheiten vermittelte, also nur mittelbare Auswirkung der Gemeinschaftstreue, die die fehlende unmittelbare Wirkung nicht in Frage stellt.

Einer Verpflichtung des Einzelnen und damit einer Anerkennung belastender Verwaltungsakte steht neben der fehlenden unmittelbaren Anwendbarkeit von Art. 10 EG zusätzlich der Grundsatz des Vorbehalts des Gesetzes entgegen.

Denkbar, aber sicher zu weitgehend ist es, aus Art. 10 EG bzw. dem Grundsatz der Gemeinschaftstreue eine nur im Verhältnis der Mitgliedstaaten untereinander geltende Pflicht abzuleiten, ihre Verwaltungsakte gegenseitig anzuerkennen und ggf. zu vollstrecken. Die Gemeinschaftstreue führt zwar nicht dazu, dass die fremden Staatsinteressen der anderen Mitgliedstaaten zu eigenen Staatsinteressen werden, doch verpflichtet sie zur Wahrung der durch das Gemeinschaftsrecht geschützten Rechte und Interessen der anderen Mitgliedstaaten und ihrer Staatsangehörigen[284]. Die Rechte und Interessen des Adressaten eines begünstigenden Verwaltungsakts werden durch dessen Anerkennung am besten gewahrt. Entzieht sich der Adressat eines belastenden Verwaltungsakts der Vollstreckung durch Verlegung seines Aufenthaltsorts in einen Mitgliedstaat, so werden die Rechte und Interessen des Erlassstaats am besten durch Anerkennung und Vollstreckungshilfe gewahrt. Dem Vorbehaltsgrundsatz kann mit dem Erlass nationaler Anerkennungsgesetze entsprochen werden. Sind zur Erfüllung der Verpflichtungen aus Art. 10 EG belastende Verwaltungsakte erforderlich, für die im Gemeinschaftsrecht keine Ermächtigungsgrundlage vorhanden ist, so fordert

[283] EuGHE 1996, S. I-2553 Ls. 2 u. Rn. 19 - Hedley Lomas.

[284] G/T/E-*Zuleeg*, Art. 5 EGV Rn. 12; *Klein*, in: Hailbronner/Klein/Magiera/Müller-Graff, HK EUV/EGV, Art. 5 EGV Rn. 42.

Art. 10 Abs. 1 S. 1 EG nach *Bleckmann* sogar den Erlass eines entsprechenden Gesetzes.[285]

Für den Umfang einer Anerkennungspflicht kommt es dann auf den sachlichen Anwendungsbereich des Art. 10 EG an. Art. 10 bezieht sich auf „Verpflichtungen, die sich aus diesem Vertrag oder aus Handlungen der Organe der Gemeinschaft ergeben". Damit sind nicht nur die gemeinsamen Politiken gemeint, sondern alle Gebiete, die den Zielen des EGV entsprechen, wie sie sich aus der Präambel, Art. 2, 3, 4 oder Einzelvorschriften ergeben.[286] Ob Art. 10 EG darüber hinaus auch in Bereichen anwendbar ist, bei denen es an einem Zusammenhang mit den „Verpflichtungen" bzw. Zielen des EGV fehlt, die Angelegenheit sich also „in the purely national law sphere" bewegt, ist umstritten.[287] Für eine generelle Anwendbarkeit der Gemeinschaftstreue im Verhältnis der Mitgliedstaaten untereinander spricht, dass die Gemeinschaftstreue auf dem Vertrauen beruht, das die Mitgliedstaaten mit dem Abschluss der Gründungsverträge einander entgegengebracht haben und das grundsätzlich nicht teilbar ist.[288] Dieses Vertrauen ist umso stärker und damit schützenswerter, je unmittelbarer der Zusammenhang mit der Gemeinschaftstätigkeit ist.[289] Die Gemeinschaftstreue strahlt also gleichsam von dem Integrationskern der EG aus und schwächt sich ab, je weiter von diesem Kern eine Maßnahme angesiedelt ist; sie ist umso stärker, je näher die mitgliedstaatliche Aktion der Gemeinschaft steht.[290]

Für die Frage der Anerkennungspflicht ergibt sich daraus Folgendes: In den Bereichen, in denen eine Rechtsangleichung erfolgt ist, wirkt die Gemeinschaftstreue besonders intensiv. Die Rechtsangleichung hat eine Aufweichung des Dualismus der Rechtsordnungen zur Folge, die die Fremdheit der anderen Rechtsordnungen relativiert und die einzelnen Verwaltungsakte austauschbar macht.[291] Inländische und ausländische Staatsinteressen entsprechen sich hier. Es lässt sich daher die Behauptung vertreten, die Gemeinschaftstreue verpflichte dazu, die auf der Grundlage angeglichenen Rechts ergangenen Verwaltungsakte der anderen Mitgliedstaaten anzuerkennen. In den Bereichen, in denen (noch) keine Rechtsangleichung erfolgt ist, die aber einen Zusammenhang mit „Verpflichtungen" bzw. Zielen des EGV aufweisen, ließe sich ebenfalls eine Anerkennungspflicht bejahen, allerdings unter der Bedingung, dass die Voraussetzungen für den Erlass des Verwaltungsakts gleichwertig sind. Für die übrigen Bereiche, also die rein nationale Sphäre, kommt eine derart weit reichende Anerkennungspflicht nicht in Frage. Hier ist die Gemeinschaftstreue nicht mehr stark genug, um eine Anerkennungspflicht zu begründen.

---

[285] *Bleckmann*, Europarecht, Rn. 682; *Bleckmann*, DVBl. 1976, S. 483.

[286] *Kahl*, in: Calliess/Ruffert, EUV/EGV, Art. 10 EG Rn. 13.

[287] Dagegen: *Kahl*, in: Calliess/Ruffert, EUV/EGV, Art. 10 EG Rn. 13; dafür: *Wuermeling*, Kooperatives Gemeinschaftsrecht, S. 195 f.; *Bleckmann*, Europarecht, Rn. 702 f.

[288] *Wuermeling*, Kooperatives Gemeinschaftsrecht, S. 195.

[289] *Wuermeling*, Kooperatives Gemeinschaftsrecht, S. 197.

[290] *Wuermeling*, Kooperatives Gemeinschaftsrecht, S. 197.

[291] *Happe*, Grenzüberschreitende Wirkung, S. 106 ff.

Zusammenfassend lässt sich feststellen, dass der Einzelne aus Art. 10 EG keinen unmittelbaren Anerkennungsanspruch herleiten kann. Auch eine Anerkennung belastender Verwaltungsakte kann dem Einzelnen gegenüber nicht auf Art. 10 EG gestützt werden.

b) Allgemeines Diskriminierungsverbot, Art. 12 EG

aa) Grundsätzliche Ausführungen zu Art. 12 EG

Art. 12 Abs. 1 EG (früher Art. 6 EGV, davor Art. 7 EWGV) verbietet „unbeschadet besonderer Bestimmungen dieses Vertrages ... in seinem Anwendungsbereich jede Diskriminierung aus Gründen der Staatsangehörigkeit“. [292] Berechtigt aus Art. 12 Abs. 1 EG sind die Staatsangehörigen der anderen Mitgliedstaaten.[293] Ihnen verleiht Art. 12 Abs. 1 EG ein subjektives Recht, das diese gerichtlich geltend machen können, d.h. Art. 12 Abs. 1 EG hat unmittelbare Wirkung.[294] Zu den „besonderen Bestimmungen“ i.S.v. Art. 12 Abs. 1 EG, die ebenfalls ein Diskriminierungsverbot enthalten und als Spezialvorschriften vorgehen, d.h. die seine Anwendung ausschließen, gehören insbesondere die Art. 39 Abs. 2, 43 und 49 EG.[295] Die ganz überwiegende Zahl der Diskriminierungsfälle wird auch über die Grundfreiheiten zu lösen sein, da z.B. auch derjenige, der sich als Tourist in einen anderen Mitgliedstaat begibt und dort Dienstleistungen in Anspruch nimmt, in den Schutzbereich des Art. 49 EG fällt[296]. Die Frage der Anerkennung von Diplomen ist jedoch z.B. dann über Art. 12 EG zu lösen, wenn die Anerkennung nicht zum Zwecke der Dienstleistung oder der Niederlassung,

---

[292] Nach Art. 12 Abs. 2 EG kann der Rat nach dem Verfahren des Artikels 251 Regelungen für das Verbot solcher Diskriminierungen treffen. Art. 13 EG ermächtigt den Rat zudem, geeignete Vorkehrungen zu treffen, „um Diskriminierungen aus Gründen ... der ethnischen Herkunft ... zu bekämpfen“. Da die Diskriminierung aus Gründen der Staatsangehörigkeit, die häufig mit der ethnischen Herkunft zusammenhängt, bereits unter Art. 12 EG fällt, findet Art. 13 EG nur auf die Diskriminierung eines Teils der eigenen Staatsangehörigen durch einen Mitgliedstaat Anwendung (*Lenz*, in: Lenz (Hrsg.), EG-Vertrag, Art. 13 EG Rn. 17). Zudem handelt es sich bei Art. 13 EG nur um eine Ermächtigungsnorm ohne unmittelbare Wirkung (*Lenz*, in: Lenz (Hrsg.), EG-Vertrag, Art. 13 EG Rn. 28).

[293] *Lenz*, in: Lenz (Hrsg.), EG-Vertrag, Art. 12 EG Rn. 1. Gleichgestellt sind juristische Personen i.S.v. Art. 48 u. Art. 183 Nr. 4 EG (*Lenz*, in: Lenz (Hrsg.), EG-Vertrag, Art. 12 EG Rn. 1; insbesondere zur Frage der Einbeziehung juristischer Personen des öffentlichen Rechts: *Feldmüller*, S. 178 ff.). Die Frage, welche natürlichen Personen einem Mitgliedstaat angehören, richtet sich nach dessen Recht (G/T/E-*Zuleeg*, Art. 6 EGV Rn. 10; EuGHE 1992, S. I-4239/4262 Rn. 10 f. - Micheletti).

[294] *Epiney*, in: Calliess/Ruffert, EUV/EGV, Art. 12 EG Rn. 2; *Lenz*, in: Lenz (Hrsg.), EG-Vertrag, Art. 12 EG Rn. 9; G/T/E-*Zuleeg*, Art. 6 EGV Rn. 14

[295] G/T/E-*Zuleeg*, Art. 6 Rn. 19; *Lenz*, in: Lenz (Hrsg.), EG-Vertrag, Art. 12 EG Rn. 1 u. 8; *Epiney*, in: Calliess/Ruffert, EUV/EGV, Art. 12 EGV Rn. 7 ff.

[296] EuGH, NJW 1989, S. 2183 Rn. 15 - Cowan.

sondern zur Fortführung akademischer Studien (akademische Anerkennung) begehrt wird.[297]

Art. 12 Abs. 1 EG ist wiederum speziell gegenüber dem (ungeschriebenen) allgemeinen Gleichheitssatz des Gemeinschaftsrechts. Letzterer umfasst jeden Anknüpfungspunkt einer Differenzierung und wird bei Diskriminierungen aus Gründen der Staatsangehörigkeit durch Art. 12 Abs. 1 EG verdrängt.[298]

Die Anwendbarkeit des Art. 12 Abs. 1 EG setzt zunächst eine Diskriminierung aus Gründen der Staatsangehörigkeit voraus. Unter Diskriminierung versteht man die unterschiedliche Behandlung zweier gleicher Tatbestände, die den Betroffenen benachteiligt.[299] Eine Diskriminierung aus Gründen der Staatsangehörigkeit liegt vor, wenn im konkreten Fall eine andere Rechtsfolge einschlägig wäre, hätte der Betroffene die Angehörigkeit des Staates, demgegenüber er sich auf Art. 12 EG beruft, und wenn der Betroffene hierdurch gegenüber den eigenen Staatsangehörigen dieses Mitgliedstaats benachteiligt wird.[300]

Nach einhelliger Meinung in der Literatur und der Rechtsprechung des EuGH erfasst Art. 12 Abs. 1 EG nicht nur unmittelbare Diskriminierungen, d.h. Maßnahmen, die ausdrücklich an die Staatsangehörigkeit anknüpfen, sondern auch mittelbare (versteckte) Diskriminierungen,[301] nicht dagegen bloße Beschränkungen[302]. Als mittelbare Diskriminierungen werden Maßnahmen bezeichnet, die durch die Anwendung anderer Unterscheidungsmerkmale tatsächlich zu demselben Ergebnis führen.[303] Die Differenzierung erfolgt zwar nach einem anderen Kriterium, führt aber typischerweise und regelmäßig zur Schlechterstellung auf Grund der Staatsangehörigkeit.[304] So wirkt sich z.B. eine nationale Regelung, die eine Unterscheidung auf Grund des Kriteriums des Wohnsitzes trifft, indem sie Gebietsfremden eine bestimmte Vergünstigung verweigert, die sie Gebietsansässigen gewährt, hauptsächlich zum Nachteil der Angehörigen anderer Mitgliedstaaten aus, da Gebietsfremde meist Ausländer sind, und sie führt somit zu einer mittelbaren Diskriminierung auf Grund der Staatsangehörig-

[297] *Sangiovanni*, WissR 1999, S. 130.
[298] G/T/E-*Zuleeg*, Art. 6 EGV Rn. 21. Zu den Unterschieden zwischen dem Diskriminierungsverbot des Art. 12 Abs. 1 EG und dem allgemeinen Gleichheitssatz *Epiney*, in: Calliess/Ruffert, EUV/EGV, Art. 12 EG Rn. 3.
[299] *V. Bogandy*, in: Grabitz/Hilf, Art. 6 Rn. 8.
[300] *V. Bogandy*, in: Grabitz/Hilf, Art. 6 Rn. 8 f.
[301] Vgl. G/T/E-*Zuleeg*, Art. 6 EGV Rn. 4; *Lenz*, in: Lenz (Hrsg.), EG-Vertrag, Art. 12 EG Rn. 5 f.; *Epiney*, in: Calliess/Ruffert, EUV/EGV, Art. 12 EG Rn. 13; EuGHE 1997, S. I-285/306 Rn. 16 - Pastoors.
[302] EuGHE 1981, S. 1993/2007 Rn. 8 - Oebel.
[303] Z.B. EuGHE 1997, S. I-285/306 Rn. 16 - Pastoors; EuGHE 1998, S. I-2521/2546 Rn. 27 - Clean Car (in Bezug auf Art. 39 Abs. 2 EG); *Epiney*, in: Calliess/Ruffert, EUV/EGV, Art. 12 EG Rn. 13.
[304] Vgl. G/T/E-*Zuleeg*, Art. 6 EGV Rn. 4.

keit.[305] Auf Grund der Parallelität zu dem Merkmal der Staatsangehörigkeit kommen allerdings nur personenbezogene Merkmale in Frage, sodass z.B. Regelungen, die ausschließlich an Sachen (etwa die Warenherkunft) anknüpfen, von vornherein keine materiellen Diskriminierungen im Sinne von Art. 12 Abs. 1 darstellen können.[306] Sachbezogene Regelungen sind, soweit nicht bereits Art. 28 EG einschlägig ist, am Maßstab des (ungeschriebenen) allgemeinen Diskriminierungsverbots zu messen.

Unterschiede in der Behandlung, die sich von Mitgliedstaat zu Mitgliedstaat aus Unterschieden zwischen den Rechtsordnungen der einzelnen Mitgliedstaaten ergeben, werden nach ständiger Rechtsprechung von Art. 12 Abs. 1 EG nicht erfasst, sofern diese Rechtsordnungen auf alle ihnen unterworfenen Personen nach objektiven Merkmalen und ohne Rücksicht auf die Staatsangehörigkeit der Betroffenen anwendbar sind.[307] Eine Diskriminierung i.S.v. Art. 12 Abs. 1 EG kann also nur dann vorliegen, wenn die beiden zu vergleichenden Sachverhalte von demselben Hoheitsträger geregelt werden.[308] Dies folgt aus dem Charakter des Art. 12 Abs. 1 EG als reines Diskriminierungsverbot, der im Gegensatz zu den Grundfreiheiten bloße Beschränkungen, wie sie sich aus unterschiedlichen Rechtsordnungen ergeben können, nicht erfasst.

Liegen die Voraussetzungen einer (unmittelbaren oder mittelbaren) Diskriminierung aus Gründen der Staatsangehörigkeit vor, so fragt sich, ob daraus schon die Unvereinbarkeit mit Art. 12 EG folgt (absolutes Verbot) oder ob eine Rechtfertigung möglich ist (relatives Verbot). Die Frage ist in der Literatur sehr umstritten.[309] Zum Teil wird auch die Auffassung vertreten, Art. 12 EG habe bei formellen Diskriminierungen absoluten Charakter, während bei materiellen Diskriminierungen eine Rechtfertigung möglich sei.[310] Die Rechtsprechung des EuGH hatte bislang nur bei mittelbaren Diskriminierungen eine Rechtfertigungsprüfung vorgenommen.[311] Mittlerweile liegt aber eine Entscheidung vor, aus der sich eindeutig ergibt, dass der Gerichtshof auch bei formellen Diskriminierungen die Möglichkeit einer Rechtfertigung bejaht.[312] Es

---

[305] EuGHE 1997, S. I-285/307 Rn. 17 - Pastoors; vgl. in Bezug auf Art. 39 Abs. 2 EG EuGHE 1998, S. I-2521/2547 Rn. 29 - Clean Car; *Lenz*, in: Lenz (Hrsg.), EG-Vertrag, Art. 12 EG Rn. 6; *Epiney*, in: Calliess/Ruffert, EGV/EUV, Art. 12 EGV Rn. 13; a.A. *Grundmann*, S. 38.

[306] *Epiney*, in: Calliess/Ruffert, EUV/EGV, Art. 12 EG Rn. 16.

[307] EuGHE 1996, S. I-161/175 f. Rn. 17 - Perfili.

[308] G/T/E-*Zuleeg*, Art. 6 EGV Rn. 7; *Epiney*, in: Calliess/Ruffert, EUV/EGV, Art. 12 EG Rn. 5.

[309] Vgl. die Darstellung des Meinungsstreits bei *Epiney*, in: Calliess/Ruffert, EUV/EGV, Art. 12 EGV Rn. 41.

[310] Z.B. *v. Bogandy*, in: Grabitz/Hilf, Art. 6 EGV Rn. 23.

[311] Z.B. EuGHE 1997, S. I-285/308 Rn. 19 ff. - Pastoors.

[312] EuGHE 1998, S. I-2691/2726 Rn. 64 - Martínez Sala: „Die fragliche Ungleichbehandlung fällt somit in den Anwendungsbereich des Vertrages und kann nicht als gerechtfertigt angesehen werden. Es handelt sich nämlich um eine Diskriminierung der Klägerin unmittelbar aus Gründen der Staatsangehörigkeit. Dem Gerichtshof ist nichts vorgetragen worden, was eine solche Ungleichbehandlung rechtfertigen würde."

kann davon ausgegangen werden, dass sich die ganz überwiegende Literatur dem anschließen wird.

Eine Rechtfertigung setzt voraus, dass die Differenzierung auf objektiven, d.h. auf sachlichen, von der Staatsangehörigkeit der Betroffenen unabhängigen Gründen beruht und verhältnismäßig ist.[313] Es reicht allerdings nicht aus, irgendeinen sachlichen Grund zu nennen, sondern es muss sich um einen im Allgemeininteresse liegenden, dem Vertrag und seinen Zielen nicht widersprechenden Grund handeln.[314] Dabei muss eine Güter- und Interessenabwägung im Lichte der Vertragsziele stattfinden.[315]

Allerdings ist zu berücksichtigen, dass Art. 12 EG nur im persönlichen und sachlichen Anwendungsbereich des Vertrages zur Gleichbehandlung verpflichtet.[316] In den persönlichen Anwendungsbereich des Vertrages fallen seit der Einführung der Unionsbürgerschaft (Art. 17 EG, früher Art. 8 EGV) und der Freizügigkeit für alle Unionsbürger (Art. 18 EG, früher Art. 8 a EGV) durch den Maastrichter Vertrag alle Angehörigen eines Mitgliedstaats, die sich rechtmäßig im Gebiet eines anderen Mitgliedstaats aufhalten.[317] Sie können sich in allen vom sachlichen Anwendungsbereich des Gemeinschaftsrechts erfassten Fällen auf Art. 12 EG berufen.[318]

Wie der sachliche Anwendungsbereich des Gemeinschaftsrechts zu bestimmen ist, ist in der Literatur umstritten.[319] Zum Teil wird auf den Bezug zum Wirtschaftsleben oder das Element der Grenzüberschreitung abgestellt.[320] Nach der wohl überwiegenden Auffassung ist der Begriff des Anwendungsbereich des Vertrages weit auszulegen und erfasst die Gesamtheit der Sachverhalte, die vom Tatbestand einer gemeinschaftsrechtlichen Norm in irgendeiner Weise erfasst werden.[321] Dabei soll das Mindestmaß der Verbindung zum Gemeinschaftsrecht genügen.[322] Als ausreichend wird es angesehen, dass ein Sachverhalt auf Grund einer Kompetenzbestimmung einer gemeinschaftsrechtlichen Regelung zugänglich ist, auch wenn von der Kompetenz noch kein Gebrauch gemacht wurde.[323] Der sachliche Anwendungsbereich ist danach bereits betroffen, wenn der fragliche Bereich gemeinschaftsrechtlich geregelt ist oder

---

[313] EuGHE 1997, S. I-285/308 Rn. 19 u. 24 - Pastoors.
[314] *V. Wilmowsky*, ZaöRV 59 (1990), S. 248 m. Fn. 62.
[315] G/T/E-*Zuleeg*, Art. 6 EGV Rn. 3.
[316] Vgl. nur G/T/E-*Zuleeg*, Art. 6 EGV Rn. 12.
[317] EuGHE 1998, S. I-2691/2725 Rn. 61 - Martínez Sala.
[318] EuGHE 1998, S. I-2691/2726 Rn. 63 - Martínez Sala; *Lenz*, in: Lenz (Hrsg.), EG-Vertrag, Art. 12 EG Rn. 8.
[319] Vgl. die Darstellung des Meinungsstreits bei *Epiney*, in: Calliess/Ruffert, EUV/EGV, Art. 12 EG Rn. 21.
[320] *V. Wilmowsky*, ZaöRV 59 (1990), S. 239 u. 247.
[321] *V. Bogandy*, in: Grabitz/Hilf, Art. 6 EGV Rn. 37 f.; G/T/E-*Zuleeg*, Art. 6 EGV Rn. 12.
[322] G/T/E-*Zuleeg*, Art. 6 EGV Rn. 12.
[323] *V. Bogandy*, in: Grabitz/Hilf, Art. 6 EGV Rn. 38; G/T/E-*Zuleeg*, Art. 6 EGV Rn. 13, der jedoch weit gefasste Ermächtigungsnormen wie Art. 94, 95 und 308 EG (früher Art. 100, 100a und 235 EGV) ausnimmt.

die fragliche Vorschrift im Zusammenhang mit dem EG-Vertrag steht.[324] Der Anwendungsbereich ist dagegen nicht betroffen, wenn ein Sachverhalt keine Verbindung zu Sachverhalten hat, die gemeinschaftsrechtlich geregelt sind, und sich dessen Auswirkungen auf die inneren Angelegenheiten eines Mitgliedstaats beschränken.[325]

Nach der Rechtsprechung des EuGH fallen z.B. die Voraussetzungen für den Zugang zur Berufsausbildung, einschließlich der Hochschulstudiengänge, in den Anwendungsbereich des Vertrages im Sinne seines Art. 12 EG,[326] da, so der EuGH im Fall Gravier, Art. 128 EWG-Vertrag (a.F.) dem Rat die Aufstellung allgemeiner Grundsätze für die Berufsausbildung erlaube und der Zugang zur Berufsausübung geeignet sei, die Freizügigkeit innerhalb der Gemeinschaft zu fördern[327]. Deshalb stelle eine Abgabe, Einschreibe- oder Studiengebühr für den Zugang zum berufsbildenden Unterricht oder für den Zugang zu einem Universitätsstudium, das auf die Qualifikation für einen bestimmten Beruf oder eine bestimmte Beschäftigung vorbereitet, eine gegen Art. 12 EG verstoßende Diskriminierung aus Gründen der Staatsangehörigkeit dar, wenn sie von Studenten aus anderen Mitgliedstaaten, nicht aber von inländischen Studenten erhoben wird.[328] Dagegen liege, so der EuGH in den Fällen Lair und Brown, eine Förderung, die ein Mitgliedstaat seinen Staatsangehörigen für den Lebensunterhalt gewährt, wenn sie ein solches Studium aufnehmen, beim gegenwärtigen Entwicklungsstand des Gemeinschaftsrechts nicht im Anwendungsbereich des Vertrages i.S.v. Art. 12.[329] Sie falle nämlich zu einen in den Bereich der Bildungspolitik, die als solche nicht der Zuständigkeit der Gemeinschaftsorgane unterstellt worden sei und zum anderen der Sozialpolitik, die zur Zuständigkeit der Mitgliedstaaten gehöre, sofern sie nicht Gegenstand besonderer Vorschriften sei.[330] Etwas anderes gelte nur, soweit die Förderung der Deckung von Einschreibegebühren oder anderen Gebühren, insbesondere von Studiengebühren diene, die für den Zugang zum Unterricht verlangt werden.[331]

Die unterschiedliche Behandlung des Zugangs zur Ausbildung und ihrer notwendigen Finanzierung durch den EuGH wird in der Literatur stark kritisiert.[332] Überträgt man die Kriterien, die der EuGH im Fall Gravier zur Bestimmung des Anwendungsbereichs des Art. 12 EG herangezogen hat, auf die Fälle Lair und Brown, wäre auch in letzteren Fällen der Anwendungsbereich des Vertrages betroffen, denn die Programme,

---

[324] *Feldmüller*, S. 183.
[325] G/T/E-*Zuleeg*, Art. 6 EGV Rn. 12.
[326] EuGHE 1985, S. 593 Ls. 1 - Gravier; EuGHE 1988, S. 3161 Ls. 1 - Lair; EuGHE 1988, S. 3205 Ls. 2 - Brown.
[327] EuGHE 1985, S. 593/612 f. Rn. 19 ff. - Gravier.
[328] EuGHE 1985, S. 593 Ls. 2 - Gravier; EuGHE 1988, S. 379 Ls. 2 - Blaizot; EuGHE 1988, S. 3161 Ls. 1 - Lair.
[329] EuGHE 1988, S. 3161, Ls. 1 - Lair; EuGHE 1988, S. 3205 Ls. 2 - Brown.
[330] EuGHE 1988, S. 3161/3195 Rn. 15 - Lair; EuGHE 1988, S. 3205/3243 Rn. 18 - Brown.
[331] EuGHE 1988, S. 3205 Ls. 2 - Brown.
[332] *V. Wilmowsky*, ZaöRV 59 (1990), S. 243 f.; *Hailbronner*, EuZW 1991. S. 179 (im Ergebnis jedoch zustimmend); *v. Bogandy*, in: Grabitz/Hilf, Art. 6 EGV Rn. 40 f.

Entschließungen und Beschlüsse der Gemeinschaftsorgane zur Bildungspolitik, die der EuGH im Fall Gravier zur Bestimmung des Anwendungsbereichs heranzog, befassen sich nicht nur mit Zulassungsfragen, sondern auch mit der finanziellen Studienförderung.[333]

Seit der Einführung der Unionsbürgerschaft und der allgemeinen Freizügigkeit für Unionsbürger dürfte auch der EuGH in der Frage der finanziellen Ausbildungsförderung zu einem anderen Ergebnis gelangen. Dies folgt aus seiner Entscheidung im Fall Martinez Sala.[334] In dieser Entscheidung lässt es der EuGH für die Anwendbarkeit des Diskriminierungsverbots des Art. 12 EG genügen, dass die Klägerin als Unionsbürgerin in den persönlichen Anwendungsbereich des Vertrages und die fragliche staatliche Leistung (Erziehungsgeld) als Familienleistung i.S.v. Art. 4 Abs. 1 der VO Nr. 1408/71 sowie als soziale Vergünstigung i.S.v. Art. 7 Abs. 2 der VO Nr. 1612/68 in den sachlichen Anwendungsbereich des Gemeinschaftsrecht fällt, auch für den Fall, dass die Klägerin nicht als Arbeitnehmerin anzusehen sei und deshalb nicht in den persönlichen Anwendungsbereich der o.g. Verordnungen falle.

Die Auffassung des EuGH führt dazu, dass es für die Anwendbarkeit des Diskriminierungsverbots ausreicht, dass ein Sachverhalt von irgendeiner Norm des sekundären Gemeinschaftsrechts erfasst wird, selbst wenn der Betroffene nicht in den persönlichen Anwendungsbereich dieser Norm gehört, wenn es sich bei dem Betroffenen nur um einen Unionsbürger handelt, der sich in Ausübung der allgemeinen Freizügigkeit in einen anderen Mitgliedstaat begeben hat. Dem kann nicht gefolgt werden. Wenn Normen des sekundären Gemeinschaftsrechts ausdrücklich nur einem bestimmten Personenkreis bestimmte Rechte einräumen, ist dies gleichzeitig als Begrenzung des Anwendungsbereichs des Vertrages im Sinne von Art. 12 EG zu verstehen.[335] Andernfalls wäre auch die kürzlich vorgenommene Erweiterung des persönlichen Anwendungsbereichs der VO Nr. 1408/71 auf Studenten[336] überflüssig. Grundsätzlich spricht jedoch nichts dagegen, den Anwendungsbereich weit auszulegen. Notwendige Einschränkungen des Diskriminierungsverbots können auf der Rechtfertigungsebene vorgenommen werden, wobei die zwischen dem zur Rechtfertigung angeführten Grund und den Vertragszielen vorzunehmende Interessenabwägung umso eher zu Gunsten des Diskriminierungsverbots ausfällt, je enger die Verbindung zum Gemeinschaftsrecht ist.

bb) Folgerungen für die Frage der Anerkennungspflicht

Trifft eine Behörde eine Unterscheidung danach, ob ein bestimmter personenbezogener Verwaltungsakt vom eigenen Staat oder von einem anderen Mitgliedstaat erlassen

---

333 *V. Wilmowsky*, ZaöRV 59 (1990), S. 243.

334 EuGHE 1998, S. I-2691 - Martínez Sala. Hierzu ausführlich *Borchardt*, NJW 2000, S. 2057 ff.

335 G/T/E-*Zuleeg*, Art. 6 EGV Rn. 12.

336 Art. 2 der VO Nr. 1408/71, geändert durch VO Nr. 307/1999 v. 8. 2. 1999, ABl. Nr. L 38/1 v. 12. 2. 1999.

wurde, und erkennt sie den fremden Verwaltungsakt nicht an, wirkt sich diese Differenzierung hauptsächlich zum Nachteil der Angehörigen der anderen Mitgliedstaaten aus. Dabei handelt es sich um eine mittelbare Diskriminierung auf Grund der Staatsangehörigkeit. Daraus folgt jedoch noch ist, dass eine solche Unterscheidung immer verboten ist und alle Verwaltungsakte der anderen Mitgliedstaaten anerkannt werden müssten, denn eine solche bedingungslose Anerkennungspflicht würde die Regelungsbefugnis des Mitgliedstaaten in zu großem Maße beeinträchtigen. Erstens muss der Anwendungsbereich des Vertrages betroffen sein. Zweitens darf die Anerkennung versagt werden, wenn für eine solche Ungleichbehandlung ein sachlicher Grund vorliegt. Dies ist dann der Fall, wenn die Voraussetzungen des fremden Verwaltungsakts nicht gleichwertig mit den inländischen Voraussetzungen sind. Gleichwertigkeit bedeutet dabei nicht Gleichheit. Eine Gleichwertigkeit ist immer dann zu bejahen, wenn die Voraussetzungen gemeinschaftsrechtlich harmonisiert wurden, es sei denn es greift im konkreten Fall eine Schutzklausel ein. Im nicht harmonisierten Bereich liegt eine Gleichwertigkeit vor, wenn die Regelungen des Herkunftslandes ebenfalls zur Wahrung der öffentlichen Interessen ausreichen, derentwegen der Verwaltungsakt ergangen ist. Bei Gleichwertigkeit folgt aus Art. 12 Abs. 1 EG eine Anerkennungspflicht.

Handelt es sich nicht um personenbezogene, sondern um sachbezogene Regelungen, lässt sich die Anerkennungspflicht aus dem allgemeinen Gleichheitssatz ableiten. Die Nichtanerkennung der Verwaltungsakte anderer Mitgliedstaaten, die unter gleichwertigen Voraussetzungen ergangen sind, stellt eine ungerechtfertigte und deshalb verbotene (mittelbare) Diskriminierung dar.

Art. 12 EG bzw. der allgemeine Gleichheitssatz können jedoch nur zur Anerkennung begünstigender Verwaltungsakte fruchtbar gemacht werden. Der Anerkennung belastender Verwaltungsakte steht der Gesetzesvorbehalt entgegen.

c) Amtshilfepflicht

Eine der Regelung des Art. 35 GG entsprechende allgemeine Amtshilfepflicht findet sich weder im primären noch im sekundären Gemeinschaftsrecht.[337] Zwar ermächtigt der neue Art. 61 EG den Rat „zum schrittweisen Aufbau eines Raums der Freiheit, der Sicherheit und des Rechts ... geeignete Maßnahmen zur Förderung und Verstärkung der Zusammenarbeit der Verwaltungen“ zu erlassen, doch erfolgen diese Maßnahmen auf der Grundlage des Art. 66 EG, der den Bereich der Zusammenarbeit auf den IV. Titel des EGV, also auf die Bereiche „Visa, Asyl, Einwanderung und andere Politiken betreffend den freien Personenverkehr“ beschränkt. Denkbar ist es, aus Art. 10 EG bzw. dem Grundsatz der Gemeinschaftstreue eine Amtshilfepflicht herzuleiten, allerdings scheitert eine Amtshilfe bei belastenden Verwaltungsakten daran, dass

---

[337] *Meier*, EuR 1989, S. 237 ff., der deshalb den Erlass einer allgemeinen Amtshilfeverordnung fordert.

Art. 10 EG dem Vorbehaltsgrundsatz nicht genügt.[338] Mangels allgemeiner Amts- bzw. Vollstreckungshilfepflicht fehlt also eine Grundlage für die Ableitung einer allgemeinen Anerkennungspflicht hinsichtlich belastender Verwaltungsakte. Es bleibt also dabei, dass in den Bereichen, in denen keine spezielle Vorschrift des Sekundärrechts zur Amtshilfe verpflichtet,[339] belastende Verwaltungsakte wie z.B. behördliche Bußgelder in einem anderen Mitgliedstaat nicht vollstreckt werden können.[340]

d) Allgemeiner Rechtsgrundsatz des Gemeinschaftsrechts?

Zum Teil wird noch diskutiert, ob es einen (ungeschriebenen) allgemeinen Rechtsgrundsatz des Gemeinschaftsrechts gibt, der eine generelle Anerkennungspflicht beinhaltet.[341]

Unter allgemeinen Rechtsgrundsätzen des Gemeinschaftsrechts versteht man sowohl die der Gemeinschaftsrechtsordnung selbst inhärenten als auch die den Rechtsordnungen der Mitgliedstaaten gemeinsamen allgemeinen Rechtsgrundsätze.[342] Sie dienen zur Lückenfüllung und als Auslegungshilfe.[343]

Bei begünstigenden Verwaltungsakten besteht kein Bedürfnis für Entwicklung eines (ungeschriebenen) Rechtsgrundsatzes der gegenseitigen Anerkennung, da sich die Anerkennungspflicht bereits aus den Grundfreiheiten und dem Diskriminierungsverbot des Art. 12 EG ergibt und es insoweit an einer Lücke fehlt. Bei belastenden Verwaltungsakten steht auch hier der Vorbehaltsgrundsatz entgegen.

e) Ergebnis

Es hat sich gezeigt, dass das primäre Gemeinschaftsrecht weit reichende Pflichten zur Anerkennung begünstigender Verwaltungsakte, nicht aber auch hinsichtlich belastender Verwaltungsakte anderer Mitgliedstaaten enthält. Im Anwendungsbereich der Grundfreiheiten folgt eine grundsätzliche Anerkennungspflicht begünstigender

---

[338] Gegen die Ableitung einer Amtshilfeverpflichtung der Mitgliedstaaten untereinander aus Art. 10 EG auch *Meier*, EuR 1989, S. 243 ff. und ihm folgend *Schlag*, Grenzüberschreitende Verwaltungsbefugnisse, S. 71 Fn. 212, allerdings mit der Begründung, Art. 10 EG enthalte nur eine vertikale Amtshilfeverpflichtung.

[339] Siehe zu den sekundärrechtlichen Amtshilfebestimmungen oben ...

[340] Vgl. 1. Erwägungsgrund der RL 76/308/EWG über die gegenseitige Unterstützung bei der Beitreibung von Forderungen im Zusammenhang mit Maßnahmen, die Bestandteil des Finanzierungssystems des Europäischen Ausrichtungs- und Garantiefonds für die Landwirtschaft sind, sowie von Abschöpfungen und Zöllen und bezüglich der Mehrwertsteuer und bestimmter Verbrauchssteuern, ABl. L 73/18 v. 19. 3. 1976 = EWR Nr. 692.

[341] *Niehof*, Der Grundsatz der gegenseitigen Anerkennung im Gemeinschaftsrecht, S. 11 ff.

[342] Vgl. *Schweitzer/Hummer*, Europarecht, Rn. 15.

[343] *Niehof*, Der Grundsatz der gegenseitigen Anerkennung im Gemeinschaftsrecht, S. 1.

Verwaltungsakte aus den Art. 28, 39, 43, 49, 56 EG. Im übrigen Anwendungsbereich des Vertrages kann das allgemeine Diskriminierungsverbot des Art. 12 EG als Anspruchsgrundlage herangezogen werden. Bei sämtlichen Anspruchsgrundlagen existieren allerdings ordre public - Vorbehalte, die zu einem Erlöschen des Anerkennungsanspruchs führen können. Besteht danach eine Anerkennungspflicht für Verwaltungsakte, so gilt entsprechendes für Urteile, die den anzuerkennenden Verwaltungsakt bestätigen.[344]

Das Anerkennungsprinzip bedeutet eine Vertiefung des Integrationsprozesses, weil sie die im Vertrag grundsätzlich vorausgesetzte Verwaltungshoheit der Mitgliedstaaten beschränkt.[345] Es hat jedoch den Vorteil, dass - anders als bei der Einführung gemeinschaftsweit einheitlicher Regelungen - die föderale Struktur, insbesondere die sachnähere Lösung von Problemen und die Nutzung der Experimentalfunktion der einzelstaatlichen Ebene, erhalten bleiben.[346] Da Regelungsinhalte und Regelungsformen mitgliedstaatlich bleiben, entspricht das Anerkennungsprinzip dem Subsidiaritätsgrundsatz.[347] Doch ist zu berücksichtigen, dass das Herkunftslandprinzip unvermeidlich marktspaltende Wirkungen hat, wenn die Vorschriften zur Wahrung des Allgemeininteresses in den Mitgliedstaaten unterschiedlich streng sind, sodass eine Gleichwertigkeit nur im Verhältnis zu einigen Mitgliedstaaten besteht.[348] Eine gemeinschaftsweite Wirkung der Verwaltungsakte des Herkunftslandes tritt nämlich nur dann ein, wenn alle Mitgliedstaaten die Anerkennung vornehmen.[349] Das Anerkennungsprinzip entspricht also nur teilweise der Idee des Binnenmarktes. In den Bereichen, in denen sich die Mitgliedstaaten auf ausdrückliche oder ungeschriebene Rechtfertigungsgründe des Allgemeininteresses berufen können, ist eine Rechtsangleichung daher unvermeidlich zur Herstellung eines Binnenmarktes.

---

[344] Eine ausdrückliche Regelung findet sich in der RL 76/308/EWG über die gegenseitige Unterstützung bei der Beitreibung von Forderungen im Zusammenhang mit Maßnahmen, die Bestandteil des Finanzierungssystems des Europäischen Ausrichtungs- und Garantiefonds für die Landwirtschaft sind, sowie von Abschöpfungen und Zöllen und bezüglich der Mehrwertsteuer und bestimmter Verbrauchssteuern (Amtshilfe- RL Beitreibung, ABl. L 73/18 v. 19. 3. 1976 = EWR Nr. 692). Legt der Betroffene im Rahmen einer grenzüberschreitenden Beitreibung gegen die Forderung oder den Vollstreckungstitel im Mitgliedstaat der ersuchenden Behörde einen Rechtsbehelf ein, so gilt nach Art. 12 Abs. 4 der Richtlinie „die Entscheidung dieses Gerichts, sofern sie zu Gunsten der ersuchenden Behörde ausfällt und die Beitreibung der Forderung in dem Mitgliedstaat, in dem die ersuchende Behörde ihren Sitz hat, ermöglicht, als 'Vollstreckungstitel' ..., und die Beitreibung der Forderung wird auf Grund dieser Entscheidung vorgenommen".

[345] *Joerges/Falke*, Die Normung von Konsumgütern, in: Müller-Graff (Hrsg.), Technische Regeln im Binnenmarkt, S. 172.

[346] *Beyer*, Rechtsnormanerkennung im Binnenmarkt, S. 29.

[347] *Nicolaysen*, GS f. Grabitz, S. 475; *Scheunig*, in: Hoffmann-Riem/Schmidt-Aßmann (Hrsg.): Innovation und Flexibilität des Verwaltungshandelns, S. 342. Zu den verfassungsrechtlichen Grundlagen der Anerkennung im Grundgesetz *Beyer*, Rechtsnormanerkennung im Binnenmarkt, S. 44 f.

[348] *Roth*, in: Dauses (Hrsg.), Hdb. EU-WirtschaftsR, E. I, Rn. 121.

[349] G/T/E-*Troberg*, Art. 57 EGV Rn. 16.

C. Die Kompetenz zur Regelung internationaler Sachverhalte

I. Die Anwendbarkeit inländischen öffentlichen Rechts - Gemeinschaftsrechtliche Vorgaben für die internationalverwaltungsrechtliche Anknüpfung

Die besonderen Diskriminierungsverbote der Art. 39 Abs. 2, 43 und 49 EG sowie das allgemeine Diskriminierungsverbot des Art. 12 EG verbieten, wie bereits ausgeführt, nicht nur eine unmittelbare Diskriminierung aus Gründen der Staatsangehörigkeit, sondern auch mittelbare Diskriminierungen, die zwar nach anderen Merkmalen (z.B. Wohnsitz) erfolgen, aber zu demselben Ergebnis führen.[350] Aus internationalverwaltungsrechtlicher Sicht stellt sich deshalb die Frage, ob ein Mitgliedstaat bei Sachverhalten mit Auslandsberührung die Anwendbarkeit seines eigenen Verwaltungsrechts von der inländischen Staatsangehörigkeit oder einem inländischen Wohnsitz abhängig machen darf, ob er also Kollisionsnormen mit Anknüpfung an die Staatsangehörigkeit oder den Wohnsitz erlassen darf. Diese Frage wurde bislang hauptsächlich im IPR diskutiert,[351] stellt sich aber ebenso im IVR.

1. Rechtsprechung

Mehrfach hatte der EuGH über mitgliedstaatliche Rechtsvorschriften zu entscheiden, die bestimmte Rechte oder staatliche Leistungen den eigenen Staatsangehörigen vorbehielten oder für deren Gewährung einen inländischen Wohnsitz bzw. eine inländische Niederlassung voraussetzten.

Im Fall „van Binsbergen"[352] ging es um eine niederländische Rechtsvorschrift, der zufolge vor bestimmten Gerichten nur im Inland ansässige Personen als Prozessbevollmächtigte aufzutreten berechtigt sind. Der EuGH sah darin eine Beschränkung der Dienstleistungsfreiheit, die dazu führen könne, dass Art. 49 EG, der gerade die Beseitigung der Beschränkungen für nicht im Staat der Dienstleistungserbringung ansässige Personen bezwecke, jeder Wirksamkeit beraubt werde.[353] Das Erfordernis einer festen beruflichen Niederlassung innerhalb des Bezirks bestimmter Gerichte sei nur dann mit den Bestimmungen des Art. 49 EGV vereinbar anzusehen, falls die Niederlassung Erfordernis erforderlich sei, um die Einhaltung von Berufsregelungen zu gewährleisten.[354] Dies sei jedoch nicht der Fall, wenn dem guten Funktionieren der

---

[350] S. o. , 6. Teil, B. II. 3. b) aa).

[351] Vgl. z.B. *Fischer*, Gemeinschaftsrecht und kollisionsrechtliches Staatsangehörigkeitsprinzip, in: v. Bar (Hrsg.), Europäisches Gemeinschaftsrecht und Internationales Privatrecht, Köln u.a. 1991, S. 157 ff.

[352] EuGHE 1974, S. 1299.

[353] EuGHE 1974, S. 1299/1309 Rn. 10/12 - van Binsbergen.

[354] EuGHE 1974, S. 1299 Ls. 2 u. S. 1309 f. Rn. 14/16 - van Binsbergen.

Justiz mit Hilfe weniger einschränkender Maßnahmen wie der Angabe einer Zustellungsanschrift für gerichtliche Mitteilungen Genüge getan werden könne.[355]

In einem Vertragsverletzungsverfahren der Kommission gegen Italien[356] ging es um italienische Rechtsvorschriften, nach denen der Erwerb und die Miete von mit öffentlichen Mitteln errichteten oder renovierten Wohnungen sowie der Zugang zu Immobiliarkrediten zu ermäßigtem Zinssatz den eigenen Staatsangehörigen vorbehalten war. Der EuGH sah darin einen Verstoß gegen die durch die Art. 43 und 49 EG gewährleistete Dienstleistungs- und Niederlassungsfreiheit, da das darin enthaltene Verbot der Diskriminierung aus Gründen der Staatsangehörigkeit nicht allein die Vorschriften betreffe, die sich auf die Ausübung der einschlägigen Berufstätigkeiten bezögen, sondern auch diejenigen, bei denen es um die verschiedenen, für die Ausübung dieser Tätigkeiten nützlichen allgemeinen Befugnisse gehe wie z.B. die Befugnis, bewegliches oder unbewegliches Vermögen zu erwerben, zu nutzen oder darüber zu verfügen, sowie Anleihen aufzunehmen und vor allem Zugang zu den verschiedenen Arten von Krediten zu erhalten.[357]

Die meisten Entscheidungen ergingen zu dem in Art. 39 Abs. 2 EG enthaltenen Diskriminierungsverbot in seiner Ausformung, die es durch die Art. 7 bis 9 der VO Nr. 1612/68 über die Freizügigkeit der Arbeitnehmer innerhalb der Gemeinschaft[358] erfahren hat[359]. Von Bedeutung ist insbesondere Art. 7 Abs. 2 der VO, wonach Arbeitnehmer aus anderen Mitgliedstaaten Anspruch auf die gleichen sozialen und steuerlichen Vergünstigungen wie die inländischen Arbeitnehmer haben.[360] Unter den Begriff der sozialen Vergünstigung fallen nach ständiger Rechtsprechung „alle Vergünstigungen, die - ob sie an einen Arbeitsvertrag anknüpfen oder nicht - den inländischen Arbeitnehmern hauptsächlich wegen ihrer objektiven Arbeitnehmereigenschaft oder einfach wegen ihres Wohnortes im Inland gewährt werden und deren Ausdehnung auf die Arbeitnehmer, die Staatsangehörige eines anderen Mitgliedstaats sind, deshalb als geeignet erscheinen, deren Mobilität innerhalb der Gemeinschaft zu erleichtern.[361] Hierzu gehören z.B. Fahrpreisermäßigungen für kinderreiche Familien[362], zinslose Geburtsdarlehen[363], Überbrückungshilfen für junge Arbeitslose[364],

---

[355] EuGHE 1974, S. 1299/1310 Rn. 14/16 - van Binsbergen.
[356] EuGHE 1988, S. 29.
[357] EuGHE 1988, S. 29/52 f. Rn. 12 ff. - Kom./Italien. Um einen ähnlichen Fall ging es in der Rechtssache Steinhauser (EuGHE 1985, S. 4097).
[358] Sar. II Nr. 180 = EWR Nr. 740.
[359] G/T/E- *Wölker*, Art. 48 EGV Rn. 39.
[360] Einen Sonderfall der sozialen Vergünstigung beinhaltet Art. 9 der VO 1612/68, der die Gleichbehandlung auf dem Wohnungsmarkt (z.B. bei der Miete oder dem Erwerb einer Wohnung oder sonstiger Immobilien einschließlich staatlicher Zuschüsse oder zinsgünstiger Kredite) vorschreibt, G/T/E- *Wölker*, Art. 48 EGV Rn. 65.
[361] EuGHE 1985, S. 1027 Ls. 2 - Scrivner; EuGHE 1985, S. 1739 Ls. 3 - Frascogna; EuGHE 1985, S. 1873 Ls. 2 - Deak.
[362] EuGHE 1975, S. 1085 - Cristini.
[363] EuGHE 1982, S. 33 - Reina.

Ausbildungsförderungen[365], Altersbeihilfen[366] sowie die allgemeinen Sozialhilfe[367]. Solche Vergünstigungen dürfen nicht den eigenen Staatsangehörigen vorbehalten werden. Sie dürfen auch nicht davon abhängig gemacht werden, dass zuvor im Hoheitsgebiet des Aufnahmestaates eine Berufstätigkeit von einer bestimmten Mindestdauer ausgeübt worden ist[368] oder dass der Betroffene eine bestimmte Anzahl von Jahren im Hoheitsgebiet des Aufnahmestaates gewohnt hat, wenn eine solche Voraussetzung für die Staatsangehörigen dieses Mitgliedstaats nicht vorgesehen ist[369].

Die Fälle, die keinen Zusammenhang mit der Verwirklichung der Berufsfreiheiten aufweisen, aber aus sonstigen Gründen in den persönlichen und sachlichen Anwendungsbereich des Vertrages[370] fallen, sind am Maßstab des Diskriminierungsverbots des Art. 12 EG zu prüfen. Im bereits erwähnten Fall „Martínez Sala"[371] hatte der EuGH darüber zu entscheiden, ob die in Deutschland von Sozialhilfe lebende Klägerin, die die spanischer Staatsangehörigkeit besaß, Anspruch auf Erziehungsgeld hat. Ob die Klägerin wegen ihrer zuvor verschiedentlich ausgeübten Arbeitnehmertätigkeiten in den persönlichen Anwendungsbereich der VO Nr. 1408/71 oder der VO Nr. 1612/68 fiel, konnte der EuGH mangels ausreichender Angaben des vorlegenden Gerichts nicht feststellen und prüfte den Fall deshalb weiter am Maßstab des Art. 12 EG. Den persönlichen Anwendungsbereich des Vertrages hielt der EuGH für betroffen, da die Klägerin als Angehörige eines Mitgliedstaats, die sich rechtmäßig im Gebiet eines anderen Mitgliedstaats aufhält, in den persönlichen Anwendungsbereich der Vertragsbestimmungen über die Unionsbürgerschaft falle.[372] Der sachliche Anwendungsbereich des Vertrages sei deshalb betroffen, da das Erziehungsgeld als Familienleistung i.S.v.. Art. 4 Abs. 1 der VO Nr. 1408/71 sowie als soziale Vergünstigung i.S.v. Art. 7 Abs. 2 der VO Nr. 1612/68 in den sachlichen Anwendungsbereich des Gemeinschaftsrecht falle. Deshalb könne sich die Klägerin auf Art. 12 EG berufen.[373] Eine unmittelbare Diskriminierung aus Gründen der Staatsangehörigkeit lag deshalb vor, weil von den Angehörigen anderer Staaten und damit von der Klägerin für die Gewährung des Erziehungsgeldes eine förmliche Aufenthaltserlaubnis verlangt wurde, während Inländer lediglich einen Wohnsitz oder ihren gewöhnlichen Aufenthalt in diesem Mitgliedstaat haben müssen. Da dem Gerichtshof nichts vorgetragen worden war, was diese Ungleichbehandlung der Klägerin gegenüber den deutschen Staatsangehörigen rechtfertigen würde,[374] hatte sie Erfolg.

---

364 EuGHE 1985, S. 1873 - Deak.
365 EuGHE 1988, S. 3161 - Lair; EuGHE 1988, S. 3205 - Brown.
366 EuGHE 1985, S. 1739 - Frascogna.
367 EuGHE 1985, S. 1027 - Scrivner.
368 EuGHE 1988, S. 3161 Ls. 4 - Lair; EuGHE 1988, S. 3205 Ls. 3 - Brown.
369 EuGHE 1985, S. 1739 Ls. 3 - Frascogna.
370 Hierzu ausführlich oben.
371 EuGHE 1998, S. I-2691 - Martínez Sala.
372 EuGHE 1998, S. I-2691/2725 Rn. 61 - Martínez Sala.
373 EuGHE 1998, S. I-2691/2726 Rn. 63 - Martínez Sala.
374 EuGHE 1998, S. I-2691/2726 Rn. 64 - Martínez Sala.

Aus dieser Entscheidung folgt, dass zukünftig jeder Unionsbürger, der sich in Ausübung seines allgemeinen Freizügigkeitsrechts in einen anderen Mitgliedstaat begibt, dort alle staatlichen Leistungen im Sinne der o.g. Verordnungen, also z.B. finanzielle Studienförderung[375] oder Sozialhilfe zumindest grundsätzlich, d.h. soweit ein Ausschluss nicht gerechtfertigt ist, beanspruchen kann.[376] Angesichts dieser weiten Auslegung des sachlichen und persönlichen Anwendungsbereich des Art. 12 EG durch den EuGH kommt der Frage der Rechtfertigung erhebliche Bedeutung zu.

2. Literatur

V. Wilmowsky [377] schlägt als Rechtfertigungsgrund im Rahmen des Art. 12 EG sowie im Rahmen der übrigen Grundfreiheiten das Interesse der Mitgliedstaaten an der Bereitstellung öffentlicher Leistungen vor. Eine Rechtfertigung setze dabei voraus, dass die staatliche Leistung einem Rechtsgut diene, dem das Gemeinschaftsrecht als wichtigem Erfordernis des europäischen Allgemeininteresses Vorrang vor der wirtschaftlichen Integration einräumt, wobei sowohl die Freiheit der Mitgliedstaaten, eigenverantwortlich ihre öffentlichen Leistungsprogramme auszugestalten, als auch die mit der öffentlichen Leistung verfolgten Regelungszwecke zu berücksichtigen seien.[378] Die Schutzwürdigkeit dieses Bereitstellungsinteresses ergebe sich aus der föderalen Struktur der Gemeinschaft, die gebiete, die Vielfalt der mitgliedstaatlichen Leistungsprogramme als eigenständiges Schutzgut des europäischen Allgemeininteresses anzuerkennen.[379] Eine Gleichbehandlungspflicht beim Zugang zum staatlichen Leistungsangebot würde die Funktion der Einzelstaaten im föderalen System auszuhöhlen, denn wären die Mitgliedstaaten gezwungen, öffentliche Leistungen nicht nur den eigenen, sondern sämtlichen Unionsbürgern zu gewähren, würden sie in den Fällen, in denen der Nutzen überwiegend jenseits der Staatsgrenzen anfiele (hohe Nutzenexternalisierung), von diesem Angebot völlig absehen. Die autonome Gestaltungsfreiheit der Gliedstaaten könne auf dem Gebiet der öffentlichen Leistungsverwaltung mithin nur dann Bestand haben, wenn in bestimmten Fällen der Zugang auf eigene Bürger (oder wenigstens auf die im Inland Wohnenden) beschränkt werden könne.[380] Zu dieser grundsätzlichen Schutzwürdigkeit des Bereitstellungsinteresses müsse als Schutzbedürfnis hinzutreten, dass ohne Zugangsrestriktionen auf Grund hoher Nutzenexternalisierung der Bestand des mitgliedstaatlichen Leistungsangebots gefährdet wäre.[381] Dies sei z.B. der Fall bei staatlichen Geldleistungen wie z.B. Sozialhilfe oder Unternehmenssubventionen. Diese Leistungen könnten daher Gebiets-

---

375 Bei der finanziellen Studienförderung handelt es sich um eine soziale Vergünstigung i.S.v. Art. 7 Abs. 2 der VO Nr. 1612/68, EuGHE 1988, S. 3161 - Lair; EuGHE 1988, S. 3205 - Brown.

376 *Borchardt*, NJW 2000, S. 2058.

377 *V. Wilmowsky*, Zugang zu den öffentlichen Leistungen anderer Mitgliedstaaten, ZaöRV 50 (1990), S. 231 ff.

378 *V. Wilmowsky*, ZaöRV 50 (1990), S. 255 f.

379 *V. Wilmowsky*, ZaöRV 50 (1990), S. 256.

380 *V. Wilmowsky*, ZaöRV 50 (1990), S. 253 f.

381 *V. Wilmowsky*, ZaöRV 50 (1990), S. 256.

ansässigen vorbehalten werden. Ein Vorbehalt nur zu Gunsten der eigenen Staatsangehörigen scheide aber wegen geringer Nutzenexternalisierung durch im Inland lebende Angehörige anderer Mitgliedstaaten aus.[382] An einer Gefährdung des Bereitstellungsinteresses fehle es ebenfalls z.B. beim Zugang zu Sozialwohnungen, beim Hochschulzugang und bei der Studienförderung.[383]

Gegen diese Auffassung wendet *Hailbronner* ein, beim gegenwärtigen Stand der Gemeinschaft sei die Zugehörigkeit zur Gemeinschaft noch kein ausreichender Anknüpfungspunkt für einen gleichberechtigten Zugang zu den Sozialsystemen der Mitgliedstaaten, vielmehr seien die maßgeblichen Anknüpfungspunkte unverändert die Zugehörigkeit zur inländischen Solidargemeinschaft der erwerbstätigen Bevölkerung und - in eingeschränktem Maße - zum Staatsvolk.[384]

Borchardt vertritt eine umfassende Leistungspflicht auch gegenüber den Staatsangehörigen anderer Mitgliedstaaten und macht nur eine Einschränkung für den Fall, dass das an die Unionsbürgerschaft anknüpfende Aufenthaltsrecht ausschließlich zur „Erschleichung höherer Sozialleistungen" eingesetzt wird.[385]

3. Stellungnahme

Die Kritik *Hailbronners* ist angesichts der Rechtsprechung des EuGH im Fall „Martínez Sala" nicht mehr haltbar. *V. Wilmowsky* lässt jedoch außer Acht, dass z.B. bei der Frage der Leistung von Sozialhilfe an in anderen Mitgliedstaaten lebende EG-Ausländer der Anwendungsbereich des Vertrages selbst nach der weiten Auslegung durch den EuGH im Fall „Martínez Sala"[386] nicht betroffen sein dürfte und schon aus diesem Grund eine Leistungserstreckung ausscheidet. Die Rechtfertigungsfrage stellt sich dann erst gar nicht. Außerdem berücksichtigt er nicht, dass es beim Vorbehalt staatlicher Leistungen an eigene Staatsangehörige oder an die im Inland Ansässigen um unmittelbare bzw. mittelbare Diskriminierungen handelt, die, soweit eine der Grundfreiheiten betroffen ist, nicht aus Gründen des Allgemeininteresses (diese können nur zur Rechtfertigung nicht diskriminierender Beschränkungen herangezogen werden), sondern nur nach ausdrücklichen Rechtsfertigungsgründen wie z.B. Art. 30 oder 46 EG gerechtfertigt werden können.[387] Das Interesse der Mitgliedstaaten an der

---

[382] *V. Wilmowsky*, ZaöRV 50 (1990), S. 258 f.
[383] *V. Wilmowsky*, ZaöRV 50 (1990), S. 261 ff.
[384] *Hailbronner*, EuZW 1991, S. 179.
[385] *Borchardt*, NJW 2000, S. 2060.
[386] EuGHE 1998, S. I-2691/2725 Rn. 61: „Als Angehörige eines Mitgliedstaats, die sich rechtmäßig im Gebiet eines anderen Mitgliedstaats aufhält, fällt die Klägerin in den persönlichen Anwendungsbereich der Vertragsbestimmungen über die Unionsbürgerschaft."
[387] Z.B. in ZaöRV 50 (1990), S. 256: „Zur Entscheidung der Frage, inwieweit die Mitgliedstaaten der EG verpflichtet sind, ihr öffentliches Leistungsangebot auch auf EG-Ausländer zu erstrecken, sind deren Gleichbehandlungsinteressen, die sich aus der Dienstleistungsfreiheit, dem Diskriminierungsverbot des Art. 7 EWGV (jetzt Art. 12 EG) und anderen berührten Grundfreiheiten ergeben

Bereitstellung öffentlicher Leistungen ist darin jedoch nicht genannt. Es kann daher nur im Rahmen des Art. 12 EG zur Rechtfertigung herangezogen werden. Ist also die Dienstleistungs-, die Niederlassungsfreiheit oder die Arbeitnehmerfreizügigkeit betroffen, hat diese Vorrang vor dem mitgliedstaatlichen Interesse an der Bereitstellung staatlicher Leistungen. Im Übrigen ist der Auffassung *v. Wilmowskys* jedoch zuzustimmen. Hierfür spricht auch der Vergleich mit der Rechtslage in der Bundesrepublik Deutschland. Dort ist anerkannt, dass die Bundesländer Regelungen treffen können, die nur ihre Einwohner berechtigen, da die Länder andernfalls wegen ihrer begrenzten finanziellen Leistungsfähigkeit gezwungen wären, bestimmte staatliche Leistungen einzustellen und so das föderative Prinzip ausgehöhlt würde.[388]

Das mangels einer Rechtfertigung bestehende Verbot, Rechte oder staatliche Leistungen den eigenen Staatsangehörigen oder den im Inland Ansässigen vorzubehalten, ist internationalverwaltungsrechtlich als Verbot der Anknüpfung an die Staatsangehörigkeit oder den Ort des Wohnsitzes oder der beruflichen Niederlassung zu sehen. Die in den Grundfreiheiten und in Art. 12 EG enthaltenen Diskriminierungsverbote verbieten, den Anwendungsbereich des innerstaatlichen Rechts nach solchen Gesichtspunkten abzugrenzen, die das Diskriminierungsverbot des Vertrages verletzen würden.[389] Aus diesem Grund dürfen z.B. die in Art. 8, 9, 11 und 12 GG enthaltenen Grundrechte nicht, wie im Wortlaut vorgesehen, nur Deutschen vorbehalten werden, sondern müssen auch den übrigen Unionsbürgern gewährt werden, vorausgesetzt der sachliche Anwendungsbereich des Vertrages ist betroffen und eine Rechtfertigung scheidet aus.[390]

II. Pflicht zur Anwendung ausländischen öffentlichen Rechts - Die Grundfreiheiten als zweiseitige Kollisionsnormen

1. Warenverkehrsfreiheit, Art. 28 EG

Unterschiedliche Rechtsvorschriften, insbesondere Produktanforderungen, führen zu einer Behinderung des grenzüberschreitenden Handelsverkehrs und stellen damit eine Maßnahme gleicher Wirkung wie eine mengenmäßige Einfuhrbeschränkung dar. Obwohl mittlerweile für viele Produkte Richtlinien ergangen sind, stellen die technischen Handelshemmnisse auf Grund der ständigen Zunahme einzelstaatlicher technischer Vorschriften nach wie vor ein großes Problem dar.[391] Aber auch im harmonisierten Bereich ist die Bedeutung des Art. 28 EG ungebrochen. Die nationalen Umset-

können, abzuwägen mit dem Interesse der Gemeinschaft an der Erhaltung leistungsfähiger und vielfältiger gliedstaatlicher Leistungsprogramme."

388 BVerwG, NVwZ 1983, S. 223/224; s.o. 5. Teil B I.

389 *Vogel*, Der räumliche Anwendungsbereich, S. 308 Fn. 37.

390 *v. Bogandy*, in: Grabitz/Hilf, Art. 6 EGV Rn. 51.

391 Punkt 2.3. der Stellungnahme des Wirtschafts- und Sozialausschusses vom 29./30. Mai 1996, CES 690/96

zungsvorschriften divergieren nämlich nicht nur hinsichtlich der gewählten Form und den Mitteln, sondern häufig auch im Inhalt, denn viele Richtlinien räumen den Mitgliedstaaten Wahlrechte ein, erlauben nationale Sonderwege oder sind schlicht unvollständig und überlassen damit wesentliche Elemente des Regelungsprogramms den Mitgliedstaaten.[392]

Wie bereits ausgeführt, verpflichtet Art. 28 EG in der Auslegung, die er durch den Gerichtshof gefunden hat, die Mitgliedstaaten dazu, die Einfuhr von in anderen Mitgliedstaat rechtmäßig hergestellten und in den Verkehr gebrachten Produkten nicht zu behindern, auch wenn sie den Rechtsvorschriften des Einfuhrstaates nicht entsprechen. Dieses sog. Herkunftslandprinzip wird durchbrochen, wenn der Einfuhrstaat ausnahmsweise Gründe des Art. 30 EG oder zwingende Erfordernisse im Sinne der Cassis-Rechtsprechung entgegenhalten kann. In diesen Fällen kann der Einfuhrstaat auf der Einhaltung seiner eigenen Rechtsvorschriften bestehen. Auf diese Ausnahmen kann sich der Einfuhrstaat aber nicht berufen, wenn das Produkt hinsichtlich seines Schutzniveaus nachweislich dem entspricht, was mit der eigenen Regelung erreicht werden soll.[393] In diesem Fall ist das Beharren auf der Einhaltung der eigenen Rechtsvorschriften nicht erforderlich zum Schutz der Rechtsgüter und damit unverhältnismäßig.

Die Art. 28 und 30 EG treffen damit eine Entscheidung über die Maßgeblichkeit einer bestimmten Rechtsordnung für grenzüberschreitende Sachverhalte,[394] eine kollisionsrechtliche Entscheidung also. Indem sie für die nationalen Behörden jedenfalls eine Bestimmung darüber treffen, ob sie bei Waren aus anderen Mitgliedstaaten das eigene Recht anwenden dürfen oder nicht, beinhalten sie zumindest eine einseitige Kollisionsnorm. Ob sie darüber hinaus auch auf fremdes Recht verweisen, die nationalen Behörden bzw. Gerichte also auch zur Anwendung fremden Rechts verpflichten und damit eine zweiseitige Kollisionsnorm enthalten, ist fraglich.

a) Literaturmeinungen

Für die eine, vorwiegend von Rechtswissenschaftlern des öffentlichen Rechts, insbesondere von Europarechtlern vertretene Auffassung folgt aus dem Herkunftslandprinzip das Prinzip der „gegenseitigen Anerkennung" nationaler Produktvorschriften,[395] wobei jedoch häufig keine Aussage darüber gemacht wird, welchen dogmati-

---

[392] *Basedow*, NJW 1996, S. 1921.

[393] EuGHE 1986, S. 419 Ls. u. S. 436 Rn. 16 - Holzbearbeitungsmaschinen.

[394] *Bernhard*, EuZW 1992, S. 437.

[395] *Seidel*, NJW 1981, S. 1124; *Streinz*, ZfRV 1991, S. 363; *Tünnessen-Harmes*, DVBl. 1994, S. 1335; *Krohn*, in: Dauses (Hrsg.), Hdb. EU-WirtschaftsR, C. IV Rn. 156; G/T/E-*Müller-Graff*, Art. 30 EGV Rn. 191; *Rönck*, Technische Normen, S. 81; *Neßler*, Europäisches Richtlinienrecht, S. 5 Fn. 2 u. S. 7 f.; *Pernice/Kadelbach*, DVBl. 1996, S. 1104; *v. Borries/Petschke*, DVBl. 1996, S. 1344; *Lichtenberg*, DAR 1992, S. 449; *Eckert*, ZLR 1990, S. 527; *Reuter*, CR 1990, S. 541 f.; *Nicolaysen*, GS f. Grabitz, S. 475; *Delbrück*, EuZW 1990, S. 372; *Behrens*, EuR 1992, S. 156; *Köck*, DVBl.

schen Gehalt die „Anerkennung" der fremden Normen haben soll. Nach *Beyer* bedeutet das Herkunftslandprinzip, dass die anerkennenden Staaten darauf verzichten, die in ihren eigenen Vorschriften enthaltenen Anforderungen auf eingeführte Waren anzuwenden, was den materiellen Inhalten der anzuerkennenden Rechtsnormen Wirkung auch für die Anerkennungsstaaten verleihe.[396] Nach *Roth*[397] wird die Verwirklichung des Herkunftslandprinzips (sekundärrechtlich) auf zwei Wegen erreicht: Einerseits könne das Gemeinschaftsrecht den Herkunftsstaaten die Wahrnehmung bestimmter Kompetenzen ausschließlich zuweisen und gleichzeitig den Aufnahmestaaten die Regelung bestimmter Sachfragen untersagen. Andererseits könne eine Regelungskompetenz der Aufnahmestaaten zwar aufrechterhalten bleiben, sie aber verpflichtet werden, das Recht des Herkunftsstaates zu berücksichtigen. In diesem Fall handele es sich aber nicht um eine Verweisung auf ausländisches (Verwaltungs-)Recht als Entscheidungsnorm, sondern um eine Rücksichtnahme auf ausländische Rechtslagen bei Anwendung des inländischen Sachrechts. Ausländisches Verwaltungsrecht werde „angewendet"- aber nicht als Entscheidungsnorm, sondern als Vorfrage oder als Faktum berücksichtigt. Vom Grundsatz der Einseitigkeit des IVR werde dadurch nicht abgewichen.[398] *Martiny* sieht in den Grundfreiheiten im Wesentlichen Rangkollisionsnormen, die regeln, wann sich eine nationale Beschränkung gegen die grundsätzlich vorrangige gemeinschaftsrechtliche Freiheit behaupten könne und wann die allgemeine Regel vom Vorrang des Gemeinschaftsrechts insoweit korrigiert werde.[399] In der „Cassis de Dijon" - Doktrin stecke aber auch ein Stück Kollisionsregel: Ausländische Maßnahmen seien anzuerkennen, dürften jedenfalls nicht durch eigene Eingriffe konterkariert werden.[400]

Nach der anderen, überwiegend von Wissenschaftlern des IPR und in Bezug auf das IPR vertretene Auffassung, beinhaltet Art. 28 EG bzw. das Herkunftslandprinzip eine zweiseitige Kollisionsnorm. *Basedow* hat, soweit ersichtlich, diese Auffassung als Erster vertreten.[401] Da nach der Rechtsprechung des EuGH nur solche Waren (bzw. Dienstleistungen) begünstigt seien, die im Ausland rechtmäßig in Verkehr gebracht worden seien, verberge sich hinter dem gemeinschaftsrechtlichen Grundsatz der

---

1994, S. 32; *Niehof*, Der Grundsatz der gegenseitigen Anerkennung im Gemeinschaftsrecht, S. 5; *Beyer*, Rechtsnormanerkennung im Binnenmarkt, S. 62: „Gebot der Anerkennung der die Verkehrsfähigkeit begründenden Rechtsakte des Herkunftsstaates"; ders., EWS 1999, S. 16; kritisch *Matthies*, FS f. Steindorff, S. 1293 f.

[396] *Beyer*, Rechtsnormanerkennung im Binnenmarkt, S. 26.

[397] *Roth*, RabelsZ 55 (1991), S. 664 f. u 666 f.

[398] *Roth*, RabelsZ 55 (1991), S. 666.

[399] *Martiny*, Gemeinschaftsrecht, ordre public, zwingende Bestimmungen und Exklusivnormen, in: v. Bar (Hrsg.), europäisches Gemeinschaftsrecht und Internationales Privatrecht, Köln u.a. 1991, S. 212 f.

[400] *Martiny*, Gemeinschaftsrecht, ordre public, zwingende Bestimmungen und Exklusivnormen, in: *v. Bar* (Hrsg.), europäisches Gemeinschaftsrecht und Internationales Privatrecht, Köln u.a. 1991, S. 217.

[401] *Basedow*, Wirtschaftskollisionsrecht, RabelsZ 52 (1988), S. 36; ders., Der kollisionsrechtliche Gehalt der Produktfreiheiten im europäischen Binnenmarkt: favor offerentis, RabelsZ 59 (1995), S. 1 ff.; ders., Europäisches Internationales Privatrecht, NJW 1996, S. 1921 ff.

wechselseitigen Anerkennung in Wirklichkeit eine Verweisung auf das Recht des Herkunftslandes.[402] Die Anerkennungspflicht transformiere sich in eine Pflicht zur Anwendung des ausländischen Rechts.[403] Diese Verweisung erfolge aber nicht streng nach dem Herkunftslandprinzip, sondern vielmehr nach einem Günstigkeitsprinzip: Soweit das Recht des Empfangsstaats restriktiver sei als das Recht des Herkunftsstaates, sei der Empfangsstaat gemeinschaftsrechtlich verpflichtet, das Herkunftsrecht anzuwenden. Dagegen sei der Empfangsstaat gemeinschaftsrechtlich nicht daran gehindert, sein eigenes Recht durchzusetzen, soweit es wirtschaftliche Verhaltensweise großzügiger zulasse als das Recht des Herkunftslandes. Es gelte also das dem Anbieter günstigere Recht.[404] Die in Art. 30 EG genannten Gründe sowie die zwingenden Erfordernissen des Allgemeinwohls stellten gegenüber der Pflicht zur Anwendung des Herkunftsrechts einen ordre public - Vorbehalt dar.[405] Dieser werde allerdings mehrfach eingeschränkt. In materieller Hinsicht sei er auf solchen Gebieten ausgeschlossen, die bereits Gegenstand gemeinschaftlicher Rechtsangleichung waren. Weitere Einschränkungen erfolgten insbesondere durch den Verhältnismäßigkeitsgrundsatz, da nach der Rechtsprechung nationale Beschränkungen notwendig sein müssten, um den zwingenden Erfordernissen des Allgemeininteresses gerecht zu werden, sowie durch den Äquivalenzgrundsatz, da eine Berufung auf den Vorbehalt ausscheide, wenn bereits Regelungen des Herkunftslandes einen gleichwertigen Schutz der vom Bestimmungsland angeführten Interessen garantierten.[406] Im Ergebnis stellt Basedow hinsichtlich des kollisionsrechtlichen Gehalts der Grundfreiheiten sogar eine strukturelle Kongruenz mit den Regelungen des IPR fest.[407] Er wagt auch als Erster eine konkrete Ausformulierung dieses Gehalts in einer zweiseitigen Kollisionsnorm für die Bereiche der Waren- und Dienstleistungsfreiheit:

> „(1) Die Vermarktung von Waren und Dienstleistungen in den Mitgliedstaaten der Europäischen Union unterliegt, soweit sie in den Anwendungsbereich der Artt. 30 oder 59 EGV (jetzt Art. 28 und 49 EG) fällt, dem Recht des Herkunftslandes oder dem Recht des Bestimmungslandes, je nachdem welches für den Anbieter das günstigere ist. Herkunftsland ist im Warenverkehr der Mitgliedstaat der Union, in dem die Ware zuerst in den Verkehr gebracht wurde, und im Dienstleistungsverkehr der Mitgliedstaat, in dem der Anbieter seine Niederlassung hat.
> (2) Die Gerichte des Empfangsstaates müssen das Recht des Herkunftslandes nicht anwenden, wenn und soweit zwingende Gründe des Allgemeininteresses, insbesondere die in Artt. 36 und 56 EGV (jetzt Art. 30 und 46 EG) genannten Gründe, dies erfordern und soweit das Recht des Herkunftslandes keine Vorschriften enthält, die für einen gleichwertigen Schutz sorgen. Unbeschadet von

[402] *Basedow*, RabelsZ 59 (1995), S. 14.
[403] *Basedow*, RabelsZ 59 (1995), S. 15; *Basedow*, NJW 1996, S. 1922.
[404] *Basedow*, RabelsZ 59 (1995), S. 15 f. u. ihm folgend G/T/E-*Müller-Graff*, Art. 30 EGV Rn. 191.
[405] *Basedow*, RabelsZ 59 (1995), S. 19 f.
[406] *Basedow*, RabelsZ 59 (1995), S. 20 ff.
[407] *Basedow*, RabelsZ 59 (1995), S. 25.

Art. 100 a IV EGV (jetzt Art. 95 IV EG) findet Satz 1 keine Anwendung auf Rechtsgebieten, die bereits Gegenstand der Rechtsangleichung waren.“[408]

Nach Basedow betrifft diese Kollisionsnorm aber nur das IPR. Für das Verwaltungsrecht vertritt er den sog. Gleichlaufgrundsatz, wonach sich der Anwendungsbereich des materiellen Rechts nach dem Zuständigkeitsumfang der Behörden bestimme, die stets ihr eigenes Recht und nur dieses anwendeten.[409] Die Behörden des Aufnahmestaates hätten im Allgemeinen nicht das mindeste Interesse an der Frage, ob bestimmte Importwaren im Herkunftsland nach dortigem Recht legal in den Verkehr gebracht wurden; maßgeblich sei aus ihrer Perspektive nur, ob sie sich im Einklang mit den eigenen Vorschriften, also den Gesetzen des Einfuhrstaates befänden.[410] Außerdem bestehe ja im Allgemeinen nicht der geringste Zweifel daran, dass ausländische Bier-, Wurst- oder Nudelsorten im Herkunftsland tatsächlich rechtmäßig vermarktet würden.[411] Bei Vorschriften mit privatrechtlicher Relevanz helfe der Gleichlaufgrundsatz dagegen nicht weiter, denn die Zuständigkeit des Gerichts richte sich nach Vorschriften, die mit dem Anwendungsanspruch einer materiellen Regelung nichts zu tun hätten. Daher sei eine eigenständige Abgrenzung des Anwendungsbereichs für das materielle Recht in diesen Fällen unverzichtbar.[412] Die von ihm entwickelte allgemeine Kollisionsnorm sei jedoch zu unbestimmt, da ungewiss sei, welche Vorschriften im Einzelnen aus „zwingenden Erfordernissen des Allgemeininteresses“ gegen die Warenverkehrs- und Dienstleistungsfreiheit durchgesetzt werden könnten.[413] Die Spannungen zwischen den Anforderungen des freien Verkehrs und den zwingenden Erfordernissen des Aufnahmestaates könnten nur in spezifischen Kollisionsnormen für die einzelnen Rechtsgebiete aufgelöst werden.[414]

Nach *Bernhard*[415] verstecke sich hinter der Cassis de Dijon - Rechtsprechung des EuGH „eigentlich“ ein kollisionsrechtlicher Ansatz.[416] Da die Ware dem Standard des Herkunftslandes entsprechen müsse, werde der Anwendungsbereich nationaler Vorschriften auf Grund einer Auslandsberührung (Herstellung oder Inverkehrbringen eines Produkts im Ausland) eingeschränkt und eine ausländische Rechtsordnung berufen.[417] Die Cassis de Dijon - Rechtsprechung führe so zur Anwendung von fremdem Recht.[418] Die Anwendung des ausländischen Rechts des Herkunftsstaates

---

[408] *Basedow*, RabelsZ 59 (1995), S. 25.
[409] *Basedow*, NJW 1996, S. 1924; *Basedow*, RabelsZ 59 (1995), S. 14.
[410] *Basedow*, RabelsZ 59 (1995), S. 14 f.
[411] *Basedow*, RabelsZ 59 (1995), S. 15.
[412] *Basedow*, NJW 1996, S. 1924.
[413] *Basedow*, RabelsZ 59 (1995), S. 26.
[414] *Basedow*, NJW 1996, S. 1927.
[415] *Bernhard*, EuZW 1992, S. 437 ff.
[416] *Bernhard*, EuZW 1992, S. 437.
[417] *Bernhard*, EuZW 1992, S. 438.
[418] *Bernhard*, EuZW 1992, S. 439.

unterbleibe jedoch, wenn diese mit erheblichen Belangen des Importstaates nicht zu vereinbaren ist. Darin liege ein ordre public - Vorbehalt.[419]

Für *Meier* hat die Anerkennung des (Lebensmittel-) Rechts des Ausfuhrstaates nicht nur zur Folge, dass das Recht des Einfuhrstaates insoweit nicht mehr anwendbar sei, sondern auch, dass das Recht des Ausfuhrstaates auch im Einfuhrstaat gelte. Gelte dieses Recht, so müsse es von den Behörden der Lebensmittelüberwachung des Einfuhrstaates und den Gerichten auch angewendet und notfalls durchgesetzt werden.[420]

b) Stellungnahme

Eine bloße Rangkollision ist abzulehnen. Diese Auffassung übersieht, dass Gemeinschaftsrecht nicht nur (subordinationsrechtlich) darüber entscheidet, inwieweit das Recht des Aufnahmelandes und inwieweit das Gemeinschaftsrecht zum Zuge kommt, sondern gleichzeitig eine (koordinationsrechtliche) Entscheidung darüber trifft, inwieweit sich das Recht des Herkunftslandes gegenüber dem Recht des Aufnahmelandes durchsetzt.[421]

Eine Geltung des Lebensmittelrechts des Ausfuhrstaates im Einfuhrstaat scheidet ebenfalls aus. Dies hätte zur Folge, das es auch für die inländische Produktion maßgeblich wäre, was eindeutig nicht der Fall ist. Die Geltung von Gesetzen ist aber, wie bereits ausgeführt, auf das Hoheitsgebiet des Mitgliedstaats beschränkt, der sie erlassen hat. Das Lebensmittelrecht des Herkunftslandes kann allenfalls für ausländische Produkte durch eine zweiseitige Kollisionsnorm zur Anwendung berufen werden.

Entscheidend für die Frage der Einseitigkeit oder der Zweiseitigkeit ist, ob die inländischen Behörden auch ausländisches Verwaltungsrecht anwenden mit der Folge, dass sich die Rechtsfolge aus dem ausländischen Recht ergibt. Nach dem Herkunftslandprinzip dürfen Erzeugnisse, die den Rechtsvorschriften des Herstellungsstaats entsprechen, in einen anderen Mitgliedstaat grundsätzlich auch dann eingeführt werden, auch wenn sie den Rechtsvorschriften dieses Staates nicht entsprechen. Es genügt aber nicht, dass die Behörden des Einfuhrstaates nur darauf verzichten, die in den inländischen Vorschriften enthaltenen Anforderungen auf eingeführte Waren anzuwenden. Die durch die Nichtanwendung des eigenen Rechts entstehenden „Löcher" sind nicht „luftleerer Raum", sondern angefüllt mit ausländischem Recht.[422] Ein in einem anderen Mitgliedstaat hergestelltes Produkt darf nämlich nur dann eingeführt werden, wenn es den Rechtsvorschriften des Herstellungsstaats entspricht. Für diese Prüfung sind die inländischen Behörden zuständig. Die Frage der Verkehrsfähigkeit müssen die inländischen Behörden aber nach den Rechtsvorschriften des Herstellungsmitgliedstaa-

[419] *Bernhard*, EuZW 1992, S. 440.
[420] *Meier*, RIW 1985, S. 211.
[421] So die zutreffende Kritik von *Basedow*, RabelsZ 59 (1995), S. 13.
[422] *Bernhard*, EuZW 1992, S. 439.

tes beantworten, also das Recht des Herkunftsstaates anwenden. Da sich die Rechtsfolge - Verkehrsfähigkeit ja oder nein - aus dem ausländischen Recht ergibt, handelt es nicht nur um eine materiellrechtliche Verweisung, sondern um eine echte zweiseitige Kollisionsnorm. Da es sich bei Produktvorschriften überwiegend um öffentlich - rechtliche Vorschriften handelt, verpflichtet das Herkunftslandprinzip zur Anwendung fremden öffentlichen Rechts.[423] Die vielfach vertretene Auffassung, aus dem Herkunftslandprinzip folge das Prinzip der „gegenseitigen Anerkennung" nationaler Produktvorschriften, ist demnach nichts anderes als eine unpräzise Umschreibung einer Kollisionsnorm.[424]

Es zeigt sich also, dass Zuständigkeit und anwendbares Recht auch im Verwaltungsrecht auseinander fallen können. Die aus der Cassis- Rechtsprechung folgende Pflicht zur „Berücksichtigung" fremden öffentlichen Rechts ist deshalb nicht nur im Hinblick auf das IPR, wo diese Frage schon länger in den Sonderanknüpfungslehren diskutiert wurde, revolutionär, [425] sondern erst recht für das IVR. Warum im IVR an der Einseitigkeit festzuhalten sein soll, nicht aber im IPR, ist nicht ersichtlich. Weder Art. 30 EG noch die Rechtsprechung des EuGH nehmen eine Unterscheidung danach vor, ob es sich um privatrechtliche oder um öffentlich-rechtliche Normen handelt.

Ein Günstigkeitsprinzip als Verweisungsregel ist aber abzulehnen. Nach der Auffassung *Basedows* könnte ein Hersteller, dessen Produkt den Rechtsvorschriften des Herkunftsstaats entspricht, dieses nicht in diejenigen Mitgliedstaaten exportieren, in denen zwar günstigere, aber doch andere Produktanforderungen gelten. Der Hersteller wäre dann gezwungen, für diese Mitgliedstaaten sog. Exportanfertigungen zu machen. Dies würde dem Grundsatz, dass ein im Herkunftsstaat verkehrsfähiges Produkt grundsätzlich im gesamten Gemeinschaftsgebiet verkehrsfähig ist, widersprechen. Allerdings können Produkte, die nach Rechtsvorschriften des Bestimmungslandes hergestellt wurden, ungehindert eingeführt werden, auch wenn sie den Rechtsvorschriften des Herstellungslandes nicht entsprechen.[426] Der Hersteller hat also ein Wahlrecht, ob er seine nach dem Herkunftsstaat hergestellten Produkte gemeinschaftsweit exportiert oder ob er für bestimmte Länder Exportanfertigungen herstellt, um dort besser wettbewerbsfähig zu sein. So ist es z.B. einer ausländischen Brauerei nicht verwehrt, nach dem deutschen Reinheitsgebot gebrautes Bier nach Deutschland einzuführen, um mit dem Slogan werben zu können: „Gebraut nach dem deutschen Reinheitsgebot".

---

[423] Allerdings geht diese Verpflichtung nicht so weit, dass die Mitgliedstaaten bei der Überprüfung der Rechtmäßigkeit eines Produktes verpflichtet wären, die Überprüfung nach den in anderen Mitgliedstaaten angewandten Analysemethoden vorzunehmen, EuGHE 1984, S. 933 Ls. 1 - Teigwaren.
[424] *Basedow*, RabelsZ 59 (1995), S. 13.
[425] *Joerges*, FS f. Steindorff, S. 1249 f.
[426] Vgl. G/T/E-*Müller-Graff*, Art. 30 EGV Rn. 69; a.A. *Bernhard*, EuZW 1992, S. 439.

Die damit grundsätzliche bestehende Verpflichtung zur Anwendung fremden öffentlichen Rechts entfällt, wenn die Anwendung des entgegenstehenden eigenen Rechts nach Art. 30 EG bzw. auf Grund „zwingender Erfordernisse“ gerechtfertigt ist. Art. 30 EG und die „zwingenden Erfordernisse“ stellen demnach einen ordre public-Vorbehalt dar.[427] Eine Rechtfertigung scheidet jedoch aus, wenn die im Herkunftsstaat geltenden Vorschriften ein gleichwertiges Sicherheitsniveau gewährleisten. Ob dies der Fall ist, müssen die inländischen Behörden wiederum nach dem ausländischen (öffentlichen) Recht prüfen. Bei Gleichwertigkeit ist das Recht des Herkunftslandes maßgeblich für die Verkehrsfähigkeit. Eine Berufung auf die Rechtfertigungsgründe ist auch dann nicht möglich, wenn eine vollständige Harmonisierung durch Gemeinschaftsrecht erfolgt ist. Zudem können „zwingende Erfordernisse“ nur zur Rechtfertigung nicht diskriminierender Maßnahmen herangezogen werden.

Die in Art. 28 EGV somit enthaltene Kollisionsnorm könnte man wie folgt formulieren:

> (1) Die Verkehrsfähigkeit eines Produkts, das den Vorschriften des Einfuhrstaates nicht entspricht, richtet sich nach dem Recht des Herkunftsstaates.
> (2) Kann der Einfuhrstaat Gründe des Art. 30 EG bzw. „zwingende Erfordernisse“ entgegenhalten, richtet sich die Verkehrsfähigkeit nach dem Recht des Einfuhrstaates.
> (3) Eine Berufung auf Gründe des Art. 30 EG bzw. „zwingende Erfordernisse“ scheidet aus, wenn die Vorschriften des Herkunftsstaates ein gleichwertiges Sicherheitsniveau gewährleisten oder wenn eine vollständige Harmonisierung durch Gemeinschaftsrecht erfolgt ist.

Diese Rechtsanwendungsnorm ist auch für die Praxis wichtig. Es kann nämlich nicht davon ausgegangen werden, dass, wie *Basedow* meint, nicht der geringste Zweifel an der Rechtmäßigkeit der Vermarktung der Produkte, insbesondere von Lebensmitteln im Herkunftsland besteht. Die Lebensmittelskandale in der Vergangenheit beweisen das Gegenteil. Den inländischen Behörden sind hierbei keineswegs die Hände gebunden. Anders als bei Produkten, deren Vorschriftsmäßigkeit durch einen Verwaltungsakt des Herkunftslandes bestätigt wird, können und müssen die inländischen Behörden die Rechtmäßigkeit der eingeführten Produkte überprüfen. Zwar sind systematische Kontrollen wegen der einfuhrhindernden Wirkung verboten, Stichprobenkontrollen sind aber zulässig.

2. Dienstleistungsfreiheit, Art. 49 EG

Unterschiedliche Rechtsvorschriften der Mitgliedstaaten können dadurch zu einer Behinderung des grenzüberschreitenden Dienstleistungsverkehrs führen, dass innerstaatli-

---

[427] *Bruha*, ZaöRV 1986, S. 22.

che Vorschriften, die alle im Inland ansässigen Personen erfassen, auf im Gebiet eines anderen Mitgliedstaats ansässige Erbringer von Dienstleistungen angewandt werden, obwohl diese bereits den Rechtsvorschriften ihres Niederlassungsstaats genügen müssen.[428] Dies ist zum Beispiel der Fall bei Hörfunk- und Fernsehprogrammen, die auch in anderen Mitgliedstaaten ausgestrahlt werden und die Werbemitteilungen enthalten, welche zwar den Vorschriften des Sendestaats, nicht aber denen des ausländischen Empfangsstaats entsprechen.[429]

Wie bereits dargelegt, gilt auch auf dem Gebiet der Dienstleistungsfreiheit des Herkunfts- bzw. Sitzlandprinzip: Vorbehaltlich nach Art. 55 i.V.m. Art. 46 EG oder aus zwingenden Gründen des Allgemeininteresses gerechtfertigter Beschränkungen darf jede in einem Mitgliedstaat rechtmäßig erbrachte Dienstleistung auch in anderen Mitgliedstaaten erbracht werden. Die Dienstleister unterliegen deshalb gundsätzlich nicht mehr dem Regulierungssystem desjenigen Mitgliedstaates, in dem sie tätig werden wollen, sondern es genügt die Einhaltung der gewerbe- und berufsrechtlichen Regelungen des Mitgliedstaates, in dem sie ansässig sind.[430] Bei Vorliegen der Voraussetzungen der Art. 55 i.V.m. Art. 46 EG oder zwingender Gründe des Allgemeininteresses kann der Aufnahmestaat dagegen seine eigenen Rechtsvorschriften durchsetzen. Wird diesem Interesse allerdings bereits durch die Rechtsvorschriften Rechnung getragen ist, denen der Leistungserbringer in dem Staat unterliegt, in dem er ansässig ist, so genügt wiederum die Einhaltung der Vorschriften des Herkunftsstaats. Eine Berufung auf Art. 55 i.V.m. Art. 46 EG oder zwingende Gründe des Allgemeininteresses ist außerdem bei vollständiger gemeinschaftsrechtlicher Harmonisierung ausgeschlossen. Die Art. 49 ff. EG enthalten also ebenfalls eine Bestimmung der auf grenzüberschreitende Dienstleistungen anzuwendenden Rechtsordnung.[431] Diese Rechtsanwendungsnorm verweist auch auf ausländisches Recht, da die inländischen Behörden bzw. Gerichte die Frage, ob ein Dienstleister, der seine Niederlassung in einem anderen Mitgliedstaat hat, auch im Inland Dienstleistungen erbringen darf, grundsätzlich nach dem Recht seines Herkunftsstaates prüfen müssen. Gegenüber dieser Pflicht zur Anwendung ausländischen (öffentlichen) Rechts stellen die Art. 55 i.V.m. Art. 46 EG bzw. die zwingenden Gründe des Allgemeininteresses ordre public - Vorbehalte dar, die bei Vorliegen ihrer Voraussetzungen zur Anwendung inländischen Rechts führen. Wird diesen Interessen allerdings bereits durch die Rechtsvorschriften des Herkunftsstaates Rechnung getragen, bleibt es bei der Verweisung auf das ausländische Recht. Dabei ist zu berücksichtigen, dass eine Rechtfertigung durch zwingende Gründe des Allgemeininteresses nur bei nicht diskriminierenden Beschränkungen möglich ist.

---

[428] EuGHE 1991, S. 4007 Ls. 1 u. S. 4040 Rn. 12 - Gouda.
[429] EuGHE 1991, S. 4007 Ls. 2 - Gouda.
[430] *Behrens*, EuR 1992, S. 156.
[431] *Roth*, EuR 1987, S. 21: „Der Sache nach ist auch das Sitzlandprinzip eine kollisionsrechtliche Entscheidung."

Auch Art. 49 enthält somit eine zweiseitige Kollisionsnorm, die entsprechend der Formulierung für den Bereich der Warenverkehrsfreiheit so aussehen könnte:

(1) Die Verkehrsfähigkeit einer Dienstleistung, die den Vorschriften des Aufnahmestaates nicht entspricht, richtet sich nach dem Recht des Herkunftsstaates.
(2) Kann der Einfuhrstaat Gründe des Art. 55 i.V.m. Art. 46 EG bzw. zwingende Gründe des Allgemeininteresses entgegenhalten, richtet sich die Verkehrsfähigkeit nach dem Recht des Einfuhrstaates.
(3) Eine Berufung auf Gründe des Art. 55 i.V.m. Art. 46 EG bzw. zwingende Gründe des Allgemeininteresses scheidet aus, soweit dem Allgemeininteresse bereits durch die Rechtsvorschriften des Niederlassungsstaats Rechnung getragen oder wenn eine vollständige Harmonisierung durch Gemeinschaftsrecht erfolgt ist.

3. Niederlassungsfreiheit, Art. 43 EG; Freizügigkeit, Art. 39 EG, Kapital- und Zahlungsverkehrsfreiheit, Art. 56 EG

Entsprechendes hat nach der geänderten Rechtsprechung des EuGH zu Art. 43 EG und zu Art. 39 EG auch für die Niederlassungsfreiheit sowie für die übrigen Grundfreiheiten zu gelten. Auch insoweit ist vom Herkunftslandprinzip auszugehen. Bei der Wahrnehmung einer dieser Freiheiten ist dann ebenfalls grundsätzlich das Recht des Herkunftslandes maßgeblich. Kann der Aufnahmestaat einen ausdrücklichen Rechtfertigungsgrund oder zwingende Gründe des Allgemeininteresses entgegenhalten, kommt es zur Anwendung des Rechts des Aufnahmestaats, soweit diesen Interessen nicht bereits durch die Vorschriften des Herkunftsstaates Rechnung getragen wird oder eine abschließende gemeinschaftsrechtliche Regelung erfolgt ist. Unterschiede ergeben sich lediglich insofern, als bei der Niederlassungsfreiheit z.B. zwingende Gründe des Allgemeininteresses eher gegeben sein werden als bei grenzüberschreitender Niederlassung. Differenziert man bei der Niederlassungsfreiheit zwischen Berufszulassung - und Berufsausübungsregeln, so gilt: Berufszulassungsregeln richten sich grundsätzlich nach dem Recht des Herkunftsstaats, während für Berufsausübungsregeln das Recht des Aufnahmestaats maßgeblich ist.

4. Ergebnis

Die Untersuchung des kollisionsrechtlichen Gehalts der Grundfreiheiten hat gezeigt, dass die Grundfreiheiten zweiseitige internationalverwaltungsrechliche Kollisionsnormen enthalten. Der Grundsatz der Einseitigkeit des IVR wird damit auch von gemeinschaftsrechlicher Seite angegriffen und ist wohl nicht mehr zu halten.

III. Die Grenzen der Regelungskompetenz der Mitgliedstaaten

Die Regelungskompetenz der Mitgliedstaaten wird begrenzt durch das Verbot der Vornahme von Hoheitsakten auf dem Gebiet anderer Mitgliedstaaten. Dieses Verbot ergibt sich entweder unmittelbar aus dem Völkerrecht oder mittelbar aus den allgemeinen Rechtsgrundsätzen der Mitgliedstaaten.[432] Die Vornahme von Hoheitsakten auf dem Staatsgebiet anderer Mitgliedstaaten ist nur dann zulässig, wenn dies ausdrücklich erlaubt ist, z.B. durch Art. 15 Abs. 1 der Zweiten Bankrechtskoordinierungsrichtlinie (RL 89/646/EWG).

D. Europäisches Internationales Verwaltungsverfahrensrecht

I. Internationale Zuständigkeit

In vielen Richtlinien finden sich bereits ausdrückliche Regelungen der internationalen Zuständigkeit, so z.B. in Art. 3 der zweiten Betriebserlaubnisrichtlinie für Kraftfahrzeuge (RL 92/53/EWG). Fehlen ausdrückliche Regelungen, ist diese Lücke durch Heranziehung der nationalen Zuständigkeitsregelungen zu füllen.[433]

Die internationale Zuständigkeit deutscher Verwaltungsgerichte und Behörden hängt nach herrschender Meinung von der Anwendbarkeit deutschen Verwaltungsrechts ab. Wie sich aber gezeigt hat, können Zuständigkeit und anwendbares Recht durchaus auch auseinander fallen. Die Zuständigkeit lässt sich also nicht mehr nach dem anzuwendenden Recht bestimmen. Maßgeblich ist daher nach der hier vertretenen Auffassung § 3 VwVfG analog.[434]

Da bei grenzüberschreitenden Sachverhalten aber regelmäßig mindestens zwei Mitgliedstaaten beteiligt sind, führt diese Auffassung dann zu keiner Lösung, wenn sich die nationalen Zuständigkeitsregelungen der beteiligten Mitgliedstaaten widersprechen, also entweder zu einer Zuständigkeit beider Mitgliedstaaten oder keines der beiden Staaten führen. Hier müsste eine gemeinschaftsrechtliche Harmonisierung erfolgen.

II. Anwendbares Verwaltungsverfahrensrecht

Hinsichtlich des anwendbaren Verwaltungsverfahrensrechts bleibt es bei der allgemeinen Regel des IVR, dass eine Behörde immer nur ihr eigenes Verfahrensrecht anwendet, selbst wenn materiell ausländisches Recht zur Anwendung kommt.

---

[432] S. o., 3. Teil, D.
[433] *Neßler*, Europäisches Richtlinienrecht, S. 100.
[434] Siehe oben, 4. Teil, E. I. und 5. Teil, D. I.

III. Fehlerlehre

Bei fehlerhaften Verwaltungsakten stellt sich die Frage, ob auch solche Verwaltungsakte grenzüberschreitende Wirkungen haben können, insbesondere, ob ihre Anerkennung unter Hinweis auf die fehlende Rechtmäßigkeit abgelehnt werden kann.

1. Die maßgebliche Rechtsordnung

Die Frage der Rechtmäßigkeit eines Verwaltungsakts ist nach dem Recht des Mitgliedstaats zu beantworten, dessen Behörden den Verwaltungsakt erlassen haben.[435] Wäre das Recht des Aufnahmemitgliedstaates maßgeblich, würde man je nach Aufnahmeland zu einem anderen Ergebnis kommen. Zudem wäre der Verwaltungsakt dann fast immer rechtswidrig, da die Rechtsordnungen der Mitgliedstaaten erheblich voneinander abweichen.

2. Nichtige Verwaltungsakte

Zunächst ist zwischen rechtswidrigen und nichtigen Verwaltungsakten zu unterscheiden, sofern die maßgebliche Rechtsordnung diese Unterscheidung trifft. Nichtige Verwaltungsakte sind (jedenfalls nach deutschem Recht, § 43 Abs. 3 VwVfG) unwirksam, haben also keine Rechtswirkungen und können deshalb auch keine unmittelbare gemeinschaftsweite Wirkung haben.[436] Auch eine Anerkennungspflicht setzt die Wirksamkeit des anzuerkennenden Verwaltungsakts voraus. Deshalb muss die inländische Behörde stets die Wirksamkeit prüfen.[437] Der völkerrechtliche Grundsatz der Staatenimmunität steht einer solchen Überprüfung nicht entgegen, da der fremde Staat als solcher nicht verklagt wird.[438] Da die Prüfung der Nichtigkeit nach dem Recht des Herkunftsmitgliedstaats zu erfolgen hat, muss die Behörde insoweit fremdes öffentliches Recht anwenden.

Wurde ein nichtiger Verwaltungsakt in Unkenntnis der Nichtigkeit anerkannt, treten seine Rechtswirkungen im Anerkennungsstaat wegen der selbstständigen Bedeutung der Anerkennung zunächst ein, doch kann die Anerkennung dann aufgehoben werden.[439]

---

[435] *Neßler*, Europäisches Richtlinienrecht, S. 29 f.; *Hatje*, Die gemeinschaftsrechtliche Steuerung der Wirtschaftsverwaltung, S. 212.
[436] Vgl. *Neßler*, Europäisches Richtlinienrecht, S. 31 Fn. 120.
[437] *Hatje*, Die gemeinschaftsrechtliche Steuerung der Wirtschaftsverwaltung, S. 212.
[438] S. o., 3. Teil, B. III. 2.
[439] S. u., 6. Teil, D. IV. 2. b).

3. Rechtswidrige Verwaltungsakte

a) Ausdrückliche Regelungen

Eine ausdrückliche Regelung, allerdings nur für den Bereich gerichtlicher Entscheidungen in Zivil- und Handelssachen, enthält Art. 29 des Europäischen Übereinkommens über die gerichtliche Zuständigkeit und die Vollstreckung gerichtlicher Entscheidungen in Zivil- und Handelssachen (EuGVÜ).[440] Danach darf die ausländische Entscheidung keinesfalls in der Sache selbst nachgeprüft werden, d.h. die Anerkennung darf nicht von der Rechtmäßigkeit der gerichtlichen Entscheidung abhängig gemacht werden.

b) Literatur

Rechtswidrige Verwaltungsakte, die nicht nichtig sind, haben nach der Literatur transnationale Wirkung.[441] Die Rechtswidrigkeit lässt also eine bestehende Anerkennungspflicht nicht entfallen.[442] *Hatje*[443] differenziert dabei zwischen Tatsachenfeststellungen und rechtlichen Feststellungen. Bei Tatsachenfeststellungen ausländischer Behörden wie z.B. Bescheinigungen könne die Echtheit der vorgelegten Dokumente in vollem Umfang nachgeprüft werden, weil sie eine notwendige Voraussetzung der Anerkennungspflicht darstelle, hingegen sei die Wahrheit der bescheinigten Tatsachen von einer Nachprüfung ausgenommen, da andernfalls der Zweck der Anerkennung, nämlich im Interesse des Einzelnen und der Verfahrensökonomie Doppelarbeit zu vermeiden, gefährdet wäre. Etwaig zu Tage tretende Plausibilitätsmängel könnten allenfalls bei der Tatsachenwürdigung berücksichtigt werden. Verwaltungsakte, die auf fehlerhaften rechtlichen Feststellungen beruhten, müssten anerkannt werden, da andernfalls ein wesentliches Ziel der gegenseitigen Anerkennung und damit der transnationalen Verwaltungsakte gefährdet wäre, nämlich die einheitliche Geltung nationaler Behördenentscheidungen im gesamten Gemeinschaftsrecht sicherzustellen.

c) Rechtsprechung

Nach der Rechtsprechung des EuGH ist das Aufnahmeland grundsätzlich an die tatsächlichen Feststellungen gebunden, die in einer vom Herkunftsland ausgestellten Bestätigung enthalten sind, da dieser sonst ihre praktische Wirksamkeit genommen würde.[444] Das Aufnahmeland könne die Richtigkeit der Angaben der zuständigen

---

[440] Sartorius II Nr. 160; Aufführungsgsetz: Sartorius II Nr. 160 a.

[441] *Neßler*, Europäisches Richtlinienrecht, S. 31 f.; *Seidel*, in: Magiera (Hrsg.), Entwicklungsperspektiven der EG, S. 181 f.

[442] *Hatje*, Die gemeinschaftsrechtliche Steuerung der Wirtschaftsverwaltung, S. 212.

[443] *Hatje*, Die gemeinschaftsrechtliche Steuerung der Wirtschaftsverwaltung, S. 211 f.

[444] EuGHE 1989, S. 3039/3063 Rn. 22 - van de Bijl.

Stelle des Herkunftslandes nicht in Frage stellen.[445] Eine Ausnahme sei zu machen, wenn die vorgelegte Bestätigung eine offensichtliche Unrichtigkeit enthalte.[446] Daraus ergibt sich jedoch nicht, ob die Bindung in diesem Fall bereits wegen Nichtigkeit oder erst wegen Rechtswidrigkeit des Verwaltungsakts entfällt.

d) Stellungnahme

Bei rechtswidrigen, aber wirksamen Verwaltungsakten ist zu differenzieren zwischen grenzüberschreitender Wirkung auf Grund unmittelbarer gemeinschaftsweiter Geltung und grenzüberschreitender Wirkung auf Grund von Anerkennung.

Die grenzüberschreitende Wirkung rechtswidriger Verwaltungsakte ist unproblematisch, wenn - wie bei mitgliedstaatlichen Verwaltungsakten in Vollziehung von EG-Verordnungen - die grenzüberschreitende Wirkung auf unmittelbarer gemeinschaftsweiter Geltung beruht. Die Behörden anderer Länder sind an rechtswidrige Verwaltungsakte ebenso gebunden wie andere inländische Behörden. Entsprechendes gilt für rechtswidrige Verwaltungsakte von Gemeinschaftsorganen.

Tritt die grenzüberschreitende Wirkung erst durch Anerkennung ein (wie bei mitgliedstaatlichen Verwaltungsakten in Vollzug von umgesetztem Richtlinienrecht oder rein nationalem Recht), so stellt sich die Frage, ob die Anerkennung wegen der Rechtswidrigkeit des Verwaltungsaktes verweigert werden darf. Verschiedene Richtlinien, die ausdrücklich zur Anerkennung der von anderen Mitgliedstaaten ausgestellten Bescheinigungen über die Vorschriftsmäßigkeit z.B. von Waren oder Fahrzeugen (feststellende Verwaltungsakte) verpflichten, erlauben gleichzeitig die Vornahme von Kontrollen durch Stichproben.[447] Dem entspricht auch die Rechtsprechung des EuGH zu Warenkontrollen.[448] Daraus folgt, dass eine Anerkennungspflicht dann nicht besteht, wenn die Bescheinigung deshalb rechtswidrig ist, weil sie von falschen Tatsachen ausgeht (fehlende Vorschriftsmäßigkeit der Waren), da andernfalls das Recht zu Kontrollen durch Stichproben keinen Sinn machen würde. Gegen eine Anerkennungspflicht scheint auch zu sprechen, dass z.B. nur rechtmäßig hergestellte und in den Verkehr gebrachte Produkte in den Genuss der Warenverkehrsfreiheit kommen.

---

[445] EuGHE 1989, S. 3039/3064 Rn. 23 - van de Bijl.

[446] EuGHE 1989, S. 3039/3064 Rn. 25 - van de Bijl.

[447] Z.B. Art. 3 Abs. 1 der RL 83/643/EWG zur Erleichterung der Kontrollen und Verwaltungsformalitäten im Güterverkehr zwischen den Mitgliedstaaten, ABl. L 359/8 v. 22. 12. 1983; Art. 5 der RL 85/3/EWG i.V.m. Art. 1 Abs. 3 u. Abs. 4 der RL 86/364/EWG über den Nachweis der Übereinstimmung von Fahrzeugen mit der Richtlinie 85/3/EWG über die Gewichte, Abmessungen und bestimmte andere technische Merkmale bestimmter Fahrzeuge des Güterkraftverkehrs, ABl. L 221/48 v. 7. 8. 1986; siehe hierzu oben, 2. Teil, D. V. 3.

[448] Siehe oben, 6. Teil, B. II. 2. a) bb) (2).

Solange das Inverkehrbringen eines Produkts durch einen zwar rechtswidrigen, aber doch wirksamen (d.h. nicht nichtigen) Zulassungsakt erlaubt ist, befindet es sich rechtmäßig im Verkehr. Sinn und Zweck der Anerkennungspflicht sprechen dafür, dass bei Rechtswidrigkeit die Anerkennungspflicht bestehen bleibt. Die Anerkennungspflicht soll es dem Berechtigten ermöglichen, in der gesamten Gemeinschaft gleichermaßen von seinem Verwaltungsakt Gebrauch zu machen. Sie ist grundsätzlich, d.h. soweit nicht die Voraussetzungen eines ordre public - Vorbehaltes vorliegen, unbedingt und darf deshalb nicht vom Anerkennungsstaat an die Bedingung der Rechtmäßigkeit geknüpft werden. Ob sich die Rechtswidrigkeit aus Tatsachenfehlern oder aus Rechtsfehlern ergibt, darf dabei keinen Unterschied machen. Tatsachenfehler können sowohl bei feststellenden als auch bei regelnden Verwaltungsakten auftreten und sollten gleich behandelt werden. Bei offensichtlich unrichtigen Tatsachen kann die Bindungswirkung nur wegen Nichtigkeit des Verwaltungsaktes entfallen. Die Echtheit der vorgelegten Dokumente ist Voraussetzungen für das Vorliegen eines Verwaltungsakts überhaupt und kann deshalb stets überprüft werden.

4. Ergebnis

Zusammenfassend lässt sich feststellen, dass nur nichtige Verwaltungsakte keine grenzüberschreitende Wirkung entfalten können. Rechtswidrige, aber wirksame Verwaltungsakte der Mitgliedstaaten auf der Grundlage von EG-Verordnungen haben ebenso wie Verwaltungsakte der Gemeinschaftsorgane uneingeschränkte gemeinschaftsweite Geltung. Bei rechtswidrigen, aber wirksamen (feststellenden oder regelnden) Verwaltungsakten, die auf der Grundlage von umgesetztem Richtlinienrecht oder rein nationalem Recht ergangen sind, darf die Anerkennung nach der hier vertretenen Auffassung nicht wegen der fehlenden Rechtmäßigkeit verweigert werden.

IV. Die Aufhebung grenzüberschreitender Verwaltungsakte

Bei einem Verwaltungsakt mit grenzüberschreitender Wirkung stellt sich die Frage, ob dieser nur vom Erlassstaat oder auch von einem anderen Mitgliedstaat aufgehoben werden kann und wenn ja, ob dies mit Wirkung für die gesamte Gemeinschaft geschieht oder ob sich die Aufhebung nur auf dem eigenen Hoheitsgebiet auswirkt. Diesbezüglich wurde die Entwicklung einer besonderen Bestandskraftlehre gefordert, die den beliebigen Zugriff der Aufnahmestaaten auf die einmal getroffene Entscheidung aus Gründen ihrer Rechtswidrigkeit oder wegen geänderter Verhältnisse möglichst weit einschränke, ohne sie für den Gefahrenfall gegenüber der bestandskräftigen Zulassung handlungsunfähig zu machen.[449]

---

[449] *Schmidt-Aßmann*, DVBl. 1993, S. 936.

Nach der Literatur dürfen grenzüberschreitende Verwaltungsakte nur von der Erlassbehörde bzw. den Behörden des Herkunftsstaats aufgehoben werden.[450] Dieses „Aufhebungsmonopol der Erlassbehörde" wird zum Teil damit begründet, dass andernfalls die einheitliche gemeinschaftsweite Geltung nicht mehr gewährleistet wäre.[451] Zum Teil wird es damit erklärt, dass solche Verwaltungsakte als Ausdruck fremder Hoheitsgewalt prinzipiell den Vorschriften des jeweiligen Herkunftsstaats unterlägen.[452] Modifizierungen erfolgten allerdings in Ausnahmefällen, wenn das Richtlinienrecht in besonderen Gefährdungslagen den anderen Mitgliedstaaten durch Schutzklauseln wie z.B. Art. 7 Abs. 1 der Maschinen-Richtlinie (RL 89/392/EWG) oder Art. 21 Abs. 4 der Zweiten Bankrechtskoordinierungsrichtlinie (RL 89/646/EWG) erlaube, Abwehrmaßnahmen zu ergreifen, die die transnationale Wirkung eines Verwaltungsakts einschränken könnten.[453] Dadurch werde den Mitgliedstaaten zwar nicht erlaubt, einen transnationalen Verwaltungsakt eines anderen Mitgliedstaats aufzuheben, doch könnten sie „in Notfällen die Wirkung des transnationalen Verwaltungsakts auf ihrem Hoheitsgebiet aufheben".[454] Die dogmatische Lösung bleibt hier jedoch unklar. Kann das Aufnahmeland den Verwaltungsakt ganz oder nur in Hinblick auf das eigene Hoheitsgebiet aufheben oder ergeht nur ein Verbot, von dem fremden Verwaltungsakt (u.U. nur für eine bestimmte Zeit) Gebrauch zu machen?

Für die Frage der Zuständigkeit zur Aufhebung grenzüberschreitender Verwaltungsakte sowie ihrer Wirkungen ist danach zu differenzieren, ob es sich um einen Hoheitsakt mit unmittelbarer grenzüberschreitender Geltung oder mit grenzüberschreitender Wirkung auf Grund von Anerkennung handelt.

1. Verwaltungsakte von Gemeinschaftsorganen

Die Aufhebung der unmittelbar gemeinschaftsweit geltenden Verwaltungsakte der Gemeinschaft durch die Mitgliedstaaten ist ausgeschlossen. Dies folgt aus dem Vorrang des Gemeinschaftsrechts gegenüber dem Recht der Mitgliedstaaten, der auch für Entscheidungen der Gemeinschaftsorgane gilt. Eine Aufhebung kann nur durch die Gemeinschaftsorgane selbst erfolgen. Die Aufhebung durch die Gemeinschaft hat zur Folge, dass der Verwaltungsakt seine Rechtswirkungen im gesamten Gemeinschaftsgebiet verliert, ohne dass es hierzu weiterer Maßnahmen der Mitgliedstaaten bedarf, d.h. auch die Aufhebung hat unmittelbare gemeinschaftsweite Geltung.

---

[450] *Neßler*, Europäisches Richtlinienrecht, S. 33; *Hatje*, Die gemeinschaftsrechtliche Steuerung der Wirtschaftsverwaltung, S. 212.
[451] *Neßler*, Europäisches Richtlinienrecht, S. 34.
[452] *Hatje*, Die gemeinschaftsrechtliche Steuerung der Wirtschaftsverwaltung, S. 212.
[453] *Neßler*, Europäisches Richtlinienrecht, S. 34.
[454] *Neßler*, Europäisches Richtlinienrecht, S. 35.

Ausnahmsweise können aber auch die Mitgliedstaaten auf die Rechtswirkungen eines solchen Verwaltungsakts Einfluss nehmen, wenn sie hierzu durch Gemeinschaftsrecht ausdrücklich ermächtigt wurden. So kann ein Mitgliedstaat bei Arzneimitteln, die gemäß der Arzneimittelverordnung[455] von der Gemeinschaft genehmigt wurden, nach Art. 18 Abs. 4 S. 1 der Verordnung „die Verwendung ... in seinem Hoheitsgebiet aussetzen", wenn dies zum Schutz der Gesundheit von Mensch oder Tier oder zum Schutz der Umwelt dringend erforderlich ist. Wie dieser Gefahrenvorbehalt dogmatisch einzuordnen ist, ist fraglich.[456] Denkbar ist es, darin eine Ermächtigung der Mitgliedstaaten zur teilweisen (auf das eigene Hoheitsgebiet beschränkten) Aufhebung der Genehmigung zu sehen. Eine andere Lösung wäre die Ermächtigung der Mitgliedstaaten, ein Verbot, von der Genehmigung im eigenen Hoheitsgebiet Gebrauch zu machen, auszusprechen.[457] Für die zweite Lösung spricht der vorübergehende Charakter der Maßnahme. Ein Mitgliedstaat, der eine solche „Aussetzungsmaßnahme" erlassen hat, kann diese nach Art. 18 Abs. 5 der Arzneimittelverordnung (nur) in Kraft lassen, bis eine endgültige Entscheidung der Kommission bzw. des Rates gefallen ist. Eine (auch nur teilweise) Aufhebung eines Verwaltungsakts hätte dagegen endgültigen Charakter.

2. *Verwaltungsakte der Mitgliedstaaten in Vollziehung von Gemeinschaftsrecht*

a) Vollziehung von Verordnungen

Im sekundären Gemeinschaftsrecht finden sich zum Teil ausdrückliche Bestimmungen über die Zuständigkeit hinsichtlich der Aufhebung grenzüberschreitender Verwaltungssakte der Mitgliedstaaten auf Grund von Verordnungen. So sind z. B. nach Art. 3 ff. und Art. 8 der VO (EWG) Nr. 881/92 die Behörden des Niederlassungsstaats sowohl für die Erteilung der für die grenzüberschreitende Güterbeförderung erforderlichen Gemeinschaftslizenz als auch für deren Entziehung zuständig. Entsprechende Regelungen für die Gemeinschaftslizenz zur grenzüberschreitenden Personenbeförderung mit Kraftomnibussen finden sich in Art. 3 a und Art. 16 der VO (EWG) Nr. 684/92. Für die Aufhebung der zum grenzüberschreitenden Linienverkehr zusätzlich erforderlichen Genehmigung ist nach Art. 16 Abs. 2 S. 2 der VO (EWG) Nr. 684/92 die Genehmigungsbehörde zuständig. Auch eine Genehmigung zur Ausfuhr von Dual use -

---

[455] VO (EWG) Nr. 2309/93 zur Festlegung von Gemeinschaftsverfahren für die Genehmigung und Überwachung von Human- und Tierarzneimitteln und zur Schaffung einer Europäischen Agentur für die Beurteilung von Arzneimitteln, ABl. L 214/1 v. 24. 8. 1993.

[456] Aufgeworfen wurde diese Frage von *Schmidt-Aßmann*, EuR 1996, S. 300, der allerdings keine Lösungsvorschläge anbietet.

[457] Hierzu ein Beispiel aus dem deutschen Recht: Der Entzug der Fahrerlaubnis hebt die Fahrerlaubnis als solche auf. Möchte der Betroffene wieder ein Kraftfahrzeug führen, muss er die Fahrerlaubnis neu erwerben. Dagegen beinhaltet ein Fahrverbot das Verbot, für eine bestimmte Zeit von der Fahrerlaubnis Gebrauch zu machen; es lässt den Bestand der Fahrerlaubnis unberührt (vgl. nur *Jagusch/Hentschel*, Straßenverkehrsrecht, § 44 StGB Rn. 1). Nach Ablauf der Frist kann der Betroffene dann wieder ohne weiteres ein Fahrzeug führen.

Gütern kann nur vom Genehmigungsstaat zurückgenommen werden, wie sich aus Art. 7 Abs. 3 der VO (EG) Nr. 3381/94 (Dual use - Verordnung) ergibt.

Diese Zuständigkeitsvorschriften sind als Ausprägung eines allgemeinen Grundsatzes zu sehen, nach dem die Zuständigkeit zur Aufhebung eines unmittelbar gemeinschaftsweit geltenden Verwaltungsakts beim Erlassstaat liegt. Hebt dieser einen solchen Verwaltungsakt auf, hat dies zur Folge, dass die Rechtswirkungen gemeinschaftsweit unmittelbar mit der Aufhebung entfallen, d.h. ohne dass die anderen Mitgliedstaaten mitwirken müssen. Die Wirkungen der Aufhebungen entsprechen den Wirkungen des Erlasses: Hat der Erlass des Verwaltungsaktes unmittelbare gemeinschaftsweite Wirkung, gilt dies auch für die Aufhebung.

Ausnahmsweise können die Rechtswirkungen eines unmittelbar gemeinschaftsweit geltenden Verwaltungsakts auch von anderen Mitgliedstaaten aufgehoben bzw. beschränkt werden. Ein Beispiel für eine hierzu erforderliche ausdrückliche Regelung findet sich in Art. 11 Abs. 2 und 3 der VO (EG) Nr. 12/98 (Kabotage - VO Personenbeförderungsverkehr), wonach der Aufnahmestaat ein zeitweiliges Verbot von Kabotagebeförderungen im Aufnahmemitgliedstaat aussprechen kann, wenn der Verkehrsunternehmer anlässlich einer Kabotagebeförderung im Aufnahmestaat gegen Rechtsvorschriften verstößt. Hier ergibt sich aber bereits aus dem Wortlaut, dass der Aufnahmestaat in diesem Fall die Gemeinschaftslizenz nicht entziehen, sondern nur ein Verbot, von der Gemeinschaftslizenz im eigenen Staatsgebiet für eine bestimmte Zeit Gebrauch zu machen, erlassen kann.

Ein Sonderproblem entsteht, wenn ein Transportunternehmer, der Inhaber einer Gemeinschaftslizenz ist, seine Niederlassung in einen anderen Mitgliedstaat verlegt. Wendet man die o.g. Zuständigkeitsvorschriften auf diesen Fall an, so würde sich nunmehr für die Aufhebung eine Zuständigkeit der Behörden des neuen Niederlassungsstaats ergeben. Können diese Behörden die Gemeinschaftslizenz dann mit Wirkung auch für den Erlassstaat entziehen? Für das deutsche interlokale Verwaltungsrecht ergibt sich die Lösung dieses Problems aus einer analogen Anwendung der §§ 48 Abs. 5 und 49 Abs. 5 VwVfG.[458] Danach entscheidet über die Aufhebung nach Unanfechtbarkeit des Verwaltungsakts die nach § 3 VwVfG zuständige Behörde. Ist dies die Behörde eines anderen Bundeslandes, erfolgt die Aufhebung (jedenfalls bei den - bundesweit geltenden - Verwaltungsakten auf der Grundlage von Bundesrecht) auch mit Wirkung für das Bundesland, das den Verwaltungsakt erlassen hat. Entsprechendes hat für die Gemeinschaftslizenz zu gelten: Zuständig für die Entziehung ist der Mitgliedstaat der Niederlassung, auch wenn die Gemeinschaftslizenz von einem anderen Mitgliedstaat erlassen worden war. Da die Entziehung auf Grund einer Verordnung erfolgt, setzt die gemeinschaftsweite Wirkung keine Anerkennung der anderen Mitgliedstaaten voraus. Die Entziehung beseitigt damit auch die Rechtswirkungen auf dem Gebiet des Erlassstaats. Zwar wird die Aufhebung eines fremden

[458] S. o., 5. Teil, D. IV.

Hoheitsakts mit Wirkung auch für den Erlassstaat als Verstoß gegen den völkerrechtlichen Souveränitätsgrundsatz gesehen,[459] doch wird ein solcher Verstoß hier durch die ausdrückliche Zuständigkeitsbestimmung des Gemeinschaftsrechts ausgeschlossen.

b) Vollziehung von Richtlinien

Nur vereinzelt finden sich in Richtlinien Vorschriften, die (ausdrücklich oder indirekt) eine Regelung für die Zuständigkeit zur Aufhebung grenzüberschreitender Verwaltungsakte treffen. So darf z.B. nach Art. 7 der RL 86/295/EWG über Überrollschutzaufbauten bestimmter Baumaschinen[460] der Entzug der Baumusterprüfbescheinigung nur von der Stelle erfolgen, welche die Bescheinigung ausgestellt hat. Hinsichtlich des Widerrufs der Zulassung von Banken ergibt sich aus Art. 21 Abs. 9 der Zweiten Bankrechtskoordinierungsrichtlinie[461], dass hierfür der Sitzstaat zuständig ist. Die Zuständigkeit zum Entzug des Rechts auf Ausübung einer ärztlichen Tätigkeit liegt beim Mitgliedstaat der Niederlassung, wie sich aus Art. 17 Abs. 5 der Ärzterichtlinie[462] ergibt. Diese Regelungen sind ebenfalls als Ausprägungen des allgemeinen Grundsatzes zu sehen, nach dem die Aufhebungszuständigkeit beim Erlassstaat liegt.

Hebt der Erlassstaat einen auf der Grundlage von umgesetztem Richtlinienrecht ergangenen grenzüberschreitenden Verwaltungsakt auf, so fragt es sich, ob damit die Wirkungen in den anderen Mitgliedstaaten automatisch entfallen. Eine ausdrückliche gemeinschaftsrechtliche Regelung für diesen Fall findet sich in der Niederlassungsrichtlinie für Rechtsanwälte. Art. 7 Abs. 5 der RL 98/5/EWG bestimmt: „Die zeitweilige oder endgültige Rücknahme der Genehmigung zur Berufsausübung seitens der zuständigen Stelle des Herkunftsstaats zieht für den betreffenden Rechtsanwalt automatisch das einstweilige oder endgültige Verbot nach sich, seine Anwaltstätigkeit im Aufnahmestaat unter seiner ursprünglichen Berufsbezeichnung auszuüben ...“

Verwaltungsakte der Mitgliedstaaten in Vollzug von umgesetztem Richtlinienrecht haben keine unmittelbare gemeinschaftsweite Geltung, vielmehr treten ihre Rechtswirkung in anderen Mitgliedstaaten erst infolge gesetzlicher oder behördlicher Anerkennung durch die anderen Mitgliedstaaten ein. Da es sich bei der Anerkennung deshalb um einen selbstständigen Hoheitsakt handelt, bleiben bei der Aufhebung eines anerkannten Hoheitsakts durch den Erlassstaat die Rechtswirkungen in den übrigen

---

459 S. o., 3. Teil, C. IV.

460 ABl. L 186, S. 1 v. 8. 7. 1986.

461 RL 89/646/EWG. Art. 21 Abs. 9 lautet: „Bei Widerruf der Zulassung werden die zuständigen Behörden des Aufnahmemitgliedstaats davon unterrichtet; sie treffen entsprechende Maßnahmen, damit das betreffende Institut nicht neue Tätigkeiten im Gebiet dieses Mitgliedstaats aufnimmt ... “

462 RL 93/16/EWG. Art. 17 Abs. 5 lautet: „Entzieht ein Mitgliedstaat einem seiner Staatsangehörigen oder einem in seinem Hoheitsgebiet ansässigen Staatsangehörigen eines anderen Mitgliedstaaats ganz oder teilweise und vorübergehend oder endgültig das Recht auf Ausübung einer ärztlichen Tätigkeit, so sorgt er je nach Fall für den vorübergehenden oder endgültigen Entzug der in Absatz 3 unter dem zweiten Gedankenstrich genannten Bescheinigung.“

Mitgliedstaaten bestehen. Um die Rechtswirkungen auch für sein Staatsgebiet zu beseitigen, muss der Anerkennungsstaat die Anerkennung aufheben. Dies kann durch gesetzliche Regelung erfolgen. So kann der Anerkennungsstaat z.B. eine gesetzliche Regelung treffen, wonach bei Aufhebung eines anerkannten Verwaltungsakts durch den Erlassstaat gleichzeitig die Rechtswirkungen im eigenen Staatsgebiet entfallen. Art. 7 Abs. 5 der Niederlassungsrichtlinie für Rechtsanwälte verpflichtet die Mitgliedstaaten, eine entsprechende gesetzliche Regelung zu erlassen. Eine Aufhebung der Anerkennung durch Verwaltungsakt setzt eine entsprechende gesetzliche Ermächtigung voraus, denn es handelt sich dabei um einen belastenden Verwaltungsakt, der einer Rechtsgrundlage bedarf. Für das deutsche Recht findet sich eine solche Rechtsgrundlage in § 49 Abs. 2 Nr. 3 VwVfG.[463] Ist eine Anerkennung noch nicht erfolgt, entfällt mit der Aufhebung durch den Erlassstaat die Grundlage für künftige Anerkennungen.

Vielfach werden in den Richtlinien auch den Behörden der Aufnahmestaaten unter bestimmten Voraussetzungen Befugnisse eingeräumt, auf grenzüberschreitende Verwaltungsakte der Herkunftsstaaten einzuwirken, wobei sich aus dem Normtext häufig nicht ergibt, in welcher Weise dies geschehen soll. So finden sich in sämtlichen Produktsicherheitsrichtlinien Schutzklauseln, wie z.B. Art. 7 Abs. 1 S. 1 der RL 87/404 (Druckbehälter), wonach ein Mitgliedstaat, der feststellt, dass ein mit der CE-Kennzeichnung versehener Druckbehälter die Sicherheit von Personen, Haustieren oder Gütern zu gefährden droht, „alle zweckdienlichen Maßnahmen (trifft), um diese Erzeugnisse aus dem Markt zu nehmen, ihr Inverkehrbringen oder ihren freien Verkehr zu verbieten oder einzuschränken." Bei einem Produkt, das gentechnisch veränderte Organismen enthält und dessen Inverkehrbringen von einem anderen Mitgliedstaat nach der Freisetzungsrichtlinie[464] genehmigt wurde, kann ein Mitgliedstaat nach Art. 16 Abs. 1 dieser Richtlinie den Einsatz und/oder Verkauf dieses Produkts in seinem Mitgliedstaat vorübergehend einschränken oder verbieten, wenn er berechtigten Grund zu der Annahme hat, dass das Produkt eine Gefahr für die menschliche Gesundheit oder die Umwelt darstellt. Die Entscheidung über endgültige Maßnahmen obliegt allerdings der Kommission.[465] Auch bei Arzneimitteln, deren Inverkehrbringen von einem anderen Mitgliedstaat nach der Zweiten Arzneimittelrichtlinie[466] genehmigt wurde, kann ein Mitgliedstaat ausnahmsweise vorübergehend das Inverkehrbringen und die Anwendung des betreffenden Arzneimittels in seinem Hoheitsgebiet aussetzen, wenn eine solche Maßnahme zum Schutz der öffentlichen Gesundheit dringend erforderlich ist.[467] Eine endgültige Entscheidung kann auch hier nur durch die Kommission bzw. den Rat erfolgen.[468] Verstößt ein Kreditinstitut, das eine Zweigstelle in einem anderen Mitgliedstaat hat oder dort Dienstleistungen erbringt, gegen

---

463 VGH Mannheim, NVwZ 1986, S. 397. Die Rechtmäßigkeit der Aufhebung durch den Erlassstaat muss dabei nicht überprüft werden, VGH Mannheim, a.a.O.

464 RL 90/220/EWG, ABl. L 117/15 v. 8. 5. 1990

465 Art. 16 Abs. 2 der RL 90/220/EWG; *Jarass*, NuR 1991, S. 56.

466 RL 75/319/EWG, ABl. L 147/13 v. 9. 6. 1975 = EWR Nr. 141.

467 Art. 15 a Abs. 2 der RL 75/319/EWG - Zweite Arzneimittelrichtlinie.

468 Art. 13, 14, 37 b der RL 75/319/EWG - Zweite Arzneimittelrichtlinie.

Rechtsvorschriften, so haben die zuständigen Behörden des Aufnahmemitgliedstaats unter bestimmten Voraussetzungen die Möglichkeit, einem Kreditinstitut die Aufnahme neuer Geschäftstätigkeiten in ihrem Hoheitsgebiet zu untersagen.[469] Und nach der zweiten Führerscheinrichtlinie kann der Wohnsitzstaat seine innerstaatlichen Vorschriften über Einschränkung, Aussetzung, Entzug oder Aufhebung der Fahrerlaubnis auch auf den Inhaber eines von einem anderen Mitgliedstaat ausgestellten Führerscheins anwenden.[470]

Bei solchen Maßnahmen des Aufnahmelandes ist zu fragen, ob das Aufnahmeland den Verwaltungsakt mit gemeinschaftsweiter Wirkung, d.h. auch mit Wirkung für den Erlassstaat oder nur im Hinblick auf das eigene Hoheitsgebiet aufheben kann oder ob nur ein Verbot, von dem fremden Verwaltungsakt (u.U. nur für eine bestimmte Zeit) auf dem eigenen Hoheitsgebiet Gebrauch zu machen, ergeht. Von einem solchen Verbot ist immer dann auszugehen, wenn die Maßnahme des Mitgliedstaats nur vorübergehenden Charakter hat und eine endgültige Entscheidung den Gemeinschaftsorganen vorbehalten ist.[471] Die Wirkung dieser Maßnahmen treten ausdrücklich nur hinsichtlich des eigenen Hoheitsgebiets ein. Sonstige Maßnahmen des Aufnahmelandes sind als Aufhebung der Anerkennung („Aberkennung") zu interpretieren. Da die Anerkennung nur für das eigene Hoheitsgebiet erfolgt, beseitigt auch die Aufhebung der Anerkennung nur die Rechtswirkungen auf dem eigenen Hoheitsgebiet. Eine Wirkung auch für das Hoheitsgebiet der anderen Mitgliedstaaten, insbesondere des Erlassstaats würde wiederum deren Anerkennung voraussetzen, da Maßnahmen auf der Grundlage von umgesetztem Richtlinienrecht keine unmittelbare gemeinschaftsweite Geltung haben. Eine vollständige Beseitigung des Hoheitsakts eines fremden Staates ist daher nicht möglich. Deshalb kann der Aufnahmestaat einem Kreditinstitut mit Sitz in einem anderen Mitgliedstaat die Aufnahme neuer Geschäftstätigkeiten nach der Zweiten Bankrechtskoordinierungsrichtlinie[472] auch ausdrücklich nur für das eigene Hoheitsgebiet untersagen. Maßnahmen, die auf Grund einer Schutzklausel der Produktsicherheitsrichtlinien ergehen, werden von jedem Mitgliedstaat selbstständig für sein Hoheitsgebiet erlassen.[473] Und bei der „Entziehung" einer von einem anderen

[469] Art. 21 Abs. 4, 5 und 8 der RL 89/646/EWG - Zweite Bankrechtskoordinierungsrichtlinie, jetzt Art. 22 Abs. 4, 5 und 8 der RL 2000/12/EG.

[470] Art. 8 Abs. 2 der RL 91/439/EWG.

[471] So z.B. bei Maßnahmen der Mitgliedstaaten nach Art. 16 der RL 90/220/EWG (Freisetzungsrichtlinie) oder nach Art. 15 a Abs. 2 der RL 75/319/EWG (Zweite Arzneimittelrichtlinie).

[472] Art. 21 Abs. 4, 5 und 8 der RL 89/646/EWG, jetzt Art. 22 Abs. 4, 5 und 8 der RL 2000/12/EG.

[473] So die Entschließung des Rates v. 7. 5. 1985 über eine neue Konzeption auf dem Gebiet der Technischen Harmonisierung und der Normung, ABl. C 136/1 v. 4. 6. 1985, S. 3; *Schmidt-Aßmann*, EuR 1996, S. 283. Auch die Kommission hat keine Möglichkeit, berechtigten Maßnahmen eines Mitgliedstaates gemeinschaftsweite Geltung zu verleihen; sie kann lediglich unter bestimmten Voraussetzungen die Mitgliedstaaten verpflichten, geeignete vorläufige Vorkehrungen zu treffen (Art. 9 der RL 92/59 - Allgemeine ProduktsicherheitsrichtlinieL; *Joerges*, FS f. Steindorff, S. 1261; *Joerges/Falke*, Die Normung von Konsumgütern, in: Müller-Graff (Hrsg.), Technische Regeln im Binnenmarkt, S. 181 f.).

Mitgliedstaat erteilten Fahrerlaubnis nach der zweiten Führerscheinrichtlinie[474] handelt es sich nicht um eine echte Entziehung mit der Folge, dass der Inhaber der Fahrerlaubnis auch in dem Staat, der die Fahrerlaubnis erteilt hat, das Recht zum Führen eines Kraftfahrzeugs verliert, vielmehr hat die Entziehung der Fahrerlaubnis die Wirkung einer „Aberkennung" des Rechts, von der Fahrerlaubnis im Inland Gebrauch zu machen.[475] In dem Staat, der die Fahrerlaubnis erteilt hat, bleibt diese nach wie vor bestehen und ist auch von den restlichen Mitgliedstaaten weiter anzuerkennen.[476]. Wurde der ausländische Führerschein zuvor in einen inländischen Führerschein „umgetauscht", wird nur die inländische Fahrerlaubnis entzogen, was sich ebenfalls nicht auf den Bestand der ausländischen Fahrerlaubnis auswirkt und damit im Ergebnis auf das Aberkennungsmodell hinausläuft.[477] Ist der Staat der Zuwiderhandlung nicht mit dem Wohnsitzstaat identisch, so verpflichtet das Abkommen über den Entzug der Fahrerlaubnis den Wohnsitzstaat, die Entscheidung des Staats der Zuwiderhandlung über den Entzug der Fahrerlaubnis zu vollstrecken und damit anzuerkennen [478]. Personen, denen die Fahrerlaubnis in einem anderen Mitgliedstaat als in dem, in dem sie ihren ordentlichen Wohnsitz haben, entzogen wurde, können sich damit der Wirkung einer solchen Maßnahme nicht entziehen, indem sie sich in einem anderen Mitgliedstaat als in dem, in dem die Zuwiderhandlung begangen wurde, aufhalten.[479]

Fehlt es an einer speziellen Regelung in einer Richtlinie und trifft diese auch keine abschließende Regelung, ist davon auszugehen, dass eine Anerkennung immer dann aufgehoben werden kann, wenn die Anerkennungsvoraussetzungen nicht (mehr) vorliegen.

3. Verwaltungsakte der Mitgliedstaaten in Vollziehung von nationalem Recht

Bei der Aufhebung von Verwaltungsakten der Mitgliedstaaten in Vollzug von (rein) nationalem Recht, die von anderen Mitgliedstaaten anerkannt wurden, gilt das Gleiche wie bei der Aufhebung von Verwaltungsakten, die in Vollzug von Richtlinienrecht erlassen wurden. Zuständig für die Aufhebung solcher Verwaltungsakte ist der Erlassstaat. Die Aufhebung durch den Erlassstaat lässt die Rechtswirkungen in den anderen Mitgliedstaaten auf Grund der Selbstständigkeit der Anerkennung in den anderen Mitgliedstaaten aber nicht automatisch entfallen. Die Rechtswirkungen in anderen Mitgliedstaaten entfallen erst durch die Anerkennung der Aufhebung. Eigenständige

---

[474] Art. 8 Abs. 2 der RL 91/439/EWG.

[475] § 3 Abs. 1 S. 2 StVG; § 69 b Abs. 1 S. 1 StGB; § 11 Abs. 2 S. 1 IntVO; *Jagow*, DAR 1992, S. 455; *Jagusch/Hentschel*, Straßenverkehrsrecht, § 3 StVG Rn. 1 u. § 46 FeV Rn. 13. Nach Ablauf der Sperrfrist kann dann das Recht, von der ausländischen Fahrerlaubnis wieder Gebrauch zu machen, beantragt werden, § 69 b Abs. 1 S. 2.

[476] Vgl. *Berz*, NZV 2000, S. 145.

[477] *Jagow*, DAR 1992, S. 455.

[478] *Brenner*, DVBl. 1999, S. 878.

[479] 4. Erwägungsgrund des Übereinkommens über den Entzug der Fahrerlaubnis, ABl. C 216/1 v. 10. 7. 1998.

Maßnahmen der Anerkennungsstaaten können nur dazu führen, dass die Rechtswirkungen auf dem eigenen Staatsgebiet entfallen. Sie beinhalten entweder eine Aufhebung der Anerkennung oder das Verbot, von dem ausländischen Verwaltungsakt für eine bestimmte Zeit Gebrauch zu machen.

4. Ergebnis

Grenzüberschreitende Verwaltungsakte können grundsätzlich nur durch die Erlassbehörde aufgehoben werden. Der Aufnahmestaat kann jedoch berechtigt sein, das Verbot, von dem Verwaltungsakt im eigenen Staatsgebiet Gebrauch zu machen, auszusprechen oder die Anerkennung aufzuheben.

E. Europäisches Internationales Verwaltungsprozessrecht - Rechtsschutz bei grenzüberschreitenden Verwaltungsakten

I. Verwaltungsakte von Gemeinschaftsorganen

Nach Art. 230 Abs. 4 EG kann jede natürliche oder juristische Person gegen die an sie ergangenen Entscheidungen beim EuGH Klage erheben. Das Gleiche gilt für Entscheidungen, die an andere Personen ergangen sind, die aber den Kläger unmittelbar und individuell betreffen. Die Mitgliedstaaten können gegen Verwaltungsakte der Gemeinschaft keinen Rechtsschutz gewähren.

II. Verwaltungsakte der Mitgliedstaaten in Vollziehung von Gemeinschaftsrecht

1. Vollziehung von Verordnungen

a) Rechtsschutz durch den Herkunftsstaat

Der Rechtsschutz bei Verwaltungsakten, die in Vollziehung von Verordnungen ergehen, richtet sich nach dem Prozessrecht des Herkunftsstaats. Ist Deutschland der Herkunftsstaat, so kann der Kläger nach § 42 Abs. 1 VwGO einen Anspruch auf einen begünstigenden Verwaltungsakt, z.B. auf die Erteilung einer Gemeinschaftslizenz gem. Art. 3 a der VO (EWG) Nr. 684/92, mit einer Verpflichtungsklage vor dem Verwaltungsgericht geltend machen und sich gegen einen belastenden Verwaltungsakt wie z.B. die Entziehung einer solchen Lizenz gem. Art. 16 der VO (EWG) Nr. 684/92 mit der Anfechtungsklage zur Wehr setzen.

b) Rechtsschutz durch den Aufnahmestaat

Die Rechtsschutzmöglichkeiten durch den Aufnahmestaat im Zusammenhang mit Verwaltungsakten anderer Mitgliedstaaten, die in Vollziehung von Verordnungen ergehen, richten sich nach dem Prozessrecht des Aufnahmestaates. Jedoch kann ein begünstigender Verwaltungsakt des Herkunftsstaats bei den Gerichten des Aufnahmestaates weder eingeklagt werden noch können die Gerichte des Aufnahmestaates einen belastenden Verwaltungsakt des Herkunftsstaates aufheben. Liegt kein ausdrücklicher Verzicht vor, sind entsprechende Klagen wegen des völkerrechtlichen Grundsatzes der Staatenimmunität unzulässig, [480] da in diesen Fällen der ausländische Staat Beklagter wäre. Die Anwendbarkeit des völkerrechtlichen Immunitätsprinzips ist im Anwendungsbereich des Gemeinschaftsrechts auch nicht ausgeschlossen.[481]

Dennoch können auch bei solchen Verwaltungsakten Rechtsschutzbedürfnisse und auch Rechtsschutzmöglichkeiten durch die Gerichte des Aufnahmestaates bestehen. Ist Deutschland der Aufnahmestaat, gilt folgendes: Bei begünstigenden Verwaltungsakten anderer Mitgliedstaaten in Vollziehung von Verordnungen tritt die begünstigende Wirkung unmittelbar mit Wirkung für die gesamte Gemeinschaft ein. Falls nun aber eine inländische Behörde die innerstaatliche Geltung eines solchen ausländischen Verwaltungsakts negiert, kann der Betroffene nach § 43 VwGO Klage erheben auf Feststellung, dass der fremde Verwaltungsakt auch im Inland Rechtswirkungen hat.

Erlässt eine inländische Behörde einen belastenden Verwaltungsakt, der einen entgegenstehenden ausländischen begünstigenden Verwaltungsakt nicht berücksichtigt, kann der Betroffene erfolgreich Anfechtungsklage nach § 42 Abs. 1 VwGO erheben, denn ein Verwaltungsakt, der die Bindungswirkung eines ausländischen Verwaltungsakts nicht beachtet, ist rechtswidrig.[482] So ist denkbar, dass eine Behörde ein Verbot, eine bestimmte Tätigkeit auszuüben, mit der Begründung verfügt, dass für diese Tätigkeit eine bestimmte inländische Genehmigung fehle, ohne zu berücksichtigen, dass die ausländische Genehmigung hierfür ausreicht.

In diesen Fällen geht es jeweils um Maßnahmen inländischer Behörden. Verklagt wird der Aufnahmestaat. Bei belastenden Verwaltungsakten ausländischer Behörden, z.B. den Entzug der Gemeinschaftslizenz nach Art. 16 der VO (EWG) Nr. 684/92, bestehen dagegen im Inland keine Rechtsschutzmöglichkeiten, da die belastende Wirkung im Inland unmittelbar kraft Gemeinschaftsrecht eintritt und es folglich an einem Hoheitsakt der inländischen Behörden fehlt.

---

[480] *Feldmüller*, S. 356.

[481] *Groß*, JZ 1994, S. 603 f.; a.A. *Schlag*, Grenzüberschreitende Verwaltungsbefugnisse, S. 222 ff., der dann allerdings im Hinblick auf die völkerrechtliche Praxis zum gleichen Ergebnis kommt. Siehe zur Anwendbarkeit des Völkerrechts im Verhältnis der Mitgliedstaaten der Europäischen Gemeinschaft oben.

[482] Vgl. *Kopp/Schenke*, VwGO, § 113 Rn. 25.

2. Vollziehung von Richtlinien

Bei mitgliedstaatlichen Verwaltungsakten in Vollzug von Richtlinien, die von anderen Mitgliedstaaten anzuerkennen sind, wird für den Rechtsschutz pauschal auf die Gerichte des Herkunfts- bzw. Erlassstaats verwiesen, da nur dieser die Prüfungs- und Aufhebungskompetenz habe.[483] Dabei wird nicht hinreichend berücksichtigt, dass die Wirkung solcher Verwaltungsakte im Aufnahmestaat nicht unmittelbar eintritt, sondern erst auf Grund der Anerkennung durch den Aufnahmestaat, dass also daneben auch ein inländischer Hoheitsakt vorliegt. Es muss deshalb Rechtsschutz sowohl durch Gerichte des Herkunftsstaats als auch durch Gerichte des Aufnahmestaats möglich sein.

a) Rechtsschutz durch den Herkunftsstaat

Der Rechtsschutz im Hinblick auf Verwaltungsakte des Herkunftsstaats, die in Vollzug von Richtlinien ergehen, richtet sich auch hier nach dem Prozessrecht des Herkunftsstaats. Ist Deutschland der Herkunftsstaat, so können begünstigende Verwaltungsakte mit der Verpflichtungsklage eingeklagt werden, und gegen belastende Verwaltungsakte kann sich der Betroffene mit der Anfechtungsklage zur Wehr setzen. Insofern sind keine Besonderheiten zu beachten. So kann z.B. ein Kreditinstitut mit Sitz in Deutschland bei Verweigerung der Zulassung durch die inländischen Behörden die Zulassung im Wege einer Verpflichtungsklage erlangen und gegen den Entzug der Zulassung Anfechtungsklage erheben.[484]

b) Rechtsschutz durch den Aufnahmestaat

Auch hier gilt, dass wegen des völkerrechtlichen Immunitätsgrundsatzes ein begünstigender Verwaltungsakt des Herkunftsstaats bei den Gerichten des Aufnahmestaates weder eingeklagt werden kann noch die Gerichte des Aufnahmestaates einen belastenden Verwaltungsakt des Herkunftsstaates aufheben können. Rechtsschutzmöglichkeiten bestehen im Aufnahmestaat jedoch insoweit, als Hoheitsakte des Aufnahmestaates in Frage stehen.

---

[483] *Neßler*, Europäisches Richtlinienrecht, S. 31; *Hatje*, Die gemeinschaftsrechtliche Steuerung der Wirtschaftsverwaltung, S. 212; *Burgi*, Verwaltungsprozeß und Europarecht, S. 56; *Schlag*, Grenzüberschreitende Verwaltungsbefugnisse, S. 213 f.: „Die daneben eintretende Wirkung auf dem deutschen Staatsgebiet rechtfertigt keine zusätzliche Zuständigkeit deutscher Gerichte. Die Wirkung entsprechender Maßnahmen auf dem Gebiet der Bundesrepublik genügt allein nicht als hinreichender Anknüpfungspunkt. Zudem ist auch ein Bedürfnis für eine zusätzliche Kontrolle nicht ersichtlich, da dem betroffenen Kreditinstitut bereits alle Rechtsschutzmöglichkeiten im Herkunftsland offenstehen (...) und die Gerichte dieses Mitgliedstaates auch eine größere Sachnähe zu dem zur Anwendung kommenden Recht aufweisen. Die Gerichte des Aufnahmestaates gewähren gegen Maßnahmen der Herkunftslandbehörde mit transnationaler Wirkung keinen Rechtsschutz."

[484] Vgl. hierzu *Schlag*, Grenzüberschreitende Verwaltungsbefugnisse, S. 199 f.

Bei begünstigenden Verwaltungsakten des Herkunftsstaates, die vom Aufnahmestaat[485] anzuerkennen sind, kommt es darauf an, ob die Rechtswirkungen im Inland kraft Gesetz oder kraft Verwaltungsakt (Individualanerkennung) eintreten. Hat die Anerkennung kraft Verwaltungsakt zu erfolgen und verweigert die inländische Behörde den Erlass eines Anerkennungsaktes, so kann der Antragsteller Verpflichtungklage auf Anerkennung erheben. So darf die inländische Behörde die Anerkennung z.B. nur bei Nichtigkeit, nicht aber bei bloßer Rechtswidrigkeit des ausländischen Verwaltungsakts verweigern.[486]

Bei gesetzlicher Anerkennung entsteht ein Rechtsschutzbedüfnis dann, wenn eine inländische Behörde die kraft Gesetz eingetretenen Rechtswirkungen des begünstigenden ausländischen Verwaltungsakts negiert. In diesem Fall kann der Betroffene im Wege der Feststellungsklage nach § 43 VwGO gerichtlich feststellen lassen, dass der ausländische Verwaltungsakt im Inland die behaupteten Rechtswirkungen hat. Gegen einen inländischen belastenden Verwaltungsakt, der einen entgegenstehenden ausländischen begünstigenden Verwaltungsakt nicht berücksichtigt, kann der Betroffene wegen rechtswidriger Nichtbeachtung der kraft Gesetz eingetretenen Rechtswirkungen des fremden Verwaltungsakts erfolgreich Anfechtungsklage nach § 42 Abs. 1 VwGO erheben.

Bei belastenden Verwaltungsakten des Herkunftsstaats, die vom Aufnahmestaat anzuerkennen sind, ist ebenfalls danach zu unterscheiden, ob die Rechtswirkungen im Inland kraft Gesetz oder kraft Verwaltungsakt (Individualanerkennung) eintreten. Bei gesetzlicher Anerkennung ist, wie auch sonst bei Gesetzen, kein verwaltungsgerichtlicher Rechtsschutz unmittelbar gegen das Gesetz möglich. Unter engen Voraussetzungen kann jedoch Verfassungsbeschwerde eingelegt werden. Vorrangig ist allerdings der fachgerichtliche Rechtsschutz, wenn auf diese Weise eine inzidente Kontrolle der Rechtsnorm möglich ist. So kann z.B. Klage erhoben werden auf Feststellung, dass eine bestimmte genehmigungsbedürftige Tätigkeit weiter ausgeübt werden dürfe, mit der Begründung, dass die gesetzliche Anerkennung der vom Herkunftsstaat erfolgten Aufhebung der Genehmigung rechtswidrig und damit nichtig sei.

Bei behördlicher Anerkennung des fremden belastenden Verwaltungsakts kann Anfechtungsklage erhoben werden, da bei der behördlichen Anerkennung eines ausländischen belastenden Verwaltungsakts ein inländischer belastender Verwaltungsakt entsteht.[487] Das Gleiche gilt für die Aufhebung der Anerkennung eines ausländischen begünstigenden Verwaltungsakts. Gegenstand der gerichtlichen Überprüfung ist aber nur der inländische Verwaltungsakt. Seine Rechtmäßigkeit setzt, wie auch sonst bei belastenden Verwaltungsakten, eine Rechtsgrundlage, das Vorliegen der tatbestandlichen Voraussetzungen dieser Rechtsgrundlage sowie bei Ermessensentscheidungen die fehlerfreie Ausübung des Ermessens voraus. Ob darüber hinaus auch die

---

485 Auch hier erfolgt die Darstellung nur in Bezug auf das deutsche Recht.

486 S. o., 6. Teil, D. III.

487 BVerfGE 63, S. 343/375.

Rechtmäßigkeit des der Anerkennung zu Grunde liegenden ausländischen Verwaltungsakts erforderlich ist, ist fraglich. Kann z.B. ein Kreditinstitut geltend machen, die Entziehung der Zulassung durch den Herkunftsstaat sei rechtswidrig und deshalb seien auch Maßnahmen, die die Aufsichtsbehörde des Aufnahmelandes nach Art. 21 Abs. 9 der RL 89/646/EWG (2. Bankrechtskoordinierungsrichtlinie; jetzt: Art. 22 Abs. 9 der RL 2000/12/EG) trifft, damit das betreffende Kreditinstitut nicht neue Tätigkeiten im Gebiet dieses Mitgliedstaates unternimmt, rechtswidrig? Der Immunitätsgrundsatz steht einer solchen Überprüfung jedenfalls nicht entgegen.[488] Die Rechtsschutzgarantie des Art. 19 Abs. 4 GG fordert nach der Rechtsprechung des BVerfG nur dann eine Überprüfung der Rechtmäßigkeit des ausländischen Verwaltungsakts, wenn der im Ausland mögliche Rechtsschutz gegen den anzuerkennenden fremden Hoheitsakt nicht einem Mindestmaß an Rechtsstaatlichkeit genügt.[489] Im Verhältnis zu den anderen Mitgliedstaaten der europäischen Gemeinschaft wird, insbesondere auf Grund der Zugehörigkeit aller Mitgliedstaaten zur EMRK, grundsätzlich von der Gleichwertigkeit des Rechtsschutzes ausgegangen.[490] Deshalb ist bei der Anerkennung belastender Verwaltungsakte anderer Mitgliedstaaten die Rechtmäßigkeit des ausländischen Verwaltungsakts nicht zu überprüfen.

III. Verwaltungsakte der Mitgliedstaaten in Vollziehung von nationalem Recht

Für den Rechtsschutz bei Verwaltungsakten der Mitgliedstaaten in Vollzug von (rein) nationalem Recht, die von anderen Mitgliedstaaten anzuerkennen sind, gelten die für den Rechtsschutz in Hinblick auf Verwaltungsakte in Vollzug von umgesetztem Richtlinienrecht gemachten Ausführungen entsprechend, da in beiden Fällen die grenzüberschreitenden Rechtswirkungen auf Anerkennung beruhen.

IV. Sonderprobleme

1. Rechtsschutz bei Vornahme von Hoheitsakten auf fremdem Staatsgebiet

Das Problem des Rechtsschutzes bei Vornahme von Hoheitsakten auf fremdem Staatsgebiet stellt sich insbesondere im Bankaufsichtsrecht, da Art. 15 Abs. 1 der RL 89/646/EWG (Zweite Bankrechtskoordinierungsrichtlinie, jetzt Art. 29 Abs. 1 der RL 2000/12/EG) der Aufsichtsbehörde des Mitgliedstaates, in dem ein Kreditinstitut seinen Hauptsitz hat, die Befugnis einräumt, die Prüfung der für die Überwachung erforderlichen Informationen auch bei Zweigniederlassungen vorzunehmen, die sich in

---

[488] S. o., 3. Teil, C. III.

[489] BVerfGE 63, S. 343; hierzu oben, 4. Teil, F. IV.

[490] *Groß*, JZ 1994, S. 604; *Schlag*, Grenzüberschreitende Verwaltungsbefugnisse, S. 235; *Feldmüller*, S. 359.

anderen Mitgliedstaaten befinden.[491] In Betracht kommt hier sowohl ein Rechtsschutz durch den Herkunftsstaat als auch durch den Aufnahmestaat.

a) Rechtsschutz durch den Herkunftsstaat

Der Rechtsschutz durch den Herkunftsstaat richtet sich auch hier nach dessen (Prozess-)Recht. Ist Deutschland der Herkunftsstaat, so kann gegen die Prüfungsanordnung im Wege der Anfechtungsklage vorgegangen werden. Da die ausländische Zweigstelle keine eigene Rechtspersönlichkeit besitzt, ist das inländische Kreditinstitut von Aufsichtsmaßnahmen auch dann betroffen, wenn diese im Hinblick auf eine ausländische Zweigstelle ergehen.[492] Kläger ist damit nicht die ausländische Zweigstelle, sondern das inländische Kreditinstitut. Auch in materieller Hinsicht ist für die bei ausländischen Zweigstellen vorgenommenen Prüfungen das Recht des Herkunftslandes anzuwenden,[493] da nach dem Prinzip der Herkunftslandkontrolle die aufsichtsrechtlichen Normen auf das gesamte Unternehmen und damit auch auf die Tätigkeit ausländischer Zweigstellen anzuwenden sind.[494]

Die Besonderheiten, die hinsichtlich des Rechtsschutzes bestehen, wenn das Kreditinstitut seiner Pflicht, die Prüfung zu dulden, nicht nachkommt und die Herkunftslandbehörde deshalb auf die Amtshilfe des Aufnahmelandes angewiesen ist, werden unten beim Rechtsschutz im Zusammenhang mit Amtshilfemaßnahmen behandelt.

b) Rechtsschutz durch den Aufnahmestaat

Im Zusammenhang mit der Frage nach den Rechtsschutzmöglichkeiten im Aufnahmestaat gegen die Vornahme von Hoheitsakten des Herkunftsstaates auf dem Gebiet des Aufnahmestaats wird diskutiert, ob aus der Maastricht - Entscheidung des Bundesverfassungsgerichts[495] zu folgern ist, dass sich die Rechtsschutzgarantie des Art. 19 Abs. 4 GG nicht mehr nur auf die Tätigkeit der deutschen Staatsgewalt bezieht, sondern auch gegen Hoheitsmaßnahmen fremder Staaten Rechtsschutz zu gewähren ist, wenn sich diese auf dem Gebiet der Bundesrepublik grundrechtsbeeinträchtigend auswirken.[496] In dieser Entscheidung hatte das Bundesverfassungsgericht entgegen seiner bisherigen Rechtsprechung entschieden, dass die Aufgaben des BVerfG „den Grundrechtsschutz in Deutschland und insoweit nicht nur gegenüber

---

[491] Hierzu *Groß*, JZ 1994, S. 601 ff. sowie ausführlich *Schlag*, Grenzüberschreitende Verwaltungsbefugnisse, S. 197 ff.
[492] *Schlag*, Grenzüberschreitende Verwaltungsbefugnisse, S. 199.
[493] *Groß*, JZ 1994, S. 601.
[494] *Schlag*, Grenzüberschreitende Verwaltungsbefugnisse, S. 201 f.
[495] BVerfG, NJW 1993, S. 3047.
[496] So von *Groß*, JZ 1994, S. 602 f., sowie von *Schlag*, Grenzüberschreitende Verwaltungsbefugnisse, S. 214 ff.

deutschen Staatsorganen zum Gegenstand haben".[497] Wegen des spezifischen Bezugs der Maastricht-Entscheidung zu Hoheitsmaßnahmen der Gemeinschaft wird daraus jedoch zutreffend nicht gefolgert, dass nunmehr im Inland auch Rechtsschutz gegenüber hoheitliche Handlungen anderer Mitgliedstaaten auf dem Staatsgebiet der Bundesrepublik Deutschland zu gewähren ist.[498]

Entscheidend gegen den Rechtsschutz durch den Aufnahmestaat spricht auch hier der Grundsatz der Staatenimmunität, da sich ein Gerichtsverfahren gegen den fremden Staat als Beklagten richten würde.[499]

2. *Rechtsschutz bei grenzüberschreitender Amtshilfe, insbesondere Vollstreckungshilfe*

Eine ausdrückliche Regelung hinsichtlich des Rechtsschutzes bei grenzüberschreitender Vollstreckungshilfe enthält Art. 12 der RL 76/308/EWG (Amtshilfe-RL Beitreibung): Der Rechtsschutz gegen die Forderung oder den Vollstreckungstitel erfolgt im Mitgliedstaat der ersuchenden Behörde nach dessen Recht (Art. 12 Abs. 1 S.1), während der Rechtsschutz gegen Vollstreckungsmaßnahmen im ersuchten Staat nach dessen Recht zu gewähren ist (Art. 12 Abs. 3). Möchte der Betroffene einer grenzüberschreitenden Beitreibung einen Rechtsbehelf einlegen, so kommt es also darauf an, wogegen sich der Rechtsbehelf genau richtet. Beim Rechtsschutz im Zusammenhang mit Amts- oder Vollstreckungshilfemaßnahmen muss immer unterschieden werden zwischen dem Grundverwaltungsakt, für dessen Erlass oder Vollstreckung der ersuchende Mitgliedstaat Amtshilfe benötigt, und der Amtshilfemaßnahme, die von dem ersuchten Mitgliedstaat geleistet wird. Bei dem Grundverwaltungsakt handelt es sich um einen Hoheitsakt des ersuchenden Staates, während die Amtshilfemaßnahme einen Hoheitsakt des ersuchten Staates darstellt[500]. Rechtsschutz gegen den Grundverwaltungsakt ist daher immer beim ersuchenden Staat einzulegen, während der Betroffene gegen die Amtshilfemaßnahmen nur beim ersuchten Staat Rechtsschutz erlangen kann.[501] Wegen des Immunitätsgrundsatzes kann der ersuchende Staat keinen

---

[497] BVerfG, NJW 1993, S. 3047 Ls. 7.

[498] *Schlag*, Grenzüberschreitende Verwaltungsbefugnisse, S. 224; *Groß*, JZ 1994, S. 603.

[499] *Groß*, JZ 1994, S. 603 f.; a.A. *Schlag*, Grenzüberschreitende Verwaltungsbefugnisse, S. 221 ff., der die Anwendbarkeit des völkerrechtlichen Immunitätsgrundsatz im Bereich des Gemeinschaftsrechts verneint, aber über den Umweg über die völkerrechtliche Vertragspraxis der Bundesrepublik zum gleichen Ergebnis kommt.

[500] *Feldmüller*, S. 357.

[501] *Feldmüller*, S. 356 u. 359; *Schlag*, Grenzüberschreitende Verwaltungsbefugnisse, S. 209. Dabei ist zu berücksichtigen, dass Amtshilfemaßnahmen häufig, z.B. bei Amtshilfe in Form von Auskunftereilung, keine Außenwirkung haben (*Schlag*, a.a.O. S. 233). Kritisch gegen die sich daraus ergebende Rechtswegspaltung *Schmidt-Aßmann*, JZ 1994, 839, der - zumindest soweit die Zusammenarbeit der Mitgliedstaaten auf völkerrechtlichen Verträgen beruht - eine Fortentwicklung des Rechtsschutzes des Bürgers im Sinne eines einheitlichen, gegebenenfalls auch grenzüberschreitenden Auftrags der mitgliedstaatlichen Gerichte fordert (Rechtsschutzkonzentration).

Rechtsschutz gegen die Amtshilfemaßnahme des ersuchten Staates und umgekehrt der ersuchte Staat keinen Rechtsschutz gegen den Grundverwaltungsakt gewähren.[502] Hinsichtlich der Frage, ob beim Rechtsschutz gegen die Amtshilfemaßnahme eine Überprüfung der Rechtmäßigkeit des zu Grunde liegenden Hoheitsaktes des ersuchenden Staates erfolgen darf bzw. muss, gelten die oben gemachten Ausführungen entsprechend.[503]

3. Rechtsschutz bei grenzüberschreitenden gestuften Verwaltungsverfahren

Im Sekundärrecht finden sich zahlreiche Vorschriften, die den Behörden anderer Mitgliedstaaten beim Erlass von transnationalen Verwaltungsakten Mitwirkungsrechte einräumen, indem sie für die (Haupt-) Entscheidung eines Mitgliedstaats eine Vorentscheidung der Behörde eines anderen Mitgliedstaats voraussetzen. So ist z.B. für eine Genehmigung zur Durchführung grenzüberschreitenden Linienverkehrs nach Art. 7 Abs. 1 S. 1 der VO (EWG) 684/92 (grenzüberschreitender Personenbeförderungsverkehr) die Zustimmung aller Mitgliedstaaten erforderlich, in deren Hoheitsgebiet Fahrgäste aufgenommen oder abgesetzt werden. Bei der Genehmigung zur Erteilung einer Ausfuhrgenehmigung für Güter mit doppeltem Verwendungszweck, die sich in einem anderen Mitgliedstaat befinden als in dem, in dem der Ausführer niedergelassen ist, sieht Art. 7 Abs. 2 der VO (EG) Nr. 3381/94 (Dual use - VO) eine Konsultation der Behörden des Mitgliedstaates vor, auf dessen Gebiet sich die Güter befinden. Auch nach Art. 13 der RL 90/220/EWG (Freisetzungsrichtlinie) sind vor der Genehmigung zum Inverkehrbringen von Produkten, die gentechnisch veränderte Organismen enthalten, die anderen Mitgliedstaaten zu beteiligen.

Bei solchen Entscheidungszusammenhängen ist es in der Tat problematisch, die Beschwer und damit auch die Rechtsschutzrelevanz der Verfahrenshandlungen zu bestimmen und zwischen den beteiligten Stellen Verantwortungsbereiche für Verfahrensfehler zu ermitteln.[504] Verweigert z.B. der nach Art. 7 Abs. 2 der VO (EG) Nr. 3381/94 - Dual use - VO zu konsultierende Mitgliedstaat seine Zustimmung und wird deshalb die Erteilung der Ausfuhrgenehmigung abgelehnt, ist der Antragsteller vor das Problem gestellt, ob er die Zustimmung selbstständig einklagen muss oder ob er gleich auf Erteilung der Genehmigung klagen kann. *Burgi* verweist die Überprüfung von Mitwirkungshandlungen pauschal in die Zuständigkeit der Gerichte des Mitwirkungsstaates.[505] Nach *Pernice/Kadelbach* sind in diesen Fällen Rechtsmittel gegen diejenige Entscheidung einzulegen, welche Außenwirkung zeitigt und die Beschwer herbeiführt.[506] Damit ist das Problem jedoch noch nicht gelöst, denn bei Mitwirkungshand-

---

[502] *Feldmüller*, S. 356.
[503] S. o., 6. Teil, E. II.2. b).
[504] *Pernice/Kadelbach*, DVBl. 1996, S. 1111.
[505] *Burgi*, Verwaltungsprozeß und Europarecht, S. 56.
[506] *Pernice/Kadelbach*, DVBl. 1996, S. 1111 f.

lungen anderer Behörden stellt sich gerade die Frage, ob diese einen eigenständigen Regelungsgehalt sowie Außenwirkung haben.

Das Problem des Rechtsschutzes bei Mitwirkungsakten anderer Behörden ist auch aus dem deutschen Verwaltungsrecht bekannt. Der Mitwirkungsakt ist selbstständig einklagbar bzw. anfechtbar, wenn es sich dabei um einen Verwaltungsakt im Sinne von § 35 VwVfG handelt. Problematisch sind regelmäßig die Tatbestandsmerkmale „Regelung" und „unmittelbare Rechtswirkung nach außen". Einen eigenständigen Regelungsgehalt hat ein Verwaltungsakt dann, wenn der Mitwirkungsakt (bzw. dessen Versagung) für die den Verwaltungsakt erlassende Behörde verbindlich ist. Dies ist dann der Fall, wenn die Erlassbehörde den Verwaltungsakt nur „mit Zustimmung" oder „im Einvernehmen" erlassen darf, nicht dagegen bei bloßer Anhörung oder Stellungnahme der Mitwirkungsbehörde. Eine Außenwirkung gegenüber dem Bürger wird dann bejaht, wenn der Mitwirkungsbehörde durch eine Rechtsnorm die selbstständige und ausschließliche Prüfung und Geltendmachung bestimmter Gesichtspunkte dem Bürger gegenüber übertragen ist (inkongruente Prüfungskompetenz). Eine solche Teilregelungsbefugnis der Mitwirkungsbehörde und damit eine Außenwirkung liegt dagegen nicht vor, wenn beide Behörden dieselben Gesichtspunkte zu prüfen haben (sog. kongruente Prüfungskompetenz). Hat der Mitwirkungsakt keinen Verwaltungsaktcharakter, so kann der Betroffene nur gegen den Erlass bzw. die Ablehnung des Hauptverwaltungsakts vorgehen. Wird z.B. sein Antrag auf eine Genehmigung mit dem Hinweis auf die versagte Zustimmung der Mitwirkungsbehörde abgelehnt, kann er gegen die Entscheidungsbehörde Verpflichtungsklage auf Erteilung der Genehmigung erheben. Das Verwaltungsgericht überprüft dann inzident die Rechtmäßigkeit der Versagung der Zustimmung. Kommt es zu dem Ergebnis, dass die Zustimmung zu Unrecht versagt wurde, wird die Entscheidungsbehörde zum Erlass des Verwaltungsaktes verurteilt. Die Verurteilung „ersetzt" die Zustimmung der Mitwirkungsbehörde.[507] Erteilt die Entscheidungsbehörde eine Genehmigung, obwohl ein erforderlicher Mitwirkungsakt fehlt, so ist der Verwaltungsakt rechtswidrig und kann von der Mitwirkungsbehörde, soweit sie dadurch in eigenen Rechten verletzt wird, erfolgreich angefochten werden.

Überträgt man diese Grundsätze auf die oben angeführten Beispiele, so ergibt sich folgendes: In allen Fällen ist der Mitwirkungsakt in einer Rechtsvorschrift vorgesehen. Er ist auch für die Entscheidungsbehörde verbindlich, denn für den Fall, dass eine ablehnende Entscheidung ergeht, darf die Genehmigung nicht einfach ergehen. Dies ist z.T. ausdrücklich geregelt (z.B. Art. 7 Abs. 2 der VO (EG) Nr. 3381/94 - Dual use - VO), zum Teil ergibt es sich daraus, dass in diesem Fall ein besonderes Verfahren vorgesehen ist (Einschaltung der Kommission, z.B. in Art. 13 Abs. 4 der RL 90/220/EWG - Freisetzungsrichtlinie oder Art. 7 Abs. 6 der VO (EWG) 684/92 -

---

[507] BVerwG, NJW 1987, S. 2174/2178. Diese Wirkung beruht darauf, dass die Mitwirkungsbehörde nach § 65 Abs. 2 VwGO notwendig beizuladen ist und das Urteil gem. § 121 VwGO auch die Beigeladene bindet (*Kopp/Schenke*, § 65 VwGO Rn. 18 f.).

grenzüberschreitender Personenbeförderungsverkehr).[508] Allerdings wird in keiner dieser Mitwirkungsvorschriften der Mitwirkungsbehörde die selbstständige und ausschließliche Prüfung und Geltendmachung bestimmter Gesichtspunkte dem Bürger gegenüber übertragen. Auf Grund der damit vorliegenden kongruenten Prüfungskompetenz fehlt es an einer Außenwirkung und damit am Verwaltungsaktcharakter.

Verweigert die Mitwirkungsbehörde ihre Zustimmung, so führt dies allerdings nicht immer dazu, dass die Entscheidungsbehörde die Genehmigung ablehnen muss. Häufig ist für diesen Fall eine Entscheidung der Kommission vorgesehen, z.B. in Art. 7 Abs.7, Art. 8 Abs.1 der VO (EWG) 684/92 (grenzüberschreitender Personenbeförderungsverkehr) und Art. 13 Abs. 4 der RL 90/220/EWG (Freisetzungsrichtlinie). Ausdrücklich ist dabei bestimmt, dass die Genehmigungsbehörde entsprechend der Entscheidung der Kommission dann die Genehmigung erteilen oder den Antrag ablehnen muss. Die Entscheidung der Kommission ersetzt in diesem Fall die Mitwirkungshandlung. Die VO (EG) Nr. 3381/94 - Dual-use-VO enthält dagegen keine derartige Regelung. Hier stellt sich die Frage, ob, wenn der Antragsteller seine Genehmigung vor Gericht erstreiten möchte, die gerichtliche Entscheidung des Genehmigungsstaates die Mitwirkungshandlung ersetzen kann. Die Frage ist hier deshalb brisanter als im nationalen Recht, weil es sich hierbei um hoheitliches Handeln eines anderen Staates handelt. Die Ersetzung der Mitwirkungshandlung könnte deshalb als Verstoß gegen den Immunitätsgrundsatz betrachtet werden. Das Problem ließe sich nur dadurch vermeiden, dass man den Mitwirkungsakt als selbstständigen Verwaltungsakt einstuft. Dies würde jedoch dazu führen, dass der Antragsteller, wenn mehrere Mitgliedstaaten einen erforderlichen Mitwirkungsakt verweigern, eine Vielzahl von Klagen erheben müsste. Die Ersetzung der Mitwirkungshandlung durch Gerichte des Genehmigungsstaates erscheint dagegen nicht so gravierend. Zahlreiche behördliche Entscheidungen, die in Vollzug von Verordnungen ergehen, haben unmittelbare Bindungswirkung für andere Mitgliedstaaten. Insofern ist eine grenzüberschreitende Bindungswirkung nicht ungewöhnlich. Deshalb ist eine einheitliche Klage im Genehmigungsstaat vorzugswürdig.

Wird eine Ausfuhrgenehmigung trotz einer ausdrücklichen Verweigerung der Zustimmung erteilt, stellt sich die Frage, ob der Mitwirkungsstaat diese vor Gerichten des Genehmigungsstaates anfechten kann. Maßgeblich ist hier das Verfahrensrecht des Gerichtsstaats. Für das deutsche Recht ist die Frage, ob fremde Staaten vor innerstaatlichen Verwaltungsgerichten klagen können, umstritten und war kürzlich Gegenstand einer umfangreichen Abhandlung, auf die verwiesen wird.[509]

---

[508] Geht innerhalb einer bestimmten Frist weder eine zustimmende noch eine ablehnende Entscheidung der Mitwirkungsbehörde ein, wird die Zustimmung z.T. gesetzlich fingiert, z.B. nach Art. 7 Abs. 2 der VO (EWG) 684/92 (grenzüberschreitender Personenbeförderungsverkehr) oder Art. 7 Abs. 2 der VO (EG) Nr. 3381/94 (Dual use - VO).

[509] *Feldmüller*, Die Rechtsstellung fremder Staaten und sonstiger juristischer Personen des ausländischen öffentlichen Rechts im deutschen Verwaltungsprozeßrecht, Berlin 1999.

V. Ergebnis

Als Ergebnis kann festgehalten werden, dass Rechtsschutz immer nur bei den Gerichten des Mitgliedstaates erlangt werden kann, dessen Verwaltungsakt angegriffen werden soll oder von dem ein begünstigender Verwaltungsakt begehrt wird.

Schluss

Die vorangegangene Untersuchung hat gezeigt, dass sich ein ein eigenständiges europäisches IVR entwickelt hat, welches sich in erheblichem Maße vom herkömmlichen IVR unterscheidet. Die nach dem herkömmlichen IVR bestehende Begrenzung der Rechtswirkungen von Verwaltungsakten auf das eigene Staatsgebiet ist weitgehend aufgehoben und auch der Grundsatz der Einseitigkeit der Kollisionsnormen des IVR kann im Verhältnis zu den anderen Mitgliedstaaten der Europäischen Gemeinschaft keine Gültigkeit mehr beanspruchen. Die Bindung an Entscheidungen ausländischer Behörden schränkt die Entscheidungsmöglichkeiten der nationalen Behörden erheblich ein.[510] Die Pflicht zur Anwendung fremden öffentlichen Rechts und die grenzüberschreitende Wirkung von Verwaltungsakten durch Anerkennung oder gar unmittelbare grenzüberschreitende Geltung hat ein durch zahlreiche Interdependenzen verwobenes Vollzugssystem der Mitgliedstaaten der Europäischen Union entstehen lassen[511] und zu einer deutlichen Vertiefung des Integrationsprozesses geführt[512]. Die dadurch eingetretene Ent-Territorialisierung des nationalen Verwaltungsrechts[513] ist jedoch nicht grenzenlos, vielmehr hat eine neue europäische Grenzziehung stattgefunden.[514]

Es bleibt nunmehr zu hoffen, dass diese Grenzerweiterung noch deutlicher ins Bewusstsein der mit grenzüberschreitenden Verwaltungssachverhalten befassten Behörden und Gerichte tritt und von einem wie auch immer definierten „Territorialitätsprinzip“ endgültig Abschied genommen wird.

---

510 *Hatje*, Die gemeinschaftsrechtliche Steuerung der Wirtschaftsverwaltung, S. 208 ff.

511 Vgl. *Hatje*, Die gemeinschaftsrechtliche Steuerung der Wirtschaftsverwaltung, S. 211.

512 Vgl. *Joerges/Falke*, Die Normung von Konsumgütern, in: Müller-Graff (Hrsg.), Technische Regeln im Binnenmarkt, S. 172.

513 *Schmidt-Aßmann*, DVBl. 1993, S. 936.

514 *Hatje*, Die gemeinschaftsrechtliche Steuerung der Wirtschaftsverwaltung, S. 211 Fn. 465

ANHANG

I. Abkürzungsverzeichnis

a.A.	anderer Ansicht
a.a.O.	am angegebenen Ort
Abl.	Amtsblatt
Abs.	Absatz
a.F.	alte Fassung
AK	Alternativkommentar
Alt.	Alternative
AMG	Arzneimittelgesetz
Anm.	Anmerkung
AöR	Archiv des öffentlichen Rechts
AppOÄ	Approbationsordnung für Ärzte
ASOG	Allgemeines Sicherheits- und Ordnungsgesetz
Art.	Artikel
Aufl	Auflage
Bad.-Württ.	Baden-Württemberg
BauGB	Baugesetzbuch
BayVBl.	Bayrische Verwaltungsblätter
BayVGH	Bayrischer Verwaltungsgerichtshof
BB	Betriebsberater
Bd.	Band
BGBl.	Bundesgesetzblatt
BGH	Bundesgerichtshof
BGHZ	Entscheidungen des Bundesgerichtshofs in Zivilsachen
BImSchG	Bundes-Immissionsschutzgesetz
BJagdG	Bundesjagdgesetz
Bln.	Berlin
BRRG	Beamtenrechtsrahmengesetz
BT-Drucks.	Bundestagsdrucksache
BVerfG	Bundesverfassungsgericht
BVerfGE	Entscheidungen des Bundesverfassungsgerichts
BVerwG	Bundesverwaltungsgericht
BVerwGE	Entscheidungen des Bundesverwaltungsgerichts
BVFG	Bundesvertriebenengesetz
bzw.	beziehungsweise
CES	Dokumente des EG-Wirtschafts- und Sozialausschusses
CPJI	Cour Permanente de Justice Internationale
CR	Computer und Recht
DAR	Deutsches Autorecht

DB	Der Betrieb
ders.	derselbe
d.h.	das heisst
DÖV	Die Öffentliche Verwaltung
DRiG	Deutsches Richtergesetz
DV	Die Verwaltung
DVBl.	Deutsches Verwaltungsblatt
EG	Europäische Gemeinschaft(en)
EGBGB	Einführungsgesetz zum Bürgerlichen Gesetzbuch
EGV	EG-Vertrag
Einf.	Einführung
Einl.	Einleitung
EIVR	europäisches internationales Verwaltungsrecht
EMRK	Europäische Menschenrechtskonvention
EU	Europäische Union
EuGH	Gerichtshof der Europäischen Gemeinschaften
EuGHE	Entscheidungen des Gerichtshof der Europäischen Gemeinschaften
EuGVÜ	Europäisches Gerichtsstands- und Vollstreckungs-übereinkommen
EuR	Europarecht
EUV	Vertrag über die Europäische Union („Maastricht-Vertrag")
EuZW	Europäische Zeitschrift für Wirtschaftsrecht
EWGV	Vertrag zur Gründung der Europäischen Wirtschaftsgemeinschaft
EWR	Europäischer Wirtschaftsraum
EWS	Europäisches Wirtschafts- und Steuerrecht
f.	und die folgende Seite
ff.	und die folgenden Seiten
FeV	Fahrerlaubnisverordnung
Fn.	Fußnote
FS	Festschrift
GenTG	Gentechnikgesetz
GewO	Gewerbeordnung
GG	Grundgesetz
GS	Gedächtnisschrift
GSG	Gerätesicherheitsgesetz
GüKG	Güterkraftverkehrsgesetz
GWB	Gesetz gegen Wettbewerbsbeschränkungen
Hdb.	Handbuch
HdbStR	Handbuch des Staatsrechts
HdwbdR	Handwörterbuch der Rechtswissenschaft
HK	Handkommentar

h.L.	herrschende Lehre
h.M.	herrschende Meinung
HRG	Hochschulrahmengesetz
Hrsg.	Herausgeber
ICJ	International Court of Justice
IHG	Internationaler Gerichtshof
i.d.F.	in der Fassung
i.E.	im Ergebnis
IntVO	Verordnung über internationalen Kraftfahrzeugverkehr
IPR	internationales Privatrecht
i.S.	im Sinne
i.S.v.	im Sinne von
i.V.m.	in Verbindung mit
IVR	internationales Verwaltungsrecht
JuS	Juristische Schulung
JZ	Juristenzeitung
Kap.	Kapitel
Kom.	Kommentar
KOM	Dokumente der Kommission
KrW-AbfG	Kreislaufwirtschafts- und Abfallgesetz
KWG	Kreditwesengesetz
LBO	Landesbauordnung
lit.	Buchstabe
LMBG	Lebensmittelgesetz
Ls.	Leitsatz
m.Anm.	mit Anmerkungen
MDR	Monatsschrift für Deutsches Recht
MK	Münchner Kommentar
m.w.Nachw.	mit weiteren Nachweisen
n.F.	neue Fassung
NJW	Neue Juristische Wochenschrift
NVwZ	Neue Zeitschrift für Verwaltungsrecht
NZV	Neue Zeitschrift für Verkehrsrecht
NuR	Natur und Recht
OVGE	Entscheidungen der Oberverwaltungsgerichte
PBefG	Personenbeförderungsgesetz
PflSchG	Pflanzenschutzgesetz
PolG	Polizeigesetz
RabelsZ	Rabels Zeitschrift für ausländisches und internationales Privatrecht
RdC	Recueil des Cours
Rev. esp. de der. int.	Revista espanola de derecho international
RGBl.	Reichsgesetzblatt
RIW	Recht der internationalen Wirtschaft

RL	Richtlinie
RMC	Revue du Marché Commun
Rn.	Randnummer
Rspr.	Rechtsprechung
S.	Seite
Sar.	Sartorius
SDÜ	Schengen-Durchführungsübereinkommen
SGB-X	Sozialgesetzbuch, 10. Buch
Spstr.	Spiegelstrich
StIGH	Ständiger Internationaler Gerichtshof
StIGHE	Entscheidungen des ständigen Internationalen Gerichtshofs
str.	streitig
st. Rspr.	ständige Rechtsprechung
StVG	Straßenverkehrsgesetz
StVZO	Straßenverkehrs-Zulassungs-Ordnung
TranspR	Transportrecht
Uabs.	Unterabsatz
UPR	Umwelt- und Planungsrecht
VAG	Versicherungsaufsichtsgesetz
VerwA	Verwaltungsarchiv
vgl.	vergleiche
VO	Verordnung
VVDStRL	Veröffentlichungen der Vereinigung der Deutschen Staatsrechtslehrer
VwBlBW	Verwaltungsblätter für Baden-Württemberg
VwGO	Verwaltungsgerichtsordnung
VwVfG	Verwaltungsverfahrensgesetz
VwVG	Verwaltungsvollstreckungsgesetz
WissR	Wissenschaftsrecht
WiVerw	Wirtschaft und Verwaltung
WM	Wertpapiermitteilungen
WVR	Wörterbuch des Völkerrechts
ZaöRV	Zeitschrift für ausländisches öffentliches Recht und Völkerrecht
z.B.	zum Beispiel
ZBB	Zeitschrift für Bankrecht und Bankwirtschaft
ZfRV	Zeitschrift für Rechtsvergleichung
ZfverglRWiss	Zeitschrift für vergleichende Rechtswissenschaft
ZHR	Zeitschrift für Handelsrecht
Ziff.	Ziffer
zit.	zitiert
ZLR	Zeitschrift für das gesamte Lebensmittelrecht

II. Literaturverzeichnis

Achterberg, Norbert: Allgemeines Verwaltungsrecht, 2. Aufl., Heidelberg 1986.

App, Michael/*Wettläufer*, Arno: Verwaltungsvollstreckungsrecht, 3. Aufl., Köln u.a. 1997.

Arloth, Frank: Grundlagen und Grenzen des Untersuchungsrechts parlamentarischer Untersuchungsausschüsse, NJW 1987, S. 808.

Bär, Rolf: Kartellrecht und IPR, Bern 1965 (Habil. Bern).

Bar, Christian von: Internationales Privatrecht, Bd. 1, München 1987; zit.: *v. Bar*, IPR.

Basedow, Jürgen: Wirtschaftskollisionsrecht, RabelsZ 52 (1988), S. 8.

Basedow, Jürgen: Europäisches Internationales Privatrecht, NJW 1996, S. 1921.

Basedow, Jürgen: Der kollisionsrechtliche Gehalt der Produktfreiheiten im europäischen Binnenmarkt: favor offerentis, RabelsZ 59 (1995), S. 1.

Bauer, Hartmut: Die Bundestreue, Tübingen 1992.

Behrens, Peter: Die Konvergenz der wirtschaftlichen Freiheiten im europäischen Gemeinschaftsrecht, EuR 1992, S. 145.

Beitzke, Günther: Fragen des interlokalen Verfahrensrechts, MDR 1954, S. 321.

Beitzke, Günther: Extraterritoriale Wirkung von Hoheitsakten, in: Strupp/Schlochauer, (Hrsg.), Wörterbuch des Völkerrechts, Bd. 1, 2. Aufl., Berlin 1960, S. 504; zit.: *Beitzke*, in: Strupp/Schlochauer, (Hrsg.), WVR.

Bernhard, Peter: Cassis de Dijon und Kollisionsrecht - am Beispiel des unlauteren Wettbewerbs, EuZW 1992, S. 437.

Berz, Ulrich: Das EU-Übereinkommen über den Entzug der Fahrerlaubnis, NZV 2000, S. 145.

Bethge, Herbert: Die Grundrechtssicherung im föderativen Bereich, AöR 110 (1985), S. 169.

Beuve-Méry, Jean-Jacques: La reconnaissance des Diplomes, RMC 1990, S. 293.

Beyer, Thomas C. W.: Rechtsnormanerkennung im Binnenmarkt, Berlin 1998 (Diss. Erlangen, Nürnberg 1996).

Beyer, Thomas C. W.: Anerkennung nationaler Rechtsakte zwischen den Staaten der Europäischen Gemeinschaft, EWS 1999, S. 12.

Beyerlin, Ulrich: Rechtsprobleme der lokalen grenzüberschreitenden Zusammenarbeit, Heidelberg 1988 (Habil. Heidelberg 1986); zit.: *Beyerlin*, Grenzüberschreitende Zusammenarbeit.

Bleckmann, Albert: Europarecht, 6. Auflage, Köln u.a. 1997.

Bleckmann, Albert: Art. 5 EWG-Vertrag und die Gemeinschaftstreue, DVBl. 1976, S. 483.

Bleckmann, Albert: Die Anerkennung der Hoheitsakte eines anderen Landes im Bundesstaat, NVwZ 1986, S. 1.

Bleckmann, Albert: Zur Anerkennung ausländischer Verwaltungsakte im Europäischen Gemeinschaftsrecht, JZ 1985, S. 1072.

Bleckmann, Albert: Die Rechtsnatur des Europäischen Gemeinschaftsrechts - Zur Anwendbarkeit des Völkerrechts im Europäischen Rechtsraum, DÖV 1978, S. 391.

Bleckmann, Albert: Die völkerrechtlichen Grundlagen des internationalen Kollisionsrechts, Köln u.a. 1992, zit.: *Bleckmann*, Völkerrechtliche Grundlagen.

Bleckmann, Albert: Allgemeine Staats- und Völkerrechtslehre, Vom Kompetenz- zum Kooperations-völkerrecht, Köln u.a. 1995; zit.: *Bleckmann*, Allgemeine Staats- und Völkerrechtslehre.

Bleckmann, Albert: Zum Rechtsinsitut der Bundestreue - Zur Theorie der subjektiven Rechte im Bundesstaat, JZ 1991, S. 900.

Borchardt, Klaus-Dieter: Der sozialrechtliche Gehalt der Unionsbürgerschaft, NJW 2000, S. 2057.

Borries, Reimer von/*Petschke*, Matthias: Gleichwertigkeitsklauseln als Instrumente zur Gewährleistung des freien Warenverkehrs in der Europäischen Gemeinschaft, DVBl. 1996, S. 1343.

Borries, Reimer von/*Winkel*, Klaus, Europäisches Wirtschaftsrecht, (Loseblatt-Textsammlung), 2. Auflage, München, Stand: Okt. 1999, zit.: EWR.

Brenner, Michael: Verfassungsfragen der Europäisierung des Führerscheinentzuges, DVBl. 1999, S. 877.

Breulmann, Günter: Normung und Rechtsangleichung in der Europäischen Wirtschaftsgemeinschaft, Berlin 1993 (Diss. Münster 1992/93).

Bruha, Thomas: Rechtsangleichung in der Europäischen Wirtschaftsgemeinschaft, ZaöRV 1986, S. 1.

Bullinger, Martin: Der überregionale Verwaltungsakt, JuS 1964, S. 228.

Bullinger, Martin: Öffentliches Recht und Privatrecht, Stuttgart u.a. 1968.

Burgi, Martin: Verwaltungsprozess und Europarecht, München 1996.

Calliess, Christian/*Ruffert*, Matthias (Hrsg.): Kommentar zu EU-Vertrag und EG-Vertrag, Neuwied u.a. 1999;
zitiert: (Bearbeiter), in: Callies/Ruffert (Hrsg.), EUV/EGV.

Dahm, Georg/*Delbrück*, Jost/*Wolfrum*, Rüdiger: Völkerrecht Bd. I/1, 2. Aufl., Berlin/New York 1989.

Dauses, Manfred A. (Hrsg.): Handbuch des EU-Wirtschaftsrechts, Loseblattsammlung, 2 Bde., 2. Aufl., München 1988, Stand Nov. 1999; zitiert: (Bearbeiter), in: Dauses (Hrsg.), Hdb. EU-WirtschaftsR.

Degenhardt, Christof: Staatsrecht I, 15. Aufl., Heidelberg 1999.

Delbrück, Kilian: Die Gentechnikrichtlinien der EG-Rechtsangleichung im europäischen Technikrecht, EuZW 1990, S. 371.

Eckert, Dieter: Die Auswirkungen gemeinschaftsrechtlicher Vorgaben auf das gemeinschaftliche Lebensmittelrecht, ZLR 1990, S. 518.

Engel, Christof: Die Einwirkungen des Europäischen Gemeinschaftsrechts auf das deutsche Verwaltungsrecht, DV 1992, S. 437.

Epiney, Astrid: Zur Stellung des Völkerrechts in der EU, EuZW 1999, S. 5.

Everling, Ulrich: Das Niederlassungsrecht in der Europäischen Gemeinschaft, DB 1990, S. 1853.

Everling, Ulrich: Zur föderalen Struktur der Europäischen Gemeinschaft, in: Staat und Völkerrechtsordnung, Festschrift für Karl Doehring, Berlin u.a. 1989, S. 179; zit.: *Everling*, FS f. Doehring.

Everling, Ulrich: Das Niederlassungsrecht in der EG als Beschränkungsverbot, Gedächtnisschrift für Knobbe-Keuk, Köln 1997, S. 607; zit.: *Everling*, GS f. Knobbe-Keuk.

Ewig, Eugen: Verwirklichung der Niederlassungsfreiheit für Rechtsanwälte in der EU und im EWR, NJW 1999, S. 248.

Fastenrath, Ulrich: Inländerdiskriminierung, JZ 1987, S. 170.

Fedozzi, P.: De l'efficacité extraterritoriale des lois et des actes de droit public, RdC 1929 II, S. 141.

Feldmüller, Christian: Die Rechtstellung fremder Staaten und sonstiger juristischer Personen des ausländischen öffentlichen Rechts im deutschen Verwaltungsprozess, Berlin 1999 (Diss. Münster 1998); zit.: *Feldmüller*.

Fischer, Gerfried: Gemeinschaftsrecht und kollisionsrechtliches Staatsangehörigkeitsprinzip, in: v. Bar (Hrsg.), Europäisches Gemeinschaftsrecht und Internationales Privatrecht, Köln u.a. 1991, S. 157.

Forsthoff, Ernst: Lehrbuch des Verwaltungsrechts, Bd. 1, 10. Aufl., München 1973; zit.: *Forsthoff*, Verwaltungsrecht.

Frank, Rainer: Öffentlich-rechtliche Ansprüche fremder Staaten vor inländischen Gerichten, RabelsZ 34 (1970), S. 56.

Füßlein: Der überregionale Verwaltungsakt, DVBl. 1951, S. 33.

Gallwas, Hans-Ulrich: Zur Aktualität des Prinzips bundesstaatlicher Gleichheit, in: Festgabe für Theodor Maunz zum 70. Geburtstag, München 1971; zit.: *Gallwas*, Festgabe f. Maunz.

Geck, Wilhelm Karl: Anerkennung fremder Hoheitsakte, in: Strupp/Schlochauer (Hrsg.), Wörterbuch des Völkerrechts, Bd. 1, 1960, S. 55; zit.: *Geck*, in: Strupp/Schlochauer (Hrsg.), WVR.

Geiger, Rudolf: Grundgesetz und Völkerrecht, 2. Aufl., München 1994.

Giehl, Friedrich: Verwaltungsverfahrensrecht in Bayern, Kommentar (Loseblatt), Stand: Okt. 1995.

Grabitz, Eberhard/v. *Bogandy*, Armin/*Nettesheim*, Martin (Hrsg.): Europäisches Außenwirtschaftsrecht, München 1994.

Grabitz, Eberhard/*Hilf*, Meinhard (Hrsg.): Das Recht der Europäischen Union, Kommentar (Loseblatt), München, Stand Jan. 2000, zitiert: (Bearbeiter), in: Grabitz/Hilf.

Groeben, Hans von der/*Thiesing*, Jochen/*Ehlermann*, Claus-Dieter (Hrsg), Kommentar zum EU-/EG-Vertrag, 5. Aufl., Baden-Baden 1997; zitiert: G/T/E-(Bearbeiter).

Grundmann, Stefan: Das europäische Bankaufsichtsrecht wächst zum System: Wie weit reicht fortan die nationale Rechtsetzungsmacht? Heidelberg 1990; zit.: *Grundmann*.

Habscheid, Walter J., in: Habscheid, Walter J./Rudolf, Walter, Territoriale Grenzen der staatlichen Rechtsetzung, Berichte der Deutschen Gesellschaft für Völkerkunde, Heft 11 (1973), S. 47; zit.: *Habscheid*, in: Habscheid/Rudolf, Territoriale Grenzen.

Häberle, Peter: Das Bundesverfassungsgericht im Leistungsstaat - Die Numerus-clausus-Entscheidung vom 18. 7. 1972, DÖV 1972, S. 729.

Hailbronner, Kay/*Klein*, Eckart/*Magiera*, Siegfried/*Müller-Graff*, Peter Christian (Hrsg.): Handkommentar zum Vertrag über die Europäische Union (EUV/EGV), Kommentar (Loseblatt), Köln u.a., Stand: Nov. 1998; zitiert: (Bearbeiter), in: HK EUV/EGV.

Hailbronner, Kay: Die soziale Dimension der EG-Freizügigkeit - Gleichbehandlung und Territorialitätsprinzip, EuZW 1991, S. 171.

Happe, Claus Michael: Die grenzüberschreitende Wirkung von nationalen Verwaltungsakten, Frankfurt 1987 (Diss. Münster 1986); zit.: *Happe*, Grenzüberschreitende Wirkung.

Harings, Lothar: Grenzüberschreitende Zusammenarbeit der Polizei- und Zollverwaltungen und Rechtsschutz in Deutschland, Berlin 1998 (Diss. Heidelberg 1998); zit.: *Harings*, Grenzüberschreitende Zusammenarbeit.

Hatje, Armin: Die gemeinschaftsrechtliche Steuerung der Wirtschaftsverwaltung, Baden-Baden 1998 (Habil. Freiburg 1996).

Heinz, Kersten/*Seltenreich*, Stephan: Freie Fahrt für die Dienstleistungsfreiheit im Personenbeförderungswesen, TranspR 1999, S. 221.

Heiz, Rudolf: Das fremde öffentliche Recht im internationalen Kollisionsrecht, Züricher Studien zum Internationalen Recht (Diss. Zürich), Zürich 1959; zit.: *Heiz*.

Hellenthal, Ludger: Das Bankenaufsichtsrecht der Europäischen Gemeinschaft, Berlin 1992 (Diss. Münster 1992); zit.: *Hellenthal*.

Hempel, Wieland: Der demokratische Bundesstaat, Berlin 1969; zit.: *Hempel*.

Henninger, Michael-Peter: Europäisches Berufsrecht, BB 1990, S. 73.

Heß, Burkhard: Die „Europäisierung" des internationalen Zivilprozessrecht durch den Amsterdamer Vertrag - Chancen und Gefahren, NJW 2000, S. 23.

Heß, Burkhard: Die Zustellung von Schriftstücken im europäischen Justizraum, NJW 2001, S. 15.

Hesse, Konrad, Grundzüge des Verfassungsrechts der Bundesrepublik Deutschland, 20. Aufl., Heidelberg 1995; zit.: *Hesse*, Konrad, Grundzüge des Verfassungsrechts.

Hilf, Meinhard: Untersuchungsausschüsse vor den Gerichten, NVwZ 1987, S. 537.

Hilf, Meinhard/*Pache*, Eckhard: Das Bosman-Urteil des EuGH, NJW 1996, S. 1169.

Hilf, Meinhard/*Pache*, Eckhard: Der Vertrag von Amsterdam, NJW 1998, S. 705.

Hoffmann, Gerhard: Internationales Verwaltungsrecht, in: Ingo v. Münch (Hrsg.), Besonderes Verwaltungsrecht, 5. Aufl., 1979, S. 781-803; 7. Aufl., 1985, S. 851.

Hohmann, Harald: Handel mit Dual-Use-Gütern im Binnenmarkt: Konflikte zwischen nationalen Kontrollen und europäischer Warenverkehrsfreiheit, EWS 2000, S. 52.

Horn, Norbert: Entwicklungslinien des europäischen Bank- und Finanzdienstleistungsrechts, ZBB 1994, S. 130.

Ipsen, Hans Peter: Aktuelle Zuständigkeitsfragen im Lebensmittelrecht, DÖV 1956, S. 193.

Ipsen, Jörn: Verbindlichkeit, Bestandskraft und Bindungswirkung von Verwaltungsakten, DV 1984, S. 169.

Ipsen, Knut: Völkerrecht, 4. Aufl., München 1999.

Isay, Ernst: Internationales Verwaltungsrecht, in: Stier-Somlo, Fritz/Elster, Alexander (Hrsg.), Handwörterbuch der Rechtswissenschaft, Bd. 3, Berlin/Leipzig 1928, S. 344; zit.: *Isay*, HdwbdR.

Isensee, Josef/*Kirchhof*, Paul (Hrsg.), Handbuch des Staatsrechts, Heidelberg 1987 (Bd. 1), 1996 (Bd. 3), 1990 (Bd. 4), 1992 (Bd. 7), zitiert: (Bearbeiter), in: Isensee/Kirchhof (Hrsg.), HdbStR.

Jagow, Joachim: EG-Führerschein, EG-Betriebserlaubnis, EG-Kennzeichen, DAR 1992, S. 453.

Jagusch/Hentschel, Straßenverkehrsrecht, Kommentar, 35. Aufl., München 1999.

Jarass, Hans D.: Die Vorgaben des Europäischen Gentechnikrechts für das deutsche Recht, NuR 1991, S. 49.

Jarass, Hans D./*Pieroth*, Bodo: Grundgesetz für die Bundesrepublik Deutschland, Kommentar, 5. Aufl., München 2000; zit.: *Jarass/Pieroth*, GG.

Jayme, Erik/*Hausmann*, Rainer (Hrsg.), Internationales Privat- und Verfahrensrecht (Textausgabe), 9. Aufl., München 1998.

Jellinek, Walter: Zuständigkeit des früheren Reichsinnenministers zur Erlassung von Verwaltungsakten und das Grundgesetz; DVBl. 1955, S. 47.

Joerges, Christian: Die Verwirklichung des Binnenmarktes und die Europäisierung des Produktsicherheitsrechts, FS für Steindorff 1990, S. 1247; zit.: *Joerges*, FS f Steindorff.

Joerges, Christian: Vorüberlegungen zu einer Theorie des internationalen Wirtschaftsrechts, RabelsZ 1979, S. 6.

Joerges, Christian/*Falke*, Josef: Die Normierung von Konsumgütern in der Europäischen Gemeinschaft und der Richtlinien-Entwurf über die allgemeine Produktsicherheit, in: Peter-Christian Müller-Graff (Hrsg.), Technische Regeln im Binnenmarkt, Baden-Baden 1992, S. 59; zit.: *Joerges/Falke*, Die Normierung von Konsumgütern, in: Müller-Graff (Hrsg.), Technische Regeln im Binnenmarkt.

Kadelbach, Stefan: Der Einfluß des EG-Rechts auf das nationale Allgemeine Verwaltungsrecht, in: Thomas v. Danwitz (Hrsg.), Auf dem Wege zu einer Europäischen Staatlichkeit, Assistententagung Öffentliches Recht in Bonn 1993, Stutgart u.a. 1993.

Kahl, Wolfgang: Hat die EG die Kompetenz zur Regelung des Allgemeinen Verwaltungsrechts? NVwZ 1996, S. 865.

Kameke, Conrad von: Gemeinschaftliches Gentechnikrecht: Die Freisetzungsrichtlinie 90/220/EWG, Berlin 1995 (Diss. Tübingen 1995).

Kaufmann, Bernd: EG-Gleichwertigkeitsverordnung, DB 1996, S. 277.

Kegel, Gerhard/*Seidl-Hohenveldern*, Ignatz: Zum Territorialitätsprinzip im internationalen öffentlichen Recht, in: Konflikt und Ordnung, Festschrift für Murad Ferid zum 70.Geburtstag, München 1978, S. 233; zit.: *Kegel /Seidl-Hohenveldern*, FS f. Ferid.

Kegel, Gerhard/*Schurig*, Klaus: Internationales Privatrecht, 8. Aufl. München 2000; zit.: *Kegel/Schurig*, IPR.

Kisker, Gunter: Kooperation im Bundesstaat, Tübingen 1971.

Kisker, Gunter: Grundrechtsschutz gegen bundesstaatliche Vielfalt? In: Festschrift für Otto Bachof zum 70. Geburtstag, München 1984, S. 47; zit.: *Kisker*, FS f. Bachof..

Knack, Joachim: Verwaltungsverfahrensgesetz (Kommentar), 6. Aufl., Köln u.a. 1998; zit.: *Knack*, VwVfG.

Knobbe-Keuk, Brigitte: Niederlassungsfreiheit: Diskriminierungs- oder Beschränkungsverbot? DB 1990, S. 2573.

Köck, Wolfgang: Indirekte Steuerung im Umweltrecht: Abgabenerhebung, Umweltschutzbeauftragte und „Öko-Auditing", DVBl. 1994, S. 27.

Kommentar zum Grundgesetz für die Bundesrepublik Deutschland (Reihe Alternativkommentare), 2 Bde., 2. Auflage Neuwied 1989, zitiert: AK.

König, Klaus: Die Anerkennung ausländischer Verwaltungsakte, Köln 1965; zit.: *König*.

Kopp, Ferdinand: Kollisionsrecht im öffentlichen Recht, DVBl. 1967, S. 469.

Kopp, Ferdinand/*Kopp*, Ferdinand J.: Die länderübergreifende Amtshilfe und Verwaltungsvollstreckungshilfe, BayVBl. 1994, S. 229.

Kopp, Ferdinand/*Ramsauer*, Ulrich: Verwaltungsverfahrensgesetz (Kommentar), 7. Auflage München 2000; zit.: *Kopp/Ramsauer*, VwVfG.

Kopp, Ferdinand/*Schenke*, Wolf Rüdiger: Verwaltungsgerichtsordnung (Kommentar), 11. Aufl., München 1998; zit.: *Kopp/Schenke*, VwGO.

Lehnhoff, Jochen: KWG-Novelle verabschiedet - Grundgesetz der Banken weitgehend neu gefasst, WM 1993, S. 277.

Leibrock, Gero: Stand und Perspektiven der gegenseitigen Anerkennung der Diplome, EuZW 1992, S. 465.

Landmann-Rohmer: GewO (Loseblattkommentar), Bd. 1, Stand Feb. 2000.

Langeheine, Bernd: Rechtsangleichung unter Art. 100 a EWGV - Harmonisierung vs. nationale Interessen, EuR 1988, S. 235.

Lenz, Carl Otto (Hrsg.) EG-Vertrag, Kommentar, 2. Aufl., Köln u.a. 1999; zit.: (Bearbeiter), in: Lenz (Hrsg.), EG-Vertrag.

Lichtenberg, Hagen: Der europäische Binnenmarkt für Kraftfahrzeuge, DAR 1992, S. 448.

Lück, Michael: Die Gemeinschaftstreue als allgemeines Rechtsprinzip im Recht der Europäischen Gemeinschaft, Baden-Baden 1992 (Diss. Kiel 1991); zit.: *Lück*, Gemeinschaftstreue.

Makarov, Alexander N.: Internationales Privatrecht und Völkerrecht, in: Strupp/Schlochauer (Hrsg.), Wörterbuch des Völkerrechts, Bd. 2, Berlin 1961, S. 129; zit.: *Makarov*, in: Strupp/Schlochauer (Hrsg.), WVR.

Mangoldt, Hermann v./*Klein*, Friedrich/*Starck*, Christian: Das Bonner Grundgesetz, Bd. 1, 4. Auflage München 1999; zit.: *v. Mangoldt/Klein/Starck, GG.*

Mann, Frederick A.: Öffentlich-rechtliche Ansprüche im internationalen Rechtsverkehr, RabelsZ 21 (1956), S. 1.

Martiny, Dieter: Gemeinschaftsrecht, ordre public, zwingende Bestimmungen und Exklusivnormen, in: v. Bar (Hrsg.), Europäisches Gemeinschaftsrecht und Internationales Privatrecht, Köln u.a. 1991, S. 211.

Matscher, Franz: Gibt es ein Internationales Verwaltungsrecht? in: Otto Sandrock (Hrsg.), Festschrift für Günther Beitzke, Berlin, New York 1979, S. 641; zit.: *Matscher*, FS f. Beitzke.

Matthies, Heinrich: Zur Anerkennung gleichwertiger Regelungen im Binnenmarkt der EG (Art. 100b EWG-Vertrag), FS f. Steindorff, Berlin u.a. 1990, S. 1287; zit.: *Matthies*, FS f. Steindorff.

Maunz, Theodor/*Dürig*, Günter: Grundgesetz (Loseblattkommentar), Stand Okt. 1999; zit.: (Bearbeiter), in: Maunz/Dürig, GG.

Maunz, Theodor: Die staatsbürgerliche Gleichheit, Gedächtnisschrift für Hans Peters, Berlin u.a. 1967, S. 558; zit.: *Maunz*, GS f. Peters.

Maunz, Theodor/*Zippelius*, Reinhold: Deutsches Staatsrecht, 30. Aufl., München 1998.

Maurer, Christoph H. M.: Die Ausfuhr von Kulturgütern in der Europäischen Union, Frankfurt/M. 1997 (Diss. Heidelberg 1997).

Maurer, Hartmut: Allgemeines Verwaltungsrecht, 12. Aufl., München 1999.

Maydell, Bernd v.: Sach- und Kollisionsnormen im internationalen Sozialversicherungsrecht, Berlin 1967; zit.: *v. Maydell,* Sach- und Kollisionsnormen.

Maydell, Bernd v.: Probleme des internationale Sozialversicherungsrechts, DVBl. 1971, S. 905.

Meessen, Karl-Matthias: Völkerrechtliche Grundsätze des internationalen Kartellrechts, Baden-Baden 1975; zit.: *Meessen*, Völkerrechtliche Grundsätze.

Meessen, Karl-Matthias: Der räumliche Anwendungsbereich des EWG-Kartellrechts und das allgemeine Völkerrecht, EuR 1973, S. 18.

Meessen, Karl-Matthias: Kollisionsrecht der Zusammenschlußkontrolle, Baden-Baden 1984; zit.: *Meessen*, Kollisionsrecht.

Meessen, Karl-Matthias: Zu den Grundlagen des internationalen Wirtschaftsrechts, AöR 110 (1985), S. 398.

Meier, Gert: Maßgeblichkeit nationaler Herstellungs- und Vermarktungsnormen landwirtschaftlicher Erzeugnisse für die Verkehrsfähigkeit in anderen EG-Staaten, RIW 1984, S. 529.

Meier, Gert: Europäische Amtshilfe - Ein Stützpfeiler des Europäischen Binnenmarktes - , EuR 1989, S. 237.

Meier, Gert: Zur gegenseitigen Anerkennung lebensmittelrechtlicher Standards, RIW 1985, 209.

Meng, Werner: Völkerrechtliche Zulässigkeit und Grenzen wirtschaftsverwaltungsrechtlicher Hoheitsakte mit Auslandswirkung, ZaöRV 1984, S. 675.

Menger, Christian-Friedrich: Der Anspruch auf Zulassung zum Vorbereitungsdienst und dessen Beschränkbarkeit, VerwA 73 (1982), S. 86.

Meyer, Hans/*Borgs*, Hermann: Verwaltungsverfahrensgesetz, Kommentar, 2. Aufl., Frankfurt/M. 1982; zit.: *Meyer/Borgs*, VwVfG.

Möschel, Wernhard: Kehrtwende in der Rechtsprechung des EuGH zur Warenverkehrsfreiheit, NJW 1994, S. 429.

Mohr, Peter Michael: Technische Normen und freier Warenverkehr in der EWG, Köln u.a. 1990 (Diss. Köln 1988/89).

Montag, Frank: Die Entwicklung des Gemeinschaftsrechts, NJW 2000, S. 33.

Monz, Heinz: Das Verhältnis der Bundesländer untereinander, Göttingen 1964; zit.: Monz..

Münch, Ingo v./*Kunig*, Philip: Grundgesetz, Kommentar, Bd. 1, 5. Aufl., München 2000; Bd. 2, 3. Aufl., München 1995; zit.: (bearbeiter), in:v. Münch/Kunig, GG.

Münch, Ingo v. (Hrsg.): Besonderes Verwaltungsrecht, 5. Aufl., 1979, S. 781; 7. Aufl., 1985, S. 851.

Münchner Kommentar zum Bürgerlichen Gesetzbuch, Bd. 10 (Internationales Privatrecht), 3. Aufl., München 1998; zit.: MK.

Nassr-Esfahani, Soussan: Grenzüberschreitender Bestandsschutz für unanfechtbar genehmigte Anlagen, Berlin 1991 (Diss. Hamburg 1988/89); zit.: *Nassr-Esfahani*, Grenzüberschreitender Bestandsschutz.

Neßler, Volker: Europäisches Richtlinienrecht wandelt deutsches Verwaltungsrecht. Ein Beitrag zur Europäisierung des deutschen Rechts, Berlin 1994 (Diss. Heidelberg 1994); zit.: *Neßler*, Europäisches Richtlinienrecht.

Neßler, Volker: Der transnationale Verwaltungsakt - Zur Dogmatik eines neuen Rechtsinstituts, NVwZ 1995, S. 863.

Nettesheim, Martin: Gemeinschaftsrechtliche Vorgaben für das deutsche Staatshaftungsrecht, DÖV 1992, S. 999.

Neuhaus, Paul Heinrich: Die Grundbegriffe des Internationales Privatrechts, 2. Aufl., Tübingen 1976; zit.: *Neuhaus*, Grundbegriffe des IPR.

Neumeyer, Karl: Internationales Verwaltungsrecht, Bd. 1: Innere Verwaltung I, München, Berlin 1910; Bd. 2: Innere Verwaltung II, München, Berlin 1922; Bd. 3: Innere Verwaltung III, München, Berlin, Leipzig 1936/30; Bd. 4: Allgemeiner Teil, Zürich, Leipzig 1936.

Neumeyer, Karl: Internationales Verwaltungsrecht, Völkerrechtliche Grundlagen, in: Strupp (Hrsg.), Wörterbuch des Völkerrechts und der Diplomatie, S. 577.

Nicolaysen, Gert: Notwendige Rechtsetzung; auch ein Beitrag zum Thema Subsidiarität, Gedächtnisschrift für Eberhard Grabitz, München 1995, S. 469; zit.: *Nicolaysen*, GS f. Grabitz.

Niehof, Roland: Der Grundsatz der gegenseitigen Anerkennung im Gemeinschaftsrecht, Diss. Berlin 1989.

Obermayer, Klaus: VwVfG, Kommentar zum Verwaltungsverfahrensgesetz, 3. Aufl., Neuwied u.a. 1999.

Oldiges, Martin: Verbandskompetenz, DÖV 1989, S. 873.

Oppermann, Thomas: Europarecht, 2. Aufl., München 1999.

Oppermann, Thomas/*Kilian*, Michael: Gleichstellung ausländischer Grenznachbarn in deutschen Umweltverfahren? Berichte des Umweltbundesamtes 8/81, Berlin 1981.

Palandt, Bürgerliches Gesetzbuch, Kommentar, 59. Aufl., München 2000; zit.: (Bearbeiter), in: Palandt, BGB.

Papier, Hans-Jürgen/*Olschewski*, Bernd-Dietrich: Vollziehung ausländischer Verwaltungsakte - unter besonderer Berücksichtigung der Abgabenbescheide - , DVBl. 1976, S. 475.

Pernice, Ingolf: Gestaltung und Vollzug des Umweltrechtsim europäischen Binnenmarkt - Europäische Impulse und Zwänge für das deutsche Umweltrecht, NVwZ 1990, S. 414.

Pernice, Ingolf /*Kadelbach*, Stefan: Verfahren und Sanktionen im Wirtschaftsverwaltungsrecht, DVBl. 1996, S. 1100.

Priesemann, Johannes: Überblick zum aktuellen Stand des europäischen Bankenaufsichtsrecht, WM 1994, S. 1155.

Prieß, Hans- Joachim: Die Genehmigung zur Führung ausländischer akademischer und staatlicher Grade gemäß § 2 I GFaG, NVwZ 1991, S. 111.

Prölss, Erich: Versicherungsaufsichtsgesetz, Kommentar, 11. Aufl., 1997; zit.: (Bearbeiter), in: Prölss, VAG.

Raum, Rolf/*Lindner*, Nicola: Rechtsangleichung im Delikts- und Vollstreckungsrecht mit Blick auf die EU-Osterweiterung, NJW 1999, S. 465.

Reich, Norbert: Rechtsprobleme grenzüberschreitender irreführender Werbung im Binnenmarkt, RabelsZ 1992, S. 444.

Reihlen, Helmut: Technische Normung und Zertifizierung für den EG-Binnenmarkt, EuZW 1990, S. 444.

Rengeling, Hans-Werner: Deutsches und europäisches Verwaltungsrecht - wechselseitige Einwirkungen, VVDStRL 1994, S. 202.

Ress, Georg: Grenzüberschreitende Beteiligung im Verwaltungsverfahren - Bundesrepublik Deutschland - , in: M. Bothe/M. Prieur/G.Ress (Hrsg.), Rechtsfragen grenzüberschreitender Umweltbelastungen, Berlin 1984.

Reuter, Alexander: Die neue Maschinenrichtlinie: Ein europäischer Binnenmarkt im Maschinen- und Anlagenbau, BB 1990, S. 1213.

Reuter, Alexander: Binnenmarkt Europa, Das Beispiel der neuen Maschinenrichtlinie, CR 1990, S. 540.

Rietdorf, Fritz: Forderungspfändungen im Verwaltungsverfahren über Landesgrenzen hinaus, DVBl. 1962, S. 662.

Rönck, Rüdiger: Technische Normen als Gestaltungsmittel des Europäischen Gemeinschaftsrechts, Berlin 1995 (Diss. Hamburg 1995); *Rönck*, Technische Normen.

Roloff, Stefanie: Die Geltendmachung ausländischer öffentlichrechtlicher Ansprüche im Inland, Frankfurt 1994 (Diss. Regensburg 1993); zit: *Roloff*.

Roth, Wulf-Henning, Die Harmonisierung des Dienstleistungsrechts in der EWG, EuR 1987, S. 7.

Roth, Wulf-Henning: Der Einfluss des Europäischen Gemeinschaftsrechts auf das Internationale Privatrecht, RabelsZ 1991, S. 623 .

Roth, Wulf-Henning: Rückzug des EuGH vom Binnenmarktkonzept? in: Marktwirtschaft und Wettbewerb im sich erweiternden europäischen Raum, Köln u.a. 1994, S. 21; zit.: *Roth*, in: Marktwirtschaft und Wettbewerb.

Roth, Wulf-Henning: Grundlagen des gemeinsamen europäischen Versicherungsmarktes, RabelsZ 54 (1990), S. 63.

Roth, Wulf-Henning: Die Vollendung des europäischen Binnenmarktes für Versicherungen, NJW 1993, S. 3028.

Rudolf, Walter, in: Habscheid, Walter J./Rudolf, Walter, Territoriale Grenzen der staatlichen Rechtsetzung, Berichte der Deutschen Gesellschaft für Völkerkunde, Heft 11 (1973), S. 1; zit.: *Rudolf*, in: Habscheid/Rudolf, Territoriale Grenzen.

Sachs, Michael: Grundgesetz, Kommentar, 2. Aufl., München 1999; zitiert: *Sachs*, GG.

Sachs, Michael: Das Staatsvolk in den Ländern, AöR 108 (1983), S. 68.

Sandrock, Otto: Neuere Entwicklungen im Internationalen Verwaltungs-, insbesondere im Internationalen Kartellrecht, ZfverglRWiss, Bd. 69, 1967, S. 1.

Sangiovanni, Valerio: Europarechtliche Fragen bei der Zulassung zur Promotion an juristischen Fakultäten in Deutschland, WissR 1999, S. 127.

Schäfer, Helge: Internationaler Anwendungsbereich der präventiven Zusammenschlußkontrolle im deutschen und europäischen Recht, Frankfurt/M. u.a.1993 (Diss. Hamburg 1992); zit.: *Schäfer*, Internationaler Anwendungsbereich.

Schenek, Matthias: Das Gentechnikrecht der Europäischen Gemeinschaft, Berlin 1995 (Diss. Tübingen 1994).

Schenke, Anmerkung zu BVerwG, Urt. v. 19.5.1988, JZ 1988, S. 1122.

Scheunig, Dieter H.: Europarechtliche Impulse für innovative Ansätze im deutschen Verwaltungsrecht, in: Wolfgang Hoffmann-Riem/Eberhard Schmidt-Aßmann (Hrsg.), Innovation und Flexibilität des Verwaltungshandelns, Baden-Baden 1984.

Schlag, Martin: Grenzüberschreitende Verwaltungsbefugnisse im EG-Binnenmarkt, Baden-Baden 1998 (Diss. Freiburg 1997); zit.: *Schlag*, Grenzüberschreitende Verwaltungsbefugnisse.

Schlochauer, Hans-Jürgen: Die extraterritoriale Wirkung von Hoheitsakten nach dem öffentlichen Recht der BRD und nach internationalem Recht, Frankfurt 1962; zit.: *Schlochauer*, Die extraterritoriale Wirkung von Hoheitsakten.

Schlochauer, Hans-Jürgen: Internationales Verwaltungsrecht, in: Friedrich Giese (Hrsg.) Die Verwaltung, Heft 49, S. 1.

Schlosshauer-Selbach, Stefan: Internationales Privatrecht, Heidelberg 1989.

Schmidt-Aßmann, Eberhard: Zur Europäisierung des allgemeinen Verwaltungsrechts, in: Wege und Verfahren des Verfassungslebens, Festschrift für Peter Lerche, München 1993, S. 513; zit.: *Schmidt-Aßmann*, FS f. Lerche.

Schmidt-Aßmann, Eberhard: Deutsches und europäisches Verwaltungsrecht - wechselseitige Einwirkungen, DVBl. 1993, S. 924.

Schmidt-Aßmann, Eberhard: Verwaltungskooperation und Verwaltungskooperationsrecht in der Europäischen Gemeinschaft, EuR 1996, S. 270.

Schmidt-Aßmann, Eberhard: Empfiehlt es sich, das System des Rechtsschutzes und der Gerichtsbarkeit in der Europäischen Gemeinschaft weiterzuentwickeln? JZ 1994, S. 832.

Schmitt-Lermann, Hans: Der überregionale Verwaltungsakt, DÖV 1962, S. 667.

Schoch, Friedrich: Die Europäisierung des Allgemeinen Verwaltungsrechts, JZ 1995, S. 110.

Schoch, Friedrich: Der Gleichheitssatz, DVBl. 1988, S. 863.

Schoch, Friedrich: Europäisierung der Verwaltungsrechtsordnung, VBlBW 1999, S. 241.

Schröder, Meinhard: Zur Wirkkraft der Grundrechte bei Sachverhalten mit grenzüberschreitenden Elementen. in: Staatsrecht - Völkerrecht - Europarecht, Festschrift für Jürgen Schlochauer, Berlin 1991; zit.: *Schröder*, FS f. Schlochauer, Berlin 1991.

Schuler, Rolf: Das Internationale Sozialrecht der Bundesrepublik Deutschland, Baden-Baden 1988; zit.: *Schuler*, Internationales Sozialrecht.

Schurig, Klaus: Kollisionsnorm und Sachrecht, Berlin 1981.

Schurig, Klaus: Internationalrechtliches zum Staatshaftungsgesetz, JZ 1982, S. 385.

Schwander, Ivo: Lois d'application immédiate, Sonderanknüpfung, IPR-Sachnormen und andere Ausnahmen von der gewöhnlichen Anknüpfung im internationalen Privatrecht, Zürich 1975 (Diss. Freiburg-Schweiz); zit.: *Schwander*.

Schwartz, Ivo E.: Deutsches Internationales Kartellrecht, Köln u.a. 1962.

Schwartz, Ivo E.: 30 Jahre EG-Rechtsangleichung, in: E.J. Mestmäcker u.a. (Hrsg.), Eine Ordnungspolitik für Europa, Festschrift für Hans von der Groeben, Baden-Baden 1987, S. 333; zit.: *Schwartz*, FS v. d. Groeben.

Schwarz, Hannah: Die Anerkennung ausländischer Staatsakte, Berlin 1935.

Schwarze, Jürgen: Das allgemeine Völkerrecht in den innergemeinschaftlichen Rechtsbeziehungen, EuR 1983, S. 1.

Schwarze, Jürgen: Europäisches Verwaltungsrecht, 2 Bde., Baden-Baden 1988.

Schwarze, Jürgen (Hrsg.): Der gemeinsame Markt, Baden-Baden 1987

Schwarze, Jürgen (Hrsg.): Das Verwaltungsrecht unter europäischem Einfluss, Baden-Baden 1996

Schweitzer, Michael/*Hummer*, Waldemar: Europarecht, 5. Aufl., Neuwied u.a. 1996.

Sedemund, Joachim: „Cassis de Dijon" und das neue Harmonisierungskonzept der Kommission in:
Schwarze, Jürgen (Hrsg.), Der gemeinsame Markt, Baden-Baden 1987, S. 37; zit.: *Sedemund*, „Cassis de Dijon", in: Schwarze (Hrsg.), Der gemeinsame Markt.

Seibert, Max-Jürgen: Die Bindungswirkung von Verwaltungsakten, Baden-Baden 1989 (Diss. Bonn 1987/88).

Seidel, Martin: Regeln der Technik und europäisches Gemeinschaftsrecht, NJW 1981, S. 1120.

Seidel, Martin: Grundsätzliche Rechtsprobleme bei der Verwirklichung des Gemeinsamen Marktes, in: Siegfried Magiera (Hrsg.), Entwicklungsperspektiven der Europäischen Gemeinschaft, 1985; zit.: *Seidel*, in: Magiera (Hrsg.), Entwicklungsperspektiven der EG.

Seidl-Hohenveldern, Ignaz: Voraussetzungen für die Anwendbarkeit ausländischen öffentlichen Rechts, Rev. esp. de der. int. 1972, S. 349.

Siehr, Kurt: Normen mit eigener Bestimmung ihres räumlich-persönlichen Anwendungsbereichs im Kollisionsrecht der Bundesrepublik Deutschland, RabelsZ 46 (1982), S. 357.

Siehr, Kurt: Ausländische Eingriffsnormen im inländischen Wirtschaftskollisionsrecht, RabelsZ 52 (1988), S. 41.

Sommermann, Karl-Peter: Europäisches Verwaltungsrecht oder Europäisierung des Verwaltungsrechts? DVBl. 1996, S. 889.

Sonnenberger, Hans-Jürgen: Internationales öffentliches Recht, in: Münchner Kommentar zum Bürgerlichen Gesetzbuch, Bd. 10, Internationales Privatrecht, Einleitung, 3. Aufl., München 1998; zit.: MK-Sonnenberger.

Sonnenberger, Hans-Jürgen: Internationales Privatrecht/Internationales öffentliches Recht, Festschrift für Kurt Rebmann, München 1989, S. 821; zit.: *Sonnenberger*, FS f. Rebmann.

Steindorff, Ernst: Internationales Verwaltungsrecht, in: Strupp/Schlochauer (Hrsg.), Wörterbuch des Völkerrechts, Bd. 3, 1962, S. 581; zit.: *Steindorff*, in: Strupp/Schlochauer (Hrsg.), WVR.

Steindorff, Ernst: Anerkennung im EG-Recht, Festschrift für Werner Lorenz zum 70. Geburtstag, Tübingen 1991, S. 560; zit.: *Steindorff*, FS f. Lorenz.

Stelkens, Paul/*Bonk*, Joachim/*Sachs*, Michael: Verwaltungsverfahrensgesetz, Kommentar, 5. Aufl., München 1998; zit.: *Stelkens/Bonk/Sachs*, VwVfG.

Streinz, Rudolf: Der Einfluss des Europäischen Verwaltungsrechts auf das Verwaltungsrecht der Mitgliedstaaten, in: M. Schweitzer (Hrsg.), Europäisches Verwaltungsrecht, Wien 1991, S. 241; zit.: *Streinz*, in: Schweitzer (Hrsg.), Europäisches Verwaltungsrecht.

Streinz, Rudolf: Die Herstellung des Binnenmarktes im Bereich des Lebensmittelrechts - Rechtsangleichung und gegenseitige Anerkennung als ergänzende Instrumente, ZfRV 1991, S. 357.

Streinz, Rudolf: Europarecht, 3. Aufl., Heidelberg 1996.

Streinz, Rudolf: Staatshaftung für Verletzungen primären Gemeinschaftsrechts durch die Bundesrepublik Deutschland, EuZW 1993, S. 599.

Strupp, Karl (Hrsg.): Wörterbuch des Völkerrechts und der Diplomatie, 3 Bde., Berlin,Leipzig, Bd. 1: 1924, Bd. 2: 1925, Bd. 3: 1929; zitiert: (Bearbeiter), in: Strupp (Hrsg.), VWR und der Diplomatie..

Strupp, Karl/*Schlochauer*, Hans-Jürgen (Hrsg.): Wörterbuch des Völkerrechts, 3 Bde., 2. Auflage, Berlin, Bd. 1 u.2: 1960, Bd. 3: 1962; zitiert: (Bearbeiter), in: Strupp/Schlochauer (Hrsg.), WVR.

Thomas, Werner: Einige Probleme der Verwaltungsvollstreckung, DVBl. 1964, S. 337.

Thürmer, Monika: Zeugniszwang durch einen Landesuntersuchungsausschuß gegenüber einem außerhalb der Landesgrenzen - in einem anderen Bundesland - lebenden Zeugen, DÖV 1987, S. 99.

Triantafyllou, Dimitris: Vom Vertrags- zum Gesetzesvorbehalt, Baden-Baden 1996.

Tünnesen-Harmes, Christian: Die CE-Kennzeichnung zum Abbau technischer Handelshemmnisse in der Europäischen Union, DVBl. 1994, S. 1334.

Ule, Carl-Hermann: Zur räumlichen Geltung von Verwaltungsakten im Bundesstaat, JZ 1961, S. 622.

Verdross, Alfred: Universelles Völkerrecht, 3. Aufl., Berlin 1984.

Vogel, Klaus: Der räumliche Anwendungsbereich der Verwaltungsrechtsnorm, Frankfurt/Berlin 1965 (Habil. Hamburg 1963); zit.: *Vogel*, Der räumliche Anwendungsbereich.

Vogel, Klaus: Qualifikationsfragen im Internationalen Verwaltungsrecht, AöR 1959, S. 54.

Wägenbaur, Rolf: Neue Wege zur Anerkennung der Hochschuldiplome, EuR 1987, S. 113.

Wägenbaur, Rolf: Die Einbeziehung der Hochschuldiplome in den europäischen Integrationsprozeß, EuR 1990, S. 135.

Wägenbaur, Rolf: Inhalt und Etappen der Niederlassungsfreiheit, EuZW 1991, S. 427.

Weingart, Olaf: Der überregionale Verwaltungsakt, BayVBl. 1960, S. 174.

Weiß, Wolfgang: Nationales Steuerrecht und Niederlassungsfreiheit, EuZW 1999, S. 493.

Wiethölter, Rezension über *Vogel*, Klaus: Der räumliche Anwendungsbereich der Verwaltungsrechtsnorm, DVBl. 1967, S. 466.

Wilmowsky, Peter von: Zugang zu den öffentlichen Leistungen anderer Mitgliedstaaten, ZaöRV 50 (1990), S. 231.

Winkel, Klaus: Freizügigkeit und Anerkennung von Befähigungsnachweisen nach EU-Recht, WiVerw 1998, S. 83.

Wolff, Hans J./*Bachof*, Otto/*Stober*, Rolf: Verwaltungsrecht, Bd. 1, 11. Aufl., München 1999; Bd. 2, 6. Aufl., München 2000.

Wuermeling, Joachim: Kooperatives Gemeinschaftsrecht, Kehl u.a. 1988 (Diss. Bayreuth 1987).

Zuleeg, Manfred: Die Grundfreiheiten des Gemeinsamen Marktes im Wandel, Festschrift für Ulrich Everling, Baden-Baden 1995, Bd. 2, S. 1717; zit.: *Zuleeg*, FS f. Everling.

Zuleeg, Manfred: Die föderativen Grundsätze in der Europäischen Union, NJW 2000, S. 2846.

Zweigert, Konrad: Internationales Privatrecht und öffentliches Recht, in: Fünfzig Jahre Institut für Internationales Recht an der Universität Kiel, Veröffentlichungen des Instituts für Internationales Recht an der Universität Kiel, Band 51, Hamburg 1965 (zit.: *Zweigert*, Kieler Festschrift).

III. Fundstellenverzeichnis der zitierten Richtlinien und Verordnungen

Richtlinien

RL 74/561/EWG, ABl. L 308/18 v. 19. 11. 1974 (Güterkraftverkehr).
RL 74/562/EWG, ABl. L 308/23 v. 19. 11. 1974 (Personenkraftverkehr).
RL 75/319/EWG, ABl. L 147/13 v. 9. 6. 1975 = EWR Nr. 141 (Zweite Arzneimittelrichtlinie).
RL 75/362/EWG, ABl. L 167/1 v. 30. 6. 1975 (Anerkennungsrichtlinie Ärzte).
RL 75/363/EWG, ABl. L 167/14 v. 30. 6. 1975 (Koordinierungsrichtlinie Ärzte).
RL 76/308/EWG, ABl. L 73/18 v. 19. 3. 1976 (Amtshilferichtlinie Beitreibung).
RL 77/143/EWG, ABl. L 47/47 v. 18. 2. 1977 (Technische Überwachung Kraftfahrzeuge).
RL 77/249/EWG, ABl. L 78/17 v. 26. 3. 1977 = EWR Nr. 705 (Dienstleistungsrichtlinie Rechtsanwälte).
RL 77/452/EWG, ABl. L 176/1 v. 15. 7. 1977 (Anerkennungsrichtlinie Krankenschwestern).
RL 77/453/EWG, ABl. L 176/8 v. 15. 7. 1977 (Koordinierungsrichtlinie Krankenschwestern).
RL 77/780/EWG, ABl. L 322/30 v. 17. 12. 1977 (Erste Bankrechtskoordinierungsrichtlinie).
RL 77/796/EWG, ABl. L 334/37 v. 24. 12. 1977 (Anerkennung Personenbeförderungsdiplome).
RL 77/799/EWG, ABl. L 336/15 v. 27. 12. 1977 (Amtshilferichtlinie Steuern).
RL 78/686/EWG, ABl. L 233/1 v. 24. 8. 1978 = EWR Nr. 701 a (Anerkennungsrichtlinie Zahnärzte).
RL 78/687/EWG, ABl. L 233/10 v. 24. 8. 1978 = EWR Nr. 701 b (Koordinierungsrichtlinie Zahnärzte).
RL 78/1026/EWG, ABl. L 362/1 v. 23. 12. 1978 = EWR Nr. 702 a (Anerkennungsrichtlinie Tierärzte).
RL 78/1027/EWG, ABl. L 362/7 v. 23. 12. 1978 = EWR Nr. 702 b (Koordinierungsrichtlinie Tierärzte).
RL 80/154/EWG, ABl. L 33/1 v. 11. 2. 1980 (Anerkennungsrichtlinie Hebammen).
RL 80/155/EWG, ABl. L 33/8 v. 11. 2. 1980 (Koordinierungsrichtlinie Hebammen).
RL 80/390/EWG, ABl. L 100/1 v. 17. 4. 1980 = EWR Nr. 331 (Erste Börsenprospektrichtlinie).
RL 80/1263/EWG, ABl. L 375/1 v. 31. 12. 1980 (Erste Führerscheinrichtlinie).
RL 83/643/EWG, ABl. L 359/8 v. 22. 12. 1983 (Warenkontrollen Güterverkehr).
RL 85/3/EWG, ABl. L 2/14 v. 3. 1. 1985 (Gewichte und Abmessungen Güterkraftverkehr).
RL 85/384/EWG, ABl. L 223/15 v. 21. 8. 1985 = EWR Nr. 704 (Architektenrichtlinie).

RL 85/432/EWG, ABl. L 253/34 v. 24. 9. 1985 = EWR Nr. 703 b (Koordinierungsrichtlinie Apotheker).
RL 85/433/EWG, ABl. L 253/37 v. 24. 9. 1985 = EWR Nr. 703 a (Anerkennungsrichtlinie Apotheker).
RL 85/611/EWG, ABl. L 375/3 v. 31. 12. 1985 = EWR Nr. 334 (Investmentfondsrichtlinie).
RL 86/295/EWG, ABl. L 186/1 v. 8. 7. 1986 (Überrollschutzaufbauten Baumaschinen).
RL 86/364/EWG, ABl. L 221/48 v. 7. 8. 1986 (Fahrzeugkontrollen Güterkraftverkehr).
RL 86/457/EWG, ABl. L 267/26 v. 19. 9. 1986 (Allgemeinmedizin).
RL 87/404/EWG, ABl. L 220/48 v. 8. 8. 1987 = EWR Nr. 210 (Druckbehälter); umgesetzt in der 6. Verordnung zum Gerätesicherheitsgesetz, BGBl. 1992 I S. 1171 = GewO Nr. 276 e.
RL 87/540/EWG, ABl. L 322/20 v. 12. 11. 1987 (Binnenschiffgüterverkehr).
RL 88/344/EWG, ABl. L 157/28 v. 24. 6. 1988 (Lebensmittel).
RL 88/378/EWG, ABl. L 187/1 v. 16. 7. 1988 = EWR Nr. 211 (Spielzeug); umgesetzt in der Verordnung über die Sicherheit von Spielzeug, BGBl. 1989 I S. 2541 = GewO Nr. 276 a.
RL 89/48/EWG, ABl. L 19/16 v. 24. 1. 1989 = EWR Nr. 706 (Hochschuldiplomrichtlinie).
RL 89/106/EWG, ABl. L 40/12 v. 11. 2. 1989 = EWR Nr. 212 (Bauprodukte); umgesetzt im Bauproduktegesetz, BGBl. 1992 I S. 1495.
RL 89/298/EWG, ABl. L 124/8 = EWR Nr. 336 (Zweite Börsenprospektrichtlinie).
RL 89/336/EWG, ABl. L 139/19 v. 23. 5. 1989 = EWR Nr. 213 (Elektromagnetische Verträglichkeit).
RL 89/392/EWG, ABl.L 183/9 v. 29. 6. 1989 = EWR Nr. 214 (Maschinenrichtlinie); umgesetzt in der 9. Verordnung zum Gerätesicherheitsgesetz (Maschinenverordnung - 9. GSGV), BGBl. 1993 I S. 704 = GewO Nr. 276 h.
RL 89/646/EWG, ABl. L 386/1 v. 30. 12. 1989 (Zweite Bankrechtskoordinierungsrichtlinie).
RL 89/686/EWG, ABl. L 399/18 v. 30. 12. 1989 = EWR Nr. 215 (persönliche Schutzausrüstungen); umgesetzt in der 8. Verordnung zum Gerätesicherheitsgesetz, BGBl. 1992 I S. 1019 = GewO Nr. 276 g.
RL 90/220/EWG, ABl. L 117/15 v. 8. 5. 1990 (Freisetzungsrichtlinie).
RL 90/384/EWG, ABl. L 189/1 v. 20. 7. 1990 = EWR Nr. 216 (Waagen); umgesetzt in der Verordnung zur Änderung der Eichordnung, BGBl. 1992 I S. 1653.
RL 90/385/EWG, ABl. L 189/17 v. 20. 7. 1990 = EWR Nr. 217 (Implantierbare medizinische Geräte); umgesetzt im Medizinproduktegesetz - MPG, BGBl. 1994 I S. 1963.
RL 90/396/EWG, ABl. L 196/15 v. 26. 7. 1990 = EWR Nr. 218 (Gasgeräte); umgesetzt in der 7. Verordnung zum Gerätesicherheitsgesetz (Gasverbrauchseinrichtungsverordnung - 7. GSGV), BGBl. 1993 I S. 133 = GewO Nr. 276 f.
RL 90/642/EWG, ABl. L 350/71 v. 14. 12. 1990 (Schädlingsbekämpfungsmittel).

RL 91/263/EWG, ABl. L 128/1 v. 23. 5. 1991 (Telekommunikationsendeinrichtungen).
RL 91/414/EWG, ABl. L 230/1 v. 19. 8. 1991 (Pflanzenschutzmittel).
RL 91/439/EWG, ABl. L 237/1 v. 24. 8. 1991 (Zweite Führerscheinrichtlinie).
RL 91/670/EWG, ABl. L 373/21 v. 31. 12. 1991 (Luftfahrtpersonal).
RL 92/3/EURATOM , ABl. L 35/24 v. 12. 2. 1992 (Radioaktive Abfälle).
RL 92/42/EWG, ABl. L 167/17 v. 22. 6. 1992 (Warmwasserheizkessel).
RL 92/49/EWG, ABl. L 228/1 v. 11. 8. 1992 = EWR Nr. 341 c (Dritte Koordinierungsrichtlinie Schadensversicherung).
RL 92/51/EWG, ABl.L 209/25 v. 24. 7. 1992 = EWR Nr. 707 (Zweite Diplomrichtlinie).
RL 92/53/EWG, ABl. L 225/1 v. 10. 8. 1992 (Zweite Betriebserlaubnisrichtlinie Kfz).
RL 92/59/EWG, ABl. L 228/24 v. 11. 8. 1992 = EWR Nr. 230 (Allgemeine Produktsicherheitsrichtlinie).
RL 92/61/EWG, ABl. L 225/72 v. 10. 8. 1992 (Betriebserlaubnis zweirädrige Kfz).
RL 92/96/EWG, ABl. L 360/1 v. 9. 12. 92 = EWR Nr. 343 c (Dritte Richtlinie Lebensversicherung).
RL 93/15/EWG, ABl. L 121/20 v. 15. 5. 1993 (Explosivstoffe).
RL 93/16/EWG, ABl. L 165/1 v. 7. 7. 1993 = EWR Nr. 700 (Ärzterichtlinie).
RL 93/22/EWG, ABl. L 141/27 v. 11. 6. 1993 = EWR Nr. 337 (Wertpapierdienstleistungen).
RL 93/42/EWG, ABl. L 169/1 v. 12. 7. 1993 = EWR Nr. 220 (Medizinprodukte); umgesetzt im Medizinproduktegesetz - MPG, BGBl. 1994 I S. 1963.
RL 94/9/EG, ABl. L 100/1 = EWR Nr. 201 (Ex-Schutz-Richtlinie).
RL 95/16/EG, ABl. 213/1 = EWR Nr. 219 (Aufzüge).
RL 98/5/EG, ABl. L 77/36 = EWR Nr. 708 (Niederlassungsrichtlinie Rechtsanwälte).
RL 98/79/EG, ABl. Nr. L 331/1 = EWR Nr. 221 (In-vitro-Diagnostika-Richtlinie).
RL 1999/42/EG, ABl. L 201/77 v. 31. 7. 1999 = EWR Nr. 723 (Dritte Diplomrichtlinie).
RL 2000/12/EG, ABl. L 126/1 = EWR Nr. 320 (Bankrechtskoordinierungsrichtlinie).

Verordnungen

VO (EWG) Nr. 1408/71, ABl. L 149/2 = Sar. II Nr. 185 (Sozialversicherung).
VO (EWG) Nr. 574/72, ABl. L 74/1 v. 27.3.1972 (Durchführungsverordnung zur VO Nr. 1408/71).
VO (EWG) Nr. 1468/81, ABl. L 144/1 v. 2. 6. 1981 (Amtshilfe im Zoll- und Agrarbereich).
VO (EWG) Nr. 2343/90, ABl. L 217/8 v. 11. 8. 1990 (Linienflugverkehr).
VO (EWG) Nr. 3921/91, ABl. L 373/1 v. 31. 12. 1991 (Kabotage Binnenschiffsgüter- und Personenverkehr).
VO (EWG) Nr. 218/92, ABl. 1992 Nr. L 24/1 = EWR Nr. 691 (Amtshilfeverordnung Mehrwertsteuern).

VO (EWG) Nr. 684/92, ABl. L 74/1 v. 20. 3. 1992 (Grenzüberschreitender Personenkraftverkehr).
VO (EWG) Nr. 881/92 , ABl. L 95/1 v. 9. 4. 1992 (Grenzüberschreitender Güterkraftverkehr).
VO (EWG) Nr. 2913/92, ABl. L 302/1 v. 19. 10. 1992 (Zollkodex).
VO (EWG) Nr. 3911/92, ABl. L 395/1 v. 31. 12. 1992 (Ausfuhr von Kulturgütern).
VO (EWG) Nr. 259/93, ABl. L 30/1 v. 6. 2. 1993 (Abfallverbringungsverordnung).
VO (EWG) Nr. 2309/93, ABl. L 214/1 v. 24. 8. 1993 (Arzneimittelverordnung).
VO (EWG) Nr. 3118/93, ABl. L 279/1 v. 12. 11. 1993 (Kabotage Güterkraftverkehr).
VO (EG) Nr. 3381/94, ABl. L 367/1 v. 31. 12. 1994 (Dual-use -Verordnung).
VO (EG) Nr. 11/98, ABl. L 4/1 v. 8. 1. 1998 (Kabotage Personenkraftverkehr).
VO (EG) Nr. 12/98, ABl. L 4/10 v. 8. 1. 1998 (Grenzüberschreitender Personenkraftverkehr).
VO (EG) Nr. 1347/2000, ABl. L 160/19 v. 30.6.2000 (Internationales Verfahrensrecht in Familiensachen).
VO (EG) Nr. 1348/2000, ABl. L 160/37 v. 30.6.2000 (Europäische Zustellungsverordnung).

Hinweise:
Die Nummer nach der Abkürzung EWR verweist auf die Fundstelle in der Loseblatt-Textsammlung „Europäisches Wirtschaftsrecht“, die Nummer nach der Abkürzung GewO auf die Fundstelle in der Loseblatt-Textsammlung „Gewerbeordnung“.

Die Zitierweise der Vorschriften aus EGV und EUV richtet sich nach der Zitierweise des EuGH, abgedruckt in NJW 2000, S. 52. Art. 30 EGV bezieht sich also auf Art. 30 des EG-Vertrages in der Fassung vor dem 1.5.1999 und Art. 28 EG bezieht sich auf Art. 28 des EG-Vertrages in der nach dem 1.5.1999 geltenden Fassung. Entsprechendes gilt für die Abkürzungen EUV und EU.

Kolibri 360 GmbH
Ferdinand-Jühlke-Straße 7
99095 Erfurt, Deutschland
produktsicherheit@kolibri360.de

Druck:
CPI Druckdienstleistungen GmbH
im Auftrag der
Kolibri 360 GmbH
Ferdinand-Jühlke-Str. 7
99095 Erfurt